# 躍動する海

―さまざまに織りなす「海」の物語―

木原 知己 著

海 文 堂

# はじめに

　ふとしたことから「海」について体系的にまとめてみようと思い付き、『躍動する海―さまざまに織りなす「海」の物語』というタイトルでその構想はまとまりました。

　海はスケールが大きく、ミステリアスにしてフレンドリーです。わたしたちはそうした「海」なる風土性が反映される時間の流れのなかで息づいており、それは、わたしたちが「海」によって織りなされる"文化"とともにあるということです。

　公益財団法人日本海事センターによる「海に関する国民の意識調査」（2014年）によれば、「海が好き」と回答した人は69.9パーセント（前年の調査結果では69.3パーセント）、「海が嫌い」と回答した人は3.3パーセント（同2.7パーセント）、「どちらとも言えない」が26.8パーセント（同28.0パーセント）となっています。男女別でみると女性よりも男性の方が海に対する好感度は高く（男性75.7パーセント、女性64.7パーセント）、「海が好き」と回答した10代の若い層が前年比12.3パーセント増の69.2パーセントと調査開始以来最高を記録したようです。

　海が好きな理由は「落ち着く・癒される・安らぐ・心が和む・リラックスできる・安心感がある」がもっとも多く、「泳げるから・遊べるから」と続きます。逆に海が嫌いな理由は、「汚い・汚れる・臭いが嫌・ベタベタする」がもっとも多く、「見るのは好きだが泳ぎたくない・入りたくない」と並んでいます。好きでも嫌いでもどちらでもないのは、「行く機会がない・遠い」からのようです。海から連想することの1位はレジャーで53.9パーセント（前年は54.3パーセント）、観光14.7パーセント、船9.8パーセント、環境問題4.1パーセント、海洋資源3.5パーセント、海に係わる仕事1.6パーセントと続いています。レジャーと回答した人を年代別でみると、60代は3割台ながら20代から40代は6割を超えています。高年齢層は海に「静」、若い層は「動」の要素を

ii

求めているのでしょうか。

　以上の調査結果から見えてくるのは、少なからぬ日本人が「海」に対して関心を示しており、「海」が多くの日本人の心の原風景として息づいているということです。海洋国であれば当然かもしれませんが、なんだかホッとします。敢えて言うまでもなく、島国であるわが国において海は身近な存在であり、遠洋にまで出かけていく漁船団、貿易立国を支える海事産業 ―わが国貿易量の 99.6 パーセント（重量ベース）を担っている（『SHIPPING NOW 2020–2021』）― の恩恵を受けてわたしたちは日々の生活を送っています。海はわたしたちの暮らしそのものと言っても良く、海について改めて考えることでわたしたちの生活はより実りあるものになるにちがいありません。

　本書では「海」が主役であり、海についての大まかな整理、わたしたちの祖先と海の出会い、わたしたちの日々の生活と海の関わり、わたしたちが海に対して抱く心の問題、海と文化、すなわち海と科学（サイエンス）や技術・創造性（アート）との関係性、「海洋国」のあるべき姿をメインストリームとしています。海を扱うとなれば、海洋学など自然科学の分野とされがちです。しかし、これからの海洋について語るとき、自然科学に裏付けられた社会科学や人文科学の知見に基づく分析と総合が重要になる、と、わたしは確信しています。本書はそうした考えに基づいています。しかし残念ながら、わたし自身はそれぞれの知見について先哲のお力にすがる他なく ―もちろん、その正確な理解についての責めは一にしてわたしにある―、記述内容の正確性を保証することにいささか自信がありません。読者のみなさまには、それぞれの専門分野についてご自身でお調べいただければ幸いです。

　　※　文中、敬称を略すこと、初出の場合のみわかる範囲で生没年を示していますが
　　　　正確性を保証するものではないことをあらかじめご了承ください。

# 目　次

# 第1章

# 「海」の諸相

海と人類の未来にとって最大の脅威は無知である。知れば関心が生まれ、関心が集まれば理解の鍵を探し当てる希望もわく。

—シルヴィア・A・アール『シルヴィアの海』

いまでもよく覚えていますが、小学校低学年だったある年のクリスマス、サンタクロースならぬ普段着の父に『なぜだろう、なぜかしら』という本をプレゼントされました。いろいろな疑問に科学的に答えるもので、むさぼり読んだのを思い出します。

海についても、この「なぜだろう、なぜかしら」はたくさんあります。「なぜ、海の水は青いの？」、「なぜ、海の水は塩辛いの？」、「なぜ、海の水は地球からこぼれないの？」など、挙げたら切りがありません。「知らない」、「そんなことどうでもいい」で済ませてもいいのですが、さまざまな「なぜ？」に仮説をたてて検証していくのも一興ではないでしょうか。

## 1.「海」の雑学

Q：なぜ、海（うみ）って言うの？

初回講義やセミナーなどの冒頭、このQ（question）を院生や受講者に問いかけることにしています。海は地球上の陸地を除いた塩水を湛える領域ですが、海（うみ）の語源について改めて聞かれると、答えに窮してしまいます。かく言うわたしもかつてはそうでした。いまは多少"賢く"なって、「A（answer）は……「海（うみ）」は「大水（うみ、おほみ）」、たくさんの水だから「うみ」と言うのです」などと、それらしく答えることができます。母なる海の連想から「産み」もそれっぽいのですが、有力説は「大水」のようです。知ってしまえばどうってことないですが、「なぜだろう、なぜかしら」、雑学とはおおよそ

そうしたものです。だからこそ、ちょっとした好奇心がくすぐられ、気軽に楽しむことができるのです。

　海を意味する古語に「わた」（古形は「わだ」）があり、「わたつみ」は海の神のことです。わたの由来としては、現代朝鮮語で海を意味する 바다（bada）に発音が近いことから朝鮮半島に由来するとする説（朝鮮半島ルーツ説）、『古事記』や『日本書紀』などのほか現在も使われている日本語のなかに多く見られるポリネシア由来とする説（南方ルーツ説）、カヌー（canoe）のルーツをカリブ海の小型舟艇カノア（canoa）ではなく『古事記』に出てくる高速船「枯野（からの）」とするといったわが国古来説、国語学者大野 晋（おおの すすむ）（1919–2008）が日本語の源流とする南インドのタミル語説などが考えられます。日本神話を多起源的と考える向きからは、朝鮮半島や南方、ギリシアやスキュタイ、インドといった印欧（インド・ヨーロッパ）語族系が混淆するなかから生まれたのかもしれません。本当のところはわからず、ここでは古代の"謎"としておきます。

　詩人三好達治（みよしたつじ）（1900–64）の詩「郷愁」のなかに、

> 「海よ、僕らの使ふ文字では、お前の中に母がゐる。そして母よ、仏蘭西（フランス）人の言葉では、あなたの中に海がある。」（ルビ筆者）

という一文があります。たしかに、漢字の「海」のなかに「母」があり―厳密には、「海」（新字）と「海」（旧字）―、一方、フランス語では母を意味する「mère」のなかに海「mer（メール）」があります。

　「海」は、流れる水を表す 氵（さんずい）と髪を結っている婦人の図（毎）から成り立っています。後漢（25–220）の辞書『釈名』に、「海は晦（かい）なり」とあるようです[1]。晦はみそか・つごもり（月隠り）のことで、暗い状態です。海≒暗……中国では「海」に、親しみではなく底知れぬ畏（おそ）れを感じていたのでしょう。

　漢字は、表意文字（象形文字）であるという点で視覚言語である手話と相通じるものがあります。手話の「海」は、右手の小指を立てて左から右に移動し（→「塩」を意味する）、さらに右手の手のひらを上にして左から右に波立てて移動させながら（→「水」を意味する）「うみ」と言い添えます。ちなみに、手話の「船」は、湾曲させた両手をくっ付けて前に差し出して表現します。

　海に対して畏れを抱くのは、古今東西、同じなのかもしれません。たとえば、古代ギリシア人はいまのジブラルタル[2]の岩山（ザ・ロック）と対岸のアフリカ側の柱から成る門を「ヘラクレスの柱」と呼び、その先に行くのを極端に畏れました。哲学者プラトン（紀元前 427–347）はヘラクレスの柱の先にかつて「アトランティス（Atlantis）」なる島があったと書き、それは Atlantic Ocean（大西洋）の名の由来となっています。伝説の国アトランティスは強大な権力を有する王が統治する好戦的な国で、地中海沿岸を航海し、アテネを攻撃しました。そののち、大地震と洪水のために大方の戦士は海に呑み込まれ、アトランティスもまた海に沈みました。

　古代ギリシアの世界観では、円盤状の世界の上にあるエウロパ、アシア、リュビアの 3 大陸を海の神オケアノスが取り囲んでいました[3]。オケアノスの支配する領域はまさに“地の果て”であり、ギリシア人にとっては忌避すべき空間だったのです。オケアノスは ocean（海洋）の語源ですが、この「海洋」の「羊」は羊（ヒツジ）ではなく、「りっぱな」、「たっぷりの」という意味です。母親のおなかのなかの小さな“海”である羊水は、赤ちゃんにとって栄養たっぷりのゆりかごなのです。「洋」はたっぷりの水で、「海⊂海洋」（海は海洋に含まれる）ということです。

　人気テレビアニメの『サザエさん』（長谷川町子原作）に出てくる磯野家は、平和的で温かく、理想的な家庭像（のひとつ）と言っていいでしょう。主人公のフグ田サザエ、父で磯野家の主波平、波平の妻フネ、サザエの夫マスオ、息子のタラオ、弟のカツオ、妹のワカメ、波平の甥の波野ノリスケ（波平の妹なぎえの子）とノリスケの妻タイ子（旧姓入江）、ノリスケとタイ子の息子イクラ、磯野家のご先祖にあたる磯野藻屑 源 素太皆、波平の双子の兄磯野海平、マスオの兄サケオ、サケオの息子ノリオ、そして、カツオとワカメが通う小学校はかもめ第三小学校……まさに“うみ”のオンパレードですが、作者の長谷川町子（1920–92）はこのアイデアを福岡市の百道浜を歩いているときに思い付いたようです。

　ふね（舟・船・艦）について、佐波宣平博士は英語と似通っていると指摘しています[4]。英語 vessel の語源がラテン語の vas であるとし、花瓶（vase）が

4

そうであるように水と器が関係しており、それは舟、あるいは槽と同じだ、と言うのです。「浮く」の「浮（ふ）」に接尾語の「ね」が結び付いたとする説もあります。ちなみに、漢字の「舟」は川を流れる小舟の象形であり、漢字の「船」はその舟と「沿」の旁から成り立っています。ときに「船」を「舩」とするのは、「口」を「ム」に置き換える江戸時代の"遊び"心に過ぎません。

　船に無くてはならないものに「錨」があり、錨は船（船舶）の属具とされています。「錨」と聞くと、ついつい、学童期に鼓笛隊の指揮棒をふったアメリカ海軍行進曲の「錨を上げて」（Anchors Aweigh.）を思い出します。「錨を上げてその重さを測れ」（Weigh anchor.）が原意であり、錨を上げればいよいよ出航できるのです。錨の由来は、古語の「かり・かかり（繋）」[5]に接頭辞「イ」が合体したものと考えられています[6]。「行き張り」に由来するともされていますが、船が行こうとするのを綱で以って止めるということでしょうか。かつて「いかり」は、「重石」、「木」偏に「定」、「石」偏に「定」と書きました。しかし、金属でできた四爪が誕生してからは「錨」の字が当てられるようになりました。「金」偏はわかりますが、なぜ旁が「苗」なのでしょうか。苗はしなやかで細い形状のことで、猫の旁に用いられています。猫に苗が使われるのはmiáoという発音が鳴き声に似ているからとされていますが、しなやかだからという単純な理由なのかもしれません。では、なぜ「錨」に「猫」の旁が使われているのか。これについては、積み荷である米をネズミの害から守るため多くの舟（船）で猫が飼われていたからとする説があります。舟と猫は因縁浅からぬ関係にあり、よって相性がいい。さらには、猫の爪のように海底に鋭く食い込むが故に「錨」ということなのでしょう。

　錨を上げれば出航となり、新造船であればその航海は「処女航海」と呼ばれます。英語では a maiden voyage であり、この場合の maiden は「未婚の」ではなく「初めての」という意味で使われています。錨を上げて船は港を出ていくのですが、天候が急転して港に帰ることがあります。いわゆる「出戻り」で、ここから、嫁いだ娘が故あって実家に戻ることを「出戻り」と言うようになりました。

　公益財団法人日本海事広報協会のホームページ[7]などによれば、わが国の

船名に多い「丸」は自分のことを意味する「麿（まろ）」が転化したようです。本丸、一の丸など、城の構造を呼ぶときの「丸」に由来するという説もあるようです。船を浮かぶ不動産（floating real estate）とする向きから船を浮かぶ城（floating castle）と考えると、本丸・一の丸説にも一票を投じたくなります。このほかにも諸説 ―問丸（問屋）が所有する船に丸を使うようになったのが始まりとする問丸説、など― あるようですが、いずれにしても、明治期に制定された船舶法取扱手続き（明治 33 年逓信省公達第 363 号）のなかの「船舶ノ名称ニハ成ルベク其ノ末尾ニ丸ノ字ヲ附セシムベシ」という条文に基づき、明治期以降の日本商船の船名に「丸」がつくようになりました。

　船名に「丸」が付くことからして、どうやらわが国の船は男性（♂）のようです。しかし海の向こうでは、船は女性（♀）とされることが多いのです。「船」が女性として扱われている理由について、佐波宣平の著書[8]を参考に、失礼を承知でわたしなりに整理すれば、i）派手な進水式、竣工式など、「船」の周りではいつも男性陣が騒々しいから、ii）「船」は浮き輪（ブイ）―ブイ（buoy）をボーイ（boy）と読ませる― を目指して港に入るから、iii）海に沈んで見えない部分はそうでもないが、露出しているところは化粧が目立つから、iv）手に入れるのも大変だが、手に入れた後の方がもっと大変だから、などが考えられます。個人的には iv）の説がしっくりきますが、わたしとしては、v）創生・成長・破滅・再生という永遠の変態をなす女神的神秘性に根拠を求める説、あるいは、vi）手塩にかけて育て上げ、送り出す愛娘に例えようとする自然な感情に由来するとする説を唱えたいところです。いずれにしても、いまやこうした議論自体が問題視されかねず、「船」に関して女性（she とか her）ではなく"モノ"（it とか its）として表現する動きもあるようです。言語芸術の側面からは一抹の寂しさはありますが、それもまた時代ということなのでしょう。

　信号機の色は、敢えて言うまでもなく青（緑）・黄・赤の 3 色です。この 3 色が選ばれたのは波長が長く、遠くからでも視認しやすいからです。とりわけ赤は視神経を強く刺激する色であり、「とまれ！」と注意喚起するのにもっともふさわしいとされています。信号機を正面から見ると、左から青・黄・赤の順になっています。街路樹の枝葉で信号（とくに赤信号）が見えなくなるのを避

けるためとも考えられますが、もとを辿れば、港に接岸している船に関係しているのです。船は右舷を心臓部と考えるために右側通行とされ —バイキング船などの頃の舵は右舷側に設置されることが多かった—、右舷に青色、左舷に赤色を点灯し、左舷を接岸させて係留します。商船学校関係者によれば、「赤玉ポートワイン」と教えられるそうです。ポート（港）側は赤色、ということです。その姿を正面から見ると、左が青、右が赤となり、それが陸上さらには空（航空機）に応用されたという訳です。

　右舷側は英語でスターボードサイド（Star-board Side）と言いますが、これは舵をとるための板（Steer Board）が右舷側に設置されることが多かったことに由来し、Steer Board が訛って Star-board となったものです。「面舵」とは舵を右、すわなち、スターボードサイドにきることであり、それは十二支に分けたときの「卯」にあたる右 —北を上にすると東— にあたり、卯の舵が転じて面舵になりました。逆に、舵を左（Port Side）にきるのは「取舵」で、十二支の「酉」にあたることに由来します。

　救助を求める信号に、「SOS」があります。最初にこの信号を発信したのは、かのタイタニック号です。タイタニック号が氷山と衝突し大西洋に沈んだのは 1912 年 4 月のことであり、それまでは「SOS」ではなく「CQD」—「Come Quick Danger.（あぶない、早く助けに来て！）」、ということではない— が使われていました。タイタニック号は、「CQD」を発信したのち「SOS」を発信したのです。では、なぜ「SOS」なのか。「Save Our Ship.（わたしたちの船を助けて！）」などともっともらしく講釈する向きもありますが、決してそうではありません。SOS はモールス信号で（・・・－－－・・・（トントントン／ツーツーツー／トントントン））であり、単に打ちやすかったからに過ぎません[9]。モールス信号は、短点（・）と長点（－）の組み合わせからなる符号を用いて情報を伝えます。第二次世界大戦中、イギリスのラジオ局は放送のオープニングにベートーベン作曲交響曲第五番（「運命」）を流しました。出だしの「ジャ・ジャ・ジャ・ジャーン」がモールス信号の「V（トントントンツー（・・・－））」、すなわち、Victory を意味したからです。

　信号は視覚あるいは聴覚による識別を前提にしていますが、そうした観点か

らは、国旗もまた視覚によって国を識別するための手段と言っていいでしょう。日本の国旗は「日の丸（日章旗）」です。日の丸の公的な使用は、第十一代薩摩藩主島津斉彬（1809–58、在任 1851–58）が日本全体の船印として幕府に進言したことに始まります。同藩が建造し、のちに幕府に進呈することになる昌平丸（当初は昇平丸）が船印として日の丸を使った嚆矢とされています。安政 2 年（1855）のことで、そののちの明治 3 年（1870）、商船規則（太政官布告第 57 号）で日の丸が日本の国旗に制定されました。

　旗と海となれば、海上における船舶間通信手段である国際信号旗もあります。世界共通の旗で、国際信号旗による信号は旗旒信号（flag signalling）と呼ばれています。また、海における旗となれば、赤と白の旗による手旗信号も海洋少年団の凛々しい姿とともに目に浮かんできます。こうした視認する信号は海が織りなす演舞みたいなもので、速く移動することのない動産ならではのものです。しかし、その多くはシリアスなケースで使われるものであり、日露戦争時奮起を促すために旗艦三笠に掲げられた Z 旗などは例外と言っていいでしょう ―Z 旗は本来は「タグボートを求む」というもので、奮起を促すのは日本独自のこと―。

　船印はグルーピングの手段であり、種々の情報が共有される証と言っていいでしょう。船はグルーピングされ、そのなかで差別するために先述したように「○○丸」といった名が付きました。いわゆるネーミング（naming）であり、それは海村も同じです。ある海村のなかでメンバーを特定するネーミングがなされ、海村自らはほかの海村との差別化を図るために「地名」を必要としました。地名は家畜の烙印に由来するブランド（brand）のようなもので、"ある"エリアを"特定"エリアに変えるものです。舟（船）が停泊する津、湊、泊、湾曲して陸地に食い込んだ海域である浦、江などに由来する地名（および人名）は全国津々浦々に存在します。たとえば、三重県津市は伊勢国安濃郡の津であり、安濃津 10) と呼ばれていたことに由来しています。

　書道で使う硯の墨汁を溜めておくところは、「海」または「硯海」と呼ばれています。母なる硯海からあまたの文字や文章がさまざまに生み出され、いつしか"大海"をなし、その大海を人びとは各々の辞書なる「船」でわたります。

三浦しをんの小説に、変わり者の出版社社員が仲間と辞書を編纂する姿を描いた『舟を編む』があります。辞書は言葉の海をわたる舟であり、編集者はその舟を編む、ということのようです。大槻文彦（1847–1928）が編集した国語辞典は『言海』、そののち改訂されていまは『大言海』となっていますが、これなども言葉と海が連想づけられています。

パイロット（pilot）と言えば航空機の操縦士を思い浮かべる方も多いでしょうが、もともとは「水先人（みずさきにん）」のことです。「水先案内人」とも言います。一定の水先区において船に乗り込み本船を港に安全に導く専門家のことで、免状が必要です（水先法 2 条 1 および 2 項）。運航における最高責任者である船長と競合するようですが、水先人はあくまでも運航上の助言者であり、水先人の助言による操船で事故を起こしたとしても、故意や重過失の場合を除き水先約款によって船主や船長がその責任を負うことになります（「水先人の民事免責」）。水先人の歴史は古く、12 世紀のオレロン法にも見られます。嚮（きょうどう）導中の過失による賠償責任を負い、賠償できないときは斬首されるという厳しいものだったようです 11)。

ときどき、空に浮かぶ小太りな飛行船を見かけます。空気より比重の小さい気体を詰め込んだ気嚢（きのう）によって機体を浮揚させ、推進動力や尾翼などを取り付けることで操縦を可能にした航空機の一種です。英語では airship と呼ばれていますが、船と同じく物理的能力（浮揚性・移動性・積載性）を有し、航行能力や堪貨能力も備えていることから「船」が用いられているのでしょう。未知なる漆黒の宇宙空間を行くのも宇宙船（spaceship）であり、月面着陸を果たし「That's one small step for a man, one giant leap for mankind.（これはひとりの人間にとっては小さな一歩だが、人類にとっては偉大な飛躍である）」という名言をのこしたニール・アームストロング（1930–2012）はアポロ 11 号の"船"長でした。

血管は、英語で blood vessel と言います。血液を運ぶ船、ということです。

「渡（わた）る」は「航（わた）る」とも書きます。わたしたち人類（ホモ・サピエンス）は海を航（わた）り（「航海」）―「わたる」は海の古語「わた」に関係しているのだろうか―、空も航（わた）る（「航空」）ようになりました。

ほかにも、空港（airport）、客室（cabin）、先のパイロット（pilot）など、空は"先輩"格の海からさまざまなモノやコトを借用しています。

海に因んだことわざ、格言、故事成語や四字熟語などもたくさんあります。海が、スケールが大きく、ミステリアスにしてフレンドリーで、悠久のときの流れを内包している身近な存在だからでしょう。海を介して大陸から言霊として伝播し、新たな生命を宿したということもあると思います。

ことわざが庶民の生活の知恵から来ているのに対し、高尚な戒めである格言は昔の聖人や高僧、偉人などの言葉に由来するものが多いようです。故事成語や四字熟語の多くは中国の古い書物がもとになっています。ことわざ、格言としては、「船頭多くして船山に登る（指示する人が多いと、どこに向かうべきかわからなくなる）」、「船は帆で持つ、帆は船で持つ（互いに、分を尽くせ！）」、「井の中の蛙大海を知らず、あるいは井の中の蛙・井蛙（せいあ）（広い世界があることも知らず得意になっている）」、「待てば海路の日和あり（そのうちきっと好いことがある）」、「滄海の一粟（いちぞく）、あるいは大海の一滴（人間の存在などはかない存在である）」、「鰯の頭も信心から（つまらないものでも、信じることで有り難いと思えるようになる）」、などがあります。「舟は水に非（あら）ざれば行かず、水、舟に入れば則ち没す（舟は水がなければ進まないが、その水が入ると舟は沈んでしまう。臣下がいなければ君主は何もできないが、臣下が君主に逆らうようなことがあると君主はいずれ滅びてしまう）」という孔子（紀元前 552–479）の言葉もそうです。海で口笛を吹くな —航海中に大風が吹くというのが理由—、海に梅干しを捨てるな —桃太郎伝説など、植物の種には霊力が宿っているというのが理由— 12)、海に金物を落とすな —金物には霊力が宿っているというのが理由— など、海に関する禁忌のことわざや格言も数多く存在します。いかに船乗りたちが海に畏怖の念を抱いていたかがうかがえます。

故事成語、四字熟語も挙げれば切りがありません。「清濁併せ呑む」という言葉があります。海は清流、濁流ともに受け入れるところから、善悪の別なく受け容れる度量の大きさを表します。「水に流す」のはいいのですが、流された過去が行き着く先は海です。海は清濁のみならず喪われた過去までも受け容れるのです。「不繋之舟（ふけいのふね）」は中国の書『荘子』に出てくる「如不繋之舟（つながざるふねのごとし）」に由来

【1-1】「舟之繋不如」（静山書、常念寺（青森県むつ市）所蔵）

する四字熟語で、繋がれずに波に漂う船という意味から、心に不満や不信など何もない無心の状態を意味しています。【1-1】は青森県むつ市の不退山常念寺に掲げられている書で、檀家の方が書かれたものです。「舟之繋不如」（ふねのつながらざるがごとし）……「舟」の字体といい、じつに趣があります。

　ことわざ、格言、故事成語や四字熟語などはわたしたちが"真面"（まとも）な生活をおくるための知恵ですが、この「まとも」も海に由来します。真面は、かつて「真艫」と書きました。帆を張った船が艫（船尾）から順風を受けて順調に進むことが「まとも」なのです。風を真艫に受けているとなれば、すぐさま、江戸期の町民が作り上げた七福神（しちふくじん）（弁財天・福禄寿・毘沙門天・布袋・恵比寿・大黒天・寿老人）の図柄を思い浮かべるかもしれません。七福神のなかでは恵比寿のみがわが国生まれの神で、右手に釣り竿、左脇に鯛を抱える姿からわかるように、もともと漁村で信仰されていました。

　海に由来していそうでそうでないものがあります。たとえば、「灯台下暗し」（とうだいもとくら）がそうです。この灯台は燭台（しょくだい）のことで、洋上を照らす灯台ではありません。

　海を介しての言葉の移入は、中国や朝鮮だけでなく、ポルトガルやスペイン、鎖国下のオランダからの伝播もありました。「博多どんたく」などいまもわたしたちの日常に根付いているものも数多く、その一方で、明治以降に創られた学術用語を主とする1万語以上の和製漢字が中国に逆輸入されました。

　測量単位に、マイルがあります。一般的に1マイルは1,000パッスス ―1パッスス（passus）は2歩分の長さ― に由来する約1.6キロメートルとされていますが、海（および空）の世界では1マイルは1.852キロメートルであり、海里（nautical mile）と呼ばれています。地球上の緯度の1分に相当する長さ（＝ 40,000 ÷ 360 ÷ 60）であり、1929年の臨時国際水路会議において正確に

1,852 メートルと定義されました。1 メートルは、北極点から赤道に至る経線の 1,000 万分の 1 の長さです。ちなみに、1 時間に 1 海里すすむ速度が 1 ノット（knot）です。

## 2. 七つの「大洋」－Seven Oceans－

よく「七つの海（Seven Seas）」という表現を耳にしますが、正しくは「七つの大洋（Seven Oceans）」と言った方がいいのかもしれません。

時代とともにチーム "Seven Oceans" のメンバーは入れ替わってきており、現在は、North and South Pacific Ocean（北・南太平洋）、North and South Atlantic Ocean（北・南大西洋）、Indian Ocean（インド洋）、Arctic Ocean（北氷洋（北極海））、Antarctic Ocean（南氷洋（南極海））から構成されています。

太平洋・大西洋・インド洋の「三大洋」に北極海・南極海を加え、「五大洋」と呼ぶこともあります。しかし、敢えて言うまでもありませんが、海はあくまでも One Team（ワンチーム）です。この "ワン" は 1、2、3、4、5……といった数の概念ではなく、コンピューター計算の二進法における 0、1（all or nothing）であり、"ワン" のなかにすべてが包摂されているということです。

### （1）太平洋

太平洋は海全体の約 46 パーセントを占める世界最大の大洋であり、付属海を含めると地表全体の 35 パーセントを占めています。

太平洋の名（Pacific Ocean）は、世界周航の途次、フィリピンのマクタン島で末期を迎えたポルトガル人海洋探検家のフェルディナンド・マゼラン（1480–1521）が言った「Mar Pacifico（ポルトガル語で、平和な海、穏やかな海、泰平の海）」に由来します。漢字で「大平洋」と表記されたこともありますが、いつしか「太平洋」に統一されたようです。

ユーラシア大陸・オーストラリア大陸・南極大陸・南北アメリカ大陸に囲まれた世界最大の大洋であり、日本やアメリカをはじめとして、中国・台湾・香港・シンガポール・韓国・オーストラリア・カナダ・メキシコ・ペルー・ロシ

ア・インドネシア・チリ・ニュージーランド・フィリピンなど太平洋に接する
国や地域は多く、それだけに風土性はそれぞれに大きく異なっています。

　太平洋には、メラネシア（Melanesia（黒い島々））・ミクロネシア（Micronesia
（小さな島々））・ポリネシア（Polynesia（多数の島々））をはじめとする多く
の島々が点在しています。独自の文化を持つこうした島々は「オセアニア
（Oceania）」と総称されています。オセアニアと聞いて、多くの日本人は真っ
先にオーストラリア [13] やニュージーランド [14] を思い浮かべるのではないで
しょうか。しかし、欧米の人びとにとっては先の島々であり、オーストラリ
アやニュージーランドは思い付く程度のようです。オセアニアが「ocean ＋ ia
（大洋の地域あるいは国）」であることを考えれば、その通りなのでしょう。オ
セアニアの人びと（オーストロネシア人）は巧みな航海術を駆使して島から島
へとわたり、遠くはインド洋西域のマダガスカルまで出かけ、一部は日本にも
至りました。日本語や日本文化に大いに影響したであろうことは、このことか
らも容易に推測されます。

　太平洋交易に本格的に乗り出したのは香辛料や金銀、キリスト教徒を求める
大航海時代のポルトガルであり、マゼラン船団による世界周航が大いなる“戦
利品”をもたらしたスペインでした。新世界で採掘した銀をアジアに運び、ア
ジアの加工品をヨーロッパへと持ち帰りました。スペイン [15] が衰退すると、
オランダ [16] とイギリス [17] が勢力を伸ばします。キャプテン・クックことジェ
イムズ・クック（1728–79）は、ハワイ諸島 ―クックは、「サンドイッチ諸島」
と名付けた― で地元住民に殺されるまでの間、15 万海里にも及ぶ 3 度の航海
で大英帝国にとって重要な島々を海図に書き記していきました。いまでも大英
帝国の息のかかった場所が多いのは、そうした事情が関係しています。たとえ
ば、2019 年ラグビーワールドカップ（日本開催）に出場した 20 ヶ国（アイル
ランド・スコットランド・日本・ロシア・サモア・ニュージーランド・南アフ
リカ・イタリア・ナミビア・カナダ・イングランド・フランス・アルゼンチン・
米国・トンガ・オーストラリア・ウェールズ・ジョージア・フィジー・ウルグア
イ）のうちサモア・ニュージーランド・トンガ・オーストラリア・フィジーが
そうであり、これらの国々は、いまやイギリス発祥のラグビーの強豪国となっ

第1章 「海」の諸相 13

ています。ちなみに、優勝したのはこれらのオセアニアの国ではありませんでしたが、同じくイギリスの息のかかる南アフリカ（Republic of South Africa）でした。

　悠久にして、東の陽満ちる太平洋。しかし、わたしたち日本人にとって、この大洋は悲しい海域でもあります。わが国は太平洋があるために東から敵の来襲を受けることがなく、ときに南方、西方海域と接し、そのうち内に引きこもり、そして開くという歴史を経てきています。同じ島国のイギリスが海洋覇権を志向したのとは対極にある、と言っていい。そんな日本が、東からの来襲を受けたのです。そうなるべく、あるいは意図せぬ覚悟を決めて東からの来襲を煽った、とした方が正しいかもしれません。昭和16年（1941）12月8日の真珠湾攻撃（Attack on Pearl Harbor）であり、それは太平洋戦争（1941–45年）の勃発でもありました。多くの海軍兵士が水漬く屍、陸軍兵士は草生す屍となって太平洋南方に散っていきました。兵士だけでなく、多くの商船、6万人を超える船乗りも海の藻屑と消えました。いまも多くの軍艦や軍に徴用された商船が、水中文化遺産保護条約批准の是非が議論されるなか、光の届かないところでしずかに眠っています。はたして、昔日の軍艦や商船、水漬く屍がふたたび陽光を浴びる日はやってくるのでしょうか。はたして、ご遺族はそれを望むでしょうか [18]。

　悲しいのは、なにも戦争だけではありません。太古から多くの漂流譚の舞台になり、おぞましき大津波が幾度となくわが国を襲いました。忌むべき台風が生まれるのもこの南方、フィリピンの東方沖です。

　広大なるこの大洋をめぐってはアジア太平洋経済協力会議（APEC：Asia-Pacific Economic Cooperation）が非公式なフォーラムとして機能しているほか、近時は環太平洋パートナーシップ協定（TPP：Trans-Pacific Partnership Agreement）が何かと話題になります。

## （2）大西洋

　大西洋の名（Atlantic Ocean）はプラトンの「アトランティス」に由来し、そのアトランティスはギリシア神話に出てくる巨人神アトラスに因んでいます [19]。太平洋に次ぐ広さで、文字通り、欧州大陸の西にある大洋です。地中海やカリブ海などを付属海として、地表の 20 パーセント強を占めています。S字の形状は、超大陸パンゲアの分裂が原因です。水深 200 メートルまでの大陸棚が広がっており、平均深度は 3,800 メートル弱、水深の浅い海域が広いのが特徴です [20]。

　海上交易で栄えた地中海を付属海としていることもあり、大西洋は文明の“ゆりかご”とも呼ばれています。ヨーロッパ大陸、アメリカ大陸、アフリカ大陸を密接につなぐ大洋だけに、地理上の発見時代の大航海、奴隷貿易 [21] の舞台ともなりました。

　かつて、大西洋の大半は未踏の地でした。ある日、古代ギリシア人がヘラクレスの柱を越え [22]、ガイウス・ユリウス・カエサル（ジュリアス・シーザー、紀元前 100–40）がグレート・ブリテン島の征服に動き [23]、北方フィヨルドのヴァイキング（Viking）による交易や略奪（海賊行為）などによって大西洋を覆う深い霧は徐々に晴れていきました。ヴァイキングはスカンディナヴィアやバルト海沿岸地域の武装船団で、「入り江に住む者」が原意です。近海で交易や海賊行為をはたらいていた彼らは、8 世紀後半から 11 世紀前半にかけて、寒くて厳しい自然を嫌って遠くの海まで活動の域を拡げていきました。新大陸を発見したのはジェノヴァ出身のクリストファー・コロンブス（クリストーバル・コロン、1451–1506）とされていますが、最初の発見者は荒くれ者と恐れられたヴァイキングたちだったにちがいありません。

## （3）インド洋

　インド洋も地球の表面積の 20 パーセントを占めるほどに広大な大洋で、世界の海上運送（seaborne trade）の約半分、原油に限っては約 70 パーセントを占めるなど、海上運送ビジネスの要衝海域となっています。

　インド洋がユニークなのは、大洋の名に国名が付されていることです。1602 年にイエズス会士マテオ・リッチ（1552-1610）が刊行した世界地図『坤輿万国全図』（漢訳）では、インド西方海域は「小西洋」となっています。江戸時代初期の天文暦学者渋川春海（1639-1715）も「小西洋」とし、福沢諭吉（1835-1901）は「インド海」としました。最初から「インド洋」ではなかったのです。

　紅海・アラビア湾を含めたインド洋西域は水深が浅く、異常に暑く、風も強い。経済発展に適さない海域であり、いまでは信じられないことですがバーレーンやドバイなどは寂しい漁村に過ぎませんでした。しかし、そののち、原油や天然ガスが発見され採掘されるようになるや状況は一変しました。経済発展が都市そのものの貌を変えてしまったのであり、それは、横浜がかつてわびしい漁村だったのに似ています。

　インド洋と地中海はスエズ運河でつながれています。北極海の航路が主流にならない限り、スエズ運河は喜望峰を避ける航路であり続けるでしょう。

## （4）北極海（北氷洋）

　北極海（北氷洋）はユーラシア大陸、グリーンランド、北アメリカ大陸などで囲まれた、世界でもっとも小さな大洋です。

　マルコ・ポーロ（1254-1324）の口述を編纂した『東方見聞録』（『世界の叙述』）を懐に忍ばせたコロンブスによってアメリカ大陸が発見されて以降、北極海を抜けてアジアに向かう北西・北東航路が探索されるようになり、北極海の謎は徐々に解明されていきました。1909 年、アメリカ海軍軍人で探検家のロバート・ピアリー（1856-1920）が北極点に到達した、とされています。ピアリーによる北極点到達のニュースはノルウェーの海洋探検家ロアルド・アムンゼン（ロアール・アムンセン、1872-1928）、イギリス海軍大佐のロバート・スコット（1868-1912）、日本の海洋探検家白瀬矗（1861-1946）に大きな衝撃を与え、彼らを北極から南極へと向かわしめました。

　北極海では、地球温暖化の影響で海氷域が減少しています。2040 年には 1

16

年中通航が可能になり、さらにはその 10 年後、北極を覆う氷は完全になくなるとも言われています。このこと自体大きな問題なのですが、同じく大きな問題として、未発見原油の 13 から 15 パーセント、天然ガスの 30 パーセント、加えて希少金属が埋蔵されていることが確認されており、資源獲得競争の激化も懸念されています。ロシアが主導権を握ろうと動いているようですが、北極海に面しているのはなにもロシアだけではありません。アメリカ、カナダ、ノルウェー、グリーンランド（デンマーク）、アイスランドも利権を激しく争うであろうことは、地政学的見地から容易に想像がつきます。北極圏に領土を持たない中国が覇権を狙っている、とも言われています。

　トンマイルの短縮はもちろんのこと、北極海における海洋資源開発は海運業界にとって大きなビジネス機会になるはずです。いま現在（2021 年 1 月）、北極に関わる組織として北極評議会（AC：Arctic Council）があります。先の 6 カ国に加え、圏内国としてスウェーデン、フィンランドが加盟国となっているほか、わが国は常任オブザーバーとして参加しています。今後とも先住民の歴史や文化を尊重しつつ、地政学的動向や地球規模の気候変動、海洋資源開発動向などに注意を払っていく必要がありそうです。

## （5）南極海（南氷洋）

　北極海の対極にある南極海（南氷洋）は、気象学、天文学、生態学などの分野において世界の耳目を集めています。たとえば、地球が酸素に満ちた惑星となったことを物語るシアノバクテリアの化石（ストロマトライト）をこの南極で確認することができるのです。

　南極は北極と違って陸地であり、南極半島を鼻と見立てて「象の頭」と言う向きもあります。南米最南端とは、ドレーク海峡（幅 650 キロメートル、水深 2,500 メートルの海峡）を隔てて結ばれています。

　南極海では、東向きの南極周極流が南極大陸を一周しています。世界最強の海流とされ、グリーンランド沖の深層水より冷たく重い南極低層水の運び屋であり、グリーンランド沖とならんで熱塩（深層）循環の起点ともなっています。

## 3. 大洋の「付属海」—Sea —

　海洋は、大洋と付属海に分けられます —「大洋 ⊂ 海洋」—。大陸や半島など
の陸地によって大洋から分離された海域が「付属海」です。付属海が身近に感
じられるために主観的であるのに対し、大洋は客観的でどこかよそよそしい印
象があります。付属海は、さらに内海と縁海（沿海）に分けられます[24]。前者
がほぼ陸地に囲まれ狭い海峡で大洋とつながっているのに対し、後者は大洋に
沿って大きく口を開いています。

　内海の例としてはヨーロッパ地中海 —いわゆる「地中海」—、メキシコ湾、
カリブ海 —メキシコ湾とカリブ海を総称して「アメリカ地中海」—、紅海、ペ
ルシア湾、瀬戸内海、縁海の例としてはオホーツク海、日本海、東シナ海、黄
海などがあります。日本列島の東には太平洋が広がり、北東から南西にかけて
ベーリング海・オホーツク海・日本海・東シナ海・南シナ海といった 5 つの縁
海が連なっています[25]。

　若かりし頃の小柳ルミ子を思い浮かべながら「瀬戸は日暮れて夕波小波♪」
などと口ずさみ、「きれいな夕焼けだ……」などと詠嘆されることの多い瀬戸内
海ですが、国際水路機関（IHO：International Hydrographic Organization）、わ
が国の法令（領海法施行令、海上交通安全法施行令、漁業法、瀬戸内海環境保全
特別措置法）によってその範囲が定められています[26]。日本海はアジア大陸
と日本列島に囲まれた海域であり、先の国際水路機関によって定義されていま
す。「日本海」の名称は、マテオ・リッチが 1602 年に出版した『坤輿万国全図
（坤輿萬國全圖）』（漢訳）が初見とされています。

　付属海の場合、Mediterranean Sea（地中海）—medi（中）と terra（陸）の合
成—、Red Sea（紅海）[27]、Black Sea（黒海）[28]、Dead Sea（死海）[29]、Caribbean
Sea（カリブ海）、Arabian Sea（アラビア海）、Japan Sea（日本海）、Seto Inland
Sea（瀬戸内海）[30] など、名前に「Sea」が用いられています。ただし、メキシ
コ湾（Gulf of Mexico）、ペルシア湾（Persian Gulf）などの例外もあり、「Gulf」
であるがゆえに、「湾」の訳が当てられています。海岸が単一の国に属する
「湾」は湾口に引いた直線を直径とする半円の面積よりも湾入部の水域が広い

ものを言い（国連海洋法条約 10 条 2 項）、規模の大きい湾を英語で gulf、小さいものを bay と表現します。東京湾は Tokyo Bay であり、同条約によって「内水」とされ、湾口に引いた直線を基線とすることが認められています（10 条 4 項）。メキシコ湾、ペルシア湾は本条が対象とする湾ではありませんが、コンセプトからは湾であり、規模が大きいために gulf ということなのでしょう。

　付属海ではありませんが、サルガッソ海（Sargasso Sea）という「Sea」もあります。メキシコ海流、北大西洋海流、カナリア海流、北赤道海流による時計回りの海流からなる海域で、浮遊性の海藻でサルガッソ海の名の由来でもあるサルガッスムが散在し、帆船時代から難所のひとつとして知られています[31]。

　世界最大の湖であるカスピ海（Caspian Sea）のように、大きな湖を「Sea」と呼ぶこともあります。日本でも、最大の面積を誇る滋賀県の琵琶湖[32] は、"Lake" Biwa ながら「淡海（あはうみ、あふみ）」、「近淡海（ちかつあはうみ）」とも表記されました。大水を湛えているために「海」と認識され、塩水の「海」と区別するために「水海（湖）」あるいは「淡海」とされたのです。ウナギ（鰻）で有名な浜名湖は、かつて「遠淡海（とほつあはうみ）」と呼ばれました。都からみて近くにあるのが近淡海、遠くにあるのが遠淡海であり、近淡海（琵琶湖）のある地は「近江国」、遠淡海（浜名湖）がある地は「遠江国」です。

## 4. 運河

　川と川、川と海、海と海をつなぐ運河は人工的な造作であり、多くの人の希望、そして多くの犠牲のもとに完成に至っています。

　カリブ海（大西洋）はパナマ運河（Panama Canal）で太平洋とつながり、紅海（インド洋）はスエズ運河（Suez Canal）を介して地中海（大西洋）と結ばれています。パナマ運河がなければ、太平洋から大西洋に抜けるにはアメリカ大陸を横断する、パナマ地峡を行く、あるいは、南米最南端を回るしか方法はありません。スエズ運河がなければ、（北極海を航海できるようになれば別ですが）アジアからヨーロッパに向かう大型船舶はアフリカ南端の喜望峰を経由するしかないのです。

　太平洋と大西洋（カリブ海）をつなぐパナマ運河は、人類の英知と巨費、そして 3 万人を超える尊い犠牲のうえに 1914 年 8 月 15 日に開通しました。3 組の閘門（こうもん）と 3 つの人造湖を結ぶ、全長約 80 キロメートルの大運河です。太平洋と大西洋を結んでいることから東西に延びている印象がありますが、実際は南東と北西の縦方向に掘られています。開削工事に最初に挑んだのはスエズ運河を完成させたフェルディナン・ド・レセップス（1805–94）ですが、工事が困難を極めたため、その挑戦はアメリカ工兵隊に引き継がれました。アメリカにとってパナマ運河は通商、軍事の上で極めて重要で、「シーパワー（海上権力論）」を主唱した海軍戦略家アルフレッド・セイヤー・マハン（1840–1914）もそのことを十分理解していました。この想像を絶する難工事にはるばる日本から参加した土木技師（Civil Engineer）が、青山 士（あきら）（1878–1963）です。名前を聞いてピンとこない方も多いかもしれませんが、リッテル・ノベル・ディアス・ゴメス前駐日パナマ大使（在任 2014–19）に尋ねたところ、「パナマでも有名です」とのことでした。工事現場は想像を絶する過酷な環境で、ワニ、蛇、毒蜘蛛のほか、マラリア、チフス、黄熱病などに苦しめられます。青山が滞在した 7 年半だけでも、4 千人ほどが亡くなりました。フランスポスト印象派の画家ポール・ゴーギャン（1848–1903）もこの工事で働いていますが、朝の 5 時半から夕方 6 時までひたすら掘り続け、暑さ、夜の蚊の大群に苦しめられたようです。青山は測量技師補にまで昇格し、米国人技師と遜色ないまでに遇されました。しかし、強まる日本人排斥の機運のなかで辞表を出さざるを得なくなり、工事が 8 割ほど進んだ段階での離脱を余儀なくされました。太平洋戦争中、敵国の兵站線（へいたん）を断とうとしてパナマ運河の爆破作戦が練られ、軍部の担当者が運河の破壊方法を青山に尋ねます。しかし、当の本人は、「造る方法は知っているが、壊す方法は知らない」と返したと言います。まさに、技師の "一分" です。[33]

　レセップスが 1869 年に完成させたスエズ運河ですが、そこにはナポレオン・ボナパルト（ナポレオン一世、1769–1821）が深く関係しています。エジプトに遠征した折に運河の遺構を見つけ、インドに至る計画を思い描いたのです。もちろん、そののち、ネモ船長操るノーチラス号が通り抜ける "アラビアン・

トンネル"のことなど知る由もありませんでした。工事中のスエズ運河を最初に目にした日本人は、「サツマ・スチューデント」と呼ばれている五代友厚（ごだいともあつ）（1836–85）ら薩摩藩の人たちです。蒸気汽車が発車する深夜 11 時までの時間を利用し、運河の開削現場を見学したのです。文久 3 年（1863）の薩英戦争で西洋の先進性を知った薩摩藩は俊英をイギリスに留学させることを決め、元治 2 年（1865）3 月、五代、松木弘安（のちの寺島宗則）ら 4 人の外交使節、森有礼（ありのり）、磯長彦輔ら 15 人の留学生がイギリス人商人トーマス・グラバー（1838–1911）が手配したオースタライエン号で密航の船旅に出ました。香港で英国の P&O 社（Peninsular and Oriental Steam Navigation）所有の大型蒸気船に乗りかえ、シンガポール、ペナン、ボンベイ（いまのムンバイ）、アデン、そして、先に触れたとおり工事中のスエズ運河を見学し、蒸気鉄道でアレクサンドリアに向かい、同地から地中海に入り、英国南部のサウサンプトン港に安着しました。この航海の間、専属の楽人が演奏する西洋音楽で無聊（ぶりょう）をなぐさめ、シンガポールでは"マツカサクタモノ"なるパイナップルを食し、西洋人の夫婦が路上で接吻するのに驚き、インド洋上ではアイスクリームに感動しました。しかしその一方で、ボンベイの暑さに辟易（へきえき）し、貯炭地アデンの高温多湿に鬱々となったようです。[34]

　スエズ運河やパナマ運河は、海運ビジネスの現場に運航期間（トンマイル）の短縮という何物にも代えがたい価値をもたらしています。もちろん、運河は何もこのふたつだけではありません。運河と言えば、観光都市ヴェネツィア（イタリア）を思い浮かべる方も多いでしょう。私事ながら昭和 59 年（1984）、イタリアのナポリから向かったアムステルダム（オランダ）でガイドさんに、「ナポリは、治安は悪いけど命までとられることはない。でも、アムステルダムでは一本路地をはいった運河に死体が浮かんでいることがあります」と脅されました。真偽のほどは定かではありませんでしたが、美しいはずのアムステルダムの街が寒々しく映ったのを懐かしく思い出します。ペロポネソス半島の根元にあるコリントス地峡に開削されたコリントス運河はサロニコス湾（エーゲ海）とコリンシアコス湾を結び、1893 年に完成しました。大型客船が両岸の間をすれすれでわたる姿は、まさにスリル満点のようです [35]。ポントカサス

テ水路と運河は北ウェールズにある世界遺産で、天空を行く運河として知られ
ています。1805 年開通の高さ 38 メートルの水路橋はイギリス産業革命時代建
築の最高傑作のひとつとして知られ、石炭や石材などの天然資源を運ぶ手段で
した。絶景を目におさめながらのナローボートクルーズが魅力のようです [36]。
中国の京杭大運河は、北京と杭州を結ぶ全長 1,800 キロメートル弱の大運河で
す。隋（581–618）の時代の 610 年に完成し、いまも交通の大動脈として機能
しています。2014 年、シルクロードとともに世界遺産に登録されました。ク
ビライ（フビライ・ハン、1215–94）が陸の道（ユーラシア西域から大都（い
まの北京））、海の道（ペルシア湾から臨安）を結んで大都を中心とする一大交
易圏を築くことができたのも、この大運河のおかげです。

　江戸（いまの東京）は、「河口」が原意です。江戸時代、現在の皇居前広場や
日比谷公園の辺りは一面の海（日比谷湾）で、平川（いまの日本橋川上流部）が
湾に注ぎ込んでいました。元々の江戸は現在の皇居を中心とする狭い地域で、
江戸＝東京ではなかったのです。日本橋から銀座にかけての一帯は、「江戸前
島」と呼ばれる砂州でした。その地を、現在のお茶の水の位置にあった神田山
を切り崩した土砂で以って日比谷湾のみならず周辺地域まで埋め立てました。
それは世界でも類例のない大工事であり、徳川三代にわたって全国諸藩の大名
が動員されました [37]。初代将軍徳川家康（1543–1616、在任 1603–05）は街づ
くりの天才で、低湿地と干潟の海岸線に沿って運河を開削しました。小名木川
（天正 18 年（1590）あるいは慶長年間（1596–1615）の開削）と船堀川（いま
の新川）がそれで、行徳（いまの千葉県市川市）の塩を江戸に運ぶための舟
運の整備が目的でした。行徳の塩を積んだ船は江戸川（いまの旧江戸川）、船
堀川を通り、中川船番所（中川番所）[38] で査検を受けたのち中川（いまの旧
中川）から小名木川に入り【1-2】、隅田川（大川）から江戸城下へと向かい
ました。船橋や浦安で取れた魚介類や野菜の運搬にも使われたようです。運河
の開削で出た大量の土砂は、海岸の新たな埋立てに使われました。明暦 3 年
（1657）の大火を機に、幕府は本格的な運河開削を行います。隅田川に両国橋
を架橋して府内と墨東（武蔵国と下総国）を結び、低湿地の墨東を人の住める
土地に変えるため十間川、大横川、竪川などの運河を掘りました。運河は物流

【1-2】旧中川から入り込む小名木川（手前、筆者撮影）

に利用されるようになり、墨東地域は木場としても発展し、本所地域には大名や旗本の屋敷が集中し、南北の割下水が掘られました。小名木川、横十間川から隅田川にかけての一帯は、わたしの散歩コースのひとつです。深川江戸資料館で猪牙船の模型を見て時代劇の世界に浸り、そののち清澄公園内を散策し、いくつかの相撲部屋を通り過ぎてしばらく行くと小名木川と隅田川が交わるところに萬年橋があり、そこから先に目をやると隅田川の流れが横たわっている。松尾芭蕉（1644–94）ゆかりの地でもあり、銅像はもちろん、芭蕉庵史跡展望庭園がみごとに整備されています。目を閉じると、小名木川を抜けて隅田川に至った昔日の光景が浮かんでくるようです。かぐや姫の名曲で知られる神田川も、人工的に開削された運河です。三鷹市井の頭恩賜公園に源を発し、両国橋の近くで隅田川に合流しています。簪のレリーフが彫られた柳橋が架かるこの合流域はかつて柳橋芸者で賑わったところで、わたしのお気に入りのスポットです。

## 5. 母にして女性なる「海」

　海からの風に身を置いていると、遥かなる太古からの鼓動が心耳にとどき、昔日の故郷の空に広がる茜雲や母の面影が頭をもたげてくるかのようです。ソビエト連邦（いまのロシア）の生化学者アレクサンドル・オパーリン（1894–1980）が言う「原始スープ（有機的スープ）」は生命の祖先となる条件を備えており、必然的に海は生命の母になる資格を得ました。社会心理学者エーリッヒ・フロム（1900–80）は、母性愛は何の代償も求めない最高の愛であり、もっとも神聖なものであると説きました。解剖学者の三木成夫（1925–87）は、母親の胎内で羊水（栄養たっぷりの水）に浸る胎児は大海原に抱かれていたときのことを懐古していると考え、羊水こそが太古の海水であるとしています [39]。わたしたちが海へと向かうのは、海に母を感じるからです。寄せては返す波の音に母の胎内にいたときに聞いた音を重ね、羊水に包まれていたころの記憶に戻ろうとするのであり、それは「胎内回帰」と呼ばれています。

　慈母の笑みを浮かべる一方で、アーネスト・ヘミングウェイ（1899–1961）の『老人と海』に出てくる老人が考えるように、大きな恵みを与える陰で出し惜しみし、人間の女性と同じく月の影響を受ける（本章 6.（2）4）参照）ために海は女性のようでもあります。事実、海はときとして嫉妬深い女性の顔ものぞかせます。多くの男性たち、たとえば、ダニエル・デフォー（1660–1731）の小説に出てくるロビンソン・クルーソーがそうであったように、海の冒険へと帆を張るのは女性なる海の魔性に惹かれてのことであり、彼女の気まぐれによって波濤のなかで命を散らすのも本望と考えるのでしょう。しかしおもしろいのは、海で男たちを救うのも女性、女神 [40] であるということです。

　おもしろいと言えば、フランス語の海（mer）が女性名詞であるのに対し、スペイン語の海（mar）は一般的に男性名詞ながら海に生きる人びとにとっては女性である、ということもあります。大陸国フランス対海洋国スペインということでしょうか。ヘミングウェイの小説に登場する先の老人にとって、海はつねに「ラ・マール（la mar）」、すなわち女性でした。

# 6. スケールの大きい「海」

　海で発生した水蒸気は雨雲となり、雨雲から生まれた雨は大地を潤し、やがて小さな流れとなり、その流れはいつしか大きな川となって平野を蛇行し、わたしたちをはじめとする多くの生命を育み、ときとして大地に溢れ、いずれは海へと"里帰り"を果たします。

## （1）広くて深い「海」

　海は、地球の表面積の約7割（71 パーセント）を占めています。広いだけではありません。海は、広くて深いのです。

　最も深い海溝はマリアナ諸島の東に位置するマリアナ海溝（Mariana Trench）で、最深部はチャレンジャー海淵（かいえん）と呼ばれています。海水面下 10,911 メートルという想像を絶する深さで、平成7年（1995）、日本の無人探査機「かいこう」が観測しました。世界最高峰のエベレスト山（チョモランマ、8,848 メートル）ですら溺死するほどの深さです[41]。

　海の測深は、米国海軍によるサイドスキャン・ソナー、シー・ビームといった技術革新によって格段に進みました。地球全体の海の深さの平均は 3,800 メートルほどで、陸地の平均の高さ（約 840 メートル）どころか、霊峰富士の高さ（3,776 メートル）にも匹敵します。

　海の 98 パーセントが「深海」です。深海は太陽の光が届かない 200 メートルよりも深い、暗黒・低温・高圧の世界です[42]。赤道直下の海でさえ、水面下 1,000 メートルを過ぎると水温は摂氏5度以下になります。2017 年現在、水深 8,178 メートルの深さで生息している深海魚[43]が確認されていますが[44]、そこでの気圧は地上の約 800 倍（833.9 kg/cm$^2$）、指先に軽自動車1台が乗っている計算になります。

## （2）動く「海」

　海はダイナミックに動いています。動くことによって、海は海象・気象、景観、海民の暮らしなどをさまざまに織りなしているのです。

## 1) 波（wave）

　動く「海」となれば、まずは「波」でしょう。寄せては返す、地球の"呼吸"とでも呼ぶべき海面の上下運動であり、『古事記』のなかでも豊玉毘売命(トヨタマビメノミコト)の霊威を示すものとして登場します[45]。波は風が原因で起こりますが、そのほかにも、船舶などの航行、地震や火山噴火などによって起こります。船舶などの航行によって起こる波は航跡波、航走波または曳き波、地震によって起こる波は津波などと呼ばれます。

　気象庁のホームページ[46]によれば、海上における波の山とそれに続く波の谷との差を「波高(はこう)」、波の山頂から次の波の山頂までの距離を「波長(はちょう)」といい、ある波の山頂から次の波の山頂までの時間を「周期」としています。しかし、波の形は一様でなく絶えることがないため、一定のルールを定めて波を観測する必要があります。気象庁の説明によれば、100 個の波が観測された場合、波高の高い順に 33 個（1/3）の波を選び、これらの波高、周期を平均したものをそれぞれ「有義波高(ゆうぎはこう)」、「有義波周期(ゆうぎはしゅうき)」と呼んでいるようです。有義波は「3 分の 1 最大波」とも呼ばれ、気象庁が天気予報などで使っている波高や周期はこの有義波の値です。あくまでも平均値ですので、実際の波が気象庁の発表する波高より高くなることもあります。フリーク波（変わった波）、ローグ波（悪党波）、一発大波(いっぱつおおなみ)がそれで、確率的には 100 個の波のうち 1 個は有義波高の 1.51 倍、1,000 個に 1 個は 1.86 倍になるとされています[47]。洋上を航海する船舶にとって、これらの波は恐怖以外の何者でもありません。

　恐ろしい波としては、進行方向が異なるふたつ以上の波が衝突したときにできる三角波(さんかくなみ)もあります。波高が大きく、先端が尖った波で、台風のときなどに発生します。航海中の船舶にとってきわめて危険な波で、巨大な船を沈めてしまうほどの破壊力を持っています。1980 年 12 月に起きた尾道丸の遭難も三角波が原因でした[48]。

　海面で見られる大方の波は風によって起こりますが、発生のメカニズムは完全には解明されていないようです。洋上で風が吹くとさざ波ができますが、弱過ぎる風では海水面の表面張力によって波にはなりません。鏡のような海面であっても無風とは限らない、ということです。波になるには、少なくとも、風

速1から3メートル（時速 3.6 から 10.8 キロメートル）の風が必要です。

　風が強く、しかも長く吹くことで風浪は大きくなり、風が吹いている範囲を抜けると波長の短い順に消えていきます。一方で、波長の長い風浪はなかなか消えず、遠くまで伝わっていくこともあります。「うねり」と呼ばれる波です [49]。「土用波（どようなみ）」と呼ばれる波の正体の多くは、南洋で発生した台風に源を発するうねりです。

　海が荒れ、波が高くなれば船は激しく揺れますが、そうした状態を「時化（しけ）」と呼んでいます。湿気に由来する「湿気る（しっけ）」と同源で、漢字の「時化（しけ）」は当て字です。気象庁では、4から6メートルの波高の波を「しけ」、6超から9メートルの波高の波を「大しけ」、9メートルをこえる波高の波を「猛烈なしけ」と区分しています。座礁や沈没の危険もさることながら、わたしなどは船酔いが心配です。「「船酔いで吐いたらそれを飲ませるぞ」と脅されたら治った」と、ある海運会社の社長が言っていました。「水平線をみていれば何も問題ない」、とも。船酔いが自律神経の働きの乱れに起因することを考えれば、遠方に視線を向ける、なるべく揺れにくい場所にいる、満腹や空腹を避けるなどの対策は有効とも思えるのですが、やはり、抗ヒスタミン成分を含む酔い止めの薬にすがる、あるいは、ただただ我慢するしかないような気がします。

　波は、海底の地殻変動である地震によっても起こります。「津波」です。英語で TSUNAMI と表記されることからもわかるように、わが国は津波による多くの被害に見舞われてきています。もちろん、津波は世界のいたるところで発生します。平成 29 年（2017）10 月 26 日付「BBC NEWS JAPAN」に「世界最古の津波犠牲者か 6000 年前の頭蓋骨を調査」と題した記事が掲載されました [50]。パプアニューギニアで 1929 年に見つかった 6,000 年前の頭蓋骨が津波の犠牲者の可能性がある、というのです。もしそれが事実だとすれば、世界最古の津波の被害者ということになりそうです。記録が残っているなかでは、365 年のクレタ地震による津波があります。地中海東岸で発生したもので、アレクサンドリアにまで被害は及びました [51]。ちなみに、記録（『日本書紀』）で確認できるわが国最古の地震による津波は、天武天皇 13 年（684）の白鳳地震による津波とされているようです [52]。

　津波は沖合ではジェット機に匹敵する速さで進み、陸地に近づくにつれて遅くなり、後ろの津波に追いつかれて波高が高くなります。遅くなると言っても自動車ほどの速度で迫り来るのであり、逃げ切るのはそう容易いことではありません。風で起きる波と違い、津波はプレート型地震や火山噴火に起因して発生します。プレート型地震は、プレート状の地殻がほかのプレートとぶつかることで発生する地震です。海洋プレートが大陸プレートに沈み込み、引きずり込まれた大陸プレートが反発するときに発生します。よく地震速報で震源地が「×」印で示されますが、地震は 1 ヶ所で起きているわけではありません。平成 23 年（2011）3 月 11 日に発生した東日本大震災では、岩手県から茨城県に至る南北 500 キロメートル、東西 200 キロメートルで地殻が動き、津波は広範囲にわたって甚大な被害をもたらしました。プレート型地震に起因して発生した大津波が街を次々に飲み込んでいく映像は、いまも瞼から離れません。

　日本列島は大陸プレートの北米プレートとユーラシアプレート、海洋プレートの太平洋プレートとフィリピン海プレートの 4 つのプレートの上にあり、いつプレート型大地震、それに伴う大津波が起きても何ら不思議ではないと肝に銘じておきたいところです。もちろん、留意したいのは日本近郊のことだけではありません。わたしが生まれた昭和 35 年（1960）の 5 月、日本から遠く離れた南米チリで地震があり、津波が太平洋を越えて三陸海岸に押し寄せました。気象庁のホームページ [53) によれば、平成 19 年（2007）8 月 16 日に南米ペルーで地震が発生し、20 時間以上かけて津波が日本に到達しています。その一方で、先の東日本大震災では、津波が太平洋の島々を襲い、チリでは 2 メートルの津波を観測しました。海は地殻に間借りしており、"大家"が痙攣を起こせば"住人"も無傷という訳にはいかないのです。

　火山噴火に起因する津波としては、寛政 4 年（1792）5 月 21 日に起きた雲仙岳のケースがあります。噴火によって崩壊した山体が海に流れ込み、対岸に津波が押し寄せました。「島原大変肥後迷惑」と呼ばれているもので、肥前国（いまの佐賀県）、肥後国（いまの熊本県）合わせて死者、行方不明者 1 万5,000 人という、わが国史上最大の火山災害でした。

## 2）吹送流（wind current）

　風によって起こる小規模な海の流れは「吹送流（すいそうりゅう）」と呼ばれています。洋上をわたる風によって直接的に起こる、浅い海流と考えていいでしょう。

　風は、ときに温度差によって発生します。太陽熱によって温められた空気は軽くなって上昇し、反対に、空の上のほうで冷やされて縮んだ空気は重くなって下降します。上昇した空気のあとには周りから別の空気が流れこみ、下降した空気のあとにも回りから別の空気が流れこんできます。このことは、陸地と海の間でも起こり得ます。たとえば、昼間は陸地の方が先に温まることから風は温度の低い海から温度の高い陸地に向かって吹き（「海風」）、逆に、夜間は海が陸地ほどには冷えないために陸地から海に向かって風が吹く（「陸風」）ことになります。比熱の差によって海陸風は発生する、ということです。比熱とは 1 キログラム の物質の温度を 1 K（ケルビン、摂氏 1 度）上げるのに必要な熱量のことで、水の比熱である $4.186\,J/g \cdot K$（J：ジュール）は 1 カロリー（$1\,cal = 4.184\,J/g \cdot K$）の由来となっています。砂の比熱は $1.1\,J/g \cdot K$、粘土は $1.8\,J/g \cdot K$ です。水は砂や粘土に比して熱しにくく冷めにくいということであり、そのため、太陽光がふりそそぐ昼間は海 [54] より先に陸地が温まることで海風が、太陽光がお休みの夜間は陸地の方が先に冷めるので陸風が吹き、こうした風によって海が小規模に動くことになります。

## 3）巨大な風によって動く「海」

　巨大な、あるいは継続して一方向に吹く風によって海が動くこともあります。サイクロン（cyclone）、ハリケーン（hurricane）、台風（typhoon）による海流、風成（表層）循環がそうです。

　呼称は異なりますが、サイクロン・ハリケーン・台風の現象面に何ら違いはありません。サイクロンはインド洋北部・インド洋南部・太平洋南部で発生する熱帯低気圧（熱帯の海上で発生する低気圧）、ハリケーン [55] は大西洋北部（カリブ海・メキシコ湾を含む北大西洋）・太平洋北東部・北中部で発生する熱帯低気圧、台風 [56] は北西太平洋で発生する熱帯低気圧です。わたしたちにお馴染みなのが、この台風です。台風はフィリピンの東方沖で発生して西に進

み、太平洋高気圧の縁を舐めるように北上し、中・高緯度に達すると、上空の強い偏西風によって北東へと押し流されます[57][58]。農作物に甚大な被害をもたらし、多くの家屋を倒壊し、ときに船舶の航海にも支障が出る厄介な巨大風ですが、水不足の心配をしなくて済むという恩恵もあります。夥しい力であり、うまくコントロールできれば人類は途轍もないエネルギーを得ることになるでしょう。

　風成循環（wind-driven circulation）は、表層循環と呼ばれることからもわかるように、洋上を駆ける偏西風や貿易風、季節風を主な理由として発生します。北半球では、中緯度帯で年間を通じて吹く偏西風（westerlies）、緯度30度より赤道寄り —低緯度— の地域で吹く北東貿易風（northeast trade winds）、海と陸地の温度差に起因して吹く季節風（monsoon）が見られます。風成循環はこうした長期間一定の方向に吹く風によって起こる地球規模の海の流れであり、後述する「海流（ocean current）」の正体としていいものです。

### 4）潮流（tide）

　海流の説明に入る前に、片づけておきたいことがふたつほどあります。潮流と熱塩（深層）循環です。

　潮流は潮汐現象によって地域的、周期的に発生するもので、綿津見神（海神）が火遠理命（山幸彦）に授けた呪文、塩盈珠や塩乾玉によって起こされるものではありません[59]。外洋では弱く、海岸の近くでは強くなり、たとえば、渦潮で有名な鳴門海峡の最大流速は9.9ノット（時速約18.3キロメートル）、一般的な海流の2倍以上の速さに相当します。

　干満による海水面の差を「潮差」と言いますが、日本でもっとも大きいとされている九州の有明海では5メートルを超え、瀬戸内海でも4メートルはあります。目を世界に転じれば、カナダの大西洋岸にあるファンディ湾で15メートル、アジアでは韓国の仁川で10メートルといった例もあります。しかし一方で、狭いジブラルタル海峡で外海とつながっている"とっくり"型内海のヨーロッパ地中海では、海水の移動が遮断されているために潮汐はあまり見られません。カエサルが紀元前55年のブリタニア遠征で苦労するのは、ドー

ヴァー海峡の悪天候もさることながら、当地の潮汐を理解していなかったことも大きな理由のひとつです。ローマ人であるカエサルは、潮汐をあまり知らなかったのです。

アリューシャン列島のウナルガ・アクタン両島の間のアクタン水道（アメリカ）、シェトランド・オークニー両諸島（イギリス）の間などでは船舶の航海にとって極めて危険な急灘（早瀬）や渦ができ[60]、アマゾン川やインダス川、中国の銭塘江などでは河川を遡流する潮津波も見られます。潮津波は「海嘯」とも呼ばれ、「海が吠える、唸る」といったイメージです。

海の干満には、月と地球の間で働く重力（ふたつの物体の間で働く力）が関係しています。月は地球と月の共通重心[61]を中心に地球共々周回しており、地球が月から受ける引力と共通重心を中心に回ることによって起こる遠心力との合力（起潮力）が発生・消滅することで潮の干満が発生します。地球は1日かけて自転するため、干満は約6時間ごとに交互にやってきます。こうした月と地球の関係は太陽と地球の場合も同じで、月と太陽の影響が同じ方向に働くときに潮位はもっとも高くなり[62]、月と太陽が地球に対して互いに直角になるときにもっとも低くなります。いわゆる、「大潮」と「小潮」です。

魚の餌となるプランクトンは潮流で流されるため、流れが止む満潮時や干潮時はあまり釣れないようです。干潮時は、潮干狩りなどを楽しむ時間帯です。家族と行った千葉県富津での潮干狩り、新鮮な焼きウニや蛸の丸焼き、塩水で茹でた大量の蜷などを仲良く食べた幼いころの磯遊びを思い出します。

江戸時代、北前船のように地乗りする帆船は潮流が悪いと湊で潮待ちし、潮流や風をよみながら航海を続けました。瀬戸内海にはそうして賑わった湊が数多くあり、おちょろ舟といった船乗り相手の花街文化も根付いていました。現在でも、小型貨物船などは潮流をよんで航行

【1-3】鞆の浦の「雁木」（筆者撮影）

しています。

　港湾での航行や荷役作業も、海面の高さに影響されることが少なくありません。風光明媚で知られる広島県福山市の鞆の浦に、「雁木」とよばれる石の階段があります（【1-3】）。雁が斜めに並んで飛ぶさまに似ているのでそう名付けられました。潮の干満を問わずいつでも船着けできるよう工夫されたもので、満潮時には最上段、干潮時には最下段が岸壁になります。船舶建造の進水式（launching ceremony）に何度となく出席させていただきましたが、造船所での進水は満潮時を選んで実施されます。

### 5）熱塩循環（深層循環、thermohaline circulation）

　海洋では、海水温度、塩分濃度の較差によって起こる地球規模の「熱塩循環（深層循環）」が見られます。グリーンランド沖と北極海、さらにはその対極にある南極海で冷やされた海水が冷たく重い深層水となって東進し[63]、インド洋北部と北太平洋でわき上がり、海流の一部となって出発点にもどる千から2千年周期ともされる大きな海流[64]です。植物プランクトンや海藻の生育に必要な窒素、リンやカリウムを豊富に含んでおり、もともと栄養豊富な北太平洋海域をさらに豊かにし、親潮（千島海流）となってわたしたち日本人の生活を支えてくれています。

　地球規模の海水温の平準化をもたらす重要な海流でもあるのですが、昨今の地球温暖化によって沈み込む深層水の減少が懸念されています[65]。

### 6）海流（ocean current）

　以上、動く「海」についてみてきました。いよいよ、「海流」の出番です。

　波がいずれは消えゆく宿痾のために切なくもあるのに対し、海流は生き続けなければならない宿運を負っています。

　海流は、風成循環をその正体としています。熱塩循環、地球の自転、地や海底の地形などによって流れる向きが決まり、北半球では時計回り、高緯度では反時計回りの還流、南半球では反時計回り、高緯度では時計回りの還流がみられます。

　主な海流としては、黒潮（日本海流）、親潮（千島海流）、北太平洋海流、北赤道海流、赤道反流、南赤道海流、北大西洋海流、南極還流（周極流）、カリフォルニア海流などがあります。わが国付近の海流を細かく見れば黒潮、親潮のほか、九州の西を北上する対馬海流、日本海を南下するリマン海流があり、黒潮と対馬海流は暖流、親潮とリマン海流は寒流です。

　黒潮はプランクトンが少ないために透明で、青色以外の太陽光が吸収されることで深い藍色をしており、そのために黒潮という名が付きました。「黒瀬川」とも呼ばれ、幅 150 から 300 キロメートル、深さ数百メートルの海水が 2 ノット（時速約 3.7 キロメートル）ほどの速さで流れています [66]。水量は日本一の水量を誇る信濃川の 8 万倍以上で、まさしく洋上の「大河」です。表面水温は摂氏 20 から 30 度で、海水温摂氏 16 度未満の期間が 3 ヶ月以上続くことが望ましいとされるコンブの計画養殖には微妙な水温です。北赤道海流を源流とし、フィリピン沖で分岐して北に向かい、台湾の東を抜け、世界自然遺産の屋久島に突き当ります。屋久島がジブリ映画『もののけ姫』の舞台になったのは、この太い流れがあったればこそです。黒潮が運んでくる湿った空気が高くそびえる山々（「洋上のアルプス」）とぶつかって分厚い雲となり、「ひと月に 35 日」（林芙美子『浮雲』）降る雨によって、屋久島は樹齢 1,000 年以上の屋久杉の生える原生林の島になったのです。種子島南端から望む屋久島の島影はジュラシックパークさながらで、海の織りなす力を改めて感じさせてくれます。九州南部で対馬海流と別れたのち、黒潮本流は本州太平洋岸に沿って北進し（非蛇行型）[67]、ときに大きく蛇行し（大蛇行型）[68]、あるときは小さく蛇行（小蛇行型）しながら東方へと進み、距離にして 1 万キロメートルほどの長旅を終えます。黒潮がもたらす豊かな雨が田畑を潤し、フルボ酸鉄などの多くのミネラルを含んだ水となって海に流れ込むことで良漁場が形成されます。世界最大の巨大海流である黒潮は、わたしたち日本人の生活や文化に大きく関わっています。黒潮のかなたに極楽浄土があると考え、初盆（8 月 15 日）に精霊（しょうりょう）棚を黒潮に流し、追善（ついぜん）の花火を上げる地域もあります。わたしたち日本人が好んで食べるカツオ（鰹）は"黒潮の子"と呼ばれています。プランクトンをカタクチイワシが食べ、そのカタクチイワシをカツオが追い、そのカツオを全

国各地の漁師が黒潮の"狩人"となってフィリピン沖から高知、銚子沖、そして、最高の漁場とされる三陸沖まで追いかけます。なかには、さらにその先のカムチャッカ半島まで出向く漁船もあるようです。半年から 10 ヶ月も帰ってこない夫の無事を妻が神酒などを供えて祈る、そうした光景が太平洋岸の至るところで見られます。西伊豆では潮カツオを神に捧げて豊漁を祈り、供え物としての役割を終えた潮カツオは軒先にぶら下げられます。カツオは、わたしたち日本人にとって欠かすことのできない魚です。千葉県館山で発見されたいまから約 4,000 年前（縄文時代）の住居跡で、鹿の骨でつくられた釣り針とカツオの骨が見つかりました。そんな昔から、日本人はカツオを食していたのです。言うまでもなく、カツオは鰹節 69) の材料にもなります。コンブ（昆布）、飛魚、鰯の煮干しなどとともに出汁をベースとした和食文化を形作ってきたのもカツオです。わたしたち日本人が好んで食べるウナギはグアム島西方の海山付近で産卵し、黒潮に乗って北上し日本の河川をめざします 70)。おいしいウナギを食べられるのも、黒潮のおかげなのです。冬から初夏にかけて、アカウミガメが日本の多くの浜辺で産卵します。1 回に 100 個もの卵を産みますが、生き延びるのはそのうちの 1 パーセント程度のようです。やっとのことで海にたどり着いたアカウミガメは太平洋を海流に乗って周遊し、ふたたび日本の浜辺に還って産卵します。黒潮はアカウミガメにとっても母なる存在であり、わたしたちにはこの環境を保護していく義務があります。海とカメときて、すぐに思い浮かぶのは浦島太郎でしょう。丹後半島（京都府）の北端に位置する伊根町に、浦嶋子を祀る宇良神社（浦嶋神社）があります 71)。浦嶋子が沖で五色のウミガメを釣り上げたところウミガメは神女に姿を変え、浦嶋子を海の彼方の蓬莱山（常世の国）に案内します。夢のような 3 年を過ごして浦嶋子が家に帰ると、すでに 300 年が過ぎていました。悲しくなった浦嶋子は、土産にもらった玉手箱（玉櫛笥）を開けます。すると、忽ち白い煙が立ち上り、浦嶋子は一気に年老いて死んでしまう。わたしたちが知っている浦島太郎の話、浦島太郎が助けたカメに連れられて龍宮城に行くという話と少々ちがっていますが、日本人がウミガメを特別なものとして扱っていたことはわかります。海藻類を食べるアオウミガメは洋の東西を問わず食用とされ、たどり着いた無人島

でアホウドリやアオウミガメ（正覚坊）を食べて生き延びたという話もあります [72]。小笠原諸島などでは、いまもアオウミガメを食べる文化が残っているようです。黒潮は、南洋文化のわが国への伝達者でもありました。わが国文化の形成には、中国や朝鮮だけでなく、ポリネシアあたりの文化が大きく関係しており、それもこれも黒潮のなせることと言っていいでしょう。

　熱塩循環（深層循環）に起因する親潮はプランクトンなどの生育に必要な栄養塩が黒潮の 5 から 10 倍も豊富な海流で、多くの魚や海草を育むことから「親潮」と名付けられました。春になると植物プランクトンが大量に発生し、そのため海が茶色や緑がかった色になり、南洋と大きく異なる様相を呈します。水流の速度は約 1 ノット（時速約 1.8 キロメートル）とやや遅めですが、深く幅が広いためその水量は黒潮に匹敵します。

　黒潮と親潮、ふたつの海流は三陸沖の中間海域で出合います。出合うと言っても"握手"をするわけではなく、「混合域」と呼ばれる海域を形成するに過ぎません。混合域では、時計回りの暖水渦と反時計回り寒水渦の攪拌によって深層の豊富な栄養分が汲み上げられます。南からの魚種（マグロ・カツオ・カジキなど）と北からの圧倒的な量の魚種（サケ・マス・タラなど）が入り乱れる世界有数の良漁場となっており、多くのカツオ漁船が気仙沼漁港などに集結し、餌となる生きたカタクチイワシを大量に積み込み沖へと出ていきます。気仙沼の地名は、アイヌ語の「ケシモイ（入り江の南端）」に由来します。アイヌの人びとにとって、気仙沼は最南端の地だったのでしょう。気仙沼で大量のカタクチイワシが獲れるのは、フルボ酸鉄など多くのミネラルを含んだ河川が流れ込む汽水域だからです。親潮とは言え、川の恵みがないと漁は成り立ちません [73]。「森は海の恋人」と言われる由縁です。

　屋久島付近で分岐した黒潮の一部が対馬海流となって日本海に至るかのようにみえますが、実際はそう単純ではなく、黒潮からはみ出た流れに加え、長江（揚子江）からの河川水などもその源流となっているようです [74]。温かく、栄養豊富で、五島列島の沖合で日本最大級とされる珊瑚礁（オオスリバチサンゴやテーブルサンゴ）を育んでいます。後期倭寇の大頭目王直（汪直、五峯 ―要するに五島のこと― とも。生年不詳–1560）と 3 人のポルトガル人らを乗

せ種子島に漂着したジャンク船、長崎の平戸や出島に来訪したオランダ船もまた、黒潮とこの流れを利用していたのでしょう。

リマン海流[75]が間宮海峡から日本海をユーラシア大陸沿いに南下し、日本海を北上した暖流は津軽暖流となって津軽海峡を日本海側から太平洋側へと流れ、あるいは、宗谷暖流となって宗谷海峡をオホーツク海側へと流れています。

## （3）エネルギーを溜める「海」

潮汐エネルギーの発電への応用が進められています。しかし、通常のダムに比して落差が小さく、1 日のうち発電機が止まる時間帯があり、大潮や小潮などで発電能力が大きく変動するため、わが国ではあまり普及していません。

海は、風力エネルギーの宝庫です。しかし、適度な風であれば何も問題はないのですが、ときに大風となって地上の生活に甚大な被害をもたらすから迷惑な話です。

海水面から数十メートルの範囲の水温を「海水温（海面水温）」と呼んでいます。海の体温とでも言うべき海水温ですが、近時、温室効果ガス（GHG：greenhouse gas）による温暖化、それに伴う海水温の上昇が懸念されています。たとえば、20 世紀を通じて、地球全体の海水温は摂氏 0.5 度も上昇しました[76]。摂氏 0.5 度の上昇などどうということはなさそうですが、平均海水温の上昇であり、海全体で言えばかなりの熱量を海が受け入れたことになります。

海水温の上昇は、海面の上昇を連想させます。海の体積が膨張することで、海水面が上昇する可能性があるのです[77]。直近の激しい海面上昇は、いまから 1 万 4,500 年から 1 万 2,000 年前 ―日本では、縄文時代草創期― にはじまりました。11 万年ほど前に始まった最終氷期が終焉を迎え、いまはその間氷期の最中にあるのです。当初、1 年間に 5 センチメートル、いまの 20 倍ほどの速さで海面は上昇したとみられています[78]。過日（平成 31 年（2019）6 月 3 日）のテレビ朝日「報道ステーション」で、鹿児島県徳之島の海中鍾乳洞[79]のことを扱っていました。かつては陸にあった鍾乳洞がいまから 7,000 年前の海面上昇で水没したのではないか、とのことでした。7,000 年前に始まったこ

の大事件は「縄文海進」と呼ばれています。現在に比べて海面が2から3メートルも高くなり、日本列島の各地で海水が陸地の奥深くへと浸潤していきました。内陸地で貝塚やクジラの骨などが見つかるのは、この縄文海進が原因です。そののち、海の重さ自体が増したことで海底面が沈降し、海水面は徐々に低下していきました。かくして、入り江が水稲耕作（稲作）などに適した沖積平野となりました。縄文時代から弥生時代の稲作文化への変容は、大陸からの技術の伝来もさることながら、縄文海進のおかげでもあったのです。

　海水温の上昇によって北極海での運航が可能となり、燃料費が4割ほど削減できるという試算があります。北極海が凍るのは、海水面から水深200メートルあたりまで塩分濃度や温度が低い表層水があるからです[80]。冷やされた海面の海水が重くなって沈み込み、海底の温かい水が海面まで上昇します。このような鉛直対流が繰り返され、結氷温度になることで海は凍ります。水面付近の水だけが結氷温度になって凍る淡水湖との大きな違いです。

　氷は、水に比べて密度（単位体積あたりの質量）が低いために水に浮きます。日本近海のオホーツク海で見られる流氷は、ロシアのオホーツク海に流れ込んだアムール川の水（真水）が凍り、風によって北海道海域まで流されてくる現象です。オホーツク海は地理的に閉鎖された海域で、真水が流出することなく結氷し、流氷となりやすいのです。"流氷の天使"クリオネを伴って北からやってくる流氷は、道北観光に欠かせない天然の造形と言っていいでしょう。

　近年の北極海の海氷の減少は、海洋や大気が変化したことで海氷ができにくくなったり、流されたりしたためです。海氷が海に張り出して棚氷となり、その一部が崩壊したのが氷山です。1912年4月、処女航海で英国のサウサンプトンからニューヨークに向かっていたタイタニック号が衝突したのも、そうした氷山でした[81]。巨壁のような氷山と衝突し、タイタニック号は世界初となるSOSのモールス信号とともに冷たい海域に沈んでいったのです。

　北極海での運航が可能になるかもしれませんが、海水温の上昇はマイナスに働くことが多いようです。本稿執筆現在（2020年9月）、台風10号がいまだかつてない勢力で九州に接近しました。どうやら、日本近海の海水温の上昇が関係しているようです。熱塩循環に影響を及ぼすことも、すでに本書のなかで触

れたとおりです。先日、長崎県五島市の方が、藻場が消滅する「磯焼け」が原因で名産のウニが獲れなくなったと嘆いておられました。行政も対策に乗り出していますが、あまり芳しくないようです。磯焼けの原因はいろいろ考えられますが —そもそも、ウニなどによる食害も原因のひとつと考えられている—、海水温の上昇も原因のひとつとされています。今後のことになりますが、コンブやアカモクなどの海藻の計画養殖 —ここでも海水温が問題になる—、フルボ酸鉄を利活用する農業改革などが事態を改善へと導くのではないか、と、ひそかに期待しているところです。

## 7. ミステリアスな「海」

「海は広いな、大きいな。月はのぼるし、日が沈む。海は大波、青い波。ゆれてどこまで続くやら。海にお舟を浮かばせて。行ってみたいな、よその国♬」とあるように、海は途轍もなく広くて大きい水塊です。40 億年前の地球は海で覆われており、いまも地球の表面積の約 71 パーセントは海です。地球がブループラネット（青い惑星）とされる所以です。しかし、この星はあくまでもひとつの陸塊であり、世界海底地図（World Ocean Floor）がそのことを如実に物語っています。NASA（アメリカ航空宇宙局）が作成した海水が抜かれた地球のアニメーションをみてもそのことはよくわかりますし [82]、シンディ・ヴァン・ドーヴァーの著書『深海の庭園』などからも理解できます [83]。

海底の地殻は、海嶺と呼ばれる火山列（海底山脈）でつねに形成されています。マントルの一部が融けてできた摂氏 1,000 度のマグマが上昇し、急冷されて新たな地殻（プレート）ができているのです。中央海嶺で生まれたプレートは長い時間をかけて太平洋を西へとすすみ、日本列島の東側を南北に延びる日本海溝でユーラシアプレートの下に沈み込みます。平成 23 年（2011）3 月 11 日に発生した東日本大震災も、そうしたメカニズムで発生しました。

海底の地殻は主に玄武岩質の岩石でできており、花崗岩質の大陸地殻と比較して密度が大きく、薄いのが特徴です。海底に堆積しているのが深海性堆積物です。古代の植物やバクテリアの死骸が熱や圧力によって変化したもので、原

油や液化天然ガス（LNG：Liquefied Natural Gas）といったエネルギー資源の元となっています。

　海は海上・海中・海底の3層から成り、水平方向には領海・接続水域・排他的水域・大陸棚とさまざまに切り刻まれています。一部の海域は水平方向の領有をめぐって国際問題化していますが、「宇宙から国境線は見えなかった」という宇宙飛行士毛利衛の言葉からは不可解としか言いようがありません。エネルギー資源や鉱物資源の獲得競争が絡んでおりわからないではないのですが、何ら事情を知らされていないお魚さん ―じつに多種多様にして奇怪な面々― や永い眠りからたたき起こされる資源たちには迷惑な話です。とは言え、わが国の排他的経済水域（EEZ：Exclusive Economic Zone）のミステリアスな海底には金、銀、銅などの鉱物資源のほかメタンハイドレート（燃える氷）などの豊富なエネルギー資源が眠っており、そこにはわが国の希望があるのです。

## （1）陸地と海の蜜月関係

　ここで、ショッキングな1枚の写真（【1-4】）をホームページから転載します。アメリカ地質調査所（USGS）が公開した写真で、地球上の海と固体地球の比較が一目でわかる優れものです。

　北米大陸に、小さな水玉がちょこんとくっ付いています。地球上の水を集めたものです。この写真から、広くて大きく、ミステリアスなまでに深いと思っていた海が虚しいほどに小さな存在に過ぎないことがわかります。固体地球の体積が1兆立方メートルであるのに対し海は14億立方メートルであ

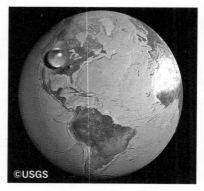

©USGS

【1-4】「海」と固体地球の量的比較
〈http://thefoxisblack.com/2012/05/10/
how-much-water-is-on-the-earth-
this-image-explains-it-perfectly/〉
最終アクセス2020年12月26日

り、固体地球の700分の1に過ぎないのです。地球の中心から極点までの極半

径が 6,357 キロメートルであるのに対し、海の平均の深さが約 3.8 キロメートルであることからも、まさに「何をか言わんや」です。

　海からの水蒸気が雨となって陸地を潤し、川となって生命を育み、海へと戻る。このとき、陸地は森がつくるフルボ酸鉄などのミネラルや塩分を海への"お土産"とします。雨水を恵んでくれたことへのお礼、といったところでしょうか。陸地からのお土産に、海に生きるプランクトンや魚たちは大喜びです。海は森の心遣いに活気づき、ふたたび雨を降らせ、サケ（鮭）にたっぷりの栄養分を詰め込んで川をさかのぼらせ、鳥までも遣いに出します。

　陸地と海は力を合わせ、循環型社会を形成しています。陸地と海の蜜月関係は「森は海の恋人」などと言い表され、そう簡単に解消されることはないでしょう[84]。あるとすれば、人為的なものです。事実、わたしたち人類は己の生活を維持するためだけに農耕や牧畜を高度化し、農薬などの化学物質をあまりにも無造作に使用してきました。豊かな生命の連環を脅かすこの人為的な営みに、レイチェル・カーソン女史（1907–64）は著書『沈黙の春』でいち早く警鐘を鳴らしました[85]。

　淡水と海水が入り混じる汽水域では潮の干満、塩分濃度の変化に適応したさまざまな生物が生息しており、陸域と海域をつなぐ重要な生態系を形成しています。東南アジアでは泳ぎが得意なベンガルヤマネコがマングローブに棲む甲殻類を餌とし、奄美諸島以南のマングローブではアナジャコ類（体長 25 センチメートルはあるオキナワアナジャコ、など）が生命を育んでいます。汽水域では、わたしたちに馴染みのある海苔（のり）も獲れます。浅草海苔という言葉が残っていますが、かつての東京湾は海苔の主要な生産地でした。多くの川がフルボ酸鉄などの養分を湾内にもたらしたからです。江戸前の多彩な魚食文化は、湾に注ぎこむ多くの川のおかげなのです。その他、汽水域ではマングローブの林などを見ることもできます。世界中の熱帯・亜熱帯の河口や海岸に自生する海生植物で、わがふるさとの種子島でも見ることができます。防災、温室効果ガス削減を目的とする植林プロジェクトもミャンマーはじめ東南アジアの各地ですすめられ、わが国でもいろいろ議論されています。汽水域はさまざまな材料をわたしたちに提供してくれます。北上川が注ぎ込む追波湾口（おっぱ）で育つ葦は茅葺

【1-5】旧北上川が注ぎ込む汽水域（宮城県石巻市、筆者撮影）

き職人にとっての最高級の材料となり、旧北上川が注ぎ込む石巻湾（【1-5】）は
種牡蠣（牡蠣の稚貝）の一大生産地となっています。汽水域ということもあり
ますが、暖流が支配する海域であることが理由のようです [86]。

## （2）サスペンス劇場の舞台

　ミステリアスは神秘的・不可思議・怪しげということであり、「ミステリー」
という小説のジャンルもあります。ミステリーに似たものに、「サスペンス」
があります。未解決・不安・気がかりといった意味合いの小説群で、話の展開
によって不安感や恐怖感などを与えるものとなっています。未解決・不安・気
がかりは神秘的・不可思議・怪しげでもあり、おおまかには「サスペンス ⊂ ミ
ステリー（サスペンスはミステリーに含まれる）」と考えていいでしょう。陸
地と海の関係はミステリアスな要素を多分に孕んでおり、いつ何時サスペンス
劇場の舞台になっても不思議ではありません。

### 1）忍び寄る影
　縄文海進は"忍び"なる海の所業ですが、いまや海進の筆頭と言えば地球温
暖化による海面の上昇と言っていいでしょう。かつてないほどの熱エネルギー

を溜める海水が海流によって北へと流れ、北極海の氷を融かすようになりました。膨張した海水や融け出した氷は海水面を押上げ、その分だけ陸地は窮屈になりました。イタリア北東部に位置する水の都ヴェネツィア、この歴史ある美しい街が水没の危機に瀕していることはよく知られています。もはや、"忍び"ではなくなったのです。機械仕掛けで水没を食い止める計画（「モーゼ計画」）も検討されていますが、海水の流れを人工的に換えることで生じる環境汚染などの問題もあり、思うように進んでいないようです。

　こうした事態は、なにもヴェネツィアに限ったことではありません。たとえば、アドリア海沿岸地域も西暦 2100 年までに水没してしまうのではないか、と言われています。アムステルダムやニューヨーク、ニューオーリンズ、ダッカ、上海、マニラ、バンコク、ヒューストンなどと並んで東京も地下水の過剰な汲み上げなどのために水没のリスクがあるとされており、現在、洪水被害を避けるため「地下神殿」なる地下外郭放水路の整備が進められています[87]。

　地下水の過剰な汲み上げと言えば、2019 年 6 月 30 日付 AFPBB ニュースが、「フィリピン北部沿岸の街や小島では絶え間ない地盤沈下により、マニラ湾（Manila Bay）の海水が内陸に流れ込んで、住民数千人が退去を余儀なくされている。その脅威は、気候変動による海面上昇よりも差し迫ったものとなっている。住民の大半は同じ地方の別の場所へ散り散りになり、パリアハンに残った家族はわずかとなった。海水が流れ込む前には小学校やバスケットボールコート、教会などがあったが、今日残っているのは水浸しの教会と、サンホセさん家族らが住む竹でできた高床式の小屋の一群、そしてまだ沈んでいない一角に立つ数軒の家だけだ。人工衛星の観測によると、パリアハンがあるブラカン州とパンパンガ州では 2003 年以降、毎年 4〜6 センチの地盤沈下が起きている。一方、国連（UN）が推計する世界的な平均海面上昇速度は年間約 3 ミリだ」と報じました[88]。地球温暖化による海面上昇より、地下水の汲み上げが原因の地盤沈下によって起こる海面上昇がクローズアップされているのです。

　はたして、海はどこまで陸地に忍び寄るつもりなのでしょう。「Nobody knows.（誰にもわからない）」と諦めるのか、それとも、良識ある人類によって何らかの解決策が提示され、英断で以ってエゴの営みを止めるか……。

## 2）目には目を ―「島」の誕生―

　海が陸地に忍び寄る傍らで、陸地が海の底から反攻に出ようとしています。「やられたらやり返す」……「島」を刺客とした、"目には目を"のタリオ（復讐）です。

　島と言っても、その定義はあいまいです。漢字で、「島」は「嶋」とも書きます。山に鳥がとまっている象形ですが、山と鳥だけで島を定義するわけにはいきません。広く認識されているところでは、「水域に囲まれた陸地」ということになるでしょう。国連海洋法条約（UNCLOS：United Nations Convention on the Law of the Sea）では、「島とは、自然に形成された陸地であって、水に囲まれ、満潮時においても水面上にあるものをいう」と規定されています（第121条「島の制度」）。オーストラリア大陸[89]より小さな陸地を「島」と呼ぶのが世界における常識的な理解であり、日本列島を構成する北海道・本州・四国・九州および沖縄本島も島ということになります。もちろん、現実的には、先の沖縄本島を除いた4"島"をいわゆる「本土」と称しており、それ以外の小さな島々を「島」としています[90]。

　島は、つぎの3類型に整理できます。プレートテクトニクスによって大陸から切り離された「分離島」（グリーンランド、日本列島など）、陸地の一部である大陸棚に存在する「陸島」（台湾島、カリマンタン島など）、海洋底から直接海面に姿を現した「洋島」です。洋島には、火山活動による火山島（ハワイ諸島、アイスランド島など）とサンゴ島があります。かつて、伊豆半島（静岡県）も火山島でした。いまから2,000万年前、伊豆半島ははるか南の海底火山でした。そののち洋上に頭を出し、フィリピン海プレートの北進で本州に接近し、60万年前に半島となったのです。陸上噴火を繰り返しつつほぼ現在の姿になったのはいまから20万年ほど前、ホモ・サピエンスがこの地球上に登場したころです ―4,000年前の噴火で大室山が誕生した―。

　サンゴ礁の島としてはマーシャル諸島、ナウル島などがあり、そのナウル島にあるのが世界で3番目に小さいナウル共和国です[91]。人口12,000人ほどの島国で、国民はアホウドリの糞でできた陸地で生活しています。

　島の誕生はミステリアスで、サスペンスの香りがします。たとえば、わが国

最古のミステリー（サスペンス）とされる『古事記』には、イザナギ（伊邪那岐）とイザナミ（伊邪那美）の二柱の神が天の浮橋に立ち、矛で海をかき混ぜ、その滴りによって誕生した淤能碁呂島 ―自凝島、自ら凝り固まってできた島という意味― にて交わり、そののち大八島を産み落としたとあります。いわゆる「島産み」の伝説で、産み落とされたのは、淡道之穂之狭別島（淡路島）、伊予之二名島（四国）、隠伎之三子島（隠岐島）、筑紫島（九州）、伊伎島（壱岐島）、津島（対馬）、佐度島（佐渡島）、大倭豊秋津島（本州）の面々です。本当の話かもしれませんが、信じるに足る証拠もありません。

　2011 年 12 月、紅海、イエメン西岸沖に浮かぶズバイル諸島で噴煙が上がりました。紅海は新生代にアフリカプレートとアラビアプレートが分離するときにできた地溝帯で、その南側で 2 度にわたって噴火が発生し、ふたつの火山島が誕生しました。

　平成 25 年（2013）11 月 20 日、"旧"西之島の南東約 500 メートルの沖合で噴煙があがり、マグマが海にせり出し、同年 12 月、西之島を呑み込みました。"新"西之島は順調に"育"ち、いま（2020 年）も成長を続けています（噴火前：0.29 平方キロメートル、2017 年：2.73 平方キロメートル、2019 年：2.89 平方キロメートル）[92]。西之島はドン・ガバチョが大統領を務める「ひょっこりひょうたん島」、あるいはドリトル先生が図らずも王さまになった「クモサル島」といった浮島ではなく、底径 50 キロメートル、霊峰富士（3,776 メートル）に匹敵する高さ 3,000 メートルの陸塊の一部に過ぎません。今後どこまで育つかわかりませんが、火山活動を完全に終わらせることは当面なさそうです ―ということは、わが国の管轄海域がさらに広がる？？？―。

　言うまでもなく、わが国は島国（島嶼国家）です。海上保安庁『海上保安の現況』（1986）によれば、周囲 100 メートル以上の島の総計は 6,852、北海道・本州・四国・九州本土を除けば 6,848 となっています。もっとも多いのは長崎県で断トツの 971、次いで、鹿児島 605、北海道 508、島根 369、沖縄 363、東京 330……と続きます。伊豆の島々のように海底活動で隆起した島もあれば、瀬戸内海の島々のように周辺の陸地が陥没し海水が流れ込んでできた島もあります。日本列島が大陸から分離する過程でジグザグ状となった陸地に縄文海進

などによって海が浸潤してできた島もあるでしょう。わが国は、あたかも "島の博物館" のようです。コバルトブルーのグラデーションが広がる海と緑が映える島々のコラボレーションは、なんとも言えない感動をわたしたちに与えてくれます。もちろん、島の魅力は人びとを惹きつける美しさだけではありません。地政学的見地から、島の沿岸を基線として、領海・接続水域・排他的経済水域が広がるのは何物にも代えがたい魅力です。陸地が放った刺客ではあっても、島は地政学的には歓迎すべき上客なのです。そうであるがゆえに、領有をめぐって近隣の国々と争いが絶えないのも悲しい事実です。

　わが国の領土は、最北端国後島（北海道）、最南端沖ノ鳥島（東京都）、最西端与那国島（沖縄県）、最東端南鳥島（東京都）を以ってその範囲とされています。これらの島々は、わが国の領土を確定するうえで極めて重要です。しかし現在（2020年）、国後島はロシアとの間で領有権問題を抱え、沖ノ鳥島については、中国が「「島」ではなく「岩」であり日本の領土とは認めるが排他的経済水域は設定できない」と主張しています。尖閣諸島の領有をめぐって中国、竹島の領有をめぐっては大韓民国（韓国）との間で争いを抱えており、かかる島々がわが国固有の領土であることを国際社会に訴え続けることが重要であるとの声が一段と強まっています。

　各国とも地政学的見地から島々をみている点は否定できませんが、そうした戦略的思考の嚆矢は大航海時代における "地理上の発見" にあると考えられます。冒険、探検、さらには海上交易という経済的見地、布教という宗教的見地に発していますが、それはときとして軍事力を伴う政治的見地を背景にしたものであり、拠点化をすすめようとする植民地拡大政策の一発露と言えなくもありません。地理と政治の一致をみたという点においてそれは地政学的見地であり、島を領有するメリットがそうした見地から議論されるようになったのです。

## 3）サスペンス劇場の舞台としての「海」

　チャールズ・ダーウィン（1809–82）は、ガラパゴス諸島で進化論のインスピレーションを得ました。進化論ほど未解決・不安・気がかりなものはなく、

究極の、良質のミステリー（サスペンス）と言っていいでしょう。

　絶海のガラパゴス諸島を調査したことで、ダーウィンは『種の起源（On the Origin of Species）』の執筆を着想しました。1835 年、英国海軍測量船ビーグル号で同諸島を訪れたダーウィンは、そこに生息する生物たちが大陸のそれと大きく異なっており、島によっても違いがあることに気付きました。「独自の進化」という発想から、進化論について考えるヒントを得ます。エクアドル本土から西に 900 キロメートルも離れ、大小 100 以上の島や岩から成るガラパゴス諸島で独自の進化を遂げてきたウミイグアナなどの生き物たち……進化論は海が織りなした歴史一大絵巻であり、海はその舞台となりました。

## （3）大掛かりなイリュージョン

　アメリカ航空宇宙局（NASA：National Aeronautics and Space Administration）が公開した写真があります。2015 年 10 月 12 日、月周回無人衛星ルナー・リコネサンス・オービターがコンプトン・クレーターの 134 キロメートル上空を通過した際に撮影されたもので、「満地球の出」というしゃれたタイトルが付されています。「地球の出」と名付けられた有名な写真もあります。1968 年のクリスマスイブ、人類初の有人月周回を行ったアポロ 8 号の船内から宇宙飛行士ウィリアム・アンダースが撮影したもので、漆黒のなかに地球が青く浮かび上がる様は、同船の飛行士たちの心を躍らせるに十分だったにちがいありません [93]。わが国の月周回衛星「かぐや」が 2008 年 4 月 6 日（日本時間）にハイビジョンカメラで撮影した静止画像「満地球の出」も、かぐや姫が振り返りつつ眺めた地球もかくあったかと想像をかきたてます。

　1961 年、有人宇宙飛行に成功したソビエト連邦（いまのロシア）の軍人ユーリイ・ガガーリン（1934–68）は、「地球は青かった」と発言しました [94]。地球が青く見えるのは、地球の表面積の約 7 割（71 パーセント）が海だからです。しかし、白色のバスタブにいれた海水は青い色をしていません。プランクトンや生活排水などの不純物がなければ、どこまでも透明です。なぜ、透明であるはずの海が青く見えるのでしょうか。それは、太陽の光 [95] のうち青色の光だ

けが海の深部まで届き、他の色は途中で海水に吸収されてしまうからです。空の青を反映しているということもあるでしょうが、海中深く進んだ青い光が浮遊する生命体などに反射し、それがわたしたちの目に届くために海は青く見えるという訳です。

　海は青いと言いましたが、海は碧い、あるいは海は蒼いと表現することもあります。碧は青緑色、蒼は緑色に近い色です。同じ青い海でも、季節や場所によって色は異なります。冬の日本海、多くの船が行き交う東京湾、沖縄の透きとおるような青い海……同じ日本の海とは思えないくらいちがいます。冬の北の海は寒々しく、「北」という漢字が互いに背を向けて座っている象形であることからもわかるように、人をどこまでも拒絶するかのようです。東京湾の海は、京浜・京葉工業地帯や海上交易という人工的で無機質な雰囲気を醸し出しています。しかし、かつての東京湾は、ミネラル豊富な漁場でもあったのです。冬の北の海、東京湾などとちがって、沖縄の海はどこまでも青く透き通っています。（太平洋戦争などの悲惨な過去を別にすれば）沖縄の海を前にして人びとの心は無限大に解き放たれ、明るい陽光と青い空のもと、画家でもある海はイリュージョニストよろしく青（蒼・碧）色の絵具で白砂 96) のキャンバスいっぱいに絵を描き、わたしたちはそれをただただ無垢な瞳で眺めるのです。

　こう書いてくると、同じ海でも場所によってちがって見えるのは心の問題のように思えてきます。しかし、事実は、「さまよい歩く」というギリシア語に由来するプランクトン 97) などの多寡、陽光の度合い、光の入射角などが関係しているのです。プランクトンが豊富な東京湾では青色以外の光が混交し、人工的な灰色に見えます。一方、沖縄の海はプランクトンが少なく、青い光のみが活躍の場を与えられるために青いのです。もちろん、同じ沖縄の海でも、エメラルドグリーンの海から紺碧の海までさまざまです。海の深さによるもので、浜に近い海域はその下の白い砂や珊瑚などの反射のためにエメラルドグリーンに映り、遠くの海は青の集合体のために紺碧の海の様相を呈するのです。

　海は、ときとして大掛かりなイリュージョンを仕掛けます。

　原始地球は、いまほどの球体ではなかったでしょう。小惑星探査機「はやぶさ」が平成 17 年（2005）11 月 20 日にタッチダウンした小惑星「イトカワ」、

令和 2 年（2020）12 月 6 日に「はやぶさ 2」が生命誕生の謎解きガイドブックを持ち帰った小惑星「リュウグウ」の形状を見れば、そのことは容易に想像できます。地球の凹凸を雨水が少しずつ削りとり、表面を平たい大地に変え、いつしか滑らかな球体になっていった、と考えられます。地球は漆黒の空間に浮かぶ、真ん丸の球体です。そのことを美しく表現する、1 枚の写真があります。「The Blue Marble（青いビー玉）」と名付けられたもので、1972 年 12 月 7 日、アポロ 17 号から写されました。地球の重力、表面張力によって表面積をより小さくしようとするために、海は丸い地球から宇宙空間にこぼれ出ることはありません。まさに、大掛かりなイリュージョンです。

　丸い地球に張り付いているはずの海を平らに見せるのも、海による大掛かりなイリュージョンと言っていいでしょう。入港する船の煙突からあがる煙が遠目に見え、船体が徐々にその全姿を現す光景に、観客は大騒ぎするにちがいありません。しかし、たとえば、千葉県銚子市にある「地球の丸く見える丘展望台」から水平線を眺めれば、そのイリュージョンの謎は謎でなくなります。

　海水には何でも溶かす特性があり、それには水（$H_2O$）の分子構造が関係しています。酸素原子は“負”、水素原子は“正”に帯電しています。塩化ナトリウムはナトリウムイオン（$Na^+$）と塩化物イオン（$Cl^-$）に分かれており、それぞれ酸素原子、水素原子と引き合うようにして水に溶けるのです。海水には、$Na^+$、$Cl^-$、硫酸イオン（$SO_4^{2-}$）、マグネシウムイオン（$Mg^{2+}$）、カルシウムイオン（$Ca^{2+}$）、カリウムイオン（$K^+$）、重炭酸イオン（$HCO^{3-}$）などが溶け込んでいます。名前を挙げた 7 種類のイオンで全体の 99 パーセント以上を占め、とりわけ $Na^+$ と $Cl^-$ で 86 パーセントにも達します。大気中の二酸化炭素（$CO_2$）が海に吸収されるようになり[98]、水素イオン（$H^+$）の濃度が上昇することで海が酸性化するリスクが高まっています。いわゆる「海洋酸性化」です。水の pH[99] は 7.0、海面付近では pH 8.1 の弱アルカリ性となっていますが、海中深くなればなるほど pH 値は下がり、北西太平洋亜熱帯域の水深 1,000 メートルあたりでは pH は 7.4 ほどです。$CO_2$ の増加に伴って、海中の酸性化がすすみます[100]。$CO_2$ は海中で炭酸（$H_2CO_3$）になり、水素イオン（$H^+$）と重炭酸イオン（$HCO_3^-$）・炭酸イオン（$CO_3^{2-}$）とに解離します。大部分の $H^+$ は

$2H^+ + CO_3^{2-} \rightarrow H^+ + HCO_3^{2-}$ の過程で消費されますが、一部の $H^+$ はそのまま残り、$CO_3^{2-}$ は減少することになります。$H^+$ が増加することで pH が下がる、すなわち酸性化です[101]。サンゴや貝は $Ca^{2+}$ と $CO_3^{2-}$ から成る炭酸カルシウム（$CaCO_3$）で自分の骨格や殻をつくっているのですが、$CO_3^{2-}$ が減少するために骨格や殻をつくることができなくなります。海洋酸性化は海洋生物にとって死活問題ともなりかねず、温室効果ガスである $CO_2$ の削減、海洋における $CO_2$ の吸収固定化（ブルーカーボン）の取り組みは待ったなしの状況です。

## 8. フレンドリーな「海」

　いままで海の諸相について、五感のうち主に視覚の視点でみてきました。目がもっとも強い感覚器官であるために当然のことですが、五感には味覚・触覚・嗅覚・聴覚もあります。五感すべてでフレンドリーな海を感じることで、わたしたちはより深く海に親近感を抱くことができるのです。

### （1）味覚と「海」

　味覚には、甘味（かんみ）・酸味（さんみ）・塩味（えんみ）・苦味（にがみ）・うま味の5つがあります。海の味覚といえば塩味、「しょっぱい」ということに尽きます。「塩辛い」という意味で、どうやら関東地方の方言のようです。海は（いまほどではないものの）誕生当初から塩辛く、それはいまも変わりありません。世界のどこの海でも、塩分濃度は 32 から 37 ‰ の範囲に収まります。ただし、太陽の灼熱のために蒸発が激しい紅海の塩分濃度は 40 ‰ で、世界でもっとも塩辛い海とされています。逆に、極域の海は融けた氷などで絶えず薄められることから、塩分濃度は低くなっています。なお、‰（パーミル）は 1,000 分の 1 を示す単位で、100 分の 1 を表す % とは異なることにご注意ください。ちなみに、海の塩分濃度が一定の範囲内に収まっているのは、1 年間に海から蒸発する水の量（約 425 兆トン）、海に流入する水の量（約 385 兆トン）および川になる水の量（約 40 兆トン）がほぼ均衡しているからです。

　塩化マグネシウム（$MgCl_2$）が苦味の正体です。いわゆるにがり（苦汁）で、

水分を吸収することから豆腐の凝固剤として使われています。

　海は、うま味（UMAMI）もわれわれに提供してくれます。池田菊苗<sup>きくなえ</sup>（1864–1936）が命名した味覚のひとつで、明治 41 年（1908）、だし昆布の中からグルタミン酸を発見しました。大正 2 年（1913）、池田の弟子小玉新太郎が、鰹節からうま味成分のひとつであるイノシン酸を発見しました。わたしたちがおいしい味噌汁を味わえるのは、海がコンブや鰹節などのうま味を提供してくれるからです。ここで、「なぜ海でコンブ出汁が出ないの？」という疑問が湧いてきます。コンブ出汁が出ているのであれ、海はうま味で満たされているはずです。しかし、そうはなっていません。グルタミン酸はコンブの細胞膜のなかに引きこもって決して外に出ようとはしません。外に出るのは、コンブが生命体ではなくなったのちのことなのです。

## （2）触覚と「海」

　夏の暑い日、海にわが身を浮かべたくなります。海で体が浮きやすいのは、塩のおかげです。わたしたちの体の比重（ある物質と標準物質（通常は摂氏 4 度の水）の密度比）は水の比重 ―水の比重は 1― より大きく本来であれば水に沈むはずですが、体内にある空気のために水にある程度浮くのです。海水であればなおさらで、たとえば、死海の海水の比重は 1.2 と大きいため、死海では誰でも溺れることなく浮いたままの格好で読書ができます。

　海と触覚という点では、海水の粘性も指摘しておく必要があるでしょう。海水の粘性は海中における抵抗、摩擦のようなもので、それがあるために、腕をかき、足をばたつかせることでわたしたちは海で泳ぐことができるのです。

　温かい海、冷たい海を肌感覚で感じることができますが、それもまた、触覚と言っていいでしょう。しかし、海の肌感覚といえば、やはりベタベタ感ではないでしょうか。これが嫌で、女性の多くは海水浴ではなくプールでのひと時を選ぶようです。海水浴のあと、あるいは潮風に吹かれて不快に感じるのは、水分を吸収して肌にへばりつくにがり成分（$MgCl_2$）のほか、塩化ナトリウム（$NaCl$）が関係しています。肌を覆う海水と体内の塩分の濃度差が異なってお

り、老廃物が濃度の低い体内から体外へと排出されるためにベタつき感を覚えてしまうというわけです。「デトックス効果」と呼ばれるもので、いまや美容と健康の分野に応用されています。

## （3）嗅覚と「海」

　海沿いの生まれ故郷に帰り、久しぶりに嗅ぐ磯の香にしばし陶酔することもあるでしょう。しかし、遅かれ早かれ、「なんだ、この臭いは？？？」と鼻をつまむのが落ちです。

　海の場合、大方のケースにおいて、匂い（にお）ではなく臭い（にお）と言った方がしっくりきます。臭いは、すなわち臭い（くさ）ということです。海藻やプランクトンが微生物によって分解される際に発生するジメチルスルファイド（硫化ジメチル）という物質が関係しており、その臭いに干上がった魚の死骸臭が混ざり、浜辺に不快な臭いが漂うのです。もちろん、ワイキキでの夕べ、風が運んでくる磯の香（か）、潮の匂いに心躍らせることもあるでしょう。また、磯で魚介類を焼いている香り（かお）のなんと香（かぐわ）しいことか。

## （4）聴覚と「海」

　海と聴覚とくれば、まずは波の音、潮騒（しおさい）ということになるでしょう。

　潮騒は、潮の満ちてくるときに波が奏でる音、海が織りなす音楽（音響芸術）です。想像していただきたい……月明かりの下で波がささやきかける光景を。波間に月光の欠片（かけら）が漂い、鼓動のごとき波の声があなたの耳朶に届く。いつまでも止むことのない語らい、それはまさに太古から伝わる子守歌です。三島由紀夫（1925–70）は、三重県鳥羽の島を舞台に、愛し合う漁夫と海女が障害や困難を乗り越え愛を成就させるまでを小説『潮騒』にしました。

　沖合が荒れる一方で沿岸が比較的穏やかな場合、さらには海から陸地に向かって風が吹くとき、わたしたちは海鳴りを耳にします。ゴゴゴーという海の声は、あたかも天空にとどろく雷のようです。海がほえる、といった感じでしょうか。「吠える」となると、千葉県銚子市の犬吠埼（いぬぼうさき）の名が出てくるかもし

れません。名の由来には、源義経（1159-89）が東北に逃げる途次に置き去り
にした愛犬若丸が主人を思って吠え続けたから、かつて繁殖していたアシカの
鳴き声が犬の吠える声に聞こえたから、など、諸説あるようです。

　海がほえるとき、風が杉林を揺らし、枝々が音を発する。それはあたかも海
と陸地の合唱のようです。日本人はすべてに神が宿ると考え、そうであれば、
その合唱は神々の戯れによるものなのかもしれません。

　直に耳にすることはなかなかありませんが、海のなかではさまざまな歌声
が聞こえるようです。レイチェル・カースンは「哺乳類も、魚類や甲殻類と同
じように、水中コーラスに寄与している」と、その様を楽し気に表現していま
す 102)。海は "壁のないカラオケボックス"、といったところでしょうか。

　海は、わたしたちが知り得ないところでさまざまに演出しています。海を一
種の "音楽プロデューサー" として親しみを込めて眺めると、いつもの光景が
違って映るかもしれません。春先の富山湾で繰り広げられる青く群れるホタル
イカのイルミネーションなど、まさにそうでしょう。ともすれば赤潮の原因と
なる海洋性プランクトンのヤコウチュウ（夜光虫）、小さな甲殻類のウミホタ
ルもそうです。発光に必須な化学物質ルシフェリン、発光を起こさせる発光酵
素ルシフェラーゼが、オスがメスの気をひこうと "興奮" するのをきっかけに
タッグを組むことで目が覚めるような青い光を発します。それは視覚の世界で
あり、聴覚の幻想と言ってもいいくらいです。

〔注〕
1. 日原傳「日本の海と中国の海」鈴木健一編『海の文学史』三弥井書店（2016 年）288-289 頁
2. ジブラルタル（Gibraltar）はイベリア半島の南東端に突き出した地。8 世紀初頭に南スペインを
　征服したムスリムの武将ターリクに因んで名付けられた「ターリクの岩（ジャバル・アル・ター
　リク）に由来する。18 世紀以降イギリスの占領下にあるが、その領有権を巡ってはいまもイギ
　リスとスペインの間で争いがある。アフリカ大陸とは、最も狭いところで 14 キロメートルほど
　しか離れていない。
3. ギリシア神話（ヘシオドス『神統記』）によれば、世界は光も形もない混沌（chaos）だった。こ
　のカオスからガイア（大地の女神）、愛の神エロース、暗黒と 夜 が生まれ、暗黒と夜が結び
　ついて昼が生まれた。ガイアは天空ウラノスを産み、ウラノスはガイアを覆い尽くした。次い
　でガイアは、不毛の海ポントスを産んだ。こうして、宇宙が出来上がった。しかし、住む者が
　いない。そこで、ガイアは息子のウラノスと交わり、最初の種族、海神オケアノスや大地の神

クロノスなどのティタン神族の神々を産んだ（F・ギラン著 中島健訳『ギリシア神話』青土社（1990 年）16–18 頁）。

4. 佐波宣平『復刻版 海の英語—イギリス海事用語根源』成山堂書店（1998 年）447 頁。なお、「湯船」と書くと江戸時代に実際にあった船上風呂屋を意味し、いまの銭湯のルーツと考えられる。

5. 「かかり」については、「掛・懸・係・繋」の漢字が当てられる。事物、ある物がある場所にひっかかっている状態で、船が錨を下ろして停泊することを「繋船（けいせん）」という。ただし、日常的には、「繋船」ではなく「係船」が用いられることが多い。簡単な表記が好まれるのであろうが、こうした例としては、船を借り受ける「傭船（ようせん）」のかわりに使われる「用船」がある。

6. 佐原真・田中琢編『古代史の論点 6—日本人の起源と地域性』小学館（1999 年）188 頁

7. 日本海事広報協会「船名の「丸」の由来」〈https://www.kaijipr.or.jp/mamejiten/fune/fune_20.html〉最終アクセス 2021 年 1 月 29 日

8. 佐波前掲書（注 4）377–379 頁

9. いまは、音声による「メーデー（May Day）」に代わっている。もちろん、5 月 1 日の労働者の祭典ではなく、フランス語の「わたしを助けて（M' aidez.）」に由来する。

10. 博多津（花旭塔津、福岡県）、坊津（鹿児島県）とならんで「日本三津（にほんさんしん）」とされている。ただし、わが国最古の海事法である廻船式目では、坊津ではなく堺津となっている。

11. 逸見真編著『船長職の諸相』山縣記念財団（2018 年）248–254 頁、中村眞澄・箱井崇史『海商法（第 2 版）』成文堂（2013 年）140–141 頁

12. 梅は中国が原産で、わが国には奈良時代にもたらされたとされている。梅干しはわが国特有の食品であり、中国にはない。

13. ラテン語の austral（南の）と ia（国・地域・土地）の合成で、「南の国」を意味する。ia は世界中で見られる。たとえば、ルーマニア（ローマ人の国）、ロシア（ルス人の国）、ブルガリア（ブルガール人の国）、カリフォルニア（女王カリフィアの土地）、アラビア（アラブ人の土地）、アジア（東（asu）の国）、ユーラシア（ヨーロッパとアジアの合成）がそうである。

14. ラテン語の Nova Zeelandia（「新しい海の土地」）に由来する。

15. フェリペ二世（1527–1598、在位 1556–1598）はポルトガル国王も兼ね、スペイン黄金時代に君臨し、その繁栄は「太陽の沈まない国」と形容されるほどであった。しかし、即位した時点で国家はすでに破綻状態にあった。フェリペ二世は当時領土であったネーデルラント（オランダ）に注目し、カトリック教を強要することでローマ教会の権威を高めようと図り、また、重税を課した。このことが、のちにオランダの反発を招くことになる。

16. 本書では「オランダ」という国名を便宜的に使っている。2020 年、オランダ政府は州名に過ぎないオランダ（Holland）からネーデルラント（Netherlands）に国名を変更すると発表し、正式名称を「ネーデルラント王国（the Netherlands）」とした。1568 年、オランダはスペインに反旗を翻した。1581 年、独立宣言。スペイン・オランダ両国は 1609 年に休戦条約を締結し、1648 年、オランダの独立が国際的に承認された。その間の 1602 年、オランダでは世界初の株式会社とされる東インド会社が設立され、海へと活路を見出していった。「世界は神が創ったが、オランダはオランダ人が造った」と言われるほど、オランダは国土を治水で整備し、発展してきた。そこには、3 割が海抜ゼロメートル地帯で（ネーデルラントは「低い土地」という意味）、大西洋に面し海上交易に適しているという風土性、さらにはスペインによって搾取されてきた歴史性によって醸成された性状（競闘的ながら質素で堅実）が大きく関係していると考えられる。

17. オランダと同じく、「イギリス」という国名も便宜的に使っている。イギリスはわが国独特の国名表記で、「グレート・ブリテン及び北アイルランド連合王国（United Kingdom of Great Britain and Northern Ireland）」が正式名称であり、国際的には UK （ユーケイ）とされることが多い。イングランド、ウェールズ、スコットランド、北アイルランドといった風土性および風土性と相即性をなす歴史性の異なるカントリー（国）の同君連合体国家組織であり、そのことは各カントリーの旗の合作を国旗としていることからもうかがえる ―13 世紀後半にイングランドに併合されていたため、ウェールズの旗だけは反映されていない―。
18. 水中文化遺産保護条約批准問題と関連付けて議論されるべきテーマである。
19. ギリシア神話によれば、かつて世界は海神オケアノス（3 参照）に囲まれていた。アトラスは、主神たる全知全能の神ゼウスに歯向かった廉（かど）により、世界の西の果てに住むニンフ（妖精）のそばで苦痛に耐えながら天空を背負うことになった（J・スタヴリディス著 北川知子訳『海の地政学―海軍提督が語る歴史と戦略』早川書房（2018 年）67–68 頁、F・ギラン前掲書（注 3）33 頁）。地図帳のことをアトラス（atlas）と言うのは、オランダの地理学者ゲラルドゥス・メルカトル（1512–94）が地図帳の表紙に天空を背負うアトラスの絵を描いたことに由来する。
20. ポルトガルの海辺の町ナザレは夏の間リゾート地として賑わうが、嵐が吹き荒れる冬場は巨大波が打ち寄せることで知られている。ある TV 番組で特集していたが、世界中から命知らずのサーファーが集まってくるようだ。ナザレの沖合が深い海谷になっており、その海峡があたかも漏斗（じょうご）のような働きをすることで海水が集まって巨大な波となる。
21. 奴隷貿易の歴史は、戦争捕虜が奴隷として売買された古代ギリシアまでさかのぼる。実質的にビザンティン帝国を滅亡させた ―コンスタンティノープルが陥落した 1453 年を以ってビザンティン帝国の滅亡とするのが一般的― 第 4 次十字軍（1202–04）ののちの黒海地方においても、中央アジアのタタール人、ロシアやコーカサスの人びと ―コーカサスの女性はその美貌で知られた― が奴隷としてボスフォロス（ボスポラス）海峡を帆船で下った。キプロスやクレタでは農奴、エジプトでは兵士、その他のイスラム社会では兵士のほか家事労働者や妾として、奴隷を求める声は強かったのである（塩野七生『海の都の物語―ヴェネツィア共和国の一千年』中央公論社（1987 年）参照）。ただし、一般的に「奴隷」となれば大航海時代における黒人奴隷であり、その扱いの悲惨さは詳説を俟たない。
22. 紀元前 330 年ごろ、マッシリア（いまのマルセイユ）のギリシア人海洋冒険家ピュテアスが北方への大航海に出た。天文学者でもあったピュテアスは天文測量の知識や技術を駆使し、グレート・ブリテン島を発見、スコットランドの北にあるシェトランド諸島まで達したとされている。ピュテアスは潮汐の原因が月であるとしたことでも知られている。
23. このとき、カエサルは多くの船を失っている。地中海ではあまり見られない潮汐のことを知らなかったのである。ピュテアスの説を耳にしていなかったのかもしれない。
24. 同じ付属海であっても、内海の「瀬戸内海」に対して縁海である「玄界灘（げんかいなだ）」には外海、外洋の印象がある。閉ざされた海とそうでない海に対する心象の相違であり、内海はより主観的な対象と言っていい。ちなみに、「玄界」の「玄」は、赤あるいは黄色を帯びた黒である。黒く暗い海が「玄界灘」（玄海灘は誤記）の由来と考えられ、玄界灘はかつて「玄洋」とも略された。
25. 網野善彦『「日本」とは何か（日本の歴史 00）』講談社（2000 年）30–33 頁。同書で網野は、太平洋戦争において大日本帝国が南方の海域に"陸の支配の論理"を持ち込んだことの非を説いている。
26. 海上保安庁「海の相談室：瀬戸内海の範囲」〈https://www1.kaiho.mlit.go.jp/KAN5/soudan/

setonaikai.html〉最終アクセス 2021 年 1 月 29 日。ちなみに、領海法施行令では、南東の境界は紀伊日ノ御埼から蒲生田 岬 灯台まで引いた線、南西の境界は佐田 岬 灯台から関埼灯台まで引いた線、北西の境界は竹ノ子島台場鼻から若松洞 海湾口防波堤灯台まで引いた線となっている。

27. 名前の由来としては、異常繁殖した藻類（トリコデスミウム）が死んで海面を赤褐色に変化させるため、まわりが鉄分を含む乾いた土地であるため、など諸説ある。

28. ドナウ川などからの淡水とボスポラス海峡からの海水の二層構造。硫化水素（H₂S）と海水中の鉄（Fe）が結びついてできる真っ黒な硫化鉄（FeS）に由来するとされるが、諸説ある。

29. この海域は年間降水量が少ないために流入する河川の水量が少なく、極度に乾燥しているために水が蒸発し、通常の海水の約 10 倍の塩分濃度となっているために生命の維持が困難である。その一方で、泳げない "かなづち" にとってはパラダイスかもしれない。

30. 瀬戸は狭門（せと）・海峡のことで、瀬戸内海の名は四つの海峡の内側ということに由来する。

31. 海流に囲まれているために、「サルガッソ海の海藻にプラスチック粒子、ウミガメなどに影響も」といった事態も生じている（REUTERS「サルガッソ海の海藻にプラスチック粒子、ウミガメなどに影響も」〈https://jp.reuters.com/article/environment-sargasso-idJPKCN1VB0J4〉最終アクセス 2021 年 1 月 29 日）。近時は巨大ベルト化が進み、西アフリカからメキシコ湾までの 8,850 キロメートルの海藻の帯ができていると報じられている。

32. カスピ海の 0.18 パーセントの面積。2 位は霞ヶ浦（茨城県）、3 位はサロマ湖（北海道）

33. 木原知己『波濤列伝―幕末・明治期の夢への航跡』海文堂出版（2013 年）「われ川とともに生き、川とともに死す―パナマ運河開削に挑んだ日本人土木技師」

34. 木原前掲書（注 33）「サツマ・スチューデントと長州ファイブ―異国での若き薩長群像」

35. JTB「コリントス運河（Corinth Canal）の観光情報」〈https://www.jtb.co.jp/kaigai_guide/western_europe/hellenic_republic/CKQ/119121/index.html〉最終アクセス 2021 年 1 月 29 日

36. JTB「ポントカサステ水路橋と運河（Pontcysyllte Aqueduct and Canal）の観光情報」〈https://www.jtb.co.jp/kaigai_guide/western_europe/united_kingdom_of_great_britain_and_northern_ireland/ WRX/124064/index.html〉最終アクセス 2021 年 1 月 29 日

37. 谷弘「江戸の町は船で造られ船で発展した―徳川三代の江戸湊整備と生活物資の輸送」一般財団法人山縣記念財団『海事交通研究』第 68 集（2019 年）

38. 小名木川の隅田川口にあった深川番所（船番所）を、明暦 3 年（1657）の大火を機に寛文元年（1661）、中川口に移した。夜間の出船、女性の通行、鉄炮をはじめとする武器・武具や物資（塩、酒、東北諸国からの干鰯・〆粕・魚油など）の出入りを厳重に管理した（江東区中川船番所資料館『江東区中川船番所資料館常設展示図録』のなかの「開館にあたって」参照）。

39. 三木成夫『胎児の世界―人類の生命記憶』中央公論新社（2007 年）52–53 頁

40. 中国で航海の神として信仰されている女神に媽祖がある。マカオ（澳門）にはその媽祖を祀った媽閣 廟 があり、それが地名の由来となっている。「媽」は母の意。福建省に黙 娘 （モウリャン、媽祖の本名）という娘がいた。ある年、父と兄が漁に出たところ嵐に遭遇した。このとき、黙娘は家で機織りをしながら居眠りをしていた。夢のなかで、嵐にあった父の船を口にくわえ、兄の 2 隻の船を両手で掴んで岸をめざした。ところが、夢路母親に起こされ、思わず返事をした。そのため、兄を救うことはできたが、父は行方知れず。黙娘は父を救うため船を出すも遭難し、遺体が媽祖島に漂着した。そののち、航海の神となり、歴代の皇帝にも信仰されて天后聖母などの称号を与えられた。媽祖信仰はわが国にも伝わり、船霊信仰と融合して

根付いた。船霊は船の守護神で、御神体として男女一対の人形、銅銭、女性の頭髪、サイコロ 2 個、五穀（米・大豆・小豆・麦・粟・ひえ）などがあり、海難にあったときそれらを海に投げ入れた。人形は土製素焼きの首に布地の着物が付されたもの、頭部が石膏で着物は紙でつくられているなどさまざまで、きらびやかな 十二単（じゅうにひとえ）をまとったものまであった。男女一対とするのは、この世でもっとも強い結びつきが男女のそれであるとの考えによる。銅銭は十二文銭（1 円玉 12 個も）。12 は 1 年間の月の数を意味し、そのため、閏年には 13 に替わった。女性の頭髪は、妻のもの、夫婦揃った家のおばあさんのものなど。サイコロは、「天 1、地 6、オモテ 3、トモ 4」という具合に、数を揃えて安置された。御神体を神官が奉 斎（ほうさい）したうえで大工の棟梁が帆柱に彫った穴に収めるのだが、棟梁はこの神聖な儀式の 1 週間前から妻と床を共にせず、精進料理しか口にしない。御神体が女神とされることが多いのは、媽祖と重ねたからであろう。ちなみに、沖縄・奄美で見られるオナリ神信仰も媽祖との類似性が認められる（笹川平和財団・三尾裕子「海の女神「媽祖」」〈https://www.spf.org/opri/newsletter/175_3.html〉最終アクセス 2021 年 1 月 29 日）。

41. この海の最深部に、人類史上 3 人が到達したとされている。1960 年：米国海軍の支援を受けて建造された潜水艇トリエステ号のジャック・ピカール（スイス）とドナルド・ウォッシュ（米）、2012 年：ディープシーチャレンジャー号のジェームズ・キャメロン（米、映画監督）である。

42. 6,000 メートルより深い海域は「超深海」と呼ばれ、海底でプレートの沈み込みがおこる日本近海に集中している。

43. 高水圧から身を守るため、体の表面はプルプルのゼラチンのようなもので覆われている。

44. 2017 年 5 月、JAMSTEC と NHK（日本放送協会）が共同で撮影に成功した。2013 年 11 月、東京の町工場の経営者の声掛けで進められた深海探査機「江戸っ子」が日本海溝南端 7,840 メートル地点での撮影に成功したが、この「下請け体質からの脱却」的挑戦も記憶にとどめておきたい。

45. 兼岡理恵『『古事記』海幸山幸神話 —「海原」という世界』鈴木前掲書（注 1）25 頁

46. 気象庁「波浪の知識」〈https://www.data.jma.go.jp/gmd/kaiyou/db/wave/comment/elmknwl.html〉最終アクセス 2021 年 1 月 29 日

47. 柏野裕二『海の教科書—波の不思議から海洋大循環まで』講談社（2019 年）195 頁

48. 木原知己『号丸譚—心震わす船のものがたり』海文堂出版（2018 年）「だんぴあ丸の勇気」

49. 海の波には風によってその場で発生する風浪、ほかの場所で発生し遠路伝わってくるうねりのふたつがあり、このふたつの波を総称して「波浪」と呼んでいる。

50. BBC NEWS JAPAN「世界最古の津波犠牲者か 6000 年前の頭蓋骨を調査」〈https://www.bbc.com/japanese/41758691〉最終アクセス 2021 年 1 月 29 日

51. レイチェル・カースン著 日下実男訳『われらをめぐる海』早川書房（2004 年）189 頁。ただし、同書のなかでは地震発生を 358 年としている。

52. 四国災害アーカイブス「天武天皇 13 年の地震」〈https://www.shikoku-saigai.com/archives/3304〉最終アクセス 2021 年 1 月 29 日

53. 気象庁「津波の発生と伝播のしくみ」〈https://www.data.jma.go.jp/svd/eqev/data/tsunami/generation.html〉最終アクセス 2021 年 1 月 29 日

54. 海水の比熱は塩分などのために純水より小さく、約 4.0 J/g・K である。

55. マヤ神話に出てくる創造神（フラカン）に由来している。

56. 風速毎秒 17.2 メートル（時速約 61.9 キロメートル）以上を台風と定義している。

57. 気象庁「台風とは」〈https://www.jma.go.jp/jma/kishou/know/typhoon/1-1.html〉最終アクセス

2021 年 1 月 29 日

58. 台風はエルニーニョ現象、ラニーニャ現象の影響を受ける。気象庁のホームページには、「(エルニーニョ現象は)太平洋赤道域の日付変更線付近から南米沿岸にかけて海面水温が平年より高くなり、その状態が 1 年程度続く現象です。逆に、同じ海域で海面水温が平年より低い状態が続く現象はラニーニャ現象と呼ばれ、それぞれ数年おきに発生します。ひとたびエルニーニョ現象やラニーニャ現象が発生すると、日本を含め世界中で異常な天候が起こる」とある。

59. 田辺聖子『田辺聖子の古事記』新潮社（1991 年）92–94 頁、鈴木前掲書（注 1）16–17 頁

60. レイチェル・カーソン前掲書（注 51）234–236 頁

61. 系全体の重さの中心。月と地球の系の場合、地球の質量が圧倒的に大きいために、共通重心は地球の内部にある。要するに、月は地球の中心ではなく共通重心の周りを回っている。

62. 台風上陸時、大潮と重なって「高潮」になることがある。高潮とは大潮で海面が高くなったところに台風の強い風が高波となって海岸を襲うことで、沿岸地域に大きな被害をもたらす。

63. 塩分濃度が高いと密度が大きくなり、高緯度のために冷やされることで深層水となって沈む。塩分濃度の低い北太平洋では深層水は形成されない。

64. 1987 年、米国の地球化学者ウォーレス・ブロッカー（1931–2019）が「海のコンベアベルト」と命名。

65. この"海のコンベアベルト"がなければヨーロッパは摂氏 10 度下がる、と推測されている。

66. メキシコ湾流（海流）も古くから海上河川とみなされており、幅約 100 キロメートル、深さ約 1.2 キロメートル、海面付近の速度は時速約 8 キロメートルもある（J・スタヴリディス前掲書（注 19）67 頁）。ちなみに、このメキシコ湾流については、幅 150 キロメートル強、深さ約 1.6 キロメートル、海面付近の速度 3 ノット（時速約 5.5 キロメートル）という説明もある（レイチェル・カーソン前掲書（注 51）206 頁）。

67. 大隅半島の南に位置する種子島は、かつて黒潮を利用して紀州に地産の砂鉄を運び稼いだ。

68. 中浜万次郎が乗った小さな漁船が漂流したのも、この大蛇行が原因だったかもしれない。

69. インド洋モルディブ共和国では、日本よりも 100 年ほど早く鰹節がつくられた可能性があるという。モルディブでは 1 年中新鮮なカツオが獲れるが、イスラム教の戒律で生食が禁じられているため鰹節として食され —良質な真水がないために、日本のように出汁としては使われない—、スリランカなどとの交易品としても利用された。「鰹節」の文字が表われる最古の資料は室町時代末期の『種子島家譜』とのことであり、モルディブ発祥の鰹節製造技術が船で種子島に伝わったと考えられなくもない（ミツカン水の文化センター・河野一世「日本人はなぜ鰹を食べてきたのか」〈http://www.mizu.gr.jp/kikanshi/no33/02.html〉最終アクセス 2021 年 1 月 29 日）。

70. 塚本勝巳『大洋に一粒の卵を求めて—東大研究船、ウナギ一億年の謎に挑む』新潮社（2015 年）に詳しく紹介されている。

71. 伊根町には国の重要伝統的建造物群保存地区となっている「伊根の舟屋」がある。伊根湾に沿って建ち並ぶ 230 軒ほどの舟屋は、1 階が船のガレージ、2 階が住居となっている。

72. 須川邦彦『無人島に生きる十六人』新潮社（2007 年）。明治 31 年（1898）に太平洋上で座礁し無人島に漂着した 16 人。彼らはアホウドリで飢えをしのぎ、アオウミガメの"牧場"—アオウミガメの足に索を括り付け、浜辺の杭につないだ— をこしらえ生き延びた。体内に蓄えられた清水、牛肉よりおいしい肉 —肉食のアカウミガメは臭くて食用に適さない—、美味にして栄養豊富な卵、薪木のかわりになる大きな甲羅、行燈の元になる油など、無人島の漂流者にとってアオウミガメはまさしく命の恩人だった。

73. 畠山重篤『日本＜汽水＞紀行 —「森は海の恋人」の世界を尋ねて』文藝春秋（2003 年）13–14 頁。森林の落葉が腐る過程でできるフルボ酸が土中の鉄と結びついてフルボ酸鉄となり、結束が強いためにそのままの形で海に至る。生体膜を通過できる大きさのため、植物プランクトンや海藻にとっては森からの格好の贈り物である。

74. 柏野前掲書（注 47）130–131 頁

75. リマンは、ロシア語で「大河」（アムール川）のこと。

76. 気象庁のホームページによれば、2019 年全球平均海水温は平年（1981〜2010 年の平均値）と比較して摂氏 0.33 度の上昇となっており、これは 1891 年の調査開始以降 2016 年と並んで最も高い値となっている。また、100 年あたり摂氏 0.55 度の上昇となっており、上昇傾向が顕著になっている（気象庁「海面水温の長期変化傾向（全球平均）」〈https://www.data.jma.go.jp/gmd/kaiyou/data/shindan/a_1/glb_warm/ glb_warm.html〉最終アクセス 2021 年 1 月 29 日）。

77. 20 世紀を通じて年平均 1.7 ミリメートル上昇したが、近時は海の体積膨張、世界各地の氷河、氷床の融解などによる海面の上昇が激しく、年に 3 ミリメートル上昇しているとの指摘もある。

78. 大河内直彦『地球の履歴書』新潮社（2015 年）145 頁

79. 鍾乳洞は石灰岩とも呼ばれる。石灰岩は海の生物の死骸（炭酸カルシウム）であり、酸性を帯びた雨によって石灰岩が溶かされて鍾乳洞ができる。

80. 北極海は、表層水・大西洋水・深層水の三層構造になっている。

81. タイタニック号沈没の原因としては、氷山衝突説のほかに火災説（出航前から船内火災をひき起こす状況にあったという説）もある。

82. BUSINESS INSIDER 「NASA slowly drains the oceans in an incredible animation, revealing hidden underwater mountain ranges and ancient land bridges」〈https://www.businessinsider.com/nasa-animation-drains-oceans-reveals-land-bridges-mountains-2020-1〉最終アクセス 2021 年 1 月 29 日

83. シンディ・ヴァン・ドーヴァー著 西田美緒子訳『深海の庭園』草思社（1997 年）67 頁

84. 畠山前掲書（注 73）参照

85. レイチェル・カーソン著 青樹簗一訳『沈黙の春』新潮社（2005 年）

86. 畠山前掲書（注 73）37–45 頁

87. 国土交通省「首都圏外郭放水路」〈https://www.ktr.mlit.go.jp/edogawa/edogawa00402.html〉最終アクセス 2021 年 1 月 29 日

88. AFP BB News「沈みゆくフィリピン諸島、地下水くみ上げの脅威 気候変動上回る」〈https://www.afpbb.com/articles/-/3228904〉最終アクセス 2021 年 1 月 29 日

89. 世界最小の大陸。本稿を執筆中（2020 年 6 月 3 日）、ニュージーランドやニューカレドニアを含む大陸ジーランディア（Zealandia）のマッピングが発表された。いまから 1 億 3,000 万年から 8,500 万年前に南極大陸から分離し、8,500 万年から 6,000 万年前にはオーストラリア大陸と分離、2,300 万年前に現在の姿となった。世界最大の島グリーンランドより広く、オーストラリア大陸の 4 割ほどの広さであったとされている。

90. 本州はグリーンランド（デンマーク）、ニューギニア（インドネシア・パプアニューギニア）、カリマンタン（ボルネオとも。インドネシア・マレーシア・ブルネイ）、マダガスカル（マダガスカル）、バフィン（カナダ）、スマトラ（インドネシア）に次ぐ世界第 7 位の大きさで、北海道は同 19 位、九州は同 31 位、四国は同 38 位の大きさとなっている（国土地理院『平成 24 年全国都道府県市区町村別面積調』による）。

91. 小さい順に並べると、①ヴァチカン市国（0.4 平方キロメートル）、②モナコ公国（2.0 平方キ

58

ロメートル）、③ナウル共和国（21 平方キロメートル）。ちなみに、海事産業と関係が深いマーシャル諸島共和国の広さは 181 平方キロメートルで、7 番目に小さい。

92. 管轄海域（領海および排他的経済水域）は 100 平方キロメートル増えた計算になる。

93. この写真がきっかけとなり、環境運動が大きな盛り上がりをみせた。翌年、国連は世界初の「アース・デイ（地球の日）」を宣言し、アース・デイは世界的な運動となった。「地球の出」が撮影されたこの年、人口は食料の供給力を常に上回ると警告をならしたマルサスを再評価するP・エーリックの『人口爆発』が出版された（アラン・ワイズマン著 鬼澤忍訳『滅亡へのカウントダウン―人口危機と地球の未来（上）』早川書房（2017 年））。

94. ガガーリンの言葉を訳すと、「地球は青みがかっていた」。このとき、ガガーリンは「ここに神は居なかった」という趣旨の言葉も残している。

95. 赤色・緑色・青色は「光の三原色（RGB）」と呼ばれ、3 つが合わされば白色に近づく。一方、色の三原色（CMY）はシアン（cyan）・マゼンタ（magenta）・イエロー（yellow）で、混ざると黒色に近づく。

96. 熱帯魚のブダイがサンゴ共々藻類（褐虫藻）を強い顎と歯で食いかじり、消化できないために白い糞となって海中にまき散らかされたのが沖縄の白い砂である。

97. 植物プランクトンは「動物プランクトン→魚→より高次元の生物→人間」といった食物連鎖の基礎的な生産者であり、光合成によって二酸化炭素濃度を下げる役割もある。

98. 海に溶け込んでいるガスの 36 パーセントは酸素で、二酸化炭素は 15 パーセント。海中には大気中の約 60 倍の二酸化炭素が溶け込んでおり、「ブルーカーボン」の必要性が理解できる。

99. 14 段階の水素イオン指数（potential of hydrogen）。かつては「ペーハー」と言っていたが、いまは「ピーエッチ」と読むことが多い。pH 7 を中性とし、それ未満は酸性、それより大きければアルカリ性。たとえば、雑貨工業品質表示規程における漂白剤・洗剤などの液性について、pH 3.0 未満；酸性、3.0 以上 6.0 未満；弱酸性、6.0 以上 8.0 以下；中性、8.0 超 11.0 以下；弱アルカリ性、11.0 超；アルカリ性と区分されている。

100. 2020 年には水素イオンの量が 1.5 倍に増え、海面付近では pH 8.1 から pH 7.9 になるとの予測もある（柏野前掲書（注 47）94-96 頁）。

101. 気象庁「海洋酸性化」〈https://www.data.jma.go.jp/gmd/kaiyou/db/mar_env/knowledge/oa/acidification.html〉最終アクセス 2021 年 1 月 29 日

102. レイチェル・カーソン前掲書（注 51）81 頁

# 第2章

# ホモ・サピエンスと「海」

この結論が変えられることはぜったいにないなどとはとても断言で
きそうにない。それどころか、まだまだ変わると思ったほうがよい
かもしれない。

——リチャード・フォーティ『生命40億年全史』

　本章では、わたしたち現生人類（ホモ・サピエンス）がどのようにして誕生
し、「海」とどのように関わったかについて簡単にみていきます。

## 1. 「海」の誕生

　ホモ・サピエンスと「海」の関わりについて語る前に、「海」がどのようにし
て誕生したかをまとめておきましょう。
　放射年代測定（ウラン238の半減期は45億年）によって、地球が誕生した
のはいまから46億年ほど前のこととされています。地球はどのように誕生し、
「海」はどのようにしてできたのでしょうか。いまだ多くの謎に包まれている
ようですが、先人たちの知見の断片を紡ぎながら地球、海の誕生についてみて
いきましょう。

### (1) 原始の「海」

　リチャード・フォーティ著 渡辺政隆訳『生命40億年の全史』[1]、大河内直彦
『地球の履歴書』[2] によれば、地球は、誕生して間もない太陽の周りを回転する
宇宙塵（大質量の恒星の最期に起きる超新星爆発の残骸）や鉱物の微粒子[3]
が衝突と合体を繰り返すことでできた惑星とされています。衝突で質量が大き
くなり引力が増大した地球に、隕石が頻繁に衝突するようになります。衝撃に
よる運動エネルギーが熱エネルギーに転換され、地表の温度は摂氏1,000度を

超えました。地表を覆う岩はドロドロに溶け、ときとして蒸発を起こします。原始地球は真っ赤に燃える火の塊、いわゆる「マグマの海」だったのです。

　いまから 45 億 3,000 万年ほど前、「テイア（Theia）」と呼ばれる火星 [4] ほどの惑星が赤い原始地球に衝突し、轟音とともに地球にめりこみました。無数の欠片が宇宙空間に散らばり、いつしか地球の引力によってひとつに集まります。「月」の誕生であり [5]、かくして、テイアはギリシア神話における月の神セレネ（Selene）の母親の名となりました [6]。

　降り注ぐ隕石が原始地球に混ぜ込められ、すさまじい錬金術的創造によって新たな鉱物が生まれます。溶鉱炉のなかで鉄鉱石から鉄が抽出されて沈んでいくように、鉄やニッケルといった重い元素が原始地球の中心部へと沈降して「コア」となり、その一方で、熱エネルギーが宇宙空間に放出されました。隕石の衝突が減ってくると、地球の温度が下がり始めます。ケイ素やマグネシウムなどを含んだ物質が沈殿して「マントル」になり、残る物質が固化して「地殻」となりました。コア・マントル・地殻の三層構造の完成です。

　地球の内部では、ウランその他の元素の不安定な同位体が放射性崩壊することで温度が上昇していきます。原始地球の表面に固い地殻が形成され、彗星（comet）が塩素ガスなどのガス、水蒸気を宇宙の彼方から運んできました。彗星は、まさに「汚れた雪だるま」です。火山から吹き出された水蒸気や火山ガスもまた地球の引力によって地表に留まり、強力な太陽光によって温められ化学反応が進行しました。凝縮した水蒸気は雨水となり塩素ガスなどを取り込んで落下し、地表を冷ましながら陸地のくぼみに水たまりを造ります。いまから 41 億年ほど前のことで、地球誕生から現在までを 1 年とするカレンダー（「地球カレンダー」）ではその日を 2 月 9 日としています [7]。月の誕生について親子説に立つならば、地球から引きちぎられた跡地に雨水が集められたとも考えられます。いずれにしても、大量の雨が止むことなく降り続きました。至るところにできた大きな水たまりは塩化水素（HCl）の水溶液である塩酸で満たされ、そこに岩石に含まれていたナトリウム（Na）が雨によって運び込まれました。酸性水はナトリウムと化学反応を起こし、塩化ナトリウム（NaCl）となります。塩の登場であり [8]、かくして「海」が誕生しました。[9]

## (2)「生命」の誕生

　地球上に、原始の海（オパーリンの「原始スープ」）ができあがりました。原始スープは生命が誕生するのに必要な栄養がたっぷりで、地球全体を覆っていました。生命の誕生としましたが、生命を定義するのは難しく、ここでは、生命とは概念的あるいは観念的に "生きている、あるいは死んでいないプロセス" であり、そうした生命を宿しているのが生物である、とでもしておきます。つまり、生命は概念的、生物は物理的なものということです。

　原始大気中の二酸化炭素、窒素、水などの無機物に雷の放電や紫外線などのエネルギーが加えられ、生物の材料となるアミノ酸などの有機物（炭素を含む化合物）が作られました。地上には強い紫外線が降り注ぎ、火山活動が活発で、生物が生存するには厳しい環境でしたが、海（原始スープ）はそうした事情とは無縁でした。

　いまから 39 億年ほど前、先の地球カレンダーでは 2 月 25 日 [10]、最初の生物（単細胞ではっきりとした核をもたない「原核生物」）が誕生したとされています。海の中を漂う有機物を吸収し、酸素を必要としない嫌気性微生物（バクテリア）です。火山活動による熱水噴出孔の周辺で出現したと考えられています。熱水噴出孔は火山活動で熱せられた水が噴出するところで、さまざまな有機物が存在するのです。しかし、原始生物の生命をつなぐには限りがあり、やがて、自分で有機物を作り出す手段が必要になります。光合成 [11] の始まりであり、いまから 27 億年ほど前（地球カレンダーでは 5 月 31 日）、シアノバクテリア（cyanobacteria、藍藻）[12] がその担い手として登場しました。シアノバクテリアという不思議な微生物のおかげで、地球は酸素に恵まれた惑星へと変貌を遂げることができました。嫌気性生物にとって酸素は有害以外の何物でもありませんが、わたしたち人類、そして多くの好気性生物にとって酸素はそれこそ生命そのものです。そして、酸素によって酸化した鉄が海底に積もり、いまのわたしたちの生活を支えてくれているのです。

　いまから 19 億年ほど前、プレート状の地殻がほかのプレートとぶつかり「ヌーナ（Neuna または Nena）」と呼ばれる地球史上最初の超大陸が誕生しま

した。最初ではなかったかもしれませんが、ここではそうしておきます。超大陸はおおよそ3億年の周期で分裂と合体を繰り返し、ロディニア超大陸、パノティア超大陸を経て、いまから2億5,000万年ほど前に「パンゲア」[13]が誕生しました。いまはパンゲア超大陸が分裂する過程にあり、いまから2億5,000万年後までには日本付近で新超大陸「アメイジア」[14]が誕生すると予想されています。

## (3)「生命」の進化

　原核生物は長い年月をかけて多様な進化を続け、いまから15億年前、核をもった「真核生物」が現れ、10億から9億年前には多細胞生物が誕生しました。シアノバクテリアが他の好気性細菌と共生的に合体することによって真核生物が生まれ、シアノバクテリア自体は葉緑体になったと考えられています。

　その後、7億3,000万年から6億3,500万年前、地球は全球凍結（スノーボールアース）時代を迎えますが、火山活動が活発化するなかで $CO_2$ でおおわれるようになり、氷が解けて地球は目覚めます。生命が再び春を迎えたのです。

　生物の進化は、海の中で起こりました。陸上で生物が誕生・進化するには、（先述したように）紫外線が大きな障害となっていたのです。この難問を解決したのが、オゾン（$O_3$）層の出現です。地球カレンダーでは11月上旬から中旬のことです。光合成によって大気中の酸素量が増え、紫外線の作用を受けて酸素（$O_2$）からオゾン（$O_3$）が生成されたのです。地表から約20から50キロメートルの高度域にオゾン層が広がり、有害な紫外線がオゾン層に吸収されるようになったことで、生物は地上でも安全に生活できるようになりました。

　陸上が安全になると、海洋生物が次々と上陸を始めます。最初に上陸したのは緑藻類（緑色の藻類で、もっとも単純な植物）でした。陸上は光合成に必要な光で溢れており、植物はいよいよ進化していきます。陸生植物が、いまから約5億年前に出現しました。体をしっかり支えるために根や茎、葉が発達し、海の浅瀬から低地の沼へとその生息地域を拡大していきます。シダ植物も大繁殖しました。化石燃料として使われている石炭（電力炭）はこの頃から堆

積し始めた植物の"いま"の姿であり、大海原をゆく石炭運搬船（ばら積み船
（bulk carriers または bulkers））はそうした「海」の記憶を運んでいると言って
いいでしょう。

　いまから約 5 億 4,000 万年前のカンブリア紀、地球は温暖な時代を迎え、生
物の爆発的な進化によって節足動物である三葉虫が誕生しました。植物に続
いて節足動物などの無脊椎動物が陸に上がり、動植物は急速な進化を遂げてい
きました。わたしたちと同じような背骨を持つ脊椎動物が誕生したのはいまか
ら 5 億 3,000 万年前のことで、それは「魚類」の誕生という一大イベントでし
た。全長 3 センチメートルのミロクンミンギア（中国名：昆明魚）がそうで
すが、最初は顎を持っていませんでした。無顎類の、広義の魚類です。そのの
ち、顎を持つ種類が登場し、水中の環境に適応することで魚類は大発展を遂げ
ました。顎の出現は脊椎動物の進化における最大級のイベントだったのです。

　三葉虫は「海の王者」と呼ばれるまでに繁栄しますが、古生代ペルム紀（2
億 5,000 万年前）に絶滅してしまいます。

　4 億年前のデボン紀のはじめ、4 本の足のもととなる骨格、肺など、陸上へ
と進出する準備の整った両生類の祖先が出現し、3 億 6,000 万年ほど前、陸上
生活を始めました。魚類から派生した両生類は、陸上生活を始めた最初の脊椎
動物と考えられています。しかし、陸上生活が可能になったとは言え身体の構
造などから陸上生活には十分に適応できず、水辺への依存度が強かったようで
す。幼生などは、基本的に水中環境が欠かせませんでした。

　約 3 億 2,000 万年前、爬虫類が両生類から進化し、哺乳類の祖先も両生類
から進化しました。爬虫類と哺乳類は、ともに両生類から進化したのです。

　約 2 億 9,000 万年前のペルム紀、陸地（パンゲア）は大きな塊になりつつあ
り、大陸間を隔てる大洋は存在しませんでした。それがいまから 2 億年ほど前
から分裂を始め、約 1 億 8,000 万年前（ジュラ紀）に南北（北：ローラシア大
陸、南：ゴンドワナ大陸）に分かれて細長い海が誕生し、その後、大きな大洋
（大西洋）になります。北米大陸と南米大陸は現在のパナマ付近で付いたり離
れたりを繰り返し、約 300 万年前、完全な地峡となり、豪州はゴンドワナ大陸
から有袋類とともに分離しました。

　三畳紀（約2億3,000万年前）、パンゲアが分裂を始める前の時代、恐竜が
登場します。しかし、2億年前（三畳紀とジュラ紀の境）、パンゲアの分裂に
よって火山活動が活発になり、流れ出る溶岩などで生物の76パーセントが死
滅してしまいました。地球史上5回（「ビッグファイブ」）あったとされるう
ちの4回目にあたる大量絶滅です。大量絶滅は大きな進化を促す契機になり、
ジュラ紀以降の低酸素状態は恐竜の大型化を促しました。

　いまから1億年前、爬虫類から分裂、進化した陸生のトカゲの先祖が敵から
逃げるように海に入り、中生代白亜紀にあたる7,900万年前、プレシオサウル
スの後継者で史上最強の海竜とされるモササウルスが登場します。全長は13
メートルもあり、陸の王者ティラノサウルスですら歯が立たないほどの強さを
誇りました。モササウルスの強さは、強靭な顎や歯はもちろんのこと、「胎生」
という特殊な繁殖能力に負うところが大きかったようです。雌親の体内で孵化
し成長したのちに体外に出る繁殖形態で、敵、とりわけ陸上の恐竜に狙われる
リスクが少なかったのです。

　いまから6,600万から6,500万年前、比類なき権勢を誇った恐竜や海竜が、
忽然と地球上からその姿を消してしまいます。絶滅の理由としてさまざまな説
が主唱されていますが、隕石衝突説が有力となっているようです。巨大隕石が
地球に衝突し、飛び散った欠片が大地に火の子となって降り注ぎ、地表は灼熱
に包まれ、地球を覆う大量の塵によって太陽光が遮られたために地表は冷たく
なり、大雨が海の酸性化をもたらしました。食物が不足し、約75パーセント
の生物が絶滅したと言われています。

　恐竜や海竜が生きていたのは、地球カレンダーで言えば12月8日から26日
に過ぎません。巨大にして強靭な生物が突如として姿を消したのはいかにも不
思議なことですが、この地球史的イベント（第5回大量絶滅）によって哺乳類
が繁栄するのです。カバに似た小獣が海にはいってクジラ類の祖となり、いま
から20万年前、地球カレンダーでは大みそかの紅白歌合戦も終わろうとする
午後11時37分、わたしたち現生人類（ホモ・サピエンス）が登場します。絶
滅することなくいまもそこらの海でモササウルスがモンスターぶりを発揮して
いるとしたら、（そもそもわたしたちは存在していないでしょうが）ピクニッ

クに行こうとしてティラノサウルスにギロリと睨まれるとしたら……想像する
だけで空恐ろしくなります。遠い世界の事と笑っている場合ではありません。
化石が発掘されていることからもわかるように、日本近海でもモササウルスが
悠々と泳いでいたのです。

## 2. ホモ・サピエンスの誕生と「海」

　人類（ヒト）の進化の流れはおおまかに、猿人→原人→旧人→新人（ホモ・
サピエンス）とされています。

　いまから約 390 万年前にアウストラロピテクス・アファレンシス（アファー
ル猿人）がアフリカの草原で集団行動を始め、約 300 万年前にアウストラロピ
テクス・アフリカヌス（アフリカヌス猿人）が登場しました。

### （1）ホモ・サピエンスの誕生

　約 240 万年前、わたしたち現生人類へと続くホモ・ハビリス（「最初期の原
人」）が登場し、サバイバル生活のなかで偶然石器を発明しました。

　約 200 万年前、ホモ・エレクトゥス（「直立したヒト」）が日常的に肉を食す
ようになります。体毛が薄くなり、地上活動によって汗腺が発達したことで体
温調節ができるようになりました。肉食は脳の発達をうながし、人類は「心」
を自覚するようになりました。心が過去の記憶が時間とともに成熟したもので
あることを考えれば、脳の発達が「心」を自覚するうえで大きなインパクトに
なったのは間違いありません。

　いまから約 50 万年前、ホモ・エレクトゥスはアフリカの地から旅立ちまし
た。第 1 次「出アフリカ（Out of Africa）」です。アジアに向かった群れは北京
原人、ジャワ原人、フローレス原人となり、ヨーロッパへと進んだ一群は原人
を経て旧人（ホモ・ネアンデルターレンシス（ネアンデルタール人）[15]）へと変
貌を遂げました。

　アフリカに残ったホモ・エレクトゥスからホモ・サピエンス（Homo sapiens）
が出現しました。名付け親は、「分類学の父」とされるスウェーデンのカール・

フォン・リンネ（1707–78）です。「新人」とされる現生人類で、ラテン語で「智慧のある（賢い）ヒト」という意味です。人類学者アリス・ロバーツによれば、ホモ・サピエンスがホモ・ハイデルベルゲンシスから分岐しこの地球上に誕生したのはいまから 20 万年前とされています [16]。先述したとおり、地球カレンダーでは大みそかの午後 11 時 37 分です。

　ホモ・サピエンスは、いまのエチオピアで暮らしていた、遺伝学者が「ミトコンドリア・イブ」あるいは「アフリカのイブ」と呼ぶひとりの女性まで遡ります。もちろん、わたしたちすべてが彼女の子どもということではなく、あくまでも遺伝子（ミトコンドリア DNA）の問題です。[17]

## （2）反発を招く「人類アフリカ起源説」

　ところで、なぜ、人類（ヒト）が誕生した地がアフリカだったのでしょうか。

　いまから 1,500 万年前のアフリカの熱帯雨林では、サルや類人猿などさまざまな霊長類が樹上生活をしていました。サルより類人猿が多かったようです。その後、アフリカ東部で地殻の分裂がはじまり、キリマンジャロなどの火山群が誕生します。西からの湿った風が遮られ、活発な火山活動によって熱帯雨林が森林や疎林が点在する草原になり、遠くまで見渡せるようになります。地殻変動はその後も続き、いまから 700 万年前、樹木の少ない東側で人類（ヒト）が類人猿と袂を分かちました。樹上生活を放棄して地上に下り、二本足で歩きはじめたのです。

　アフリカ起源説が唱えられた当初、学会は猛烈に反発しました。自分たちの祖先が未開の地で誕生したことを否定したかったのです。しかし、その後の遺跡発掘や DNA 解析による科学的解明が進むにつれ、認めざるを得なくなりました。

　古くからアフリカが未開の地かと言うと、そうではありません。たとえば、10 世紀から 14 世紀のアフリカは経済的繁栄を謳歌し、政治的にも安定していました。とりわけ、14 世紀のマリ王国は栄華を極め、産出される金の貿易によって版図は大きく拡がりました。いまのマリ共和国も面積の大きな国 —国

土の 1/3 はサハラ沙漠─ ですが、かつてのマリはそれよりはるかに広かった
のです。

　14 世紀から 15 世紀前半までのアフリカは絶頂期を迎え、羨望されこそすれ
蔑視されることはありませんでした。しかし、アフリカの栄光も、16 世紀に
突如終止符が打たれてしまいます。「暗黒の大陸」などと蔑まれるようになっ
たのです。15 世紀から 16 世紀に始まるヨーロッパ列強による世界進出、それ
に続く市民社会の誕生がその背景と考えられます。この過程で、アフリカの人
びとは奴隷として見られるようになります。ヨーロッパの船によるアフリカと
アメリカ大陸間の「三角貿易」は、いつしか人類史上最大にして最悪の人身売
買の航路へと変貌していきました。ヨーロッパの人たちにとっては、封建制か
ら市民社会へ、商業資本主義から産業資本主義へと発展していく時期でした。
アンフェアな社会からフェアな社会へと転換できたことでヨーロッパは包括的
な経済制度や政治制度を手中にし、その後の発展の礎を築いていきます。しか
し、ヨーロッパ人にとってはそうであっても、アフリカの人びとにとっては真
逆、まさに"暗黒"そのものでした。ヨーロッパにおける近代市民の誕生とア
フリカ人奴隷制度は、いわばコインの表裏だったのです [18]。

　16 世紀から 19 世紀、イギリスを出た帆船が大勢の奴隷をアフリカ西海岸か
らアメリカ大陸へと運びました。ある日突然、イギリスの武器商人から銃など
を手に入れた地元の集団が村を襲い、奴隷として金になりそうな少年や少女を
連れ去り、その親、その他の無用な村人はすべて殺されました。幼い奴隷たち
はアフリカ西海岸 [19] に集められ、アメリカ大陸で落札されるや背中に焼き印
を入れられ、農園へと引き取られていきました。奴隷商人たちはカリブ海の
地、ブラジル、メキシコなどの農園主に奴隷を売り渡し、綿花、コーヒー、た
ばこ、砂糖などをヨーロッパに持ち帰り、莫大な利益を得たのです。

　350 年間（1514–1866）で 1,250 万人もの黒人奴隷がアフリカからアメリカ
大陸に運ばれた、とも言われています。300 人から 400 人の奴隷を乗せたイギ
リスの帆船が、アフリカ西海岸からカリブ海の地（奴隷全体の約 51 パーセン
ト）、ブラジル（同 35 パーセント）、メキシコ（同 7 パーセント）、北米（同 4
パーセント）などに向けて帆を張りました。奴隷の 6 割は男性で、子供も 2 割

ほどいました。航海中に自死や病気などで死ぬ者も全体の 12 パーセント、航海でみれば 8 から 34 パーセントを数えました。

　イギリスの奴隷船として有名なブルックス号の場合、高さ 150 センチメートルの船倉に 2 人ずつ手枷、足枷された奴隷が詰め込まれました。その数、500 人から 600 人。奴隷ひとりに与えられた空間は異常なまでに狭く、必然的に反乱や諍いが頻発し、その度に首謀者が見せしめとして首を刎ねられました。衛生面のひどさは筆舌に尽くし難く、赤痢や熱病に罹患する者も多かった。航海の途中で病気になると生きたまま海に投げ込まれ、サメの餌食にされた。そのことを知るサメは、奴隷船のあとをどこまでもついてきたと言います。

　時代が下るなかで奴隷問題が社会問題化し、廃止に向け種々の取組みがなされるようになります。自由を手に入れた一部の黒人奴隷たちは、再出発の機会をいろいろに模索しました。たとえば、1820 年、黒人奴隷のための祖国再建を支援する米国植民地協会などの尽力もあって、88 人の奴隷を乗せた小さな商船エリザベス号がニューヨークを発ってシエラレオネをめざし、1822 年、現在のリベリア共和国（Republic of Liberia）に初上陸しました。

　リベリアの名は、liberal（偏見のない）、liberty（自由）と同じく、ラテン語の liber（自由な）に由来します。1847 年に独立し首都をモンロビア（Monrovia）と定めるのですが、それは、第五代アメリカ大統領ジェームズ・モンロー（1758–1831、在任 1817–25）からとったものでした。リベリアはいまや有力な船籍登録国（flag state）となっており、関連事務を扱う会社（Liberian International Ship & Corporate Registry（LISCR））の本社はアメリカに置かれています。[20) 21)]

## （3）ホモ・サピエンスと「海」の出会い

　初期のホモ・サピエンスを、「氷期」という地球規模の環境変化が待ち受けていました[22)]。いまから 19 万年前に始まった氷期によって、ホモ・サピエンスは存亡の危機に直面します。懸命に食べ物を探し廻り、偶然たどり着いた南アフリカの海岸の岩場でムール貝などの貝類を見つけ、なんとか糊口をしのぐ

ことができた。それはまさに奇跡であり、食の革命でした。

　初期の人類は数百万年にわたって陸上の植物や動物だけを食べていましたが、現生人類（ホモ・サピエンス）は魚や貝も食べるようになったのです。「海」と出会い、魚や貝を食べるようになったことで、ホモ・サピエンスはそののち生き延びる資格を得ました。ホモ・サピエンスにとって、それは天与の恵みでした。それにしても、初めて目にし、手にする海の幸をよくぞ口にしたものです。食べられると直感したのか、あるいは、試行錯誤の果てのことなのか。いずれにしても、珍奇な姿の魚介類を口にする雑食性向が生き延びるためのひとつの鍵だったのは間違いありません。

　ホモ・サピエンスは生まれ故郷の南端の地で「海」と出会い、生きる希望を見出しました。狩猟の危険から解放され、マグロ、イワシ、ブリ、サバ、サンマといった青魚の脂肪分に多く含まれるオメガ 3 脂肪酸 [23] を得ることでバランスの取れた栄養を摂取し、脳がさらに発達したことで言語能力が向上し、厳しい生存競争を勝ち抜くことができたと考えられます。

## 3. ホモ・サピエンスの移動と「海」

　いまから 7 万年から 6 万年前、ホモ・サピエンスはアフリカを出ました。ホモ・エレクトゥスの「出アフリカ」に次ぐ、人類にとって 2 回目となる「出アフリカ」でした。

### （1）ホモ・サピエンスの「出アフリカ」

　アフリカを出たホモ・サピエンスは、向かった方向によってふたつの系統に分別できます。ひとつはアジアに向かった「モンゴロイド」、もうひとつは 4 万 5,000 年前ごろヨーロッパへと向かった「コーカソイド」です。コーカソイドは「クロマニョン人」と呼ばれ、ネアンデルタール人に替わってヨーロッパの居住者となりました。モンゴロイドが数でコーカソイドを上回ったと思われ、それは日の出に希望を感じるホモ・サピエンスが多かったからかもしれません。

　6万年ないし5万年前、東南アジア大陸部に到達したモンゴロイドの眼前に、広い海が広がっていました。当時の東南アジア島嶼部の多くは陸とつながり、インドネシアのバリ島より西の島々とフィリピンの多くの島々を中心とする陸続きのスンダランド（Sunda）と、ニューギニアとオーストラリア、タスマニアなどが一体となったサフルランド（Sahul）に分かれていました。東南アジア大陸部に到達したモンゴロイドは陸伝いにスンダランドに至り、もっとも狭いところで80キロメートルしか離れていないサフルランドをめざそうと心を決めました。

　サフルランドを目の前にしたホモ・サピエンスは、発達した脳をフル回転し海を渡る方法を必死に考えたはずです。木片や木の葉が海に浮かぶのを目の当たりにし、舟の原理を知ったにちがいありません。舟（船）は浮揚性・移動性・積載性といった物理的性質を有する水上構造物であり[24]、初期のホモ・サピエンスは貝で作ったナイフで刈りとった葦を束ねて葦舟をこさえました。しかし、海流や波の抵抗が強く、なかなか速度が出ない。つぎに用意されたのが、竹を束ねた竹舟です。東南アジアには、軽くて丈夫な竹が繁茂していたのです。丸太を組み合わせて筏もつくりました。しかし、多少は改善されたものの、目的を果たすには不十分でした。困り果てた先に考えられたのが、丸木舟です。植物油をしみ込ませて火で焦がし、焼けた部分を石斧などの道具で巧みに刳りぬいて造った丸木舟（「刳り舟」）は、圧倒的な速度で洋上を駆けました。航海の安定性を求めて、その丸木舟に浮材（「アウトリガー」）を付けることも考えました。

　ホモ・サピエンスは、舟を移動の道具とした最初の人類（ヒト）です。サフルランドにわたったホモ・サピエンス、いまのオーストラリア原住民（オーストラリア・アボリジニ）やニューギニア住民の祖先は、ブーメランのような道具で鳥などの狩猟に励みました。

　モンゴロイドのなかには、困難を覚悟で北方に向かう一群もありました。いまから2万5,000年ほど前、彼らの一部は北上してシベリアに達し、いまから約1万4,000年前には北極海沿岸にたどり着いた。大型化した脳、汗腺の発達、雑食性といった生物学的特性を有し、マンモスの骨で住居をつくり、暖か

い衣服、食料保存法を開発するなどの高度な知能と技術によって寒さに堪え得る術を体得したからこその快挙でした。

　北極海沿岸にたどり着いたモンゴロイドは、当時は陸域だったベーリング海峡（ベーリンジア）をわたってアメリカに至り、いまから 1 万 2,500 年ほど前、南米最南端のフエゴ島の土を踏みました。

## （2）ホモ・サピエンスのオセアニアへの移動

　そののち、まったく別の集団によってオセアニアへの移住がなされました。いまから約 6,000 年前、当時陸続きだったいまの台湾あたりの海域から東南アジア島嶼部へと船出したモンゴロイドがそれで、カヌー[25]を駆使しての渡海でした。三角帆やアウトリガーが開発され、さらには、ふたつのカヌーの胴体を連結させた双胴型（ダブル・カヌー）まで出現します。しかし、羅針盤などない時代、彼らは、星の位置や島々にかかる雲の形状、さらには鳥の習性にしたがって航海を続けました。

　約 3,600 年前、メラネシアに属するニューギニア島の北東にあるビスマルク諸島に独特な土器を持つオーストロネシア語系集団が出現し、さらに先の太平洋海域へと進出していきました。いまから約 3,500 年前にトンガ諸島およびサモア諸島、約 2,500 年前にタヒチ島などのソシエテ諸島、約 2,000 年前にハワイ諸島、そして約 1,000 年前にニュージーランド、約 900 年前にイースター島にそれぞれ到達し、いまのメラネシア（古代ギリシア語で「黒い島々」）、ミクロネシア（同「小さな島々」）、ポリネシア（同「多くの島々」）文化圏が築かれていったと考えられています[26]。

　ポリネシアはハワイ諸島・イースター島・ニュージーランドの三角形に囲まれた海域ですが、西から見れば大きな 鏃（やじり）の形を成しており、あたかもモンゴロイドの移住の流れを示しているかのようです。先日 NHK BS プレミアムでマルケサス諸島のことが放映されていました。マルケサス諸島は南太平洋の絶海の地で、タキイイという名の王が 2 メートル 50 センチメートルはあろうかという高さの神の石像（ティキ）[27]となって崇められています。その独特なポ

リネシア文化は、ハワイのフラダンス、イースター島のモアイ像、マオリ族の民族舞踊でニュージーランドラグビーチーム「オールブラックス」のハカの源流となっています。

　グリーンランド・ニューギニア島・ボルネオ島に次ぐ世界4位の大きさを誇るマダガスカル島にホモ・サピエンスが移り住んだのは、遺跡などから考えると、いまから2,300年ほど前のことと考えられています。言語が台湾から東南アジア島嶼部、太平洋の島々、マダガスカルに広がるオーストロネシア語族に属していること、DNAなどから考えて、さほど離れていないホモ・サピエンスの"ふるさと"から舟で直接わたったのではなく、東南アジアからアウトリガー・カヌーやダブル・カヌーでインド洋をわたったようです。すごい遠回りのようですが、それは世界地図を知る現代人の感覚なのかもしれません。

## （3）定住するホモ・サピエンス

　南米最南端まで拡散したモンゴロイドとは異なり、同じホモ・サピエンスでもヨーロッパに向かったコーカソイドが海に出ることはありませんでした。モンゴロイドが向かった先は多島海域で、丸太材や竹材などの舟材が豊富にあり、海水を浴びても大丈夫な温かい海域で、海に進出する条件に恵まれていましたが、コーカソイドが辿り着いた先は冷たい海で、波除けなしに海に進出するのは困難だったのです。

　人は、主として山間や田畑に生きる山の民、主として海で日々の糧を得る海の民に大別できます。どちらかが優れているということではありません。自らの意思とは関係なくいずれかの地で呱々の声をあげ、その地における空間と時間のなかで育ち、風土性および風土性と相即性をなす歴史性をまとって生きているだけのことです。わたしたちの祖先はアフリカを出て世界各地に散っていきましたが、彼らは元来が狩猟採集民でした。いまから1万年ほど前から地球上の至るところで農耕が始まり、多くの地で狩猟採集にとって代わります。小さな集団をつくり、幾組かが定住することで村が誕生します。定住はより多くの多様な労働力を生み出し、村は徐々に成熟していきました。

　地域の環境条件（「風土」）によって作物は異なりました。西アジアではムギ
類、中国ではイネ類、東南アジアではイモ類、中央アメリカではトウモロコシ、
南米ペルーやチリあたりではジャガイモ、といった具合です。作物収穫の季節
性、貯蔵可能な期間や搬送時間の長短などによって、各地でさまざまな農耕文
化が生まれました。たとえば、熱帯雨林地域で栽培されるイモ類は、通年収穫
が可能である一方で貯蔵や長距離の搬送に適さない。イモ類を栽培する地域の
ホモ・サピエンスは野生植物の採集に近い生活を余儀なくされ、多くは日々の
仕事に追われ、創造的な文化を育む時間などなかったはずです。一方、穀類を
栽培する地域のホモ・サピエンスは、植え付けや収穫時期が特定の時期に限ら
れ、作物は保存がきき、長距離搬送にも適したことから、自由な時間を創造的
な活動に充てることができたことでしょう。かくして、文化の地域格差が生じ
たと考えられます。

　農耕による定住は、ホモ・サピエンスに野生動物を家畜として飼う機会を与
えました。家畜は、食用ということもありますが、農耕あるいは運搬における
有用な労働力として機能しました。穀類農耕文化圏では牛、馬、羊など、イモ
類農耕文化圏では豚や鶏が飼われました。

　農耕や牧畜[28]の開始はホモ・サピエンスにとっての第一次産業革命でした
が、良い点ばかりではありませんでした。栄養価の低い食料が原因で体調の悪
化や体格の劣化を招き、集団生活に起因する感染症の拡大[29]、個人、グルー
プ間の争いごとが頻発するようになり、いまで言う“ストレス”を人類社会に
もたらしたのです。その結果、平均寿命も短くなりました。しかしそれでも、
定住生活によって食料の安定的確保が可能になり、出生率が向上したことで人
口が増加し、1万年前に800万人だった世界人口はそののち増加をたどりまし
た。このときから人類の食料[30]問題が始まった、と言っても過言ではありま
せん。いまや世界全体の人口は77億人を超え、黒死病（ペスト）[31]などの深
刻な疫病の発生、宗教や民族、地政学的理由に起因する民族・地域紛争、世界
的規模の戦争などによる大量殺戮、あるいは適正な家族計画に基づく生殖活動
の抑制といった縮減要因がない限り、世界の人口は2050年までに100億人に
達すると推測されています。

　古典派経済学者のトマス・ロバート・マルサス（1766–1834）が著した『人口論』を読まれた方も多いと思います。マルサスはその中で、人口は食料の供給量を上回る速度で増加すると警告しました。大衆は（食料に）困窮する運命からは逃れられない、と結論付けたのです。当初、生命（子孫）を増やしたいという自然の欲求に反するとして、彼の意見は酷評されました。しかし、ポール・ラルフ・エーリックの著書『人口爆発』でマルサスは蘇りました。鋭い洞察として、マルサスの説に再び光が当てられたのです。そんなエーリックも、アメリカの農学者ノーマン・ボーローグ（1914–2009）の「緑の革命」（農業技術の革新による穀物等の増産）までは予想できませんでした ―ボーローグにしても、人間の生殖率を下げる必要性は認めていた―32）、33）

## （4）日本におけるホモ・サピエンスと「海」

　農耕や牧畜（「ドメスティケーション（domestication）」）がはじまる 1 万年前までに、地球上の大半の地域はホモ・サピエンスの居住地となりました。アフリカで誕生した人類（ヒト）が、ついに汎地球型動物となったのです。では、わが国にホモ・サピエンスがわたってきたのはいつごろのことだったのでしょうか。

　日本列島が大陸と分離をはじめたのは、いまから 3,000 万年前のこととされています。引張期（いまから 3,000 万年から 1,000 万年前までの時期）に当たる 1,500 万年ほど前、西日本と東北・北海道が引き千切られるように分裂しました。1,000 万年から 300 万年前までの間（「静穏期」、アフリカで人類（ヒト）が誕生）に地形は安定し、300 万年前から現在に至る過程で太平洋プレートがユーラシアプレートに潜り込み（「圧縮期」）、日本海を〝内海〟とする弧状の火山列島になりました。

　ユーラシア大陸から離れたこの島にホモ・サピエンス（モンゴロイド）が大型動物を追って陸路を移動してきたのは、いまから 3 万 8,000 年から 2 万 5,000 年ほど前（旧石器時代）と考えられています。朝鮮ルート（いまから 3 万 8,000 年前）、台湾ルート（同 3 万 5,000 年前）、ユーラシアルート（同 2

万 5,000 年前）の 3 ルートが考えられます。当時は氷期で、現在と比べてお
そらく 80 メートルほど海面が低かった。北海道はユーラシア大陸と地続きに
なっていましたが、本州とはつながっていませんでした。舟による移動の可
能性はあります。国立科学博物館による丸木舟での台湾 ―大陸と陸続き― か
ら与那国島までの実証実験の成功は舟による移動の可能性を示唆しています
が 34)、残念ながら当時の舟の遺跡は残っていません。

　1 万 2,000 年前ごろから地球の温暖化がすすみ、寒暖が短期間のうちに交替
を繰り返すなか環境は激変していきました。温暖化によって植生が針葉樹林か
ら広葉樹林へと変化し、旧石器時代の獲物だったトナカイ、マンモス、ナウマ
ンゾウ、ヘラジカなどを絶滅へと追いやりました。

　縄文時代（紀元前 14000 年頃から紀元前 10 世紀）、わたしたちの祖先は定住
生活をはじめ、狩猟や採集のほか、舟を使った漁撈にも従事するようになりま
した。いまから約 6,000 年前に揚子江（長江）流域で水稲耕作が始まり、5,000
年前に南中国、4,000 年前には東南アジアに伝播していきました。わが国には
3,000 年ほど前、縄文時代末期あるいは弥生時代（紀元前 10 世紀頃から 3 世紀
中頃）に朝鮮半島あるいは南方から伝わりました。一般的に縄文時代は狩猟採
集経済、弥生時代は稲作経済と単純化されて言われています。しかし、実際は
いろいろな経済形態が複層的に混在していたと考えられ、たとえば弥生時代、
稲作が普及したものの縄文時代のような狩猟採集も各地で見られました。

　海での漁撈は、すでに縄文時代から始まっていました。平成 26 年（2014）
1 月、千葉県市川市国分の雷下遺跡から、わが国最古の、あるいは世界最古
ともされる 7,500 年ほど前の丸木舟が見つかりました。これまで最古とされて
いたのは島根県松江市で発掘された 7,000 年ほど前のものですが、今回の発見
で、縄文時代の早い時期から海で採れた魚介類の運搬手段として丸木舟が使わ
れていたことが明らかになりました。発掘された丸木舟はムクノキを刳りぬい
たもの（「刳り舟」）で、長さ約 7.2 メートル、幅約 0.5 メートルの大きさでし
た。7,500 年前と言えば、温暖化による縄文海進がはじまるころです 35)。縄文
時代の丸木舟は全国で 160 艘ほどが見つかっており、今回を含め 60 艘が千葉
県内からの出土です。当時の千葉県内は縄文海進で入り江が発達し、平坦な地

形が多く海に出やすかったのでしょう。

# 4. ホモ・サピエンスの"日常"と「海」

　ホモ・サピエンスはアフリカを出て、ときとして海を移動し、静かな"日常"を得ました。ホモ・サピエンス、すなわち、わたしたちの日常にはあまたの生物、無生物が関わっています。そして、それらの多くを運んだのは「海」であり、それらによって、わたしたちの日常は支えられているのです。

## （1）生物を運ぶ「海」

　近年、琵琶湖、瀬戸内海や九州・沖縄の海などで、山間に生息する猪（イノシシ）が泳いでほかの地にわたる姿が散見されています。聞くところによると、フィジーからインド東部、中国南部からオーストラリア北部の汽水域や淡水域に生息するイリエワニは、餌や交尾の相手を探しながらかなりの距離を泳いでわたっているようです。「ボディ・サーフィン」と呼ばれ、湘南のサーファーもこれにはびっくりでしょう。海を移動するのはホモ・サピエンスだけではないのです。

　生物（「生き物」）[36] は、各々の手段によって海をわたります。生物もまた、海またはその上に広がる空を移動の場としているのです。渡り鳥のように自分の意志（あるいは本能）で海をわたる場合もあれば、人を介してわたることもあるでしょう。視点をかえれば、海が主格として生物を運んでいるのです。

　いまも火山活動が続く西之島の海岸線にタマキビやシワガサが息づく様子が、過日の NHK BS プレミアムで放映されていました。130 キロメートルも離れている父島から、海が幼生プランクトンを運んだのです。

　火山活動で熱せられた水が噴出する熱水噴出孔では、熱水に溶解している各種化学物質で生命を紡ぐ複雑な生態系がみられます。海が運ぶ化学合成細菌などを摂食するジャイアントチューブワーム、イガイなどの二枚貝、エビなどが活動し、深海生物学者シンディ・ヴァン・ドーヴァーはその様子を「バラの庭園」と名付けています[37]。

　島崎藤村の椰子の実にしても、遠い故郷の岸からわが国の波辺まで海が運ん
だのです。かつて新婚旅行のメッカだった宮崎の青島[38]に、27 種の亜熱帯性
植物が自生しています。しかし、温帯に位置する宮崎に亜熱帯性植物が自生す
ること自体、不思議なことです。どこからか、海が運んできたにちがいありま
せん。では、どこから来たのか。どうやら 2 つの説があるようです。地球がい
まより温暖だった時代の生き残りとする説が有力視されていますが、南の国、
沖縄などから黒潮とともに流れ着いたのかもしれません。

　船のバラスト水に紛れて、海が生物を運ぶこともあります。バラスト水と
は、船舶のバラスト（底荷）として用いられる水のことです。船舶が空荷で出
港するとき、船のバランスを保つために当地の港の海水がバラストとして積み
込まれ、貨物を積載する港で船外へと排出されます。その結果、本来は生息す
るはずのない海域に出港地の生物が移動することになり、固有種が築き上げた
生態系が破壊される危険があるのです[39]。環境の違いから生存できない場合
もありますが、出発地と目的地の海水温や塩分濃度が似通っていれば、"外来"
種はいとも簡単に、あるいは嬉々として新しい海域に侵入することでしょう。
千葉県のブランド貝に、外来のホンビノス貝（本美之主貝）があります。海が
卵をバラスト水に紛れ込ませ、原産地の北米大西洋岸から東京湾まで運んでき
たのです。IMO（国際海事機関）によれば、船舶によって年間 30 億から 50 億
トンのバラスト水が国際移動しているようです。世界の主要 20 港だけで外来
種侵入リスクの 39 パーセントを抱えている、との指摘もなされています[40]。
地球環境保全の観点から、かかる事態は看過できません。そこで IMO は船舶
のバラスト水による水生生物の越境移動を防止する「バラスト水及び沈殿物の
管制及び管理のための国際条約」（「バラスト水管理条約」）を 2004 年に採択
し、2017 年 9 月 8 日に発効しました[41]。

　危険な外来生物のヒアリが、平成 29 年（2017）6 月、兵庫県、愛知県、大
阪府などで、同年 7 月には東京都の大井ふ頭で発見されました。船舶を介し
ての、歓迎されざる来客です。船舶によって危険な生物が持ち込まれる危険性
は、経済がグローバル化することでますます高まっています。東京都環境局の
ホームページ[42]によれば、都内で見つかった危険な外来生物としては、ヒア

リのほか、セアカゴケグモ・ハイイロゴケグモ・カミツキガメ・アカカミアリ・キョクトウサソリ・クロゴケグモの 7 種類があるようです。そのほかの危険な生物を海が運んでくる可能性も否定できず、物流にも支障がでることから注意が必要です。

　生き物がペット、あるいは道具として新天地に持ち込まれることも多々あります。1870 年から 1920 年にかけて、アラビア半島、インドやアフガニスタンなどの 2 万頭のラクダが 2,000 人のラクダ乗りとともにオーストラリアに移動しました。最初こそ内陸の運搬手段として重宝されたものの、1930 年以降、鉄道や自動車が発展したために野生に放たれてしまいます。そして、いつしか100 万頭を超えるまでになりました。しかしそのラクダも、2019 年 9 月から続いた山火事で生活圏を奪われます [43]。水を求めて人家を襲うようになり、1万頭ともいわれるラクダが射殺されました。

　人間によってオーストラリアに移動させられた生物に、ウサギもあります。ウサギは、1066 年、ノルマン人によって南イングランドに持ち込まれ、1859年、ウサギ狩りを楽しむために 24 匹（3 組、とも）がオーストラリアに連れ込まれ、農作物に被害を与えるまでに繁殖しました。

　ポリネシア人は舟にブタやニワトリなどの家畜を乗せ、サツマイモ、タロイモを積んで太平洋をわたりました。いまでは、さまざまな農作物や家畜が、原産地とは縁もゆかりもない土地で生産、飼育されています。「コロンブス交換」という言葉があります。クリストファー・コロンブスに因んだ用語で、大西洋をはさんだ双方向の往来のことを意味します。現在のヨーロッパ料理になくてはならないトマト、ジャガイモ、トウモロコシをはじめ、パイナップル、落花生、唐辛子、嗜好品のタバコなどは、大航海時代以前のヨーロッパには存在しませんでした。新大陸から多くの物が旧大陸（ヨーロッパ）にもたらされるとともに、ヨーロッパからも新大陸に、馬、牛、羊、サトウキビ、小麦などが持ち込まれました。インカ帝国を滅ぼしたフランシスコ・ピサロ（1470?–1541）はペルー副王領の首都としてリマ（「王の都市」）を建設し、南米で採掘される銀をヨーロッパに輸出する中継地にするとともにブドウを持ち込みました。同地を代表する蒸留酒ピスコは、そのブドウから生まれました。しかし、新大陸

から旧大陸にもたらされたものによる影響の方がはるかに大きく、それは各地で食卓革命を演出し、ポルトガル人、オランダ人、あるいは中国大陸を経てわが国にも伝わりました。

　人類の歴史は、感染症との終わりなき攻防の歴史でもあります。感染症は細菌やウイルスなどの微生物によって引き起こされます。細菌による感染症としてはペスト、コレラ、細菌性赤痢、結核、梅毒など、ウイルスによるものとしてはインフルエンザ、ノロウイルスによる感染性胃腸炎、デング熱、エボラ出血熱、天然痘、麻疹（はしか）、今般の新型コロナウイルス（COVID-19）などがあります。海はこうした病原体たる微生物を運ぶこともあるのです。

　ペストはネズミとノミを介して伝染し、ついには人間に伝染しました。1347年から 14 世紀末にかけての黒ペストの感染は広く知られているところです。蒙古人が中央アジアからクリミア半島のカファ（いまのウクライナ・フェオドシア）に持ち込み、そこを黒海交易の拠点としていたジェノヴァ商人の船によってヨーロッパ各地に伝染していったのです。たったの 5 年間で、ヨーロッパの人口（5,000 万から 7,000 万人）の半分が消え失せたとされています[44]。14 世紀のペストの蔓延で、ヴェネツィア共和国は東方からの来訪者を船上に 40 日間留め置きました。イエスが荒れ野で 40 日間断食をしたことに由来しているようですが、この処置が今日の検疫（quarantine）のルーツとなっており、それはヴェネツィア方言の quarantene（「40 日間の」）を語源としています。このとき、ヴェネツィア沖合のサンタ・マリア・ディ・ナザレ島が隔離島とされ、今日の査証（ビザ）制度の原型もはじまったとされています。

　15 世紀末の梅毒の新大陸から旧大陸への伝染[45]、16 世紀のアステカ帝国やインカ帝国滅亡（アステカ帝国：1521 年、インカ帝国：1533 年）の一因ともなった天然痘や麻疹の旧大陸から新大陸への感染伝播、19 世紀の結核・コレラ・チフス、20 世紀のインフルエンザ（スペイン風邪[46]など）、エイズ感染拡大、そして現在の COVID-19 など、人類史はまさに恐ろしい感染の歴史です。

　わが国でも天平 9 年（737）、前々年の遣新羅使が原因で疫病（天然痘）が大流行します。早期の根治を願い、聖武天皇（701–756、在位 724–749）は東大寺盧舎那仏像（奈良の大仏）を建立しました。19 世紀には、ころりと死ぬ

ことから「コロリ（三日古呂利）」と呼ばれたコレラも流行しています。文政
5年（1822）、オランダ船が持ち込んだのが最初のようです。安政5年（1858）
にも大流行し、薩摩藩十一代藩主島津斉彬の急死もコレラが原因とされていま
す 一砒素による暗殺説や赤痢死亡説も一。しかし、頼もしいのは江戸期の人
びとの心意気です。江戸っ子の多くは、恐ろしい疫病を“コロリ”とパロディ
化して笑い飛ばそうとしました。まさに、受容性と忍従性という性状からくる
一種の諦観、“笑い”の精神性だったのでしょう。

　1840年代に勃発したアイルランドの大飢饉も、北アメリカからヨーロッパ
に伝来したジャガイモ疫病菌が原因でした。

　フィリップ・フランツ・フォン・シーボルト（1796–1866）は珍しい日本の
植物を本国に持ち帰って移植し、それらはイギリスなどの園芸業者に愛好され
ました。しかし、イタドリ（虎杖、痛取）という名の植物などは、空間と日光
さえあればどこでも繁殖するという理由から、有害な厄介者の烙印を押される
ことになります。J・P・エッカーマン（1792–1854）がヨハン・ヴォルフガン
グ・フォン・ゲーテ（1749–1832）と対話するなかで、花をつけた月桂樹と日
本産の植物を比較し、後者を野蛮で陰鬱な気分を覚えると評しましたが[47]、も
しかするとその植物はシーボルトがオランダに発送したもののひとつかもしれ
ません。

　ところで、海は生命を運ぶとともに彼らの死に場所を提供し、それは、新た
な生態系を織りなすことでもあります。ゾウには墓場があり死期を悟ったゾウ
は自らの力でそこに至りそこで死ぬと言われます。しかし、それはわたしたち
がゾウの死骸を目にすることが少ないからであり、実際にそうした場所はあり
ません。ゾウの死骸を狙うハンターは草原にいくらでも生息しており、骨はい
つしか風化してしまうのです。海の最大の哺乳類であるクジラもそうです。シ
ンディ・ヴァン・ドーヴァーは、「海底でクジラの死骸を見たことはある。肉
はとっくに消え、たまたま居合わせた深海の掃除屋たちにつかのまの豪勢な食
事を供したことはまちがいなかった」と書いています[48]。大きな魚や海洋哺
乳類が死ぬと海底まで沈み、いつも飢えている海底の生き物、さらには死肉を
あさる鮫などに肉をむしり取られ、骨に潜んでいる油分にはバクテリアが群が

ります。そしてそれは、新たな生態系の生成でもあるのです。

## （2）無生物を運ぶ「海」

　平成 23 年（2011）3 月 11 日の東日本大震災に因る津波は、多くの生命、日々の生活が刻まれた思い出の品々を洋上はるかに持ち去っていきました。

　喜望峰近海で風をののしったために呪われ、船は幽霊船となり、オランダ人船長はたった 1 人で永遠にさまようことになった。このイギリスの伝承を、ヴィルヘルム・リヒャルト・ワーグナー（1813–83）はオペラ『さまよえるオランダ人』にしました。1930 年にアメリカ西海岸フラッタリー岬の沖合で発見され、「ミイラを乗せた漁船」と報じられた漁船良栄丸のこともあります。家族愛溢れた船長の遺書のことを、わたしは『号丸譚』のなかで紹介しました [49]。

　無生物が海を移動するということでは、南太平洋に浮遊する軽石の浮島があります。トンガ沖の海底火山が噴火してできたビー玉からバスケットボール大までの軽石が、ニューヨークのマンハッタン島、東京の山手線内の 2 倍まで広がって浮遊しているのです。無数に空いた孔をあまたの生物が住処としているために、オーストラリアの陸地に漂着して温暖化で危機に直面しているグレートバリアリーフを再生するのではないか、と期待されているようです。それが真実だとすれば、その"ひょっこりひょうたん島"は海が運ぶ、海からの贈り物と言っていいかもしれません。

　海が悪事の片棒を担ぐこともあります。もちろん、生来的に海が悪いのではありません。悪をもたらすのはいつも、黒い欲にまみれた、あるいはまったく無関心の人間です。たとえば、最近問題になっている海洋プラスチック汚染がそうです。深海の探検者が深海でプラスチックの欠片を発見し、げんなりすることもあるようです。NHK BS プレミアム「ワイルドライフ—インド洋セイシェル諸島アジサシ 100 万羽壮絶子育て」（2020 年 4 月 27 日放送）のなかで、ライター、スリッパ、ペットボトルなどの大量のプラスチックの欠片が原因で死んだアジサシのひな鳥のことを紹介していました。あれほどに美しく、しかも無人の島に人類の陰が忍び寄っているとは驚きです。国土交通省主催

の第 12 回海洋立国推進功労者として、マイクロプラスチック汚染研究の牽引者、磯辺篤彦九州大学応用力学研究所教授が選ばれました。海流などによってさまざまな物が海上を漂い、流れ寄るべき地を探しています。現在も年間 800 万トンの海洋プラスチックが新たに流入しており、2050 年には海洋中のプラスチック重量が魚の全重量を上回るという予測もあるようです[50]。海洋プラスチックは、全世界で 350 種はいるとされる海鳥はじめ、多くの生き物たちにとって生命への脅威以外の何物でもありません。

　恐ろしく凄惨なものに、洋上における原油や燃料油の流出、いわゆる「油濁」があります。過去幾度となく、流出原油が自然および生活環境、ひいては経済に多大な影響をもたらしました。1967 年のトリー・キャニオン号による原油流出事故、1989 年 4 月に起きたエクソン・ヴァルデス号による原油大量流出事故など、地球カレンダーのうえでは 0.5 秒すら経たぬ間に、人類は美しい水の惑星にとんでもないことを仕出かしました。もちろん何の対策もうたなかった訳ではなく、トリー・キャニオン号の事故を受けて海洋汚染防止条約（MARPOL 条約）、損害賠償に関する民事責任条約（いまは CLC 1992）や国際基金条約（いまは FC 1992）を制定し、エクソン・ヴァルデス号の事故の反省からアメリカは連邦油濁損害賠償法（OPA 90）を制定し、さらには、2002 年 11 月にスペイン沖で発生したプレステージ号の油濁事故を受け、大型タンカー（VLCC：very large crude oil carriers）などのダブルハル化（船体の二重構造化）を促進すべく海洋汚染防止条約を改正するなどしてきており、今後ともいささかも気を抜けません。

　油濁は事故に因るものだけではありません。1991 年 1 月に勃発した湾岸戦争はペルシア湾にてエクソン・ヴァルデス号事故の 45 倍以上に相当する大量の原油流出を演出しましたが、それは浅はかにも非人道的にして悪意によるものでした。

　この原稿を書いている現在（2020 年 12 月）、「環礁に無人船漂着、中にコカイン 649 キロ　マーシャル諸島」と題されたネット記事を目にしました。中南米あたりから小型ボートに積まれ、末端価格にして 82 億円ほどのコカインが 1 年から 2 年もの間太平洋をさまよっていたようです[51]。

## （3）「海」からの贈り物

　先日（2020 年 11 月）、川下りでも知られる風光明媚な猊鼻渓（岩手県）の近くにある石灰石採掘工場に行ってきました。石灰石は方解石（炭酸カルシウム（$CaCO_3$））という鉱物からできている岩石で、わが国で採掘可能な希少な鉱物資源です。海底火山の上に堆積してできた生物の痕跡であり、わが国では現在、250 ほどの石灰石鉱山が稼働しています[52]。

　石灰石の山は太古の海の生態系の"いま"の姿です。何十億、何百億という小さな生き物たちが古代の海に抱かれて生きていた証であり、そののち死を迎え、底に積もって悠久のときを経て岩となり、海洋プレートが大陸プレートの下に沈み込むことによって起こる地殻のゆがみで隆起したのです。6,000 メートル級のヒマラヤでもそうした海産性石灰石をみることができると何かの本で読んだ記憶がありますが、かつての地球が海で覆われていたことを考えればさもありなんです。

　ここからは、いまも海に眠る資源、死に絶えたかつての生態系についてみていきます。地球カレンダーでたかだか 23 分しか生きていないわたしたちホモ・サピエンスの日々の生活は、海洋資源と密接に関わっています。海洋資源としては水産資源や水中文化遺産のほか海底鉱物資源と海洋エネルギー資源があり、ここでは、海底資源と海洋エネルギー資源に焦点を当てることにします。もちろん、水産資源や水中文化遺産が重要ではない、ということではありません。敢えて言うまでもなく水産資源はわたしたち日本人の生活を支え、海中に眠る文化遺産は海が織りなした人類共通とも言うべき文化の生き証人であり、本書のなかにも頻出しています。[53]

### 1）海底鉱物資源

　海底鉱物資源は、文字どおり海底にある鉱物資源です。鉱物（ミネラル）は特定の化学組織と構造を持つ結晶で、エチオピアのダナキル砂漠の岩塩も鉱物です[54]。地球初期の海には大量の鉄イオン（$Fe^{2+}$）が溶け込んでいました。海中で 3 価の鉄イオン（$Fe^{3+}$）にかわり、水酸化物イオン（$OH^-$）と結びついて $Fe(OH)_3$ となって沈殿し、いつしか縞状鉄鉱層が形成されました。いまか

ら 26 億年から 18 億年前にかけてのことです。海底で全地球的に起こったことですが、北米大陸やオーストラリアなど、いまや陸地になっているところも数多く存在します。いまわたしたちが目にする鉄は、この縞状鉄鉱層に潜む良質な鉄鉱石から得られたものです。人類社会の進化の過程においては、磁鉄鉱（$Fe_3O_4$）などの砂鉄も重要な役割を果たしました。鉄炮が伝来した種子島で火縄銃がつくられたのは、この砂鉄が豊富にあったからです。

　鉱物資源には、アルミニウム・銅・亜鉛などのベースメタルのほか、いまや工業技術の発展に欠かすことのできないレアメタルもあります。レアメタルはリチウム（Li）やベリリウム（Be）など経済産業省が指定した 31 種類の非鉄金属で、カメラ、パソコン、テレビ、スマートフォンやリチウム電池など、さまざまな製品に使われています。存在する量が少ないために"レア"であり、採掘や精錬方法も難しいために流通量は限られています。レアメタルのひとつがレアアース（希土類元素）で、スカンジウム（Sc）やイットリウム（Y）など 17 元素の総称です。日本の近海にはレアメタルなどの豊富な鉱物資源が眠っている、とされています。鉱物資源のほとんどを輸入に頼っているわが国にとって、それは大いなる希望であり、光です。しかし、探査や採掘における技術面、費用面の負担が大きく、商業化までにはまだまだ乗り越えなければならない課題が多いのも事実です。

　文部科学省所管の独立行政法人海洋研究開発機構（JAMSTEC）、経済産業省所管の独立行政法人石油天然ガス・金属鉱物資源機構（JOGMEC）の 2 機関が、人的および技術的に交流しながら海底資源探査を進めています。2 機関とも、海底探査船を所有しています。採掘機によって採掘された鉱石を海水共々洋上の採掘母船に汲み上げ、鉱石をシャトル船に移送したのち海水は海底に排水します。シャトル船によって運ばれた鉱石は、本土あるいは離島で選鉱処理されます。海底鉱物の採掘は多くの困難を伴います。浅い海域では着底式構造物が用いられますが、水深 200 メートルを超えると浮体式構造物が必要になります。通常は係留されますが、深い海域では人工衛星による自動位置保持システムを搭載した浮体式構造物が用いられ、気象条件や波浪状況によっては半潜水型の構造物も使われます。深海底では、自律航行型海中ロ

ボット（AUV：Autonomous Underwater Vehicle）、遠隔操作無人探査機（ROV：Remotely Operated Vehicle）も活躍しています。

### 2）海洋エネルギー資源

　わたしたちの日々の生活は、さまざまなエネルギーによって支えられています。いまや大量のエネルギーを消費する時代を迎えており、こうした時代を支えるのがエネルギー資源であり、海においては海洋エネルギー資源と呼ばれています。

　とりわけ重要なエネルギー資源は、石炭や石油、天然ガス、メタンハイドレートなどの化石燃料です。化石燃料は広義の鉱物資源で、地球が悠久の時を経てつくりあげた貴重な資源です。石炭は古代原生林の"いま"の姿であり、その大元は太陽エネルギーです。原生林が長い年月の間に朽ちて土に埋もれ、押しつぶされ、熱されるなどして石炭に変化したのです。石炭を含む層が海にあれば海底炭田となります。石炭は炭素・水素・窒素・硫黄などの元素を含むため、燃焼すると地球環境に悪影響を及ぼす温室効果ガス（GHG：greenhouse gas）が生成されます。燃焼技術の開発（クリーンコールテクノロジー）も進められていますが、さらなる高効率化が期待されるところです。

　石油は炭化水素を主成分とする液状の化石燃料で、精製される前を原油（crude oil）と呼んでいます。プランクトンや動物の死骸が海中などに沈み、長い年月の間に押しつぶされ、堆積して地層となり、熱されるなどしてできたものです。石油は、原油を蒸留することで精製されます。日本の原油の多くは中東から大型タンカーで運ばれていますが、その中東は、いまから 2 億年ほど前は赤道直下の海でした。温暖なために多くの生き物が繁殖しており、その恩恵にわたしたちは与っているのです。20 世紀後半からエネルギー資源の首座にある石油ですが、海底油田の場合、採掘中の事故で重大な環境破壊を招くリスクを孕んでいます。2010 年 4 月にメキシコ湾で起きた石油採掘基地爆発事故は記憶に新しいところです。

　天然ガスは、石炭や原油ができるときに発生するガスが地下に溜まったものです。主成分はメタンですが、エタン、プロパン、ブタン、イソブタンなども

含まれ、二酸化炭素の排出量が少ないため、化石燃料のなかではもっともクリーンな燃料とされています。海底の地下にあるガス溜まりは海底ガス田と呼ばれ、場所によって炭田ガス、油田ガスがあります。天然ガスは、脱硫や脱炭素などの処理ののち、極低温（摂氏マイナス162度）で液化されて貯蔵・輸送されます。液化された天然ガスは液化天然ガス（LNG：liquefied natural gas）と呼ばれ、そのLNGを輸送するのがLNG船です。LNG船は、プロジェクトファイナンス55)におけるメインプレーヤーです。近時はシェールガス（shale gas）も注目されています。通常の天然ガスの層とは別の層にある頁岩（shale、泥岩の一種）の隙間に閉じ込められている天然ガスで、採掘技術の向上によって利用可能になりました。

メタンハイドレートは水分子でできた籠のなかにメタン分子が1個入り込んでシャーベット状になった物質で、氷のように冷たいのですが炎を出して燃えます。日本近海にはわが国で消費される天然ガスの約100年分のメタンハイドレートが眠っているとされていますが、採掘技術、さらにはコストの問題があるようです。

近時、再生可能エネルギーが何かと話題になります。自然からとりだす循環型のエネルギーで、太陽を起源とするもの（太陽光、太陽熱、風力、水力、波力、海洋温度差、塩分濃度差、海流（潮流）、バイオマスなど）、地熱を起源とするもの、惑星運動を起源とするものに分けられます。化石燃料の確認埋蔵量（可採年数）は、石炭が100年超、石油および天然ガスは50年ほどとされています。今後、新たな炭田や油田、ガス田が発見・開発され、採掘の技術革新によって可採年数が延びる可能性はありますが、化石燃料が限りある資源であることに変わりはありません56)。一方、再生可能エネルギーは自然由来の循環型エネルギーであり、半永久的なエネルギー資源です。地球環境にやさしいこともあり、いまや化石燃料の代替として期待されています。

再生可能エネルギーを1次エネルギーとする発電方法としては、海流（潮流）、波力、海洋温度差、塩分濃度差、海洋バイオマス、水力（揚水）、潮汐、海底熱水などによる発電のほか、洋上風力発電があります。陸上風力発電は風量の不安定性、騒音、野鳥保護や景観へのダメージ、道路工事のための森林伐採

といった問題のために必ずしも好ましい電源とは言いにくいのですが、洋上風力発電であればこうした問題をクリアできます。プロペラ式風車方式が代表的で、インバーターによって直流を交流に変換し、海底ケーブルで陸上に送電されます。洋上で海水を電気分解し、水素と二酸化炭素を反応させてメタンを製造する「メタネーション」技術の研究も進められています。二酸化炭素をメタン製造の原料とするカーボンリサイクルでもあり、脱炭素社会の実現に「海」が貢献することになりそうです。

　平成 31 年（2019）、ロシアは移送できる洋上原子力発電基地を開発しました。原子力発電（原発）は核反応（核分裂・核融合）に伴う熱エネルギーを利用するため、化石燃料を用いる火力発電とちがって地球温暖化の心配がありません。しかし、東日本大震災における東京電力福島第一原発事故が強い負の心の原風景としていまも脳裏に焼き付いており、原発の在り方そのものがいろいろ議論されているところです。多くの原発は海沿いに設置されています。原発は原子炉の温度を安全な範囲に冷却し、水蒸気をつくって発電しますが、この過程で「海」が熱の“捨て場”として利用されているのです。だからこそ大津波を想定した安全対策が求められるのですが、東京電力福島第一原発ではそれが不十分だったということでしょう。


〔注〕
1. リチャード・フォーティ著 渡辺政隆訳『生命 40 億年の全史』草思社（2003 年）
2. 大河内直彦『地球の履歴書』新潮社（2015 年）
3. 宇宙に多い元素は、H（水素）；90 パーセント以上、He（ヘリウム）、C（炭素）、O（酸素）などである。Fe（鉄）より重い元素は、超新星爆発によって生成される。そうであれば、地球を形成している物質は、はるか昔に寿命を迎えた恒星からの贈り物と言っていい。
4. 直径は地球の約 0.53 倍、表面積は地球の約 0.28 倍、質量（重さ）は地球の約 0.11 倍
5. 「ジャイアント・インパクト説」と呼ばれている有力な仮説で、地球の自転軸が約 23.4 度傾いた原因ともされている ―この傾きによって地球は奇跡の惑星になった―。月の誕生については、兄弟説（地球と同じようなプロセスで誕生した）、親子説（地球の一部が太陽の引力と地球の遠心力によって飛び出した）、他人説（地球の引力によって宇宙空間から招かれた）といった説もある。
6. ローマ神話における月の神はルナ（Luna）
7. 藤岡換太郎『海はどうしてできたのか』講談社（2019 年）50 頁
8. 塩化ナトリウムはナトリウムの塩化物で、塩化ナトリウムを主な成分とする物質が塩である。
9. ウォルト・ディズニー・ピクチャーズ制作の映画『ファンタジア（Fantasia）』（1940 年公開、

日本での公式公開は 1955 年）では、こうした地球誕生の過程がじつに巧みに表現されている。NATIONAL GEOGRAPHIC『地球 45 億年物語』なども参考になる。

10. 藤岡前掲書（注 7）61 頁

11. 光合成は光エネルギーを化学エネルギーに変換する生化学反応であり、水を分解して酸素を放出し、残渣の水素を二酸化炭素と反応させてデンプンなどの糖類（有機物）に変えるメカニズムである。光合成によって海に放出された酸素は、鉄と結びついて鉄鉱床を形成していった。

12. 地球の歴史上少なくとも 3 回はあったと考えられている全球凍結の危機も、わずかな光を捕捉して克服した。シアノバクテリアは層状構造の岩石であるストロマトライトを形成する。化石となったストロマトライトは世界各地で見られるが、現生のものとしてはオーストラリアなどで目にすることができる。10 センチメートル成長するのに 2,500 年を要した。

13. 大陸移動説で知られるドイツの気象学者、アルフレート・ウェゲナー（1880–1930）が 1912 年に命名した。古代ギリシア語で「全地球」（pan（すべての）＋ Gaia（ガイア））という意味。パンゲアが分裂する仕組みは、プレートテクトニクスで説明できる。

14. 2016 年、国立研究開発法人海洋研究開発機構（JAMSTEC）もマントル対流のシミュレーション結果として北半球に「アメイジア」が誕生し、日本が大陸に吸収される可能性を紹介した（海洋研究開発機構「2 億 5000 万年後までに日本列島を含んだ超大陸アメイジアが北半球に形成されることを数値シミュレーションにより予測～大陸移動の原動力の理解へ一歩前進～」〈http://www.jamstec.go.jp/j/about/press_release/20160804〉最終アクセス 2021 年 1 月 29 日）。ちなみに、アメイジアはアメリカとアジアを合体させた造語で、1990 年代初頭にカナダのポール・ホフマン博士が提唱した。

15. 火を使用し、鋭くとがった石器を使い、装飾品まで作っている。体は屈強で脳も現代人並みに大きかったが、小集団での生活に留まったことで道具の進化はさほど見られず、いまから 4 万年ほど前にほぼ絶滅した。絶滅の原因としては、カニバリズム（人食）の横行によって個体数が減少した、ホモ・サピエンスとの争いに敗れた、小集団での生活のため近親交配が多く見られ出生率が低下し病気に対する抵抗力が弱まった、などの説がある。絶滅当時の地球は寒冷期で、ネアンデルタール人には過酷な時代だった。しかしながら、バイソン、マンモスなど食料（獲物）が豊富にあったことを考えると、やはり、ホモ・サピエンスとの共存が叶わなかったのであろう。ちなみに、彼らの一部はホモ・サピエンスと交配し、現代まで DNA を紡いできていると考えられている。

16. アリス・ロバーツ著 野中香方子訳『人類 20 万年遙かなる旅路』文藝春秋（2016 年）

17. 青柳正規『興亡の世界史・人類文明の黎明と暮れ方』講談社（2018 年）に基づけば、いまから 700 万年から 600 万年前、直立二足歩行することで人類（ヒト）はゴリラやチンパンジーの祖先である類人猿と訣別した。いまから 260 万年前、ホモ・ハビリスが石器を作り出し、180 万年前、ホモ・エレクトゥスが出現した。ホモ・エレクトゥスは従前のヒトと比べてはるかに大きな身体 —身長 140 から 180 センチメートル、体重 60 キログラム前後— と脳を持ち、打製石器をつくり、狩猟で捕獲した動物の皮を剥ぎ、食料とした。共同作業によって大型動物を捕獲し、そのために複数の家族で集住し、また、35 万年前ごろから火の使用が盛んになった。彼らがどのようにして火を知ったかは不明だが、火山の噴火、天然ガスの噴出、乾燥した草木の自然発火などで知ったのであろう。100 万年以上前にアフリカを出てユーラシア大陸のさまざまな土地に住みつき、そののち各々の地で進化した（「多地域進化説」）か、各地に住みついた原人・旧人はその地で死に絶え、アフリカの地でホモ・サピエンスが新たに出現した（「アフリカ単一起源説」）と考えられている。

18. 福井憲彦ほか『人類はどこへ行くのか』講談社（2019 年）282–288 頁
19. セネガルの首都ダカールの沖合 3 キロメートルのところにあるゴレ島は、奴隷中継地として知られている（1978 年世界遺産登録）。
20. 木原知己『号丸譚―心震わす船のものがたり』海文堂出版（2018 年）「奴隷船のはなし」
21. ハリエット・A・ジェイコブズ『ある奴隷少女に起こった出来事』新潮社（2018 年）という本がある。アメリカ南部の奴隷州で生まれ、さまざまな苦難を経たのちにアメリカ北部へと逃亡した著者の信じ難い自伝的ノンフィクションである。1813 年に生まれ 1897 年まで生きた。策を弄し、愛人（白人弁護士、のち連邦議会議員）との間に 1 男 1 女をもうける。彼女が北部の自由州に逃亡するのが 1842–61 年、マシュー・カルブレイス・ペリー（1794–1858）が日本に来航する時期（1853–54 年）である。皮肉なのは、逃亡しているこの間、ニューヨークからイギリスリバプールに 12 日の船旅に出掛け、奴隷貿易で栄えた地で"差別のない本当の自由"を感じていることだ。1861 年にエイブラハム・リンカーン（1809–65、在任 1861–65）が第十六代アメリカ大統領に就任し、同年 4 月、近代工業化をすすめ奴隷解放を支持する北部州と奴隷解放に反対する南部 7 州（アメリカ連合国）の間で南北戦争（The Civil War）が勃発する。1865 年 4 月に北部州の勝利で終わるが、この内戦で約 62 万人が犠牲になった。
22. 現在の地球は、いまから 1,500 万年から 1,000 万年前に始まった氷河期の真っただ中にある。氷河期はさらに一段と寒い氷期とそれなりに暖かい間氷期に分けられ、現在はいまから 1 万 2,000 年ほど前に始まった間氷期の最中にある。ちなみに、氷期と間氷期の周期は約 10 万年であり、「ミランコヴィッチ・サイクル（Milankovitch cycle）」と呼ばれている。
23. 炭水化物・タンパク質と並ぶ 3 大栄養素のひとつである脂肪を形成する。
24. 浮揚性・移動性・積載性を総称して「船体能力」と言う。一般商船が航海に堪え得る「堪航性（seaworthiness）」を有するには、この船体能力に加えて、航行能力、堪貨能力が必要である。堪航性を有する船舶は本源的（工業的）価値を内包し、利用価値・交換価値といった商業的価値が備わることになる。
25. canoe。カリブ海発祥の canoa が語源で、ポリネシアを経てわが国に伝わったと考えられる。カヌー自体、風土性および風土性と相即性をなす歴史性によって規定される。北米インディアンのカヌーの多くは丸木舟であり、移動手段、さらには大型化によって鮭や鱒などの漁、交易でも活用されるようになった。丸太が手に入りにくいエスキモーは、舟の骨組みに獣骨を用い、そこに獣皮を張った。日本列島にも、各種のカヌーが存在していた。北方のアイヌは大木を刳り抜いて造るカヌーを使用し、舷側板を取り付けることで大型化され、帆を備えた沿岸航海用のカヌー「イタオマチプ」（アイヌ語で「板のある船」の意）で中国沿海州にまで渡り、山丹交易と呼ばれる海上交易を行った。小笠原諸島には、有史以降最初に入植したハワイ人たちがカヌーを持ち込んでいる。ハワイ語でカノアは「自由」を意味するが、大海原に漕ぎ出る自由と考えればじつに味わい深い。
26. 南北赤道海流に乗って、南米太平洋岸と交流のあったポリネシアの島々から東南アジア、フィリピン沖、そして日本へと文化が伝播したと推測される。
27. 男性器がもがれているが、それはイギリスの宣教師が「巨大過ぎる」という理由で切断したからとされている。いまはフランス領だが、かつて（18 世紀以降）、プロテスタントとカトリックが勢力争いを繰り広げたという歴史性もまた興味深い。
28. 漢字の「牧」は馬や牛などを飼うための囲いのことで、牛と鞭から成っている。「馬城」であり、馬籠（まごめ）や牛込（うしごめ）と同じく、馬や牛などを一定の囲いのなかで飼育するもので、牧場（ぼくじょう）は、そうした空間のことである。遊牧とはよく言ったもので、一定の土地に留まることなく、囲いか

ら離れて一定の範囲内を季節的に周遊する牧畜手法を意味する。

29. 不衛生な排泄物の処理、野生動物や家畜に宿る病原菌の拡散などが理由と考えられる。

30. 本書では食べ物全般を「食料」、米や麦などの主食を「食糧」とする。

31. クマネズミなどの齧歯類が感染源の感染病で、史上数度にわたって地球規模の流行が記録されている。14世紀の大流行では世界の人口が4億5,000万人から3億5,000万人にまで減少した —ヨーロッパの人口の1/3が死亡した—。本書を執筆しているいま現在（2020年4月）、新型コロナウイルス（COVID-19）のパンデミック化が懸念されている。

32. アラン・ワイズマン著 鬼澤忍訳『滅亡へのカウントダウン—人口危機と地球の未来（上）』早川書房（2017年）106–109頁

33. 農作物や家畜はわたしたち人間の生活の向上に資するべく野生から進化したものであり、野生の植物や動物からすれば生活能力の低下、奇形化を意味した。栽培技術や飼育技術は化学物質の拡散をもたらし、その実際的“過”保護が自然破壊の元凶となったことは忘れてはならない。

34. 国立科学博物館の海部陽介氏（人類研究部・人類史研究グループ長）の説明によれば（2019年8月21日）、「3万年前の航海—徹底再現プロジェクト」と銘打って、2019年7月、台湾から与那国島までの丸木舟による実証実験に成功した。科学者、探検家総勢60名が参画したプロジェクトで、資金はクラウドファンディングで集めたという。台湾の海辺から与那国島の姿を望むことができない —半径50キロメートルの範囲内であれば海上から見える— が、山の頂からはそれは可能である。3万年前のホモ・サピエンスは山頂から与那国島を発見したのであろうか —視力は、われわれと比してどうであったか—。何はともあれ、男性4名、女性1名 —当時の移動においても、子孫繁栄の観点から、男女の対でわたったと考えられている— による206.1キロメートルに及ぶ大実験は実行に移され、平均時速6.02キロメートルのスピードで無事成功した。しかし、成功したとは言うものの、「事前に地図で調べ、黒潮についての知識を持ち合わせていた点は、当時のホモ・サピエンスと大きく異なっている」と、海部氏は言う。国立科学博物館に展示されている舟の実物を見た（2019年8月22日）が、「よくぞ、かくなる丸木舟を造ったものだ」、「よくぞ、かくなる不安定な舟で大海原に漕ぎ出たものだ」と、感慨深かった。もちろん、疑問、謎は多い。どれほどの確率で成功したのか、その情報をどのようにして台湾に残る仲間に伝えたのか —黒潮を逆走できるはずなどない—、安定性を求めて双胴にしようと考えなかったのだろうか —双胴の舟が用いられた痕跡はないようである—、など。同館の、次なるプロジェクトに期待したい。

35. 千葉日報「市川、国内最古の丸木舟　7500年前、魚介類など運搬 雷下遺跡」〈https://www.chibanippo.co.jp/news/politics/177281〉最終アクセス 2021年2月2日

36. 「生物」は動植物を総称する生物学用語であり、「生き物」は主として動物を指す。

37. シンディ・ヴァン・ドーヴァー著 西田美緒子訳『深海の庭園』草思社（1997年）85–100頁

38. かつては島だったが、海が運んだ砂（無生物）が堆積したことで陸続きとなった。

39. 外来種によって固有（在来）種が存亡の危機にあるとの声をよく耳にするが、地球上ではあらゆる生物が海、あるいは陸や空を伝って各域へと移動しており、いまや外来も固有もないまでに混淆が進んでいる。あきらかに有害で危険な外来（とされている）種については駆除などの対応が必要だが、外来種もまた海を介して当地に根付いていることを忘れてはならない。

40. フレッド・ピアス著 藤井留美訳『外来種は本当に悪者か？』草思社（2016年）

41. 外務省「条約」〈https://www.mofa.go.jp/mofaj/ila/trt/page22_000988.html〉最終アクセス 2021年2月2日

42. 東京都環境局「気をつけて！ 危険な外来生物」〈https://gairaisyu.tokyo/species/danger_15.html〉

最終アクセス 2021 年 2 月 2 日

43. 2 万 5,000 頭のコアラ、カンガルーやカモノハシなどの野生動物のほか、羊などの家畜も含め、12 億 5 千万もの生き物の命を奪った。海が運んだ生物にかかる悲話としか言いようがない。

44. ウィリー・ハンセン ジャン・フレネ著 渡辺格訳『細菌と人類』中央公論新社（2020 年）32-35 頁

45. コロンブス交換によって旧大陸から新大陸に各種病原菌が持ち込まれる一方で梅毒が新大陸から旧大陸に伝染した、とされている。梅毒は旧大陸に旧来から存在していた、との説もある。

46. 1918-21 年に発生したインフルエンザパンデミックでは、世界全人口の 4 分の 1 に相当する約 5 億人が感染したとされる。感染源については諸説あるが、ここで指摘されるべきは、第一次世界大戦中に発生したこのパンデミックの第 2 波がボストン（アメリカ東部）、ブレスト（フランス）、フリータウン（西アフリカのシエラレオネの首都）といった港町から広まったという事実である。感染が広がったことで抗体を持つ人が増え、集団免疫の事態を招いて収束に至った。内務省衛生局の資料によれば、日本全体で 2,380 万人が感染し、約 39 万人が死亡した（致死率 1.63 パーセント）。関東大震災（1923 年）、日中戦争や太平洋戦争といった悲惨な歴史によって忘れさられた感があるが、今般の新型コロナウイルスパンデミックで改めて話題にのぼるようになった。

47. エッカーマン著 山下肇訳『ゲーテとの対話（中）』岩波書店（2005 年）86-87 頁

48. シンディ・ヴァン・ドーヴァー前掲書（注 37）155 頁

49. 木原前掲書（注 20）「幽霊漁船良栄丸―遺書に込められた船長の家族愛」

50. 山本裕「海洋プラスチックから海鳥を守ろう」〈https://www.wbsj.org/activity/spread-and-education/toriino/toriino-kyozon/toriino-report51〉最終アクセス 2021 年 2 月 2 日

51. YAHOO! JAPAN ニュース「コカイン船、太平洋を漂流 中南米から 1〜2 年かけ？」〈https://news.yahoo.co.jp/articles/2fd712493c0859ae4310e476176eddeea79a0e87〉最終アクセス 2021 年 2 月 2 日

52. 石灰石鉱業協会「石灰石鉱業の紹介」〈http://www.limestone.gr.jp/introduction/index.htm〉最終アクセス 2021 年 2 月 2 日

53. 本稿は、基本的に、大高敏男・乾睦子『トコトンやさしい海底資源の本』日刊工業新聞社（2013 年）を参考にしている。

54. 大高・乾前掲書（注 53）34 頁

55. LNG 採掘販売というプロジェクト自体から生じるキャッシュフローに依拠して資金を供給するという金融手法。返済原資がプロジェクトから生じるキャッシュフローに限定されるため、事業を推進する企業やスポンサーへの債務保証を求めないノンリコースローンとなっている。

56. 関西電力「世界のエネルギー事情」〈https://www.kepco.co.jp/energy_supply/energy/nowenergy/world_energy.html〉最終アクセス 2021 年 2 月 2 日

# 第3章

# わたしたちの"心"を織りなす「海」

意識や主観といったものさえ、記憶なしには生じない。つまり、心のはたらきの一番奥底には、記憶がうずくまっているように思われる。

—木下清一郎『心の起源』

　海は、ときにわたしたちの日常の"心"のなかに忍びこんできます。心は、過去の記憶が時の流れのなかで熟成することで形成される"個性"であり、明日への原動力です。感情を伴う場合はハート（heart）、思考や意思に関係する場合はマインド（mind）—ベクトルで示されるハート、と言っていい—、精神や魂を抽象的に言うのであればスピリット（spirit）と表現することもできます。個性は風土性および風土性と相即性をなす歴史性のなかで育まれ、その風土性は先の海村の個性とも言っていいものです。個性ある海村での日々が、そこに住む者、訪れる者の心をそれぞれに織りなし、それは想い出となり、さらにときを重ねることでそれぞれの心をさらなる高みへと織りなしていきます。

　個性が群れを成すとき、そこに「文化」が芽生えます。文化は、「特定の地域社会を特徴づける慣習的了解」です[1]。特定の地域における風土性および風土性と相即性をなす歴史性のなかで醸成される人事現象全般、あるいは、特定の地域社会の"心"であり、多くはサイエンス（科学）とアート（技術および芸術）となって現出します。

## 1. 正（プラス）の心を織りなす「海」

　海水浴の砂浜、車で走る渚、水平線に沈みゆく夕日、灯台のある景色、親子が戯れる海辺の光景、洋上を行き交う大型船、ポンポンと小気味良いエンジン音を発して進む小型漁船（ポンポン船）、それを見送り出迎える家族の祈りと

94

笑顔、海で死んだ船乗りの生き返りとされるカモメの鳴き声、楽しかった潮干狩り、苦しかった遠泳大会、優雅に洋上を這うヨットやクルーザー、海女たちの甲高い笑い声、岩を砕く波の音、襲いかかる波先、葛飾北斎の「神奈川沖浪裏」（富嶽三十六景）、釣果ゼロで落ち込む釣り人の後姿、「バカ野郎！」と故なき罵声を浴びせられる水平線、砂浜を駆ける豆剣士、木陰で水平線のはるか先を眺める老婆たち、その歯の欠けた破顔、海に沈んだ戦友を懐かしむ皺深い顔……海は、さまざまな映像を伴ってわたしたちの心に忍び込んできます。

　種子島で生まれたわたしにとって、海は当たり前に存在する自然でした。本土（鹿児島市）にわたるには、フェリー、当時にあっては、「わかさ丸」か「第二屋久丸」に乗る必要がありました。船上から投げられた色とりどりの紙テープが風に舞う光景は、わたしの心の原風景となっています。いまでこそ高速船で1時間半ほどですが、当時は4時間近くも船に揺られました。当然のことながら、激しい船酔いに襲われます。雑魚寝の二等客室には得も言われぬ臭いが充満し、ロマンチックな船旅などとは縁遠い。ただひたすら耐える、それこそがわたしにとっての船旅でした。海の病気（seasickness）とはよく言ったもので、船酔いほどきついものはありません。小学生のころ、友人の父親が操るポンポン船で沖合に出たことがあります。ポンポンポン……という軽やかなエンジン音とともに海の上をすすむのですが、いつしか激しい揺れと船酔いに見舞われ、塗炭の苦しみを味わうことに……。ある秋の夕刻、わたしは種子島の東シナ海を望む波辺にいました。あまたの夕日の欠片が洋上を漂うなか、一羽の鳥が沖ゆく貨物船をじっと見つめている。あたかも、「海はわたしの心のふるさとでもあるのよ」とでも言うように。波辺には、そんな哀惜の旋律が流れるときがあります。波辺は、海辺、浜辺、波打ち際、水際（みぎわ）、渚（汀）などとも言い表されます。渚は波の力で砂がなだらかに盛り上がっている光景で、より詩的な印象があります。平成8年（1996）、一般社団法人大日本水産会などで構成する選定委員会が「日本の渚百選」を発表しました。いずれもすばらしく、一度は行ってみたいと思うところばかりですが、選に洩れているとは言え、わたしにとっての最高位はロケット発射基地がある竹崎海岸、最南端の門倉岬の近くにある七色展望台から眺める白砂青松の風景です。

　海沿いの山肌にへばりつくように家々が建ち並び、段々畑や棚田が山頂まで拓かれ、たとえば、瀬戸内海の島々の急峻な土地は蜜柑（みかん）で覆い尽くされ、小豆島では明治後期に栽培がはじまったオリーブがたわわに実をつけています。見苦しく立ち並ぶ電柱、不愉快に延びる電線、全体的に灰色がかった漁師の家々、背の曲がった粗衣の老人たち、など、心を暗くする面がないとは言えませんが、海が織りなす自然の美が正の心の原風景となっているのは間違いありません。新潟県糸魚川市（いといがわ）の西端に、「親不知子不知（おやしらずこしらず）」と呼ばれる地域があります。北アルプスの北端が海になだれ込む地で、かつて北陸道の最大難所とされていました。崖が険しく、波が激しいために、親は子を、子は親を振り返って見ることができないところからそう呼ばれたようです。名前の由来についてはこんな話もあります。養和 2 年（1182）、平清盛（1118-81）の実弟、池 大納言 平 頼盛（いけのだいなごんたいらのよりもり）（1133-86）が越後に隠棲することになり、夫人がその後を追うのですが、夫人がこの難所を通ろうとしたとき誤って 2 歳になる愛児を海に落としてしまいます。夫人は嘆き悲しみ、

　　　　　親しらず子はこの浦の波枕越路（こしじ）の磯のあわと消えゆく

と詠みました。子が波にさらわれるという、じつに悲しい伝承です [2]。

　哲学者の和辻哲郎（1889-1960）が「沙漠の物すごさは怒れる海も到底及ぶところではない。海はその絶えざる波の動きや、生々たる水の色や、波間に住む生きものなどのために、常に我々に生ける印象を与える。まれに暴風の怖れがあるとしても、我々から海への親しみを奪うほどではない。しかるに、沙漠はその死せる静寂、死せる色と形、あらゆる生の欠乏によって、我々の生を根源的に脅かす」（和辻哲郎『風土』より抜粋）と言うように、海には“生”の鼓動が感じられます。江戸時代、運のいい漂流者たちは、流れ着いた孤島で阿呆鳥（ア ホウドリ）（信天翁）やその卵を食べて生き延びました。しかし、胃の腑を満たしただけでなく、彼らはアホウドリの鳴き声や飛翔する姿に有機的な生命力を感じ、折れそうな心を奮い立たせることができたのです。

　北朝鮮で万寿台（マンスデ）芸術団のトップスターまで昇りつめ、最後は夫、ふたりの子供共々ロンドンから韓国に亡命した申英姫（シンヨンヒ）は、幼いころ、未明の海から聞こえ

96

てくる汽船の汽笛が耳朶に届くなか、つぎのような感傷に浸っています³⁾。感傷は心における正の影であり、正への衝動です。

> ボーッと鳴り響くあの船の行く先はどんなに遠いところか。明け方に誰にも告げることなく、港を静かにすべりだしていくのだろうか。私を乗せてどこか遠いところへ連れていってくれたら、どんなにうれしいだろう。白い帆を風にはためかせ、青い波のしぶきを私に浴びせてくれたら、どんなにさわやかだろう。エサを求めてくるカモメと話ができたら、どんなに楽しいだろうか

## （1）灯台と「海」

　岬の先に建つ灯台は洋上をゆく船に明日への希望を与え、勇気づけます。暗夜の海を照らす灯台に、どれだけの船、どれほど多くの船人（船乗りや船客）が生きる希望を感じたことか。

　公益社団法人燈光会のホームページによれば⁴⁾、世界最古の灯台は、エジプトのアレクサンドリア港の入口、ファロス島に建てられたファロス灯台とされています。紀元前279年に建造されたこの灯台は完成までに20年を要し、高さは135メートルもあったと言います。人類が築いた建造物としては、ギザのピラミッド（高さ146.6メートル）に次ぐ高さを誇っていました。残念ながらアレクサンドリア付近を襲った大地震（1323年）で崩壊してしまいましたが、その後の海底調査で大量の残骸が発見されています。ちなみに、灯高日本一の石造灯台は島根県出雲市にある出雲日御碕灯台（【3-1】）で、高さは43.65メートルです。

【3-1】出雲日御碕灯台
（筆者撮影）

　現在目にする西洋式灯台がわが国に設置されたのは明治の世になってからで、そう遠い過去のことではありません。かつては特徴のある山の頂や岬⁵⁾の

突端などを航海の目印とし、舟（船）の大型化、航海術の発達によって遠洋航海の時代になると、遠くからでも分かるように岬や島の上に石などで塔を建て、煙をあげるようになりました。いわゆる「烽火」で、この烽火が灯台のはじまりとされています。わが国では遣唐使のための烽火が嚆矢とされ、江戸時代になって日本式の灯台が建てられるようになりました。「かがり屋」、「灯明台」がそれで、石積み台の上に小屋を建て、その中で火を燃やす仕組みです。明

【3-2】江戸時代の高燈籠
（大崎下島、筆者撮影）

【3-3】1859年建立の常夜灯
（福山市鞆の浦、筆者撮影）

治の世になるまでに領主や商人たちによって建てられた灯明台は100基を超え、そのほかにも、海岸近くの神社の境内にある常夜灯が灯台の役割を果たしました。【3-2】は大崎下島の高燈籠、【3-3】は鞆の浦の常夜灯です。大崎下島はオチョロ舟の里のひとつであり、鞆の浦は古くから潮待ちの港、保命酒の醸造元があり、いろは丸事件で坂本龍馬と紀州藩が談判した地、七卿落ちの地として知られ、「いろは丸資料館」の近くに建つ常夜灯は江戸時代のものとしては日本一の大きさを誇っています。

　江戸時代、讃岐（いまの香川県）の丸亀は、金刀比羅宮[6]に向かう「こんぴら参り」の人たちにとっての玄関口でした。北前船によって霊験が全国に広まったことで、死ぬまでに一度は「こんぴらさん」（金刀比羅宮）に参拝したいという人が後を絶ちませんでした。弁才船型の百石積み「金毘羅船」で大坂（いまの大阪）から丸亀に向かい[7]、天保9年（1838）新設の常夜灯「太助灯籠」が一行を出迎えました。

　常夜灯は「海」だけのものではありません。たとえば、明治4年（1871）に牛嶋神社の氏子たちが奉納した隅田川の墨堤常夜灯が隅田川を往来する川舟を守り、墨堤を明かす燈明の役割も果たしました。八代将軍徳川吉宗（1684–1751、在任1716–45）が植えた墨堤の夜桜と常夜灯……想像するだけでうっとりしてしまいます。

　明治2年（1869）2月、神奈川県三浦半島の観音埼でわが国最初の西洋式灯台が点灯しました。煉瓦造の灯台で、地上から灯火まで12.12メートル。設計したのは、小栗上野介忠順（1827–68）とともに横須賀に造船所（製鉄所）を建設したフランス人技師、レオンス・ヴェルニー（1837–1908）です。わが国の造船史を語るうえで忘れてはならない人物で、横須賀市のヴェルニー公園に胸像（【3-4】）が建っています。わが国近代

【3-4】ヴェルニー胸像
（横須賀市、筆者撮影）

造船の夜明けは外圧によるものでした。幕末、日本近海にあまたの外国船が姿を見せるようになります[8]。もちろん、もっとも大きなインパクトを与えたのは、嘉永6年（1853）のペリー来航です。外威に対抗すべく海軍強化が叫ばれるなか、幕府はオランダから蒸気艦船2隻（咸臨丸と朝陽丸）を買い受けるとともに、同年、強硬な攘夷論者である第九代水戸藩主徳川斉昭（1800–60、在任1829–44）に命じて石川島に造船所を造らせ、西洋型帆船旭日丸を建造しました。翌年には浦賀で鳳凰丸が竣工し、塩飽諸島の水主らが乗り込んで試運転を行い、ときの筆頭老中阿部正弘（福山藩主、1819–57）の高評価を得ました。しかし、いずれも帆船ばかりでした。「蒸気船の建造が必要だ」との声が幕閣からあがり、同年、長崎にて製鉄所の建設が始まります[9]。「江戸に近い地での建造が必要だ！」との声もあがり、それを強く主張したのが小栗でした。幕府内外から批判も出ましたが、そうした声に小栗は、「いずれ政権が代わっても、"土蔵付き売家"となり得るほどの価値がある」と頑として耳を貸そうとはしませんでした。小栗は、万延元年（1860）に訪問したアメリカを頼って造

船所を建設しようとします。しかし、その頃のアメリカは南北戦争（1861–65）
で大きく揺れており、小栗の要請に応えるだけの余裕がなかった。そうした
折、友人の栗本鋤雲（1822–97）からフランスを紹介されます。小栗も前々か
らフランスの造船、修繕技術の高さは認識しており、早速、同国公使のレオ
ン・ロッシュ（1809–1900）に面会を求めました。折よく、ロッシュも日本と
の良好な関係づくりを目論んでいました。双方の利害は一致し、すぐさま、上
海にいたヴェルニーに白羽の矢が立ちました。ナポレオン三世（1808–73）の
許可を得て、ヴェルニーが来日し、元治 2 年（1865）9 月、鍬入れ式が執り行
われました。フランス人技術者たちは当施設を「arsenal」（海軍の造船施設）と
呼びましたが、幕府は、造船だけに限らず国内における設備の近代化を進める
便にしようと「製鉄所」と訳しました [10]。

　ヴェルニーが建設した灯台は観音埼、野島埼灯台など東京湾周辺の 4 ヶ所だ
けで、大方の灯台は、リチャード・ヘンリー・ブラントン（【3-5】、1841–1901）
率いるイギリス人技師たちによって建設が進められました。ブラントンは 26
の灯台を設計し、灯台の役目をする 2 隻の灯船も建造しています。ブラントン
は新しくできた灯台にイギリス人の灯台員を住まわせ、日本人に灯台の仕事を
教え、そのための教科書も作りました。

　西洋式灯台には、フランスの物理学者、オーギュスタン・ジャン・フレネル

【3-5】ブラントンの胸像
（横浜市、筆者撮影）

【3-6】室戸岬灯台の巨大レンズ
（室戸市、筆者撮影）

100

（1788-1827）が発明したフレネルレンズが使われています。通常のレンズを
同心円状に分割し厚みを減らしたレンズで、直径 260 センチメートル、光達距
離日本一の室戸岬灯台（【3-6】）を見ればわかりますが、断面がのこぎり状に
なっています。こうした形状によって、より遠くまで光が届くのです。

　灯台はなにも海の民だけのものではなく、その美しい姿を目にするすべての
人に癒しと希望を与えてくれます。【3-7】は、千葉県銚子市にある犬吠埼灯台
の写真です。設計、施工監督者は先のブラントンで、明治 7 年（1874）に初点
灯した煉瓦造の灯台です。灯台が人びとの陸上での営みに溶けこんでいます。
砂浜では若いカップルが戯れ、あたかもふたりの行く末を照らしてくれている
ようです。犬吠埼灯台を眺めながら誓った愛の永遠なることに、いささかも疑
う余地はありません。ただし、灯台の光達距離には限界がありますが……。

【3-7】愛を育む犬吠埼灯台（銚子市、筆者撮影）

　「あなたが選ぶ日本の灯台五〇選」というものがあります[11]。平成 8 年
（1998）11 月 1 日の第 50 回灯台記念日（観音埼灯台着工の日）のイベントと
して海上保安庁が募集し、一般の投票によって選ばれました。稚内灯台（北
海道稚内市）・宗谷岬灯台（北海道稚内市）・知床岬灯台（北海道斜里町）・
納沙布岬灯台（北海道根室市）・花咲灯台（北海道根室市）・落石岬灯台（北
海道根室市）・襟裳岬灯台（北海道えりも町）・チキウ岬灯台（北海道室蘭市）・
恵山岬灯台（北海道函館市）・尻屋埼灯台（青森県東通村）・大間埼灯台（青森

県大間町)・**龍飛埼灯台**(青森県外ヶ浜町)・**鮫角灯台**(青森県八戸市)・入道埼灯台(秋田県男鹿市)・陸中黒埼灯台(岩手県普代村)・鮹ヶ埼灯台(岩手県宮古市)・金華山灯台(宮城県石巻市)・塩屋埼灯台(福島県いわき市)・**犬吠埼灯台**(千葉県銚子市)・**野島埼灯台**(千葉県南房総市)・観音埼灯台(神奈川県横須賀市)・姫埼灯台(新潟県佐渡市)・禄剛埼灯台(石川県珠洲市)・大野灯台(石川県金沢市)・**石廊埼灯台**(静岡県南伊豆町)・神子元島灯台(静岡県下田市)・御前埼灯台(静岡県御前崎市)・**伊良湖岬灯台**(愛知県田原市)・神島灯台(三重県鳥羽市)・菅島灯台(三重県鳥羽市)・安乗埼灯台(三重県志摩市)・大王埼灯台(三重県志摩市)・**潮岬灯台**(和歌山県串本町)・**経ヶ岬灯台**(京都府京丹後市)・美保関灯台(島根県松江市)・**出雲日御碕灯台**(島根県出雲市)・高根島灯台(広島県尾道市)・角島灯台(山口県下関市)・男木島灯台(香川県高松市)・**室戸岬灯台**(高知県室戸市)・**足摺岬灯台**(高知県土佐清水市)・佐田岬灯台(愛媛県伊方町)・部埼灯台(福岡県北九州市)・白州灯台(福岡県北九州市)・水ノ子島灯台(大分県佐伯市)・大瀬埼灯台(長崎県五島市)・女島灯台(長崎県五島市)・都井岬灯台(宮崎県串間市)・**佐多岬灯台**(鹿児島県南大隅町)・平安名埼灯台(沖縄県宮古島市)の 50 灯台です。本稿執筆時点(2020年 12 月)でわたしが行ったことのある灯台は 16(文中太字記載)に過ぎませんが、北海道最南端の岬に立つ白神岬灯台 —対岸の龍飛埼までわずか 19.2 キロメートル—、エルトゥールル号事件の舞台となった樫野埼灯台、世界遺産となっている軍艦島(端島)の端島灯台とその沖合にある三ツ瀬灯台、瀬戸内海に映える小さくかわいらしい中ノ鼻灯台、故郷種子島の最北端にて大隅半島を望む喜志鹿埼灯台など、仲間に加えたいすてきな灯台はたくさんあります。

　写真集『日本の海事遺産』[12]のなかでも、塩屋埼灯台・犬吠埼灯台・神子元島灯台・姫埼灯台・菅島灯台・樫野埼灯台・美保関灯台・出雲日御碕灯台・室戸岬灯台・男木島灯台・部埼灯台が紹介されています。塩屋埼灯台は東日本大震災で被災するも 9 ヶ月後に復旧し、犬吠埼灯台は平成 21 年(2009)に経済産業省近代化産業遺産に認定され、翌年、国の登録有形文化財に登録されました。神子元島灯台は当時の姿を留める現役最古の洋式灯台で、昭和 44 年(1969)に国の登録有形文化財に登録され、平成 21 年(2009)、経済産業省近

代化産業遺産に認定されました。姫埼灯台は現存する最古の鉄造りの灯台で、平成21年（2009）、経済産業省近代化産業遺産に認定されました。菅島灯台はわが国最古の煉瓦造りの灯台で、平成22年（2010）に国の登録有形文化財に登録されました。樫野埼灯台は先に紹介したとおりですが、わが国最古の石造り灯台であり、洋風石造りの官舎は国の登録有形文化財に登録されています。美保関灯台は、平成21年（2009）、経済産業省近代化産業遺産に認定されました。出雲日御碕灯台はわが国でもっとも高く（約44メートル、【3-1】）、遠目にも美しい石造りの灯台です。平成21年（2009）に経済産業省近代化産業遺産に認定され、平成25年（2013）、国の登録有形文化財に登録されています。室戸岬灯台は峻厳な崖の上に建っています。帆船で建設資材を室戸岬の沖合まで運び、そこから艀で陸揚げし、崖上までレールを敷いて蒸気の力で引き上げ建設されました。平成21年（2009）に経済産業省近代化産業遺産に認定されています。男木島灯台は後述する映画『喜びも悲しみも幾歳月』の舞台になったことで知られ、平成21年（2009）、経済産業省近代化産業遺産に認定されました。部埼灯台は、北九州市にある最古の洋風建築です。

　明治初期の灯台について語るとき、灯台位置の測量、資材の運搬、保守管理に使用するための灯台視察船を無視するわけにはいきません。写真にある明治丸（【3-8】）は明治政府がグラスゴー（スコットランド）のネピア造船所に発注した灯台視察船で、いまでも東京海洋大学越中島キャンパスで在りし日の勇姿

【3-8】明治丸（東京海洋大学越中島キャンパス、筆者撮影）

を見ることができます。全長 68.6 メートル、幅 9.19 メートル、11.5 ノットの
スクリュー船で、明治 7 年（1874）に竣工し、横浜に回航されたのは翌年 2 月
のことでした。来着早々、小笠原領有に二の足を踏んでいた新政府が、小笠原
の再奪回に向け明治丸を父島に派遣します。このとき、明治丸がイギリス軍艦
より 2 日早く小笠原に着いたことで同地領有の基礎がかたまり、翌年の明治 9
年（1876）12 月、内務省小笠原出張所の仮庁舎が父島に完成しました。明治
天皇（1852–1912、在位 1867–1912）が巡幸先の青森から乗船して函館に向か
われ、明治 9 年（1876）7 月 20 日、横浜（横浜御用邸伊勢山離宮）に安着さ
れました。昭和 16 年（1941）、この日を以って「海の記念日」が制定され、平
成 8 年（1996）に「海の日」として国民の祝日になり、平成 15 年（2003）の
祝日法改正（「ハッピーマンデー制度」の導入）によって 7 月の第 3 月曜日が
「海の日」となりました。平成 19 年（2007）のその日に海洋基本法も施行さ
れ、わが国が海洋立国をめざすことが再確認されました。現在、超党派国会議
員などから成る海事振興連盟などによって「海の日」の 7 月 20 日固定化に向
けた運動が展開されており、盛り上がりをみせています。

　ここで、イギリス民謡で勝承夫（1902–81）が歌詞を付した「灯台守」に登
場してもらいます。アメリカで作曲された讃美歌が原曲であるともされていま
すが、心に響くメロディであることに変わりありません。歌詞は、

　　　こおれる月かげ、空にさえて、真冬のあら波、寄する小島、思えよ灯台、守る
　　　人の、尊きやさしき、愛の心。はげしき雨風、北の海に、山なす荒波、たけりく
　　　るう、その夜も灯台、守る人の、尊きまことよ、海を照らす。

　映画『喜びも悲しみも幾歳月』（1957 年松竹制作、木下惠介監督）のなかで
歌われた、同名の歌（作詞・作曲：木下忠司）—惠介と忠司は兄弟— も灯台
守の暮らしぶりが偲ばれ、心に滲みいります。歌詞は、

　　　俺ら岬の、灯台守は、妻と二人で、沖行く船の、無事を祈って、灯をかざす、灯
　　　をかざす。冬が来たぞと、海鳥なけば、北は雪国、吹雪の夜の、沖に霧笛が、呼
　　　びかける、呼びかける。離れ小島に、南の風が、吹けば春来る、花の香便り、遠
　　　い故里、思い出す、思い出す。朝に夕に、入船出船、妻よ、がんばれ、涙をぬ
　　　ぐえ、もえてきらめく、夏の海、夏の海。星を数えて、波の音きいて、共に過ご

した、幾歳月の、よろこび悲しみ、目に浮かぶ、目に浮かぶ。

　少なからぬ日本人が灯台に哀愁を感じるのは、この歌の歌詞やメロディが影響しているのかもしれません。平成18年（2006）2月、最後の有人灯台、五島列島福江島の沖合に浮かぶ男女群島（女島）の女島灯台がついに無人化されました。『喜びも悲しみも幾歳月』の舞台のひとつでもありました。灯台守やその家族がわが身を犠牲にしてまで灯台を守った時代があった、そのことは記憶に留めておきたいものです。

## （2）港と「海」

　港あるいは湊もまた、正の心の原風景です。「みなと」の「み」は「水（み）」、「な」は連体助詞の「の」、「と」は「門（と）」のことであり、「みなと」は「水の門」を意味しています。漢字の「港」は「氵」（水）と多くの人が集まる通路を表す「巷」から成り、多くの人が集まり、多くの船が出入りする場所を意味しています。「奏」が神に若木を捧げ多くの人が集まる様を表すことから、「湊」も人が集まる水辺、河川と海辺が出合う地となりました。かつて「港」は水上の船着き場、「湊」は陸上の水辺といった使い分けがあったようですが、いまは多くの場合に「港」が使われています。

　江戸時代、風待ちや潮待ちをするのもこうした場所で、そこでは、花街やおちょろ舟といった風俗がそれぞれの文化として根付いていました。おちょろ舟は船乗りの世話をする女性、多くは水上売春婦を運ぶ小舟です。大崎下島の御手洗などが有名で、慶長年間（安土桃山時代から江戸時代にかけての時期）にはすでに存在しました。明治時代中期以降の機帆船の普及に伴って廃れ、売春防止法（昭和31年法律第118号）によって完全に消滅しました。おちょろ舟は海村における艶っぽい裏面史の1頁であり、正の心の原風景としてのノスタルジーとしてもいいのですが、当の女性たちにとっては消そうとして消し得ぬ負の心の原風景だったにちがいありません。湊と遊女は、切っても切り離せない関係にあります。14世紀初期に書かれたとされる法然上人（1133–1212）の絵伝のなかでも、小舟の上から上人の説法に耳を傾ける3人の遊女の姿が描

かれています。播磨国（いまの兵庫県）室津の遊女たちで、ひとりは舟を漕ぎ、
ひとりは最上格と思しき遊女に傘をさしかけています。

　奈良時代、武庫の水門（武庫津）や難波津で中国や朝鮮からの使者を迎えて
いました。平清盛は大輪田泊（いまの神戸）を修築するなど、貿易のための
港を整備しました。港は海上輸送と陸上輸送の接点であり、古くから多くの人
や貨物が行き交い、新しい産業が興り、町を形成していきました。室町時代末
期に編纂された廻船式目に「三津七湊」とあり、三津（三箇津、とも）として
伊勢安濃津（津市）、筑前博多津（福岡市）、和泉堺津（堺市）─明代の兵法書
「武備誌」では、先述したとおり、安濃津・博多・坊津が三津とされている─、
七湊として三国湊（福井県坂井市）、本吉湊（石川県白山市）、輪島湊（石川県輪
島市）、岩瀬湊（富山市）、今町湊（直江津、新潟県上越市）、土崎湊（秋田市）、
十三湊（青森県五所川原市）の名が挙げられています。七湊すべてが日本海側
にあり、当時、日本海が表日本であったことをうかがい知ることができます。

　江戸湾には鎌倉時代から発展した隅田川（大川）河口域にいくつもの湊があ
り、平川が注ぎ込む日比谷入り江に江戸湊が出来上がっていました。太田道灌
（1432–86）が江戸城を築城─1456 年から 1457 年とされている─すると、平
川は日本橋川に付け替えられます。そののち、徳川家康によって日比谷入り江
は埋め立てられ、江戸前島の東岸に 10 本の櫛型の船入堀が造成され、運河が
開削されました（第 1 章 4.「運河」参照）。江戸の民の生活を支えるには水運
（舟運）による物流の高度化が不可欠である、と考えられたのです。

　承応 2 年（1653）、現在の高知県香南市に手結内港が誕生しました。わが国
初となる本格的な掘り込み港です。当時、南北約 112 メートル、東西約 49
メートルの広さを誇り、いまもほぼそのままの形で同地の風景に溶け込んでい
ます。わたしも訪ねたことがありますが、跳ね上げ橋の上から眺める景色には
歴史的な趣があります。

　18 世紀のはじめには 100 万人が暮らす大都市となっていた江戸と大坂の間
には、菱垣廻船や樽廻船、さらには尾州廻船が行き来していました。大坂と蝦
夷地も西廻り・東廻り航路で結ばれ、とりわけ日本海では、北前船と呼ばれる
弁才船が活躍していました。北前船の船主のふるさととして知られる加賀（石

川県)、河野(福井県)などは、必ずしも船が寄る湊ではありませんでした。加賀の橋立などは江戸時代 100 軒ほどしかない小さな集落でしたが、多くの北前船の船主や船乗りが居を成し、「日本一の富豪村」などと呼ばれました。しかし、その一方で、村には女、子ども、老人しかいなかった。なぜ、船が寄港しない海村の人びとが海での商いを始めたのでしょうか。まず、地形的に田畑が極端に少なかったことが挙げられます。海に出るしかなかった、ということです。海に出るにしても、魚を追う漁師より船乗りになる方がより稼げたということもあります。さらには、近江商人のもとで仕事をしたことも幸いしました。近江商人から学ぶことは多く、彼らの勢いが衰えたのちに容易に独立することができたのです。北前船は、湊の周辺農村の生産力の増大をもたらしました。蝦夷地から届く魚肥に加え、蝦夷地で需要のある 筵(むしろ) や縄などの藁(わら)製品の生産が副業となったのです。北前船が寄港するいくつかの湊は造船の町としても発展し、そこに暮らす人びとの心の原風景を実り多いものにしていきました。

　徳川幕府は安政 5 年(1858)に締結した日米修好通商条約をはじめとする安政の五ヶ国条約によって 5 港(横浜・長崎・箱館・神戸・新潟)の開港を決め、翌年、横浜・長崎・箱館(いまの函館)を開港し、外国との自由貿易を許可しました。当時の横浜は 100 戸ほどのわびしい漁村で、港の設備はないに等しく、艀(はしけ) で沖合に泊められた船との間を往復して人や貨物を運ぶしかありませんでした。開港当時の主な輸出品は、質のいい生糸や銀、輸入品は綿製品でした。当然のように、港の整備が必要となりました。しかし、幕府の後を継いだ明治新政府の財政状態は厳しく、横浜で近代的な港湾の整備がはじまったのは明治 22 年(1889)のことで、開港からすでに 30 年が過ぎていました。明治 27 年(1894)、お雇い外国人のヘンリー・スペンサー・パーマー(1838–93)の指導のもと、横浜の近代的な港湾はようやく完成し、横浜が心の原風景になるきっかけともなりました。横浜の港と言えば粋なマドロスもさることながら、野口雨情作詞、本居長世作曲の童謡「赤い靴」のメロディが思い起こされます。実際のモデルがあるようですが、歌詞にある「埠頭」を「はとば」(波止場)と読ませるのが心憎いところです。

赤い靴はいてた女の子、異人さんにつれられて行っちゃった。横浜の埠頭から船に乗って、異人さんにつれられて行っちゃった。今では青い目になっちゃって、異人さんのお国にいるんだろ。赤い靴見るたびに考える。異人さんに逢うたびに考える。

　わが国の海岸線は世界第 6 位の長さで、3 万 5,000 キロメートルにも及びます。伊能忠敬（1745-1818）は世界一周の 8 割以上に相当するこの海岸線を約 16 年かけて歩き、『大日本沿海 輿地全図』を完成させました。列島の形成過程、縄文海進などによってその形状は複雑に入り組み、峻厳な崖が続く沈降型の岩石海岸、砂浜や干潟が広がっています。大方は居住や農耕に適さず、一方で、入り組んでいるために、多くの島々共々天然の良港となっています。国土交通省の資料 13) によれば、2017 年 4 月現在、わが国には 933 の港湾と 61 の 56 条港湾の計 994 の港湾があります。56 条港湾とは都道府県知事が水域を公告した港湾で、地方港湾のなかでも特に小規模なもの、今後開発が見込まれるものなどが該当します。「港湾」という用語は明治期以降に使われるようになったもので、英語の port and harbor を訳したものです。port が荷揚げや補給などの機能と役割を有する商港であるのに対し 14)、harbor は船が休める天然または人工の港を意味します。port が水運と陸運をつないで貨物を積み下ろしする場所であるのに対し、harbor は船が安全に停泊できる水面の広がり 15)、と言ったほうが分かりやすいでしょうか。商船が係船するのは port、ヨットが体を休めるのは harbor ということです。933 の港湾は国際戦略港湾 5 港（東京・横浜・川崎・神戸・大阪）、国際拠点港湾 18 港、重要港湾 102 港、地方港湾 808 港からなり、2016 年の貿易額でみれば、上から①京浜（東京）：164,077 億円、②名古屋：152,259 億円、③京浜（横浜）：106,846 億円、④阪神（神戸）：80,109 億円、⑤阪神（大阪）：74,857 億円、⑥千葉：34,120 億円、⑦三河：30,289 億円、⑧京浜（川崎）：29,931 億円、⑨清水：26,088 億円、⑩博多：24,058 億円となっています 16)。しかし、残念ながら、これらの数字は世界の主要港湾と比して見劣りします。たとえば、世界主要港 2017 年コンテナ取扱量でみれば東京港は世界第 33 位となっており、第 1 位の上海港の 11 パーセントほどに過ぎません。1980 年には上位 20 位に 3 港（神戸港世界第 4

位、横浜同 12 位、東京同 18 位）もはいっていましたが、2001 年には東京同
18 位、横浜同 21 位、神戸同 25 位 ―1995 年 1 月 17 日に発生した阪神淡路大
震災の影響が大きい― となり、その後も凋落傾向にあります。取扱量がすべ
てではありませんが、世界の物流拠点として主要な地位を維持する戦略は是認
されて然るべきです。ただし一方で、多くの港湾が各地各様に機能しているの
は強みであり、東南アジア諸港とのフィーダーサービス網の構築が可能となる
かもしれません。わが国港湾のグランドデザインを設計するなかで問われるべ
き論点です。

　港湾と切っても切り離せないのが倉庫です。倉庫の歴史は古く、古代エジプ
ト遺跡でもその存在が認められています。わが国では稲作が盛んになった弥生
時代の高床式倉庫にはじまり、奈良時代には税として納められた米などを保管
する 正倉 が各地に設置されました。江戸時代には蔵屋敷と呼ばれる倉庫に各
藩の年貢が集められ、米相場によって売買され藩の財政を支えました。米会所
があった大坂や江戸には 100 軒を超える蔵屋敷があったようです。すでにみ
たように、河川舟運、沿岸海運（菱垣廻船、樽廻船、東廻り航路、西廻り航路、
尾州廻船などの内航網）が発達し、各地に建設された大きな倉庫が港町の一風
景を成しました。明治期になると、倉庫の需要は大幅に増大しました。資力の
ある商人は近代的倉庫業を興し、その結果、倉庫は単に保管機能のみではな
く、流通加工や仕分けなど、物流の調整役、推進役としての機能を果たすよう
になります。代表的な倉庫として、敦賀赤レンガ倉庫（1905 年竣工）、金森赤
レンガ倉庫（1909 年竣工）、横浜赤レンガ倉庫（2 号 1911 年、1 号 1913 年竣
工）、小樽運河倉庫群（1923 年竣工）などがあります。これらのいくつかは、
みなさんの心の原風景になっていることでしょう。


## （3）感動譚と「海」

　海は感動譚の舞台でもあり、いつしかそれはわたしたちの心の原風景になっ
ています。知らなければ、知ることでその種が蒔かれるでしょう。
　海における漂流譚については拙著『波濤列伝』[17] でいろいろ紹介しています

のでそちらを参照いただくとして、ここでは、海の気まぐれに果敢に挑んだ感動譚のいくつかを拙著『号丸譚』[18] から選んで概略紹介します。

### 1）駆逐艦雷による人命救助

　昭和 17 年（1942）3 月 2 日 9 時 50 分ごろ、スラバヤ沖に漂流中のイギリス将兵を発見したとの知らせが大日本帝国海軍駆逐艦 雷 (いかづち) 艦長の工藤俊作（1901–79）に届きます。海軍兵学校（海兵）校長の鈴木貫太郎中将（のち海軍大将、太平洋戦争終結時の首相、海兵 14 期。1868–1948）が説く「武士道」に深く感銘を受けていた工藤は救出を決断し、矢継ぎ早に指示を出し、「我、タダ今ヨリ、敵漂流将兵多数救助スル」と第三艦隊司令部にその意を伝えました。「救難活動中」の国際信号旗が 翻 (ひるがえ) り、縄梯子が次から次におろされました。

　工藤は、部下から慕われていました。柔道 3 段の偉丈夫で、上司に媚びることなく、些細なことは気にせず、前向きな失敗であれば決して部下を叱らず、士官と一兵卒の区別なく接したからです。サンマ、イワシが大の好物で、「お～い、おれの肉を、サンマかイワシと交換してくれや」と言いながら一兵卒用の食堂に出入りする艦長に、「艦長のためめなら死ねる」と口々に言い合ったと言います。

　あっという間に、さほど大きくない雷の甲板は敵兵でいっぱいになった。それは、自艦乗員 220 名の倍に近い、総勢 422 名という大きな数でした。工藤は心中苦笑しつつ、敵兵の士官を前甲板、一般兵を後甲板に集めました。そして、「日本人は非道、野蛮だというじゃないか」、「結局、俺たちは殺されるにちがいない」と恐怖心に縛られていく敵兵たちを前に、「You had fought bravely. Now you are the guests of the Imperial Japanese Navy. I respect the English Navy, but your government is foolish to make war on Japan.」と流暢な英語で告げます。

　翌日、敵兵一行はボルネオ（カリマンタン）に停泊するオランダの病院船に移され、駆逐艦雷による人道劇の幕は下ろされました。そののち、工藤は海軍中佐に昇進し、司令駆逐艦響の艦長に就きます。雷はと言うと、昭和 19 年（1944）4 月 13 日、アメリカ潜水艦ハーダーによって撃沈されました。

　昭和 54 年（1979）1 月 12 日、肺がんのため死去（享年 78）。工藤に救われ

た士官に、元イギリス海軍中尉で長いこと外交官を務めたサムエル・フォール卿（1919–2014）がいます。フォール卿は自伝『MY LUCKEY LIFE』に「元帝国海軍中佐工藤俊作に捧げる」と銘記し、「勝者は驕ることなく敗者を労り、その健闘を称える」と書きました。[19]

## 2）第 6 号潜水艇の遭難

明治 43 年（1910）4 月 15 日、佐久間勉艇長（1879–1910）以下ベテラン乗組員 14 名が乗り込んだ第 6 号潜水艇（【3-9】）が山口県新湊沖で訓練中に沈没し、全員が犠牲となりました。潜航を始めるや通風筒から海水が入り込み、佐久間艇長がバルブを閉じるよう指示したがどうにもならなかった。配電盤がショートし、艇内は真っ暗。絶縁体のゴムが焼け、艇内中に悪臭がたちこめ、うまく呼吸できない。想像を絶する最悪の状況下、第 6 号潜水艇は 15.8 メートルほど沈み、25 度の角度で後部から着底しました。すぐさまメインタンクの排水を試みるも浮上せず。「もはや、これまでか」……刻々と息が苦しくなる。かすかな光のもと、佐久間艇長は黒表紙の手帳に鉛筆で遺書を書き記します。1 頁に 3 ないし 5 行、その頁数は 39 にも及びました。

事故から 2 日経った 17 日、第 6 号潜水艇は引き揚げられ、ハッチが開口されました。そのとき、遺族は、同艇から遠く離されました。非情、薄情との非難もありましたが、それは上官の優しい心遣いからでした。その当時、欧米においても同様の事故が発生しており ―たとえば、1904 年にイギリスで 11 名、

【3-9】「第 6 号潜水艇」模型（第一術科学校写真提供）

翌年、同じくイギリスで15名、フランスでも15名が殉職—、そのいずれの事故においても乗組員が「われ先に！」と出口に殺到し、殴り合う格好で息絶えていた。そうした陰惨な光景を遺族に見せたくない、上官らはそう考えたのです。しかし、それは、杞憂に過ぎませんでした。ハッチを開けて見えてきたのは、生き地獄のなかにあって持ち場を離れず、死のぎりぎりまで懸命に生きようとした乗組員の最期の姿でした。

職分を全うし息絶えた様を目の当たりにし、その場に居合わせた関係者は一様におどろき、嗚咽しました。このニュースは瞬く間に世界中に発信され、世界が感動しました。しかし、感動を呼んだのはそれだけではなかった。佐久間艇長の胸ポケットから先の手帳が見つかったのです。それは、沈没原因の分析に始まり、部下の家族を気遣う温情に溢れる「公遺書」を含んでいました。陛下に謹んで申し上げるとして、自分の部下の家族が生活に窮することのないよう懇請していた。かくも長く洗練された文章を、かかる極限の状況下において書けるものでしょうか（いや、できない）。幼少期から文章を書く訓練に明け暮れたという佐久間であればこそできた、そうとしか言いようがありません。

第6号潜水艇の遭難事故は佐久間の安全面への配慮不足が招いたという側面はあるかもしれません。しかし、彼の示した日本帝国海軍軍人としての矜持とその行動は、そうした負の部分を補って余りあるものがあります。「佐久間艇長頌歌」（作詞者・作曲者不詳）なる歌が、わたしたちに佐久間の死に様を余すところなく伝えてくれます。歌詞は、

> 花は散りても香を残し、人は死んでも名を残す、あっぱれ佐久間艇長は、日本男児の好亀艦、艇長遺書して我が部下の、遺族に雨露の君恩を、乞い奉る一筆に、感泣せざる人やある。

海の男たちの勇気、武士道。いまでもわが国の至るところにこうした、いわば「海」に根付いた文化、シーマンシップが息づいていることを願ってやみません。[20]

### 3）だんぴあ丸による尾道丸救助
三角波の恐怖、そして、海の男たちの勇気に心打たれる話です。

　昭和55年（1980）12月30日の13時をまわった時刻、帰国途次のだんぴあ丸尾崎哲夫船長のもとに二等通信士が血相をかえてかけ込んできた。だんぴあ丸の南約50キロメートルを航海する尾道丸からSOS信号を受信した、との報告でした。大きさは一回り小さいものの、尾道丸にはだんぴあ丸より多い29名が乗っていた。一報を聞いた船長は、「全力をあげて救助せよ！」と魔の海域での命がけの救助を決断します。

　年が明け、風速が毎秒18メートル、ときとして25メートルにもなるなか、救出に向けた準備がすすめられました。だんぴあ丸の乗組員は自分の下着や上着などを持ち寄り、尾崎船長は救出したあとのことを考えて風呂を沸かすよう指示し、司厨長は両船総員分の正月料理を用意します。尾崎船長は、尾道丸の船長のことが気になっていました。古い教育を受けた船長であれば、船と運命を共にするのではないか、と考えたのです。（旧い海員魂など捨ててほしい）と願った尾崎船長は、「船長、みんなで祝杯をあげましょう！」と、尾道丸の船長に無線で話しかけました。

　未明から、救出劇が始まりました。しかし、救命いかだが尾道丸から離れようとしません。（別れたくないみたいだな）……見ている者すべてが、そう思った。8時31分、ようやく1人目が救出され、そして、全員が救出されました。9時42分、海上保安庁から、崇高な同僚愛と高度な技術を称賛する電報が届く。10時、司厨長が用意していた正月料理が54人全員にふるまわれた。尾道丸の乗組員たちは、だんぴあ丸の温情にただただ落涙しました。[21]

# 2. 負（マイナス）の心を織りなす「海」

　海には、悲しみを思い起こさせる無慈悲な負の顔もあります。ただただ荒れ猛り、牙をむき、ときに諦念がわたしたちの心を縛ります。

## （1）津波（TSUNAMI）と「海」

　津波（TSUNAMI）は海上における"洪水"であり、歴史と文化が息づく空間を一瞬にして無と化してしまいます。明治29年（1896）に起きた三陸津波

では約 2 万 2,000 人が犠牲になったとされ、平成 5 年（1993）の北海道南西沖
地震（奥尻島地震）による火災や津波では 200 人以上（死者 202 人、行方不明
者 28 人）が犠牲となり、先の東日本大震災でも多くの尊い命が奪われ、その
恐怖は各種の映像記録が余すところなく伝えています。

　平成 23 年（2011）3 月 11 日 14 時 46 分 18 秒、宮城県牡鹿半島の東南東
沖 130 キロメートル深さ 24 キロメートルを震源とする東北地方太平洋沖地震
（東日本大震災）が発生しました。地震の規模を示すマグニチュードは 9.0、日
本周辺で起きた地震としては観測史上最大規模の地震でした [22]。最大震度は
宮城県栗原市で観測された震度 7 で、宮城・福島・茨城・栃木の 4 県 36 市町
村と仙台市内の 1 区で震度 6 強を観測しました。死者は 1 万 5,000 人を超え、
行方不明者まで含めると 2 万人を超える大惨事でした [23]。金曜日午後のその
時刻、東京のオフィスにいたわたしは、避難所（近くの公園）に向かうべきか
悩んだあげく机の下に潜り込み、揺れが収まるのをひたすら待ちました。悲惨
な状況を伝えるニュースが続々とはいってくる。テレビでは、千葉の石油精製
設備が燃えている光景が繰り返し映し出されていました。余震もさることなが
ら、想像をはるかに超える津波がその威を誇示するかのように街を呑み込んで
いきます。山が動いたようにも見えました。海からの濁流が家を次々に押し流
し、車はまるでおもちゃの車のようにうねりくる流れに浮沈を繰り返し、逃げ
遅れた人びとを次々に呑み込んでいく。まさに、地獄絵図です。恐ろしい思い
をされた方、犠牲になられた方のご遺族にとって、海が無抵抗の街を呑み込ん
でいく光景は負（マイナス）の心の原風景以外の何物でもないでしょう。

　悲しいのは、津波が日々恩恵を受け親しみを感じている「海」が持つ自然の
力の発露であることです。1755 年 11 月 1 日に発生したリスボン大地震とその
後の津波によって 6 万人が亡くなるのですが、この大惨事に大きなショックを
受けたゲーテは神を信じることができなくなり、「神は自然のなかに存在する」
という日本人のメンタリティに近い思想を抱くに至ります。かように、津波は
負の点として —ゲーテは終生“希望名人”だったが— 心のなかに居座り、なか
なか立ち去ろうとしません。しかし、救いがないではありません。多くの内航
船やフェリー、練習船などが救援物資を運び、多くの人に安心と希望を与えま

した。たとえば、客船のふじ丸は、被災者に食事、入浴、休息などのデイユースサービスを無償で提供しました。ふじ丸が大船渡港を出航するとき、サービスを受けた被災者たちが「ありがとう、ふじ丸」と書かれた横断幕を持って見送りました。こうした海事社会からの温かい支援があるのも一流の海洋国の証であり、海が醸成する「文化」と言っていいのではないでしょうか。ちなみに、支援は日本国内からだけではありませんでした。世界各国からの心温まる支援、とりわけアメリカ海軍による「トモダチ作戦」は、被災者の海に対する負の心を幾ばくか癒してくれたはずです[24]。

## (2) 遭難事故と「海」

　洞爺丸、紫雲丸などの取材で現地に行くと、同行してくれている妻に「どこにいっても遭難の話ばかり」とよくため息をつかれました。海はときとして悲しい遭難劇の舞台であり、ときに深い負の心の原風景となっています。正の心を織りなしてくれる美しい灯台はあまたの惨劇の生き証人でもあり、それは、海の記憶の悲しい1ページでもあります。

　わたしのよく知る外航船主の所有船が、昭和39年（1964）、青森県下北半島の尻屋崎の沖合で沈没しました。荷崩れが原因とされていますが、船主の心には未来永劫消し去ることのできない悲しい出来事として刻まれています。尻屋崎周辺の海域は国際海峡である津軽海峡からの流れと太平洋の流れが出合うことで海流が変わりやすく、季節によっては視程500メートル未満という濃霧が発生するため、古くから海上交通の難所とされてきました。江戸時代、下北半島の産物の多くが西廻り航路で運ばれたのはそのためです。東廻り航路で南下し茨城県の那珂湊から利根川に至る、あるいは銚子から利根川をさかのぼる舟運もありましたが[25]、危険の多い航海だったことは想像に難くありません。明治初期、下北半島のこのあたりは痩せ荒れ、斗南藩と名を変えた当地を旧会津藩の人びとが懸命に開拓し、「北（奥州）の長崎」になろうとしました。岩崎弥太郎（1835–85）が創立する三菱商船学校に多くの会津人が入校するのは、そうした時代背景によるものです。彼らは荒れ狂う海域の航海安全を図るため

明治政府に灯台建設を訴えかけ、その甲斐あって ―時代はかなり下るが―、い
まの尻屋埼灯台が誕生しました。ブラントンが設計した東北最初の灯台で、明
治 12 年（1879）12 月にはわが国初となる霧笛が設置されました。海岸段丘
が続き、寒立馬が放牧されているのどかな尻屋崎沖はそうした危険な海域なの
です。

　紀州大島にある樫野埼灯台は、明治 23 年（1890）、トルコ軍艦エルトゥール
ル号の遭難を目の当たりにしました。トルコが親日になった原因ともされてい
る事件だけに、ご存知の方も多いでしょう。映画『海難 1890』（2015 年公開）
を観られた方も多いかもしれません。9 月 16 日深夜、和歌山県紀伊大島の樫
野埼灯台に、ふたりの異国人が血まみれで倒れ込んできた。灯台の主任は赤地
に三日月と星の旗を見て、トルコの船が遭難したことを悟った。台風のなか難
破したのは、オスマン帝国の祖、オスマン一世の父親の名を冠するトルコ軍艦
エルトゥールル号でした。581 人が犠牲となり、63 人が自力で灯台にたどり
着き、6 人が村民の手によって救出されました。当地、大島村は貧しい村でし
たが、それでも、村人たちは古着やら、非常食の芋、盆暮にしか口にできない
米、さらには、卵、貴重な鶏までも惜しみなく提供しました。寒さに震える者
があれば、自らの体で温めてやりました。自分たちの生活などそっちのけで懸
命に世話し、そのことにトルコ人水兵たちは深く感動したのでした [26]）。

## （3）別離と散華の「海」

　木々の枝越しの海に日が昇る様はまさに希望そのものであり、木と日から成
る「東」を「あがり」あるいは「はる」とも読むのもうなずけます [27]）。ラジ
オ体操の歌詞に「あたらしい朝が来た。希望の朝だ♫」とありますが、言い得
て妙です。しかしその一方で、水平線と日から成る「西」は「いり」と読むだ
けに、どうにももの悲しい。夕暮れ時、とりわけ日没前の薄明かりの「マジッ
クアワー」とも呼ばれる時間帯は美しい刻でもあるのですが、だいたいにおい
て切ない。夕闇の海辺でひとり物思いにふけるのはお勧めできません。北の海
辺もそうです。「北」が人同士が背を向けて座る象形であり、「北むく」（背く）

あるいは「北げる」（逃げる）とつながり、北の寒々しい光景は死を予感させ、事実、自殺の名所とされる絶壁の多くは北にあります。西や北の海に心が閉ざされるのは、そこに別離と散華をイメージするからでしょう。

## 1）別離の「海」

　検証したことはありませんが、「海」を舞台にした別れのシーンをよく見かけるような気がします。そうであるならば、別れる当人にとって海は負の心の原風景になることでしょう。なぜ「海」は別れのシーンに相応しいのでしょう。別れの痛みを母なる海が癒してくれるから、広大な海を前にすれば一度の別れなど些細なことに思えてくるから、つらい思い出など海がブラックホールのごとく無にしてくれるからでしょうか。それとも、そこが出会いの場だったからか。

　フィクションの世界ではありますが、ジャコモ・プッチーニ（1858–1924）作曲のオペラに、トーマス・グラバーと淡路屋ツル（1851–99）の恋愛に発想を得たとされている『蝶々夫人（Madame Butterfly）』があります。オペラのなかで、海は愛し合う男女の悲しみの再会の場として登場します。アメリカ海軍士官のピンカートンは長崎の結婚斡旋屋に武家出身の娘（当時、15 歳の蝶々）を紹介され、彼女との間に一子をもうけます。任期があけ、再び日本に帰ることを約束して、ピンカートンは帰国します。帰りを信じ、ただひたすら待つ蝶々……。オペラでは、名曲「ある晴れた日に」が流れます。ついに、ピンカートンの乗った船が長崎に帰ってきた。しかし、ピンカートンの隣には彼と親しげにする女性の姿が。蝶々はピンカートンの妻に「名誉のために生きることができないのなら、名誉のために死にます」と我意を伝え、父の形見の短刀を喉にあてます。わが子を見つめながら、息絶える蝶々……。

　シーボルトとお滝（楠本瀧、1807–69）の別れもまた、海が舞台となっています。文政 6 年（1823）にオランダ人と偽って長崎にやってきたドイツ人医師シーボルトは患者のなかに美しい女性を見つけ、恋に落ちます。お滝です。当時、一般の女性が出島に出入りすることはできず、そのため、お滝は丸山の遊女となった。其扇と名のって出島に出入りし、逢瀬を重ね、ふたりはめでたく

結婚します。シーボルト 29 歳、お滝 17 歳でした。しかし、シーボルトは、禁制の日本地図、徳川家の御紋がはいった羽織を持ち帰ろうとしたために永久国外追放となります。世に言う、「シーボルト事件」です。お滝は娘を抱えながら、小舟の上からいつまでも夫の乗る船を見送りました。ちなみに、娘のイネ（稲）はわが国最初の女医とされており[28]、吉村昭は彼女のことを小説（『ふぉん・しいほるとの娘』）にしました。いまでこそ女医は珍しくありませんが、明治という時代にはめざすことすらままなりませんでした。

### 2）散華の「海」

　イマヌエル・カント（1724–1804）の言う「対立の中和」が崩れたとき、母なる海は散華を予感させる場となりました。

　水中文化遺産が注目されるようになるのは、エーゲ海の小さな漁村でのある出来事がきっかけでした。地元漁師の手によって、ギリシア時代の遺跡が引き揚げられたのです。そこはかつて「サラミスの海戦」（第 3 回ペルシア戦争）があった海域であり、多くの歴史学者の目が当地に注がれました。ペルシア戦争は紀元前 492 年、紀元前 490 年、そして紀元前 480 年の 3 回、ギリシア艦隊とペルシア艦隊との間で繰り広げられました。ペルシアによる第 2 回遠征ののち、アテネではテミストクレスが海軍を増強します。軍船は 3 段櫂船（トライレム）。乗員 200 人のうちの 180 人が漕ぎ手として 3 段に分かれ、合図に合わせて一斉に櫂を漕ぎました。トライレムは 2 段櫂船（バイレム）に比して小回りは利かないものの突進力に優れており、敵船にぶち当てる衝角突撃に適していました。サラミスの海戦ではクセルクセス一世（紀元前 519–465、在位紀元前 486–465）率いるペルシア艦隊 1,207 隻を 310 隻のアテネ艦隊が打ち破り、軍船の漕ぎ手だった無産市民の政治的地位が向上し、民主政治の原動力になっていきます。

　近代の海戦では、1805 年の「トラファルガーの海戦」がよく知られています。ホレーショ・ネルソン提督（子爵、1758–1805）の勇姿がイギリスの人びとの間で語り継がれ、提督はイギリスの英雄となりました。イギリスの人びとにとって、トラファルガーの海戦は負ではなく正の心の原風景にちがいありま

せん。過日、ある方から、ロイズ保険協会ネルソンコレクションに保存されている「トラファルガー海戦航海日誌」（LOG-BOOK）の原本の写しをいただきました。巡洋艦艦長が海戦の様子を綴ったなかの 1805 年 10 月 21 日分の写しで、そこには、ネルソン提督の「ENGLAND EXPECTS THAT EVERY MAN WILL DO HIS DUTY.（イギリスは各員がその義務を全うすることを期待する）」という有名な檄文が記載されています。提督はかかる趣旨の信号旗を掲げ、艦隊を鼓舞しようとしたのです。はじめは「CONFIDES（確信する）」という単語を考えたようですが、信号士官が信号旗の数が多くなることを理由に「EXPECTS」に変更することを具申したとされています。旗艦ヴィクトリーで指揮をとるネルソン提督は、ジブラルタル海峡の入り口に扼するトラファルガーの沖合にて 仏 西 連合艦隊と相対し、2 列縦隊のネルソン・タッチで戦いを挑みました。縦列船隊の先頭に立って敵艦隊に突撃し、敵の母国上陸を阻止するも自らは部下に先んじて潔く戦死しました。

　東郷平八郎司令長官（海軍元帥、1848-1934）が「皇国ノ興廃此ノ一戦ニ在リ、各員一層奮励努力セヨ」の Z 旗を掲げるよう命じたのは、トラファルガーの海戦から 100 年を経た明治 38 年（1905）5 月 27 日のことです。わが国で海戦と言えば、日露戦争（1904–05 年）における「日本海海戦」がいの一番に挙げられるでしょう。栄華を誇る平家が滅亡するに至った壇ノ浦の戦い（1185 年）、あるいは太平洋戦争における諸海戦を推す向きもあるかもしれませんが、票をより多く集めるのはやはり日露戦争ではないでしょうか。仮装巡洋艦「信濃丸」の発した無線電信が、防護巡洋艦「厳島」を中継し、鎮海湾に待機する旗艦「三笠」に届きます。「二〇三地点ニ敵ノ第二艦隊見ユ」という知らせに、東郷司令長官はすぐさま反応しました。司令長官の指揮下、秋山真之中佐（1868-1918）が大本営に宛て、「敵艦隊見ユトノ警報ニ接シ聯合艦隊ハ直チニ出動、コレヲ撃滅セントス、本日天気晴朗ナレドモ浪高シ」と打電しました。対馬沖の天気は良好で視界もよく、敵を攻撃する準備は整っている。しかし、波が荒く、魚雷使用には適さず、戦艦による砲撃を以って海戦に挑む、というのです。単純にして明快、格調高い名文です。「皇国ノ興廃此ノ一戦ニ在リ、各員一層奮励努力セヨ」、この 1 文もまた秋山の作です。Z 旗を三笠のマスト

に棚引かせ、聯合艦隊は敵艦隊を殲滅すべく同湾を出港しました。海戦の勝利は日本国民、ひいては、ロシアを憎むポーランド国民を大いに勇気づけ、そうであったがゆえに、ロシアとの交渉で確たる成果を得られなかった小村寿太郎（1855-1911）を誹謗し暴動にまで発展することになります。死者 17 名、負傷者 500 名を出した、1905 年 9 月 5 日の「日比谷焼打事件」です。

　散華の「海」となれば、太平洋戦争（1941-45 年）に触れないわけにはいきません。数多くの経済小説を世に送り出した城山三郎（1927-2007）は、しばしば筆を休め、茅ヶ崎の海で泳いだり潜ったりしたようです。しかし、ある日を境にそれを止めてしまいます。その地が伏龍特攻隊員の死に場所とわかったからです。伏龍特攻とは、大日本帝国海軍による絶望的な特攻戦法のことです。潜水具を着用した少年兵が浅い海底に 50 メートル間隔で展開して敵艇を待ち伏せし、棒付き機雷で爆破するのです。茅ヶ崎の海が散華の海と化し、そのことに、かつて帝国海軍練習生だった城山は耐えられなかったのです [29]。

　海戦は、国同士のエゴとエゴのぶつかり合いです。地政学的見地からは必然的に起こり得るもので、実際、古今東西、有名無名の別なく、至るところで海戦は起こりました。交易船がほかの交易船を大砲の力で襲い、イギリスがそうであったように私掠を企てることも多々ありました。私掠の海洋文化は、いまや海賊という形で引き継がれています。海賊の基底にあるのは、古くはヴァイキング、瀬戸内海の海賊、あるいは現代のソマリア沖の海賊がそうであるように、貧困からの脱却です。生活が苦しく、交易がままならず、国が守ってくれないとなれば、自活や自衛のため、漁師の多くは海賊になるしかありませんでした。彼らにとって、海賊行為は生きるための海戦なのです。海賊取締りの海域には多国籍からなる海軍力が導入され、また、USCG（United States Coast Guard（アメリカ沿岸警備隊））や海上保安庁（Japan Coast Guard）などが領海や接続水域などの安全や治安を昼夜守ってくれています。これなども、形を変えた「海戦」と言えなくもありません。

## （4）移民と「海」

　「移民」という言葉には一抹の寂しさ、憂いの余韻があり、負の心の原風景になることも多いようです。

　夢を抱いての移住など寂しくとも憂鬱ではないはずですが、どうしても負の印象を拭いきれません。大抵の場合、向こうからの甘い蜜（プル要因）に誘われて移住するのでしょうが、口減らしや失職など、出ていかざるを得ない事情（プッシュ要因）も契機となっています。寂しく憂鬱な印象は後者の事情に起因すると考えられます。壱岐や対馬、五島列島、輪島（舳倉島）にわたった鐘崎の海女、島原や天草のからゆきさんがそうであったように、無力で貧しいがゆえに移住する、あるいは移住を無理強いされる。移民の歴史的一側面であり、それがために「移民」という言葉に物憂げな響きが宿るのでしょう。

### 1）覚悟の移民

　慶応 2 年（1866）に幕府が海外渡航差許布告（さしゆるし）を発したことで、多くの庶民が、洗濯業・子守・髪結・日雇・乳母・大工・芸娼妓などを生きる術として、中国、朝鮮、ロシアなどにわたっていきました。

　わが国における集団的移民の嚆矢は明治元年（1868）5 月のグアム移民で、42 名の移民を乗せたスワロー号がグアム島に向かいました [30]。

　万延元年（1860）、任務を果たし帰国の途にあった咸臨丸（かんりんまる）がハワイ・ホノルルに立ち寄った際、カメハメハ四世（1834–63、在位 1855–63）が中浜万次郎（ジョン万次郎、1827–98）の通訳を介して木村摂津守喜毅（せっつのかみよしたけ）（1830–1901）に日本人の移住を懇請しました。捕鯨船の乗組員になったり、アメリカ西海岸のゴールドラッシュにとりつかれたり、あるいは病に斃れるなどで人口が激減し、農作業などに従事する人手が不足していたのです。ハワイ政府は横浜在住のオランダ系アメリカ人貿易商のユージン・M・ヴァン・リード（1835–73）[31]を日本駐在総領事に任命し、移住交渉に当たらせます。幕府はヴァン・リードを正規のハワイ総領事として認めませんでしたが、ハワイへの移住を希望する者に渡航許可と印章（旅券）を交付することにしました。ところが、明治新政府が、それは前政権の決定だとして認めようとしません。困り果てたヴァン・

リードは、やむなく密航を決断します。明治元年（1868）5 月 17 日、イギリス船サイオト号が横浜を後にし、乗り合わせた 150 人ほどの日本人がハワイを新天地とすることになりました。しかし、「元年者（がんねんもの）」と呼ばれた彼らの多くは扶持（ふち）を失った武士や職人で、現地での農作業に馴染むことができず、40 人近くが故国に逃げ帰りました。

　ここに、ひとりの若い女性の移住悲譚があります。幕末、賊軍とされた会津藩士には、①下北の斗南（となみ）藩に移る、②会津に残る、③東京に新天地を求めるなどの選択肢がありました。①を選択したのは、4,000 戸のうち半分の 2,000 戸。彼らは陸路を徒歩で北上するか、越後に抜け船で当地に向かいました。海を知らない山国の人間にとって、海路は死出の旅路だったかもしれません。上記のいずれも選択しなかったなかには、北海道に移る者のほか、万里波濤の彼方をめざす一群もありました。ジョン・ヘンリー・シュネル（1843?–71?）という人物がいます。正体はよくわかっていませんが、第九代藩主松平容保（まつだいらかたもり）（1836–93、在任 1852–68）によって士分に取り立てられ、「平松武兵衛」という名を与えられています。「松平」をさかさまにしたもので、「容保公と親しい武士のシュネル」ということのようです。容保の意を汲んで会津藩士の家族約 40 名（17 名とも）からなる移民団を組成し、明治 2 年（1869）5 月、パシフィックメール社（アメリカ太平洋郵船）所有の外輪船チャイナ号でアメリカにわたりました。先の「元年者」がハワイにわたった翌年のことです。武士もいましたが、彼らの多くは農夫や大工でした。一行が着いたのは、1848 年のゴールドラッシュに沸いたカリフォルニア州サクラメントの郊外の町、ゴールド・ヒルでした。5 月 27 日付の現地新聞「Daily Alta News」は、「ARRIVAL OF JAPANESE IMMIGRANTS」ではじめる紹介記事を掲載しました。これは、シュネルが事前に手配したものでした。低賃金で何でもやる中国人とは違うことを知らしめたかったのです。その甲斐もあって、会津一行は農奴ではなく自由民と紹介され、現地メディアも「Japan No Home for Them since The Civil War」などと書きました。一般的に The Civil War は南北戦争（1861–65 年）を指しますが、戊辰（ぼしん）戦争（1868–69 年）をそう表現しているのです。シュネルがゴールド・ヒルをめざしたのは、そこが金鉱発見で賑わう地であり、そ

こに行けばなんとかなると考えたからです。200 ヘクタールほどの土地を確保し、「若松コロニー」と名付けました。しかし、桑、茶、竹、漆などを植えつけるも、2 年ももたずに計画は頓挫してしまいます。気候が合わなかったことに加え、資金難が大きな足枷となったのです。責任者シュネルは行方をくらまし、残された旧藩士らは大陸に四散していきました。そんななかに、当時 17 歳のおけい（1853–71）という美しい娘がいました。大工か桶屋の娘とされていますが、はっきりしません。会津のシュネル邸で子守をしていたこともあり、アメリカへの船旅ではシュネルの家族と同じ一等船室が用意されました。若松コロニーが解散されるや地元農業主の使用人となりますが、不幸にもチフスかマラリアを患い、会津のことを想いながら異郷の地にて短い人生を終えました。行年 19 歳、あまりにも儚く、切ない人生でした。[32]

　いまはカナダの地に日本人で初めて足を踏み入れたのは、太平洋を漂流した水夫や漁師たちです。1805 年、漂流中の漁師 5 人がオランダ船に救出されて太平洋岸の港町に辿り着いたほか、1834 年には尾張国小野浦の水夫音吉（ジョン・マシュー・オトソン、1819–67）ら 3 名がフラッタリー岬に漂着しています。たしかに、彼らはカナダの地を踏みました。しかし、自らの意思で海をわたった訳ではありません。自らの意思でカナダに足跡を印した嚆矢は永野萬蔵（1855–1924）という人物です。萬蔵は、長崎県口之津（いまの南島原市）の漁師の四男坊として生まれました。口之津は昔から潮待ち、風待ちの港として知られ、明治に入ってからは、三池炭鉱で掘り出された石炭を積み出す港となっていました。女衒の口車に乗せられたからゆきさんが数多く海外へと送られた地でもあります。イギリス東インド会社の船で釜焚きの助手をしたのち、船長に北米行きを打診され、1877 年 5 月、フレーザー川の河口から約 5 キロメートル上流にある地に到着しました。密入国でしたが、当時のカナダ当局は大陸横断鉄道敷設のために多くの安い労働力を求めており、萬蔵は“中国人”として入国することができたのです。異国の地に頼れる同胞はなく、もちろん、在外公館などまだありません。バンクーバーに領事館が設置されるのは 1889 年のことです。フレーザー川を遡上するサケ（鮭）を獲り、地元のホテルや缶詰工場に引き取ってもらった。より良い稼ぎを求め、木材を船積みする港湾労働

にも手を染めました。そうこうするうち、鉄道建設に従事する中国人を大量募集するという話を知り合いの人材斡旋人から聞き、中国へと向かいます。中国人労働者の確保はみごとに成功し、1887 年、アメリカのシアトルに移住しました。煙草屋とレストランを開業し、またしても大成功をおさめます。1889年には日系移民の女性と結婚し、長男が誕生しました。1893 年、地元では最下等級の鮭を塩鮭にして日本に輸出することを思いつきます。事業はうまくいき、「サーモンキング」などと呼ばれるまでになります。三階建ての自社ビルディングは「塩鮭御殿」と呼ばれました。1907 年、バンクーバー市内の日本人が経営する商店が約 5,000 人の白人群集に襲われます。世に言う「バンクーバー暴動」です。カナダにおける日本人の地位は、アメリカにおけるそれより酷かったと言います。肝心の塩鮭ビジネスにも陰りが見えはじめ、肺結核の宣告、さらには、原因不明の出火による自社ビルディングの焼失もあって、1923年、憔悴のうちに帰国し、翌年永眠。

　及川甚三郎（1854-1927）は、仙台藩領鱒淵村（いまの宮城県登米市）の旧家に生まれました。製氷業、製糸業で名を成しますが、そんな折、カナダで鮭の筋子が無造作に捨てられているという話を小耳にはさみます。狭い日本に執着するつもりのない甚三郎は、明治 29 年（1896）8 月、アメリカ船ペリカン号でカナダに渡りました。船上で英語の手解きを受け、簡単な日常会話ができるまでになります。船上で「一番好きな文章は？」と聞かれ、「I am a Japanese.（私は日本人です。）」と答えたと言います。このころ、カナダでは、先の萬蔵の塩鮭ビジネスが大ブレークしていました。甚三郎はすぐさま船を手に入れ、人を雇って鮭漁をはじめました。フレーザー川に浮かぶ島を借り受け、そこに日本人移民を集め、塩鮭の製造のほか、味噌や醤油の醸造にも着手しました。1902 年に塩鮭と筋子の日本向け輸出をはじめますが、日本人同業者との競争が激しくなり、さらなる事業拡大を企図し、もっと多くの人材を集めようと考えます。郷里で募った 82 人を自ら率いてふたたびカナダへ。ところが、カナダ政府によって日本人労働者の入国が制限され、やむなく、甚三郎は密航を企てました。明治 39 年（1906）8 月、3 本マストの水安丸が宮城県石巻の入り江から姿を消しました。結局、密航は失敗に終わり、甚三郎を除く全員がカナ

ダ官憲に身柄を拘束されてしまいます。このときは、バンクーバーの日本領事館がカナダ当局と折衝し、幸いにも全員の受け入れが認められました。日英同盟があったから、とか、密入国者を1年間鉄道工事に従事させるという密約があったから、とか、いろいろ言われています。手塩にかけた鮭ビジネスにも陰りが見えはじめた大正6年（1917）に帰国。カナダ時代の貯蓄を取り崩しながら質素な生活をおくり、同年4月、その波瀾に富んだ生涯を閉じました。

　先の元年者は150人ほど、明治32年（1899）の佐倉丸によるペルー移民は790人、明治41年（1908）の笠戸丸による第1回ブラジル移民は781人と、移民の多くは大人数でした。しかし、カナダのそれは、たったひとりの移民からその歴史ははじまったのです。永野萬蔵、そして、及川甚三郎、やはり傑物としか言いようがありません。33)

　移民と聞いて、ブラジル移民を思い浮かべる方も多いでしょう。個人的な話になりますが、わたしの叔母（いまは亡き母の妹）もブラジルに移民したひとりで、ブラジル移民自体そう縁遠い話ではありません。奴隷解放令のために働き手不足に悩むサンパウロ州政府は、日本政府に農業移民を打診します。そして、その要請に応じたのが、皇国植民合資会社を設立した水野　龍（1859–1951）でした。水野はさっそくサンパウロ州政府との間で「1908年以降に3,000人の移民を送り出す」旨の契約を締結し、日本全国で移民希望者を募りました。サンパウロ州政府が家族単位での移民を渡航費補助の条件として提示し、また、募集期間が半年弱と短かったために、募集活動は難航しました。それでも、最終的には781人が応募し、第1回移民として皇国植民合資会社と契約しました。沖縄県出身者が約4割（325人）を占めるなど、西日本の出身者が多く、そこには、日々の生活苦に加え、海の民の風土性および風土性と相即性をなす歴史性からくる性状、開拓と進取の精神が大きく関係しているように思われます34)。渡航費補助の条件が家族単位での移民だったため見ず知らずの男女が形式上の夫婦となるケースも多く、「構成家族」などと呼ばれました。ブラジル移民781人を乗せた笠戸丸（6,167総トン）35)は、神戸港を出港したのち、シンガポール、南アフリカを経由して、明治41年（1908）6月18日、サンパウロ州のサントス港に到着しました。50日余りの船旅でした。781人が

行き着いた先では地獄の日々が待っていました。それなりの自由は認められた
ようですが、実態は奴隷と変わらなかったと言います。そのため、コーヒー園
などに定着したのは全渡航者の 4 分の 1 に過ぎませんでした。それでも、農作
物の栽培に活路を見出し、子々孫々、いろいろな職種に進出し現地社会に欠か
すことのできない存在になっていくのですから、わが国の誇りと呼ばずして何
としましょう。

　現代におけるわが国の移民を語るとき、満蒙開拓団を避けて通る訳にはいき
ません。昭和 4 年（1929）にはじまる世界恐慌がわが国の生糸生産に大打撃
を与え、長野県や群馬県の養蚕農家は深刻な状況におかれました。また、東北
地方では冷害による凶作が続いていました。打開策、さらには軍事上の無慈悲
な戦略として東北、北陸、甲信越の農民を“武装”農民として満州に送り込む
ことになり、昭和 7 年（1932）10 月から実際の入植が開始されました。「満州
の別天地にいけば好きなだけ土地がもらえる」との募集案内に、多くの貧しい
農民が手を挙げました。現地人から取り上げた広大な土地が移民に供されまし
た。満州にいた一般の日本人は行政官や商人も含めて 155 万人、うち満蒙開拓
団と義勇隊員は合わせて 30 万人ほどでした。終戦時、開拓地に残っていたの
は老人、女性、子どものみで、ソビエト連邦（ソ連、いまのロシア）軍や中国
人に追われて逃げまどい、多くの人が病気や自殺で命を落としました。[36]

　北海道の留萌市に「三船遭難慰霊之碑」があります。三船とは小笠原丸、泰
東丸、第二新興丸のことで、いずれも太平洋戦争末期から終戦時に引揚船とし
て活躍しました。引揚船とは外地に残る軍人・軍属 310 万人、一般の邦人 330
万人の合計約 640 万人の移送に従事する船のことで、126 万人の外国人をそれ
ぞれの故国に送還する任にも就いていました。わが国商船の多くは戦禍に沈
み[37]、残った船腹だけでは対応しきれず、リバティ型商船（アメリカの戦時標
準船）、LST 船（アメリカ軍の上陸用戦車輸送船）や病院船など、計 216 隻の
船をアメリカが善意で提供してくれました。その当時、引揚船は日の丸の旗を
翻しての航海はできず、GHQ 船舶管理部門に所属することを示す「SCAJAP」
の旗を掲げ、船体に番号が記されました。引揚船は、1 万 1,000 個ともされる
機雷が散らばる危険な海で引揚作業をこなしました。そうした決死の任に就い

126

たのは、民間の船員たちでした。戦後だけでも 186 隻の船が沈み、778 人の民間船員の尊い命が失われています。昭和 20 年（1945）8 月 20 日午後 11 時 45 分、60 歳以上の老人、女性、14 歳未満の子どもの計 1,500 人余りを乗せた小笠原丸が、樺太の大泊（いまのサハリン・コルサコフ）から稚内港をめざしました。真夜中に出港したのは、ソ連の潜水艦による攻撃を避けるためです。21 日の午前 11 時、小笠原丸は稚内港にはいりました。乗船を続けるのは危険と判断した船長が、乗船者全員の下船を指示しました。しかし、指示に従い下船したのは半数強の 878 人だけでした。やむなく、船長は稚内を後に次の目的地、小樽をめざします。22 日午前 4 時 22 分、小笠原丸は留萌沖にて国籍不明の潜水艦 ―ソ連のものと推察されている― の魚雷攻撃を受け、あえなく沈没しました。泰東丸、第二新興丸も魚雷攻撃をまともにくらい、泰東丸は留萌沖に沈み、第二新興丸だけは辛うじて留萌港にたどり着きました。しかし、その第二新興丸にしても、船内で 229 体もの遺体が見つかりました。マストやロープに体の部位やボロボロになった衣服の切れ端などがこびりついていたという記録が残されており、惨状この上ありません。三船の殉難で、1,708 人以上の尊い命が失われました。（ようやく故国に帰ることができる）……すべての人がそう思ったにちがいありません。しかし、彼らが生きて再び故郷の山河を目にすることはありませんでした。哀れにも、故国の海が散華の海になったのです。そうしたなか、偶然救われた命のドラマもありました。昭和の大横綱、大鵬（本名は納谷幸喜、1940–2013）がそうです。南樺太の敷香（いまのポロナイスク）で生まれ、いわゆる白系ロシア人の血をひいています。母、兄、姉とともに、小笠原丸で母の故郷である小樽に向かいました。しかし、母親の船酔いがひどく、稚内で下船して鉄道で小樽をめざすことになった。そして、その偶然によって、大鵬母子は救われたのです。38)

　ここまで日本人の移民をみてきましたが、覚悟の移民はなにも日本人に限ったことではありません。海外における悲しい移住の話として、たとえば、19 世紀のアイルランド人の移民があります 39)。アイルランドは、1845 年にはじまるジャガイモ飢饉で大打撃を受けました。全体が黒くなって枯れていく、胴枯れ病が原因でした。当時、アイルランドの人びとの多くはジャガイモだけで

命をつないでいる状態でした。元来はムギを栽培していたのですが、地代を納める必要のない自分の庭畑でジャガイモを栽培するようになり、そのうち主食になっていったのです。飢饉が襲ったとき、当てにできる貯蓄や資産などはほとんどありませんでした。アイルランドの多くの土地を所有していたのはイギリスの貴族で、アイルランド人は小作人として働くしかありませんでした。イギリス人貴族の多くはイングランドで暮らし、アイルランドの所有地を訪れることはほとんどなかった。小作人が地代を払えない状態になり、餓死者が出ても、それを気遣う地主はほとんどいなかったのです。栄養失調、発疹チフスや赤痢などの疫病によって 100 万人以上が命を落とし、100 万人が国外、主にアメリカへ移住しました。たとえば、第三十五代アメリカ合衆国大統領ジョン・F・ケネディ（1917–63、在任 1961–63）の曾祖父パトリック・ケネディは、1848 年、アイルランドの飢饉、さらにはカトリック罰則法を逃れて新大陸アメリカをめざしました。

　移民のなかには、石もて追われるものもあります。「難民」がそうです。政治的な迫害、武力紛争や人権侵害などから逃れるために覚悟を決めて国境を越える人びとで、1951 年に採択された「難民の地位に関する条約」で定義されています [40]。2011 年から継続しているシリア内戦から逃れる人びと、すなわちシリア難民の多くは海路ギリシアにわたり、陸路でヨーロッパをめざします。海を舞台にした命がけの移住であり、幾度となく海が牙をむきました。難民としては、ロシア革命（1917 年）による混乱下のポーランド難民も忘れるわけにはいきません。政治犯とその家族が大半で、その数は 15 万人から 20 万人にも及びました。劣悪な環境下、多くの子供たちが孤児となりました。このとき、救いを求められた日本政府は、日本赤十字社共々彼らの救済に乗り出します。そして、多くの孤児たちがウラジオストクから敦賀にわたり、温かいもてなしを受けたのち故国ポーランドへと帰っていきました。[41]

### 2）強制的な移民

　以上、それなりに自発的な移民についてみてきました。しかし、移住には第三者あるいは国家権力などに強制されてのものもあり、かかる移住においては、有無

を言わさないところに移民の絶望を汲みとることができます。明治8年（1875）
の樺太千島交換条約によって北海道移住を強いられた樺太アイヌなどもその典
型例であり、近時、文化継承の取り組みがなされているのがせめてもの救いです。

　世界史上有名なところでは、紀元前597年から538年の「バビロン捕囚」が
あります。新バビロニアのネブカドネザル（ネブカドネツァル）二世（紀元前
634–562、在位紀元前605–562）によってユダ王国のヘブライ人（イスラエル
人）[42] がバビロニア（いまのイラク南部一帯）の首都バビロンに捕虜として
連行され、移住させられた事件です。反抗する住民を強制的に移住させる政
策は、独裁的な為政者が好む常套手段です。軍隊を駐屯させるよりコストを
抑えられるからです。ドイツ国総統アドルフ・ヒットラー（1889–1945、在任
1934–45）によるユダヤ人の強制移住、ソ連第二代最高指導者ヨシフ・スター
リン（1878–1953、在任1924–53）によるポーランド人などの強制移住もそう
ですし、（そこまで非人道的ではないものの）江戸時代の「参勤交代」も強制
的移住としていいかもしれません。

　鎖国政策がすすめられる17世紀前半のわが国では、ヨーロッパの若い独身
男性と日本人女性との間に数多くの混血児が生まれました。キリスト教が危険
視されるなかにあって、彼らもまた危険視されます。寛永16年（1636）、ポル
トガル人との混血児を養子としていた287人の日本人がマカオへと追放され、
1639年には、オランダ人やイギリス人との混血児およびその母親32人がジャ
ガタラ（バタヴィア）に追放されました。ジャガタラに追放されたなかに、有
名な「じゃがたらお春」（1626–97）がいます。ポルトガル船のイタリア人船員
と日本人女性の間にできた混血児で、追放されたときは15歳でした。オラン
ダ商館員と日本人女性の間に生まれた男性とバタヴィアで結婚し、少なくとも
9人の奴隷を使用する裕福な生活を送ったとされています[43]。

　コルネリア・ファン・ネイエンローデ（1629–91?）という名の混血児がいま
す。父親は、元和9年（1623）から寛永10年（1633）までオランダ東インド
会社の平戸商館長を務めた人物です。ふたりの日本人女性との間に各々ひとり
の娘をもうけ、コルネリアは下の娘でした。プレイボーイの商館長は、多くの
財産を2組の母娘に残して亡くなります。しかし、その財産の多くは社規に反

する私貿易だったために東インド会社によってそのほとんどが没収され、ふたりの娘は母から引き離され、バタヴィアに移住させられました。バタヴィアでは慢性的にオランダ人が不足しており、ふたりの混血児は貴重な花嫁候補だったのです。コルネリアは結婚し、子宝にも恵まれ、何不自由ない生活を送ります。しかし、夫が亡くなり再婚するや、彼女の生活は一変しました。前夫が残した財産の帰属をめぐって現夫との間で喧嘩が絶えず、それは裁判にまで発展します。コルネリアは一歩もひかず、オランダ本国にまで出向いて徹底して争いました。コルネリアのことを、「おてんばコルネリア」と評する向きもあるようです[44]。おてんばはオランダ語の ontembaar（手におえない）がなまったものとされていますが、ほかにも、女の子が足早に歩くことを「てばてば」と言い、それに接頭語の「お」が付いたとする説、御伝馬がなまったとする説もあります。中世末期から近世にかけて機敏なさまを「てばし」とか「てばしこい」と言っており、「てんば」という語がオランダ人が渡来する前から存在していたことから、そこに接頭語の「お」が付いたとするのが妥当かもしれません。もちろん、オランダ語から日本語に転用された例も多く、ontembaar 説も興味深い説ではあります。

　こうした混血児の強制的海外移住は、18 世紀以降、百八十度方向転換します。日本で生まれた混血児はあくまでも「日本人」であり、海外へわたるのを禁じるという訳です。日本人とされた混血児たちは、はたして幸せだったのでしょうか。混血児の母親の多くは遊女であり、ほとんどが貧しい家の出でした。「日本行き、唐人行き、阿蘭陀行き」と言われたように、オランダ人を相手にする遊女はとりわけ蔑まれ、その混血児もまた蔑まれたとすれば、恵まれた人生を送ることはなかったのではないかと気が重くなってしまいます。

　かつての沖縄の人びとにとって、多くの住民を強制的に移住させた「島分け」が負の心の原風景になったかもしれません。沖縄県の島（周囲 100 メートル以上）の数が 363 であることは、本書のなかですでに紹介しました。ちなみに、1 ヘクタール（10,000 平方メートル）以上の数は本島を含め 160 です。東西約 1,000 キロメートル、南北約 400 キロメートルという広大な海域に広がっており、そのため、その風土性・歴史性はそれぞれに大きく異なっています。琉球

処分（1872 年の琉球藩設置から 1879 年の沖縄県設置までのプロセス）によって沖縄県とされましたが、かつては「流求」（『隋書』）と表記され、明国との交易がはじまった 14 世紀以降は「琉球」を国名としました。隋の人に彼らのことを訊ねられた小野妹子（生没年不詳、遣隋使のひとり）が「夷邪久国」―屋久島のことらしく、当時、沖縄はそう思われていた― と答え、中国の古い時代の発音から「流求」が当てられたというからおもしろい。鑑真（688–763）の伝記『唐大和上東征伝』のなかに「阿児奈波島」とあり、「沖縄」という漢字を当てたのは新井白石（1657–1725）とされているようです。慶長 14 年（1609）に島津（薩摩）藩の支配下に置かれて財政が厳しくなるや、黒島のような水田耕作に適さない野国島では人頭税が制度化されました。石垣島や西表島の未開拓地での開拓を強いる「島分け」がみられるようになり、18 世紀に入るとさらに強化されました。[45]

## 3）流刑による移民

　流刑による移民もまた強制的な移民であり、覚悟の移民でもあります。ただし、大きく異なるのは、そのきっかけが"身から出た錆"ということです。

　「オーストラリアの大英帝国への編入とその開発は、植民地アメリカの喪失とともに流刑地の確保として」はじまりました [46]。1788 年、700 人余りの囚人を乗せた 11 隻の移民船団が真夏のオーストラリアに錨を下ろしました。3 年後には、アイルランドからの囚人船も到着します。1830 年ごろのオーストラリアの人口の約 7 割は、そうした囚人たちで占められていました。16 歳から 35 歳までの若い男がほとんどで、その多くは窃盗犯、しかも初犯でした。

　囚人たちによってオーストラリアの開発はすすみましたが、その一方で、サフル大陸にわたった最初のホモ・サピエンスの末裔にあたる先住民アボリジニは土地を奪われ、悪党どもが持ち込んだ伝染病に苦しめられました。

　ナポレオン戦争（1803–15 年）後はオーストラリアへの流刑は減らされ、羊の本格的な導入と自由移民の入植が推奨されるようになります。鉄道が敷かれ、囚人のなかから財を成す者も数多く現れました。1850 年代になると金鉱が見つかり、オーストラリアは囚人の地というイメージを引きずりながら一獲

千金を狙う多くの人びとがめざす地となりました。イギリスの画家フォード・M・ブラウン（1821–93）の『イギリスの見納め』には、イギリス人家族のオーストラリア移住の様子が描かれています。船上から物悲しげな表情で見つめる先は、オーストラリアではなくイギリス本国です。二度と目にすることのできない故国。中野京子は自著のなかで、「故国で行き倒れになるよりは」というタイトルを付しています[47]。

　江戸時代の刑罰のひとつに、遠島がありました。要するに、島流しです。江戸時代の行刑に更生させるという目的はなく、多くの罪人が死罪、獄門、磔、鋸挽き、火焙りなどの死刑のほか、遠島や所払いの刑に服しました。遠島は所払いより重く、江戸の寺社・勘定・町奉行扱いの場合、春と秋の年 2 回、八丈島、三宅島、新島などに送られました。遠い島ほど重罪です。東日本の流刑囚は八丈島などの伊豆諸島や佐渡島に流され、西日本では天草諸島や五島列島などが流刑地となり、薩摩藩は支配下にあった琉球の島々をその先としました。

　文政 10 年（1827）の春も終ろうとするころ、流人、警固の武士が乗った 500 石積みの船が永代橋から新島、三宅島、八丈島へと舵を切った。そのなかに、近藤重蔵（1771–1829）の長男近藤富蔵（1805–87）の姿がありました。新島で最初の流人を下ろし、式根島で風待ちしたのち三宅島へ。三宅島では、八丈島流人も下船しました。島の生活にある程度慣れてから、最果ての流刑地へと向かうのです。八丈島は、東京都心から南方海上 300 キロメートル弱のところにあります。その島にわたってすぐ、身長 1 メートル 76 センチのおとなしい男は、地元の百姓の娘と結婚しました。八丈島に最初に流されたのは、関ヶ原の戦いで豊臣方に味方した宇喜多秀家（1572–1655）とその一族の計 13 名です。慶長 11 年（1606）のことで、先の娘の父親はその秀家の次男の 8 代目にあたる人物でした。富蔵は八丈島の子供たちに文字を教える傍ら、同島の政治、経済、宗教、地理、風俗、教育制度などを調べ上げ、『八丈実記』という本にまとめました。稀代の探検家で学者でもあった父親の血を引き継いでいたのでしょう。明治の世になり、多くの流人が許されて本土に帰りますが、富蔵だけはなおも忘れ去られたままでした。赦免の通知を受け取るのは明治 13 年

（1880）のことです。齢 76 の老人となっていた富蔵は、悩んだあげく、心を決めて東京に出ます。来るときと違い、船の帆柱は 2 本になっていました。富蔵の乗った船ははるか西の三重まで流され、東京築地に着いたのは八丈島を出てから一週間後のことでした。許されて帰ってはみたものの富蔵にとって東京は住みやすいところではなく、再び八丈島へと帰ります。そうした流人は、後にも先にも富蔵を置いてほかにいなかった。島の人たちは驚き、そして、温かく迎え入れました。享年 83。島人たちは、富蔵のために、心尽くしの墓を建てました [48)]。

　明治元年（1868）に遠島先の八丈島からの帰島を赦されたなかに、薩摩阿久根の海商丹宗 庄 右衛門（1812–75）という人物がいます。密貿易に手を染める義兄をかばって八丈島に流されたのですが、おもしろいのは、流されていた 15年の間、八丈島で芋焼酎をつくったことです。薩摩の芋焼酎文化が、図らずも、はるか離れた伊豆の島に伝わったのです。近藤富蔵が八丈島で亡くなるのは明治 20 年（1887）ですから、もしかすると、先の富蔵も庄右衛門のつくる芋焼酎を飲んだかもしれません。

　島流しと言えば、僧 俊 寛（1143–79）の非業のシーンが負の心の原風景となっています。俊寛は治承元年（1177）、平家に対する謀反を企てたとして鬼界ヶ島に流されました。いっしょに流されたふたりは赦されて都に帰るのですが、赦免状に俊寛の名はなく、島にひとり残され悲嘆にくれます。鬼界ヶ島の場所については喜界島説と硫黄島説（いずれも鹿児島県）がありますが、いまだはっきりしないようです。

　南大西洋上に浮かぶ火山島のセントヘレナ島は、1502 年、ポルトガルの冒険・探検家によって発見された絶海の孤島です。1815 年に流刑となったナポレオン・ボナパルトが死ぬまでの数年間を過ごした地であり、1584 年には天正遣欧少年使節も立ち寄っています。1659 年にイギリス東インド会社の所有となり、いまも同国の領有となっています。アフリカ大陸から遠く離れ、また、四方を峻厳な断崖で囲まれており、捕虜収容所として最適な条件を備えています。ナポレオンが流されたほか、ボーア戦争（イギリスとオランダ系移民が南アフリカの植民地化をめぐって争った戦争。第一次：1880–81 年、第二次：

1899–1902 年）が終結する 1902 年 5 月までの間、イギリスは同島にある 3 か所の収容所に計 14 回の移送でのべ 5,685 人の捕虜を収容しました [49]。

### 4）詐欺による移民 —からゆきさんのケース—

　ある種の詐欺にあって海外に移住した一群もあります [50]。たとえば、「からゆきさん」です。からゆきさんとは、山崎朋子によれば「幕末から明治期を経て第一次大戦が終わる大正中期までのあいだ、祖国をあとに、北はシベリアや中国大陸から南は東南アジア諸国をはじめ、インド・アフリカ方面にまで出かけて行って、外国人に体を鬻いだ海外売春婦」[51] のことで、海外からの批判を受けて海外廃娼令が発布される大正 9 年（1920）まで続きました。貧しい家の娘が親を気遣って海外にわたることもありましたが、多くは女衒と呼ばれる口入れ屋にだまされ連れ去られました。明治 35 年（1902）から明治 44 年（1911）の福岡日日新聞を調べたある調査によれば、密航少女 630 人の出身地は①長崎 119 人、②熊本 96 人、③福岡 66 人、④広島 40 人、⑤佐賀 32 人などとなっており、長崎島原、熊本天草の出身者が多かったようです。からゆきさんが登場する背景に貧困があったのは間違いありませんが、海をわたることに抵抗のない土地柄であったこと、海外からの強いプル要因があったことも押さえておかねばなりません。

　急速に開発が進むロシアのウラジオストク（ロシア語で「東方を征服せよ」という意味）では中国や朝鮮からの建設労働者が激増し、ロシア極東艦隊の関係者も多くいたことから、出稼ぎ娼婦に対する需要が強かったようです。

　1819 年にイギリス領となったシンガポールは、トーマス・ラッフルズ（1781–1826）による自由貿易政策のもと、さらには、スエズ運河の開通、蒸気船の普及もあり、1870 年代に大発展を遂げました。インフラ整備や港湾作業に従事する華僑、印僑のほか、欧米の企業家や将兵などの出稼ぎ娼婦に対する需要が高まり、海峡植民地政庁は売春許可証を交付することで公娼制度を認めました [52]。その結果、シンガポールはからゆきさんの一大拠点となっていきます。日本人娼婦は「ステレツ」と呼ばれましたが、それは、娼館が並ぶ"通り"のストリート（street）が訛ったもののようです。

　多くのからゆきさんは女衒にだまされ、密航させられたのですが、その扱いは酷いものでした。連れ去られた娘たちは山中や石炭堆積場などにあつめられ、買収された船乗りの手引きで石炭船の船底に詰め込まれ、口之津、門司、長崎などの港から上海、香港、シンガポールなどへとわたっていきました。有名な「島原の子守唄」（作詞：宮崎康平）の歌詞に、

　　（前略）姉しゃんな何処行ったろうかい、青煙突のバッタンフール、唐は何処んねけ、唐は何処んねけ、海のはてばよしょうかいな。

とあります。姉さんはどこに行ったのだろう、青煙突のバッタンフールに乗せられて、唐（外国）のどこあたりだろう、海の果てだろうか、といったところでしょうか。バッタンフールはイギリス植民地資本のバターフィールド＆スワイヤー社系列の海運会社で、からゆきさんが石炭船で運ばれていった様子が歌いこまれているのです。船底は糞尿まみれで、まともな食事も出されなかった。食事のみならず飲み水まで断たれ、灼熱地獄のなかで狂い死にした、とか、給水タンクに押し込められ、何かの手違いで溺死してしまうこともあったようです。

　それでも、彼女らはじつに強かでした。ウラジオストクでは作家のアントン・チェーホフ（1860-1904）の相手をした、とか、シベリアから馬車を乗り継いでロンドンの淫売窟に辿り着いた、とか、さらには、遠くはザンジバル島（タンザニア連合共和国）はじめアフリカ各地にまで転戦する猛者もいたようです。シンガポールでは、からゆきさんがわが身を鬻いで稼いだ金の一部が親元に送金され、儲かった娼館の経営者は日本人雑貨商、行商人、髪結や洗濯業者などに融資し、ゴムなどの農園に投資した。彼女らの逞しさの甲斐あって、商社、銀行、海運会社などが当地に進出する下地ができていったと言っていいでしょう。

## 5）正の心の原風景にもなる移民

　人が海を越えて移住すれば、自ずと文化も動きます。移民による言葉遣い、言語、衣食住をはじめとする生活スタイル、思想や宗教などの一方的感化、あ

るいは双方向の交流がみられ、移住先に新たな文化が創造されていきました。先に見た北前船や島への流刑の場合もそうであり、閉鎖的な空間に未知の文化が浸潤していったと考えられ、そのことについては本書第 4 章 2.「文化を織りなす「海」」のなかで詳述します。

　19 世紀末から 20 世紀初頭のヴィクトリア朝時代（1837–1901）―大英帝国全盛期― のイギリスにおいて、女性の人口が男性のそれを凌駕していました。そうした一方で、イギリスの代表的な海外植民地であるカナダ、オーストラリア、ニュージーランド、南アフリカでは多くのイギリス人女性を求めており、バラ色の宣伝文句で女性たちの移民を煽ります。彼女らを民族の血と文化を植え付ける存在として期待してのことであり、それは、教養ある女性たちが「入植者（コロニスト）」からその地の「国民（ネイション）」へと変貌するプロセスでもありました [53)]。

## 3. 冒険・探検を織りなす「海」

　冒険と探検は似て非なるものです。そのことは、「険」と「検」の違いからも明らかです。微妙な違いという面もないではありませんが、冒険は危険を敢えて冒すことであり、探検は未知なるものを探り検べることです。冒険（adventure）を衝動的非科学的挑戦、探検（exploration）は計画的科学的挑戦、としてもいいでしょう。

　そこに山があるから登るのであり、海があるから海と戯れるのです。本源的な好奇心であり、人類がそうした好奇心によって進化してきた側面は否定できません。わたしたちはいつだって海に好奇心を抱き、接することができます。まずは砂浜に小高い砂の山をこしらえ、波と同化し、そして海女のごとくに潜航することでしょう ―と言いつつ、わたしにはできそうにない―。上海生まれのフランス人ジャック・マイヨール（1927–2001）は 10 歳のとき、佐賀県唐津市の海でイルカと出会い、イルカそして海の虜になります。1976 年 11 月 23 日、彼が 49 歳のとき、イタリアのエルバ島で人類史上初となる 100 メートルの素潜りに成功します。55 歳で、105 メートルの挑戦にも成功しました。映画『グラン・ブルー（Le Grand Bleu）』（1988 年公開）の撮影にも協力するな

ど、マイヨールの人生は「海」そのものでした。海洋冒険と言えば"横"への
広がりをイメージしがちですが、マイヨールの場合、それは"縦"への挑戦で
した。自死という選択はいかにも残念ですが、その地がエルバ島の自室だった
ことを思えば、それは"ホモ・アクアティカス"と称賛された男に相応しい最
期だったのかもしれません。

　人類は、深い海、暗黒の海への果てぬ好奇心を抱きました。アリストテレス
（紀元前 384–322）は、紀元前 4 世紀のギリシアのダイバーがやかんを逆さに
して溜まった空気で呼吸する話を紹介しています。アレクサンドロス大王（紀
元前 356–323、在位紀元前 336–323）はガラス製の潜水鐘を使い、15 世紀、レ
オナルド・ダ・ヴィンチ（1452–1519）は潜水のための斬新なデザインを描き、
1600 年代はじめには、失敗に終わったものの革製ダイビングスーツの一部と
して独創的なシュノーケルが開発されました。いまや高度な技術が駆使されて
いる潜水具も、こうした先人たちの飽くなき冒険と探検があったればこそなの
です。[54]

## （1）冒険心をかきたてる「海」

　冒険は危険を敢えて冒すことであり、衝動的で非科学的な挑戦です。しか
し、そこには明確な目的があり、その目的の達成のためにはある程度科学的
データに基づいた綿密な計画を立てるという点においては探検との差異が曖昧
になります。それでも、その目的が"私"的であるのが通常であり、それは、
ロバート・L・スティーヴンソン（1850–94）の『宝島』のなかに出てくる宝物
のありかを示す地図に触発されて海のかなたをめざすごとき行動です。

　日本の海洋冒険家となれば、まずは白石康次郎の名が挙げられます。彼は本
稿執筆現在（2020 年 11 月）、世界一周ヨットレースに出場中です —2021 年 2
月、無事世界一周を達成—。

　16 歳で全盲となった岩本光弘は盲学校で鍼灸を学び、アメリカ留学を経て
教員となり、35 歳にして「障害者と健常者がともに楽しむマリンライフ」を
理念とするヨットライフ千葉の存在を知り、アメリカ人の妻とヨットをはじめ

ます。クラウドファンディングで必要資金を調達し、平成 31 年（2019）2 月、アメリカのサンディエゴをスタートしました。1 万 3,000 キロメートルの距離を 55 日かけて無寄港で航海し、福島県いわき港に無事帰還しました。それは、全盲のヨットマンとして史上初となる太平洋横断でした[55]。

　紀元前 3000 年ごろ、冒険的な航海者たちがエジプトとクレタ島との間の渡航を成し遂げました。8 世紀ごろからはじまる北欧のヴァイキングも海洋冒険家と言っていいでしょう。閉ざされたフィヨルドに辟易し、海の向こうへと帆を張ったのです。フィヨルドは氷河による侵食によって形成された複雑な地形で、ノルウェー語で "入り江" を意味します。ヴァイキングたちの冒険心は偉大な海洋生物学者でノルウェー独立の英雄フリチョフ・ナンセン（1861–1930）へと引き継がれ、海洋冒険・探検史に名を刻むロアルド・アムンゼンを輩出することになります。

## （2）探検心をかきたてる「海」

　すべての海上交易は探検からはじまった、と言っていいでしょう。世界史上最初の海洋探検家は、人類史上最初の航海民でもあるフェニキア商人たちでした。もちろん、すでに紹介したように、アフリカを出て東へと向かったホモ・サピエンスが太平洋の海に挑み、そののちもポリネシアではカヌーによるチャレンジが頻繁になされたのであり、本来であれば彼らをして世界史上最初の海洋探検家とすべきところなのでしょうが、いささか旧過ぎるためにここでは捨象します。紀元前 600 年ごろ、フェニキア人はアフリカ大陸を東から西へと周航し、ヘラクレスの柱を抜けて地中海にはいり、3 年かけてようやくエジプトに達しました[56]。史実の認否については分かれているようですが、古代ギリシアの歴史家ヘロドトスの書『歴史』を信用する向きは多いようです。

　フェニキア人の探検航海はすべて秘密裡にすすめられ、一切記録として残されていません。記録に残された探検の嚆矢は、期限前 330 年ごろ、ギリシアの植民地マッシリア（いまのマルセイユ）のピュテアスによってなされました。ピュテアスは紀元前 4 世紀のギリシア人海洋学者、天文学者で、陸がどこま

で広がっているか知りたかったようです。記録に残された、とは言っても、航海記が現存している訳ではなく、後世の著作に史実の断片が残っているだけです。そうした記述によれば、ピュテアスはイギリス（ブリタニア）を探検したほか、北欧諸国なども訪れているようです。

　ピュテアスの探検航海は古代ギリシア人が恐れたヘラクレスの柱を抜けての壮挙であり、北大西洋の海域の闇に一筋の光をもたらし、月が潮汐の原因であることを解き明かすものでした。しかし、ピュテアスののち、大西洋での海洋探検は、少なくとも記録に残っているうえでは確認されていません。海上交易の魅力を見出すことなく、円盤の上の涯で海が荒れうねっているという先入観から解放されなかったのです。海がふたたび探検家を誘うのは9世紀後半のことで、先のヴァイキングによる冒険航海もそのひとつとしていいでしょう。

　コロンブスによる新大陸発見は、ヘラクレスの柱の先の閉ざされた海に光を当てました。それは、大航海時代、地理上の発見時代の幕開けでもありました。大航海時代はスペインやポルトガルをはじめとする欧州列強によるアジアの海（インド洋、南シナ海、東シナ海）の探検時代であり、キリスト教国の発見、布教、香辛料、綿織物、絹織物、陶磁器などのアジア産品がインセンティブになっていました。国家の保護によって国富の最大化を図ろうとする重商主義（mercantilism、15世紀半ばから18世紀半ばにおける経済政策体系）がその背景にあり、それは、今日的には地政学的戦略の萌芽と言っていいものでした。

　直接的なモチベーションとして、ヴェネツィアの商人マルコ・ポーロの口述筆記『東方見聞録』（『世界の叙述』）に負うところも大きかったでしょう。ジパング（“日本”の中国音の訛り）には莫大な量の黄金があり、この国の君主の宮殿はすべて純金でふかれ、床は指2本の厚みのある純金で敷きつめられ、しかも、円くて大きな真珠がたくさんある、と記されていたのであり、さもありなんと言ったところでしょう。探検はつねに交易や布教と関係し、その成功はつぎの探検へのインセンティブとなりました。キリスト教の布教に人生を賭した宣教師たちによる探検こそが本格的な集団的海洋探検と言っていいでしょう。そして、フェルディナンド・マゼランの世界一周航海も、本質的には探検でした。マゼラン自身はマクタン島でキリスト教改宗と服従に抵抗するラプラ

プ王（ラプ=ラプ、1491?–1542）と戦って敗死
し、遺骸は切り刻まれました（【3-10】）。しか
し、マゼラン艦隊による探検がスペインに大
いなる希望を与えたのは間違いありません。

　イギリスのフランシス・ドレーク（1543?–
96）は、エリザベス一世（1533–1603、在位
1558–1603）の治世下、わが国で言えば安土
桃山時代（織豊時代、1573–1603）にあたる
1580 年、イギリス人として初となる世界一周
航海を成し遂げました。イギリス人として初
としましたが、世界史的にもマゼランに次ぐ
快挙であり、船長としてはドレークが最初で
した。1588 年のアルマダの海戦で、スペイ
ンの無敵艦隊を打ち負かしたことでも知られ
ています。イギリスが誇る最高の海洋冒険・
探検家とされていますが、はたしてその正体
は 16 世紀を代表する超大物海賊でした。世
界一周航海の目的はスペイン船やポルトガル

【3-10】
上；ラプラプ王の像
下；マゼラン廟
（マクタン島、筆者撮影）

船の私掠であり、エリザベス一世はその成果を褒め称え、ナイトの称号を与
えました。

　ドレークの働きでイギリスは“海賊国家”として莫大な利益を得ることとな
り、イギリス東インド会社による正規の海上交易の利益、のちの奴隷貿易によ
る利益とともに産業革命（18 世紀半ばから 19 世紀にかけての産業構造の変
革）の原動力となりました [57]。ある程度の科学的知識が必要であり、計画的・
合目的的であるという意味では、海賊行為も探検と言えなくもありません。そ
うであれば、倭寇も探検ということになるでしょう。

　イギリスの海洋探検家としては、ジェームズ・クック（キャプテン・クック）
も外せません。1770 年にオーストラリアの東海岸に到達し、1778 年 1 月には
西洋人としてはじめてハワイ諸島（カウアイ島）を発見するなど、生涯を通じ

て太平洋を 3 回横断しました。初めて壊血病（かいけつびょう）による死者を出さずに世界一周
航海を果たしたことでも知られ、卓越した航海術、すぐれた海図作成技術、何
よりも勇気は称賛されて然るべきです。クックは 3 回目の航海の途上、ハワイ
島での先住民との争いによって落命します。クックがハワイ島に足を踏み入れ
たとき、「水平線のかなたから神がやってくる」というまれびと（客・賓・稀
人）を信仰する島の人びとは、珍しい服を身にまとうクックをロノ（Lono）神
と崇めて（あが）大いにもてなしました。しかし、神が海のかなたからやってきて恵み
をもたらすのは年に 1 度であるところ、出航したのち、クックはマストが破損
したために引返してしまった。王らは自分らの領分を奪われることを畏れ、短
剣で以ってクックを刺殺してしまいます。

　イギリスを挙げたからにはフランスも挙げておきましょう。18 世紀後半
は、言うなれば英仏両国による探検競争の時代でもあったのです。七年戦争
（1754–63 年）でイギリスに敗れたフランスですが、太平洋海域の未知なる島々
に並々ならぬ興味を抱いていました。フランスの海洋探検家と言えば、まずは
ルイ・アントワーヌ・ド・ブーガンヴィル（1729–1811）でしょう。数学者で
もあったブーガンヴィルは 1766 年に世界周航の航海に出て、ブラジルでのち
にブーゲンビリア（Bougainvillea）と名付けられる花を発見し、南太平洋のサ
モアやソロモン諸島などを発見、同国の版図拡大に寄与しました[58]。フラン
スの海洋探検家としてもうひとり、ラ・ペルーズ伯ジャン＝フランソワ・ド・ガ
ロー（1741–88 ？）の名も挙げておきます。クックの偉業に競争心を煽られた
ルイ十六世（1754–93、在位 1774–92）の命によって、1785 年、太平洋探検の
航海に出ました。ヨーロッパ人としてはじめて日本海を縦断して北海道やカム
チャツカ半島に上陸した人物です。没年が？となっているのは、オセアニアの
どこかで消息を絶ったのは事実ながらそれがいつのことだったのか判然としな
いからです。

　チャールズ・ダーウィンが進化論の発想を得たイギリス海軍測量船ビーグル
号の探検は、1831 年から 1836 年にかけてなされた、5 年にも及ぶ探検航海で
した。1872 年から 1876 年にかけて実施され、海洋学の基礎をなすことにな
るチャレンジャー号による科学的探検航海も特筆に値します。ロンドン王立協

会がイギリス海軍から借り受けて科学調査船へと改造したチャレンジャー号（1858 年進水）を使っての探検で、海底や海洋生物などの調査を主目的としていました。1872 年から 1876 年と言えば、日本では明治 5 年から 9 年です。明治期早々このような遠大な探検計画が遂行されたことは驚き以外の何物でもなく、彼我の力量の差を痛感せざるを得ません。ただし、17 世紀に 4 回にわたって行なわれた松前藩によるカラフト（樺太、いまのサハリン）探検は評価されて然るべきです。また、18 世紀後半から 19 世紀初頭の間宮林蔵（1780–1844）や近藤重蔵らによる北方探検は画期的なものであり、世界地図に載っているなかで日本人の名を冠するのは間宮海峡だけです。

　海洋における探検の多くは交易を目的としましたが、国家の威信をかけた科学的見地からも行われました。そうした探検に、極地探検競争があります。北極点（北緯 90 度）に人類で最初に到達したのはアメリカ人探検家のロバート・ピアリーで、1909 年 4 月のことでした。ピアリーの北極点到達のニュースは、ノルウェーのロアルド・アムンゼン、イギリスのロバート・スコット、日本人探検家の白瀬矗を南極へと向かわしめます。

　当時の南極はキャプテン・クックなどの探検によってその存在は知られていましたが、人類が足を踏み入れることのできない大陸と思われていました。遠目に眺めることはあっても、上陸、ましてや南極点までの探検など考えようもなかったのです。しかし、科学的探検を進めたいイギリス政府は、スコットにその難業の達成を期待しました。スコットは 744 総トンのテラ・ノヴァ（新しい大地）号で南極に向かい、同じイギリス人探検家のジェイムズ・ロス（1800–62）が発見したロス海に投錨します。しかし、このときすでに、ライバルのアムンゼンが、404 総トンのフラム号 59) で同じロス海の東端に到着していました。ふたりによる南極点（南緯 90 度）をめざす壮絶な競争の幕が切って落とされ、そしてそれは、明暗が分かれる結末を迎えることになります。1911 年 12 月 14 日にアムンゼン、1912 年 1 月 17 日にスコットが、それぞれ南極点に到達しました。スコットはノルウェーの国旗がはためく光景に愕然となり、帰路、「（前略）これ以上筆がとれない。R・スコット。神よ、われわれの家族を見守りたまえ」という一文を最後に、悲壮な最期を迎えます。アムンゼンが

成功した要因として、強固な意志、歴史や経験を踏まえた周到な準備、そしてそれを確実に実行したことが挙げられています。犬橇をうまく使い、働き手の犬を食料としたのが良かったとも言われています。一方、心優しい海軍軍人のスコットはそうしたことができなかった。しかし、そのことを以ってスコットを探検家として未熟だったと批判するのは早計に過ぎるでしょう。厳しい状況下に身を置いてまで貴重な記録や資料を数多く残したのであり、それだけでも彼の挑戦は評価されていい。スコットの死出の空間は、その性格さながらに整理整頓されていたと言います。60) 61)

　近時の科学的海洋調査も探検と言えなくもなく、事故が多発しました。たとえば、『号丸譚』第 26 話で紹介した海洋調査船第五海洋丸の殉難などはじつに悲しい事故でした 62)。昭和 27 年（1952）9 月 24 日深夜、海上保安庁所属の海洋調査船第五海洋丸が海底火山噴火の直撃を受けました。場所は、伊豆七島の南方、東京から約 420 キロメートルのところにある「海神礁」。一帯は直径 15 キロメートルほどの海底カルデラのなかにあり、有史以来しきりに噴火している海域でした。海底火山が爆発し、巨大な水柱があがり、噴煙は 2,000 メートルにも及んだと言います。第五海洋丸には海上保安庁測量課長以下のスタッフおよび乗組員の計 31 人が乗船しており、結果的にその全員が犠牲となりました。海上保安庁内に設置された第五海洋丸遭難調査委員会は、多数の火山礫が右舷後方に食い込み、それは秒速 200 メートル（時速 720 キロメートル）という凄まじい速度であったと発表しました。

　平成 18 年（2006）10 月、海洋地球研究船みらいが、赤道域のインド洋から太平洋に移動する巨大な雲を観測するための航海に出ました。国立研究開発法人海洋研究開発機構（JAMSTEC）が所有する研究船で、全長 128.5 メートル、全幅 19.0 メートル、最大速度 16 ノット、46 人の研究員と 34 人の乗組員が乗船しました。海上保安庁が国際条約（SOLAS 条約、1974 年の「海上における人命の安全のための国際条約」）の規定上備え付けが義務付けられている海図の作成に必要な海洋科学調査、自然災害予測や海洋環境保全のための調査をするのに対し、JAMSTEC は「平和と福祉の理念に基づき、海洋に関する基盤的研究開発、海洋に関する学術研究に関する協力等の業務を総合的に行うことに

より海洋科学技術の水準の向上を図るとともに、学術研究の発展に資すること」63) を目的としています。海洋地球研究船みらいの前身は、かつて放射線漏れを起こした原子力船むつです。事故は、昭和 49 年（1974）9 月 1 日、青森県尻屋岬東方約 800 キロメートルの洋上で起きました。マスコミは「原子力船「むつ」、放射能漏れ！」と大きく報じ、地元住民は一斉に寄港阻止に向け運動を起こしました。昭和 44 年（1969）6 月に進水し大湊港を定係港とした原子力船むつは、国内の港から港を彷徨することになりました。昭和 55 年（1980）、放射線漏れ問題調査委員会が「むつは改修すれば十分に再生できる」と報告したことを受け、佐世保に入港します。放射線遮蔽改修工事と安全性総点検補修工事が施され、昭和 63 年（1988）、むつは青森県むつ市の関根浜港を新たな定係港として再出発を図ることになりました。平成 4 年（1992）に原子炉が撤去され、平成 8 年（1996）8 月 21 日、むつに 2 度目の生命が宿りました。耐座礁・耐衝突・耐浸水といった船体と航海能力から、わが国が誇る大型海洋地球研究船としての新たな活動の場を与えられたのです。

　本書のなかに、JAMSTEC が何度も登場します。昭和 46 年（1971）設立の海洋科学技術センターを前身とし、先のみらいのほか、深海潜水調査船支援母船よこすか（1990 年竣工）、有人潜水調査船しんかい 6500（1990 年システム完成、2012 年改造工事。乗員は研究者 1 名とパイロット 2 名）、地球深部探査船ちきゅう（2005 年竣工）などを有する世界最高峰の海洋研究機関です。世界の深海探検をリードする組織であり、そのことは、かつて女性海洋学者シルヴィア・A・アールが乗船し日本の海底工学・深海工学を絶賛していることからも推し量ることができます 64)。

〔注〕
1. フィリップ・K・ボック著 江淵一公訳『現代人類学入門（一）』講談社（1981 年）48–49 頁
2. 宮崎吉雄「親不知」『日本の海 100 選』日本海事広報協会（1978 年）157 頁
3. 申英姫著・金 燦 訳『私は金正日の「踊り子」だった』徳間書店（1997 年）
4. 燈光会「灯台の生いたち」〈https://www.tokokai.org/sign/sign02/〉最終アクセス 2021 年 2 月 5 日）
5. 陸地の突端である「さき」に美称の「み」が付いたもので（「御崎」）、山と亀の象形であることからもわかるように自ずと神威を示している。英語で岬を意味する cape はラテン語の caput（頭）

に由来しており、「みさき」と相通じるものがある。

6. 最初は琴平神社と称していたが、本地垂迹説の影響を受けて金毘羅大権現と改称し、その後、1868 年、廃仏毀釈によって宮号を与えられ金刀比羅宮と名を改めた（金刀比羅宮「由緒」〈http://www.konpira.or.jp/articles/20200814_history/article.htm〉最終アクセス 2021 年 2 月 5 日）。ちなみに、「こんぴら」はサンスクリット語の「クンピーラ」に由来する。クンピーラは、ガンジス川に棲む鰐（ワニ）を神格化した水神である。大阪商船三井船舶（いまの商船三井）のコンテナロゴマークはかつて柳原良平作「ワニ公」であり、それは航海の無事を祈ってのことだった。

7. 民謡の「こんぴら船々、追風に帆かけてシュラシュシュシュ、廻れば四国は讃州那珂の郡象頭山金毘羅大権現（後略）」はよく知られている。

8. 1837 年のモリソン号事件（異国船打払令によって、アメリカ商船モリソン号が攻撃を受けた事件。同船には、漂流民の音吉ら 7 人の日本人が乗っていた）、1845 年のアメリカ捕鯨船マンハッタン号の来航（千葉館山から浦賀の海域に姿を見せた）、1846 年にはアメリカ東インド戦隊のコロンバス号、ビンセント号、1849 年にはイギリスの艦船マリナー号が浦賀にその船影を現した。

9. 計画全体が完成するのは万延 2 年（1861）のこと。

10. このことは、こののち、国内第 1 号となる洋式灯台（観音埼灯台）の建設などで証明された。製鉄所内に開設された技術者養成学校から、多くの技術者が巣立っていった。メートル法や近代的簿記などが全国に広まり、富岡製糸場が横須賀製鉄所に勤めていたフランス人技師によって設計され、同製鉄所で造られた耐火煉瓦が使用された。

11. 国際航路標識協会が、1998 年、歴史的に特に重要なものとして「世界灯台一〇〇選」を選定した。日本国内では、犬吠埼灯台（千葉県銚子市）・姫埼灯台（新潟県佐渡市）・神子元島灯台（静岡県下田市）・美保関灯台（島根県松江市）・出雲日御碕灯台（島根県出雲市）が選ばれている。

12. 写真集『日本の海事遺産』「海の日」特別行事実行委員会（2015 年）80–95 頁

13. 国土交通省「港湾数一覧、国際戦略港湾、国際拠点港湾及び重点港湾位置図」〈http://www.mlit.go.jp/common/001289097.pdf〉最終アクセス 2021 年 2 月 5 日

14. port は、右舷（starboard）とは反対の左舷も意味する。ラテン語の portus（戸、門）に由来し、portare（運ぶ）に由来する import、export、portable などとは関係がない。

15. 池田龍彦・原田順子『海からみた産業と日本』放送大学教育振興会（2016 年）79–80 頁

16. 日本港湾協会「港湾別貿易額ランキング（2016 年）」〈https://www.phaj.or.jp/distribution/data/201808.pdf〉最終アクセス 2021 年 2 月 5 日

17. 木原知己『波濤列伝―幕末・明治期の夢への航跡』海文堂出版（2013 年）

18. 木原知己『号丸譚―心震わす船のものがたり』海文堂出版（2018 年）

19. 木原前掲書（注 18）「駆逐艦雷が救った命―戦場でみせた武士道」

20. 木原前掲書（注 18）「第 6 号潜水艇の遭難―全員が職分を守り、息絶えた」

21. 木原前掲書（注 18）「だんぴあ丸の勇気―「魔の海」に挑んだ海の男たち」

22. 関東大震災（1923 年 9 月 1 日）M 7.9 から 8.2、阪神・淡路大震災（1995 年 1 月 17 日）M 7.3。チリ地震（1960 年 5 月 22 日）M 9.5、アラスカ地震（1964 年 3 月 27 日）M 9.2、スマトラ島沖地震（2004 年 12 月 26 日）M 9.3 ―アメリカ地質調査所は M 9.1 と発表―。

23. 多くは津波による犠牲者。ちなみに、1956 年 1 月 23 日に発生した中国陝西省の地震（M 8.0）では 83 万人が犠牲になった。

24. 木原前掲書（注 18）「HELP JAPN!─善意をはこんでくれたアメリカ艦隊」

25. たとえば、八戸湊（いまの青森県八戸市）から干鰯、〆粕、魚油、大豆、鉄などが江戸に運ばれた。東廻り航路の場合、利根川の東遷工事が完了する承応 3 年（1654）までは、那珂湊から陸路と湖水路で潮来に至ったのちに利根川をさかのぼり、関宿にて江戸川を下って行徳、小名木川、隅田川を介して江戸に至るという内川廻りであった。利根川が銚子に注ぐようになると銚子から直接利根川をさかのぼるようになり、そののち、船舶の堪航性が増したことで房総半島を回って直接江戸に至る航路（いわゆる「外海廻り」）が選択された（三浦忠司『海をつなぐ道─八戸藩の海運の歴史』デーリー東北新聞社（2018 年）113-114 頁）。

26. 木原前掲書（注 18）「エルトゥールル号の遭難─トルコと日本のこころ温まる交情」

27. あずま、とも読む。倭 建 命（日本武尊、ヤマトタケル）が東国を平定して京に帰る途中、わが身を海峡の神に捧げて荒波を鎮めた弟橘媛（オトタチバナヒメ）を偲んで、「あずまはや（わが妻よ）」と嘆いたことに由来するようである（三浦佑之『古事記を旅する』文藝春秋（2011 年）204-209 頁）。

28. 公許第一号の女医は荻野吟子（1851-1913）。明治政府は、1883 年、医師免許規則及ヒ医術開業試験規則を制定し、翌年初から運用を始めた。正式な（公許の）医師になるには国家試験に合格する必要があり、イネはその試験を受けなかった（木原前掲書（注 17）「近代女医の誕生─楠本稲、荻野吟子らの挑戦」）。

29. 森史朗『作家と戦争─城山三郎と吉村昭』新潮社（2009 年）386-388 頁

30. 横浜開港資料館『横浜もののはじめ考（第 3 版）』36 頁

31. 高橋是清（1854-1936）を騙したこともある人物（木原前掲書（注 17）「高橋是清のダルマ人生」）。横浜開港時、入港第 1 号となるワンダラー号にハード商会の代理人として乗船していた。

32. 木原前掲書（注 17）「波濤のかなたに散った会津魂─若松コロニーと日本人女性移民第一号」

33. 木原前掲書（注 17）「加奈陀に夢を抱いた男たち─鮭を追い続けた永野萬蔵及及川甚三郎」

34. 鹿児島県出身者も多く、1940 年までに 5,297 人がブラジルに渡っている。たとえば、坊津からは、第 1 回目（笠戸丸）56 人、第 2 回目（旅順丸）36 人、第 3 回目（若狭丸）31 人と毎年のように続いた（森高木『坊津─遣唐使の町から（かごしま文庫④）』春苑堂出版（1992 年）115 頁）。

35. 東洋汽船の運航船で、前身は明治 23 年（1900）にイギリスで建造された貨客船ポトシ。ロシア義勇艦隊協会に売却されてカザンと名を変え、日露戦争時、日本軍に攻撃され旅順港にて沈没。日本軍によって引き揚げられ、海軍呉鎮守府所属の笠戸丸と命名された。

36. 広瀬隆『日本近現代史入門─黒い人脈と金脈』集英社（2020 年）295-300 頁、339 頁

37. 太平洋戦争で喪われたわが国商船は 2,568 隻（843 万総トン）、6 万数千人の船員が犠牲となった（三輪祐児『海の墓標』展望社（2007 年））。

38. 木原前掲書（注 18）「樺太引揚船三船殉難事件─もしかしたら、横綱大鵬は誕生しなかった???」

39. 19 世紀初期のアイルランドは、1798 年のユナイテッド・アイリッシュメン結社による反英大反乱の失敗、1815 年のナポレオン率いるフランス軍の対英敗戦（ワーテルローの戦い）に起因する失望感あるいは退廃感、さらにはイギリスの産業革命に伴って持ち込まれた安価な工業製品による地元産業の疲弊、などによって経済は混迷を極めていた。が、それでも、栄養価が高く栽培が容易なジャガイモによって、人口そのものは増えていた（井野瀬久美惠『大英帝国という経験』講談社（2017 年）94-100 頁）。

40. UNHCR 日本「難民の地位に関する 1951 年の条約」〈https://www.unhcr.org/jp/treaty_1951〉最

終アクセス 2021 年 2 月 5 日

41. 木原前掲書（注 18）「「桜咲く国」の船団―ポーランド孤児を運んだ人道の船たち」

42. 紀元前 1500 年ごろ、パレスチナに定住。一部がエジプトに移住するが、圧政から逃れるため
モーセに率いられて脱出し（「出エジプト」）、シナイ半島を経てパレスチナに帰った。紀元前
1000 年ごろ、サウル王がヘブライ王国を建設し、そののち貿易で栄えるも三代目ソロモン王
が亡くなると北のイスラエルと南のユダに分裂した。

43. 羽田正『東インド会社とアジアの海』講談社（2017 年）215–218 頁

44. 羽田前掲書（注 43）218–225 頁

45. 仲村清司『本音で語る沖縄史』新潮社（2017 年）207–208、280 頁

46. 井野瀬前掲書（注 39）121 頁

47. 中野京子『運命の絵』文藝春秋（2020 年）150–159 頁

48. 木原前掲書（注 17）「幕末の「島流し」、そして「島抜け」」

49. 井野瀬前掲書（注 39）323–324 頁

50. 木原前掲書（注 17）「異国に散らせた乙女の春―からゆきさんの話」

51. 山崎朋子『サンダカン八番娼館』文藝春秋（2008 年）9 頁

52. 1885 年の公娼数は全体で 1,005 人。内訳は、①華人 940 人、②インド人 32 人、③日本人 16
人などとなっている。日本人公娼は、清潔、正直（窃盗などのリスクが無い）、親切というこ
とで評判は高かったという。シンガポールの日本人公娼はその後も増え続け、1889 年 134 人、
1903 年 585 人、1904 年頃にピークとなり、その数 600 人に達した。ちなみに、山崎朋子氏は
1904 年のピーク時には娼館 101、からゆきさん 902 人としているが、これは、公娼のほか私
娼も多かったということであろうか。

53. 井野瀬前掲書（注 39）298 頁

54. シルヴィア・A・アール著 西田美緒子訳『シルヴィアの海―海中 6000 時間の証言』三田出版
会（1997 年）50–51 頁

55. ハンディキャップを抱えながらのポジティブな考え方、命の輝きを教えてくれた岩本の挑戦
は、第 12 回海洋立国推進功労者表彰（国土交通省）を受けた。

56. レイチェル・カーソン著 日下実男訳『われらをめぐる海』早川書房（2004 年）294–295 頁、長
澤和俊『世界探検史』講談社（2017 年）17–19 頁

57. 竹田いさみ講演「世界史をつくった海賊―イギリスと大英帝国―」2014 年 11 月 13 日

58. このときのブーガンヴィル探検隊に、性別を偽り加わっていた女性がいた。名をジャンヌ・バ
レ（1740–1807）といい、世界で最初に世界一周を果たした女性である（長澤前掲書（注 56）
177 頁）。

59. ノルウェー国王および国民の支援で建造された耐水木造スクーナーで、グリーンランド探検で
知られるフリチョフ・ナンセンが本船で北極探検に出た。

60. 木原前掲書（注 18）「南極探検―アムンゼンとスコット」

61. 長澤前掲書（注 56）

62. 木原前掲書（注 18）「海洋調査船第五海洋丸の殉職―海底火山噴火調査の犠牲になった三一人」

63. 海洋研究開発機構「JAMSTEC について」〈http://www.jamstec.go.jp/j/about/〉最終アクセス
2021 年 2 月 12 日

64. シルヴィア・A・アール前掲書（注 54）232–237 頁

# 第4章

# 交易・文化を織りなす「海」

海上貿易が各国の富強に甚大な影響を及ぼすことは、国運の発展と
隆盛を律する真の原則が発見されるはるか以前から、はっきりと認
められていた。
　　　　　　—アルフレッド・セイヤー・マハン『マハン海上権力論集』

　海が移動の場であり、冒険や探検によって「海」が未知の領域でなくなれば、
イマヌエル・カントの言う「対立の中和」の具現として海が交易の場になるの
は必然です。海は国と国を物理的に分離することで対立を誘発しますが、その
一方で、交易がその対立を中和させてくれます。

## 1. 交易を織りなす「海」

　対価を支払うことで相互補完を完遂するという経済ルールを守る限り、海は
友好と通商の媒体として交易の場になります。地域間の物資の過不足を相互に
補完するため、海は古くから交易の場として機能してきているのです。海上交
易は、財貨を運搬する海運を前提にしています。海事経済学者のマーチン・ス
トップフォードによれば、世界史における海運の発展は中東域（**Middle East**）
から西へと向かいました。紀元前 3000 年のメソポタミアにはじまり、東地中
海のテュロス（ティルス）に進み、ロードス、ギリシア本土、さらにはローマ
に及び、いまから 1,000 年前、ヴェネツィアやジェノヴァがブリュージュ、ア
ントワープ、アムステルダムといった北欧諸港と海上交易を展開し、そののの
ち、ロンドン、大西洋を渡ってニューヨーク、20 世紀になって東京、香港、シ
ンガポール、そして上海へと移った、というわけです。[1]
　地球が氷期を終えて間氷期を迎えたことで農業が興った、と考えられていま
す（第 2 章 3.（3）「定住するホモ・サピエンス」参照）。温暖で安定した気候

になったことで、野生植物を栽培植物に変えるだけでなく、野生動物を飼いならすまでになったのです。紀元前 1 万 3000 年ごろ、東南アジアの熱帯雨林地域でタロイモやヤムイモなどの根栽農耕がはじまります。西アジアでは紀元前 1 万 1000 年ごろ、中国では紀元前 7000 年ごろ、中米では紀元前 7000 年ごろから、それぞれの気候に合うかたちで農耕がはじまりました。ヨーロッパでの農耕のはじまりはさらに新しく、紀元前 6500 年ごろバルカン半島に伝播したのが最初であり、ヨーロッパ全域に普及するのは紀元前 3500 年ごろとされています。

　北メソポタミア地方では紀元前 1 万年ごろ農耕がはじまっていましたが、メソポタミアの中核部で農耕がはじまるのは灌漑施設が整った紀元前 5000 年ごろのことです。メソポタミアは、ギリシア語で「複数の川の間」―チグリス川とユーフラテス川の間の沖積平野― を意味します。北メソポタミアは南メソポタミアに比べて降水量が多いことから「肥沃の三日月地帯」と呼ばれ、早い時期に農耕がはじまりました。農耕文化が形成された北メソポタミアでは、栄養価は落ちたものの安定した食料確保が可能になったことで出生率が上昇し、農地不足という事態を招きました。やむなく耕作地を求めてチグリス、ユーフラテス川の河口をめざします。しかし、両川ともしばしば氾濫するために沼地が多く、農地には適さなかった。それでも、組織の力で運河や灌漑設備を整備し、農業環境に合った農地へと変えていきました。

　集中と分配、支配者層・神官層・役人層・商人および農民などの一般層といった垂直的社会構造ができあがり、紀元前 4000 年ごろには「都市」が誕生しました。初期メソポタミア文明とされる都市文明、シュメール文明（紀元前 4000 年から紀元前 2000 年）です。シュメール文明の人類への最大の貢献のひとつが楔形文字の発明です。楔形文字は、誰がどれだけ農産物を収穫し、支配者層にどれだけ納めたかを記録する必要性から必然的に生まれました。楔形文字の代表作に、のちの古バビロニア王国期（紀元前 2004 年から紀元前 1595 年）[2] に編纂されたハンムラビ法典があります。前書き、本文、後書きの三部構成で、その内容は慣習法を成文化したもので、282 条 ―13 条および 66 条から 99 条までは欠損― から成っています[3]。船は積載能力に基づいてあらかじ

め決められた料金で傭船されるべきである、建造船価は船の大きさによって決められる、造船所は堪航性について 1 年間の保証を与える、など <sup>4)</sup> 現在でも通用しそうな規定が葦の茎などで粘土板に書き込まれました。

　世界最初の海上交易は、いまから 5,000 年前のメソポタミア地方ではじまりました。メソポタミア（シュメール）文明が栄えるこの時期、インダス川の河口付近ではインダス文明が興っていました。紀元前 2600 年ごろから紀元前 1800 年ごろのことで、シュメール文明にやや遅れるも概ね重なる時期です。黒檀、アシ、ヤギ、クジャク、紅玉髄、金、銅、象牙などがメソポタミアにもたらされ、逆に、油やナツメヤシなどがインダス域に持ち込まれました。インダス川付近での農耕牧畜は中国とほぼ同じ時期の紀元前 7000 年ごろにはじまり、紀元前 3000 年ごろには大きな集落が誕生していたようです。インダス域でもメソポタミア地方と同じように山間部で興った農耕文化が人口増加をもたらし、人口が増えたために河川下流域が農耕地として開発され、やがてそこに都市が築かれ、いつしかメソポタミアとインダスは結ばれたのです。

　地理的に離れているメソポタミアとインダスはどうやってつながったのでしょうか。この点に関し、青柳正規は著書 <sup>5)</sup> のなかで、中間の地にあったエラム国（イラン高原南西部のザグロス山脈沿いの地域）が仲介役を果たしたとする有力な説を紹介しています。エラム国は農業に適さないものの天然資源に恵まれ、一方のメソポタミアは、農業こそ盛んながら天然資源には恵まれなかった。エラム国とメソポタミアは相互補完の関係にあり、その点ではうまく機能していました。紀元前 2600 年ごろ、エラム国はシュメールの都市キシュに攻撃され、首都スーサ <sup>6)</sup> が陥落します。エラムの人びとは南に下り、その結果、メソポタミアがインダスに近づくことになり、インダスとの海上交易に進展したというわけです。

　このころの地中海に目を転じれば、エジプト人、フェニキア人、古代地中海文明と呼ばれているギリシア・ローマ文明の人たちがプレーヤーとして活躍しています。エジプト文明は、紀元前 3000 年ごろに興りました。紀元前 15 世紀ごろ、フェニキア人が、メソポタミア文明とエジプト文明の十字路である地中海東岸にシドン、ティルスなどの都市国家を建設します。フェニキア人は、

海洋交易を展開するなかでアルファベットをヨーロッパに伝えました。エジプトの象形文字（ヒエログリフ）とメソポタミアの楔形文字に苦しんでいたフェニキア人は、交易をより潤滑にするためにフェニキア文字を開発し、紀元前880年ごろにギリシア人がフェニキア文字を導入してギリシア文字（$\overset{アルファ}{\alpha}$、$\overset{ベータ}{\beta}$……）をつくり出し、それがヨーロッパに広まったのです。「アルファベット」は「$\alpha$、$\beta$」に由来します。

東地中海は地球上でもっとも早く海上活動が盛んになった地域で、その主役がフェニキア人でした。紀元前12世紀ごろには、地中海貿易をほぼ独占します。レバノン杉の貿易で巨万の富を築き[7]、交易に使用する帆船もレバノン杉で造られました。フェニキア人の船は1本マストに大きい横帆という構造で、多数のオール（櫂）も併用されたようです。彼らは人類史上最初の海洋探検家、航海民とされ、先のレバノン杉のほか、ワインや土器、各地の産物、青銅の材料として貴重な錫などを運びました。フェニキア人たちがアフリカを周航し、ヘラクレスの柱を抜けてエジプトに至ったことはすでに本書のなかで紹介しました。航海は地中海全域からアフリカ西岸、さらには現在のイギリスにまで及び、カルタゴ（北アフリカ）のほか、シラクサ（シシリア）、ギリシアのコリントとアテネ、エジプトのメンフィスがその中心でした。

東地中海地域で海上交易が盛んになったのは、少雨乾燥型の天候のために農林水産業には不向きで、都市を建設したうえで海上交易に活路を見出すしかないという風土性、その風土性と相即性をなす歴史性が関係していると考えられます。フェニキア人は交易によって、優れた古代オリエント（古代エジプト、古代メソポタミア、古代ペルシアなど）の文化を地中海全域に広めました。海洋交易は、文化をも伝えるのです。

わが国では縄文時代にあたる紀元前19世紀、古代エジプトの墓の壁画に全長10メートル以上はあろうかという船の絵が描かれました。船首に立つ人物が棒で水深を測りながら船尾の舵取（かじとり）に指示を出し、多くの人が櫂を漕ぐ姿が見てとれます[8]。古代エジプトの民はナイル川流域の農耕民族ですが、ナイル川の水辺に生えているパピルスを束ねて筏を組んで舟を造りました。紀元前2500年ごろ、「太陽の船」と呼ばれる舟が造られました。クフ王[9]のために

造られたとされ、主な材質は杉板で、両端を尖らせた流麗な曲線の船体をして
いています。いまは復元され、ギザの大ピラミッドの隣にある「太陽の船博物
館」に展示されているとのことであり、ピラミッド、スフィンクス共々一度は
訪ねてみたいものです。

　さて、フェニキア商人が衰退すると、海洋交易圏のほぼ中心に位置していた
ギリシア商人がその地位を引き継ぎます。フェニキア人がシドン、ティルスな
どの都市国家を建設する前から、古代ギリシアではミノア文明（「ミノス文明」
「クレタ文明」、とも。紀元前 2000–紀元前 1400 年）、ミケーネ文明（紀元前
1600–紀元前 1200 年）―両文明ほかを合わせて「エーゲ文明」と呼ばれる―
といった青銅器文化が栄えていました。系統不明の海洋民族によるミノア文明
では、陶器に海洋動物のモチーフが用いられるなどの海洋色が強く見られまし
た。ミケーネ文明はギリシア人（アカイア人）による最初の文明で、ミノア文
明を滅ぼしたのち地中海交易を継承しました。

　そののちのエーゲ海海域では、鉄器文化を有する別系統のドーリア人、イオ
ニア人、北西ギリシアのアイオリス人の移動が見られるようになり、都市では
スパルタとアテネが興隆します。閉鎖的で農業中心のスパルタに対し、イオニ
ア人のアテネは開放的で、海上交易によって商工業が発展しました。

　牧場型の風土性、その風土性と相即性をなす歴史性に規定されるギリシアの
経済的基盤は海上交易であり、それは、フェニキア人の建設した強力な都市国
家カルタゴとの数次にわたる死闘の末にヨーロッパの覇権を手にしたローマ
も同じです [10]。ただし、ギリシアとローマの都市は大きく異なっていました。
ギリシアの場合は各地にポリスを築きましたが、ローマの場合はローマ 1 都市
に資源を集中したのです。ローマはパックス・ロマーナ（ローマの平和）の下
で地中海交易を拡大し、発展途上国のスペインなどから鉱物、北アフリカ、エ
ジプトや黒海沿岸から穀物を輸入しました。395 年、ローマ帝国は西ローマ帝
国（–476 年）と東ローマ帝国（–1453 年）に分割されます [11]。東ローマ帝国
（「ビザンティン帝国」、とも）はコンスタンティノープル（いまのイスタンブー
ル）を首都とし、コンスタンティノープルを中心に海上交易を展開するととも
に陸上経由の東方交易の拡充を図りました。

　1 世紀ごろから、ボルネオ（カリマンタン）などのマレー系文化が南東貿易風によって西方へと伝播しました。南東貿易風は亜熱帯高気圧から赤道に向かって吹く風で、南半球では赤道に向かって南東から北西に向かって吹きます。マレー文化がマダガスカル全島を支配するようになり、言語もオーストロネシア語族の特徴を持つに至ります。

　6 世紀、世界的な疫病 12) の流行によってビザンティン帝国、ササン朝ペルシア（226–651）、インドのグプタ朝（320–550）の人口が減少し、インド洋における交易が勢いを失ってしまいます。

　610 年、かつてはマホメットと呼ばれることが多かった預言者ムハンマド・イブン＝アブドゥッラーフ（570?–632）が、アラビア半島の商業都市マッカ（Makkah、メッカ）でイスラム教の布教をはじめます。イスラム教はユダヤ教・キリスト教と同系の一神教で、唯一神のアッラーと預言者ムハンマドを認め、コーラン（クルアーン）を聖典とするシンプルな宗教です。世界三大宗教（キリスト教・仏教・イスラム教）のひとつで、いまやユダヤ教・キリスト教・ヒンズー教・仏教共々世界の信者の約 8 割を占めるほどです。マッカは紅海ルートの商業の中継地で、中国やインドから船でアデンに運ばれた品々がラクダによってシリアまで運ばれる途中にありました。古くからアラビア人が礼拝するカアバ神殿があり、アラビア商人たちはそこでキャラバン（隊商）の無事や商売繁盛を祈りました。641 年にアレクサンドリアを征服したイスラム人は、強い海軍を持つことで地中海の制海権を握り、数世紀にわたって海と陸からイタリア半島を攻め立てました。イスラム人の船は、推進用の櫂を持たない 1 本マストの船でした。イスラム勢力による地中海の制海権把握によって、ギリシアやローマの知の伝統が滅んでしまいます。その一方で、アラビア半島と中国との交易が増え、インド洋はふたたび活況を取り戻します。それに伴って、イスラム教も広まっていきました。イスラム帝国のなかには、シリアに都を置くウマイア朝に不満を抱く人びとがいました。シーア派の人びとです。彼らはイラクに侵攻し、イラン東部を拠点とするアッバース朝（750–1258）を樹立します 13)。751 年には唐とも衝突し、このとき、紙と麺が西へと伝わりました 14)。766 年、アッバース朝 2 代目カリフで名君の誉れ高いアル＝マンスール

（712–775、在位 754–775）が、ダマスカス（シリア）が西寄りであることを理由にバグダッドに遷都します。インド洋交易と地中海交易を結ぶ目的もあり、そののち、元の初代皇帝クビライ（フビライ）によって中国と結ばれて「海の道」が完成するのです [15]。

　10 世紀に向けて、地球は温暖化の時代を迎えていました。バルト海沿岸やスカンディナビア半島では、温暖化によって人口が増加します。食料の危機に直面したバルト海沿岸やスカンディナビア半島の人びと（北方系ゲルマン人（ノルマン人））は、魚と穀物を交換しようと南下しました。しかしまったく相手にされないために武力の使用を考えるようになり、これがヴァイキングによる海賊行為の嚆矢とされています。デンマーク系ヴァイキング（デーン人）はイングランドやフランス、スウェーデン系ヴァイキングはロシアやローマ帝国をめざしました。さらには、アイルランド、アイスランド、グリーンランドや北米へも向かいました。グリーンランドは世界最大の島で、一面氷に覆われ、「緑の大地」（green land）と呼ぶには不似合いです。982 年にノルマン人のエリック（エイリーク）が発見したのですが、彼はアイスランドも発見しており、その名「氷の大地」（ice land）のために移植者がいなかったことに範を得て、その地を「グリーンランド」と名付けました。間もなくして、開拓希望者たちを乗せた 25 隻の船がグリーンランドに向かいました。しかし、彼らの視界にはいってきたのは雪と氷の世界でした [16]。ヴァイキングの船は竜骨（りゅうこつ）（キール）を持ち、外板が重なり合うように接合された鎧張りの、上部構造物や船室のない船でした。オーク [17] や松材でできた頑丈な船で、数十人が乗り込み、帆とオールで航海しました。吃水が浅く、河川をさかのぼって内陸部に侵攻することも可能でした。彼らは船を駆使し、主に交易で収益をあげました。優れたリーダーを選び、衆議を一致させるのに長けていました。有名なバイユーのタピスリーに鉢に入れた酒を飲み交わし、鳥の丸焼きを食べる宴会の風景が描かれています [18]。「板子一枚下は地獄」という船乗りの特性からくるのでしょうが、アイスランドのノルマン人が人類初の議会とされる全島集会を開いたのも頷けます。

　中国では宋（そう）の時代（960–1279 年）、ジャンク船が開発され、海運が発展しました。東シナ海からインド洋に至る航路（「海のシルクロード」）が拓かれたの

です。船を意味する中国語が訛ったのが由来とされるジャンク船は、横方向に割竹が幾本も挿入された帆が用いられるなど、耐波性や速度性能に優れていました。当時のインド洋では、このジャンク船、1本か2本のマストに大型の三角帆が張られたアラビアのダウ船が盛んに行き交いました。羅針盤も活用され、先の媽祖が民間信仰として誕生します。

　西暦1000年から1400年にかけて、北ヨーロッパが著しく発展します。北海・バルト海交易が盛んになり、1241年、リューベック市を盟主とする北海・バルト海沿岸のドイツ諸都市間の経済同盟であるハンザ同盟が誕生します。ハンザ同盟は、北海沿岸の木材・ニシン・鉄・琥珀・瑪瑙、バルト海沿岸の毛皮・木材・穀物、イギリスの羊毛、フランドルの毛織物などを一手に扱いました[19]。

　地中海では、イタリアの二大海洋都市であるヴェネツィアとジェノヴァが勢いを強めます。1252年にフィレンツェでフローリン（フィオリーノ）金貨、1284年にヴェネツィアでドゥカート金貨が鋳造され、それぞれ国際通貨になります。イタリアでは金が産出されないため、金貨の材料となる砂金はサブサハラ（サハラ砂漠以南）のマリ帝国からイスラム隊商がエジプトまで運び、同地から船でイタリアに運ばれました。14世紀のヴェネツィアは、紅海から地中海に抜ける交易ルートで繁栄しました。東方産の香料・染料・宝石・絹織物などを取り扱う、いわゆるレヴァント貿易です。東方から地中海に至る物流としては、紅海・カイロ、アラビア湾・バグダッド・アレッポ、黒海・コンスタンティノープルを経由する3ルートがありました。地中海交易の中心となっていたヴェネツィアは海運ビジネスに関心がないビザンティン帝国（東ローマ帝国）と提携し、ビザンティン帝国のかつての輸送網を支配するようになります。1255年に「ムーダ」と呼ばれる国営定期商船航路が創設され、そののち大型化したガレー船団が4つの航路を航海しました。ギリシア航路、キプロス・シリア・パレスティナ航路、アレクサンドリア航路、フランドル航路の4航路です。当時の地中海はヴェネツィア船団が行き交い、多くの"支線"航路が広がっていたのです[20]。ちなみにルネッサンス時代（1300–1600年）にあたるこの時期、ヴェネツィアでは造船業も盛んで、海上交易に大きく貢献していま

した。しかし、バルト海沿岸の経済発展、さらには 1453 年にコンスタンティノープルがオスマントルコに奪われると、ヴェネツィアとジェノヴァの優位的な地位はにわかに弱まっていきました。

　ヘラクレスの柱として知られるジブラルタルはイスラム勢力が支配しており、キリスト教徒は船でこの海峡を出ることができず、陸路を利用するしかありませんでした。北と南のふたつの地中海は陸路で結ばれ、その交易地がパリ東方のシャンパーニュでした。シャンパーニュでは両替商が木製のカウンター（長机）で商売を行っていましたが、この木製の長机がイタリア語のバンコ（banco）であり、英語の bank（銀行）の由来とされています。「銀行」という用語は、明治 5 年（1872）制定の国立銀行条例の典拠となったアメリカ国立銀行法（National Bank Act）の「Bank」を翻訳したことにはじまります。店を意味する中国語の「行」に「銀」を冠したのですが、「金行」より「銀行」の語呂が良かったからのようです [21]。

　そののち大航海時代を先導することになるポルトガルですが、紀元前 1 世紀はローマ帝国、6 世紀は西ゴート王国、そして 8 世紀には後ウマイア朝の支配下に置かれていました。アフォンソ一世（1109–85、在位 1139–85）がイスラムとの戦いに勝利し、1143 年、ポルトガル王国を創始します。15 世紀になるとエンリケ航海王子（1394–1460）がアフリカ大陸沿いを南下するよう指示し、サブサハラに到達しました。そしてこのルート開拓が、ポルトガルが発展する下地となりました。ポルトガルの首都、リスボンの西域に「発見のモニュメント」が建っています。1958 年に建造されたもので、エンリケ航海王子を先頭に、ヴァスコ・ダ・ガマ（1460?–1524）、バルトロメウ・ディアス（1450–1500）、フランシスコ・ザビエル（1506?–52）、ペドロ・アルヴァレス・カブラル（1467–1520）、フェルナン・デ・マガリャネス（フェルディナンド・マゼラン）など、錚々たる顔ぶれを目にすることができます ―と書きながら、実際にはまだ目にしていない。ポルトガルと縁のある種子島の出身者としては、はなはだ無念である―。エンリケ航海王子がサブサハラをめざしたのは 1415 年、イスラム商人がサハラ砂漠縦断の交易をしているのを知ってのことでした。アフリカ西海岸ルートを開拓すれば香辛料、金や銀、象牙などを直接

手に入れることができる、と考えたのです。プレスター・ジョンが治める幻の
キリスト教国を探す、という目的もありました。3本マストの小型帆船（カラ
ベル船）で編成されたこの航海によって、ポルトガルは海の黄金時代を迎える
ことになります。

　エンリケ航海王子が亡くなったのちもポルトガルが大西洋の航海をリードす
るのですが、それもこれも、エンリケ航海王子が優秀な探検家や船乗りを集め、
非公式ながらも海事裁判所を開設し、多くの航海に資金を提供したからです。
とりわけ、バルトロメウ・ディアス、ヴァスコ・ダ・ガマ、ペドロ・アルヴァ
レス・カブラルの3人はよく知られています。1488年、バルトロメウ・ディ
アスは喜望峰を発見し、そのあまりの荒れ様に「嵐の岬」と命名しました。の
ちに、プレスター・ジョンが治める幻のキリスト教国を発見できるかもしれな
いという"喜"び、インドへと至る希"望"から、ジョアン二世（1455–95、在
位1481–95）がその岬を「希望の岬」（ポルトガル語：Cabo da Boa Esperança、
英語：Cape of Good Hope）と改名しました。「峰」は誤訳にしても、大いなる
「希望」の岬が喜望峰22）になった理由は定かではありません。おそらく、先述
の喜びと希望ということなのでしょう。ヴァスコ・ダ・ガマは1498年にイン
ドに至る航路を発見し、カブラルは1500年にブラジルに到達しました。ブラ
ジルの公用語がポルトガル語なのは、カブラルの航海によるものです。ポルト
ガル人によってパウ・ブラジル（ブラジルの木）の輸出が行われるようになり、
いつしか「ブラジル」と呼ばれるようになりました。

　明の永楽帝（1360–1424、在位1402–24）が、ムスリム（イスラム教徒）で
ある鄭和（1371–1434）にインド洋西方までの探検を命じました。1405年から
1433年までの間、計7回の航海が編成されました。1航海300隻を超える大
型船隊で、そのうち62隻が「宝船」と呼ばれる大型船でした。全長120メー
トル、幅62メートルという大きさで、かのコロンブスのサンタ・マリア号（カ
ラック船、全長25メートル）をはるかに凌駕していました。1航海2万7,000
人ほどの人員が投入されたことを考えると、先の「大航海時代」という表現が
陳腐に思えてきます。ちなみに、鄭和はアフリカから、ライオン、ヒョウ、ダ
チョウやシマウマなどの珍獣を持ち帰りました。なかでも、ソマリア語で「ギ

リン」と発音されるキリンは、その姿からも伝説上の霊獣 "麒麟" を連想させ、明の朝廷を喜ばせたようです。すでにクビライによって地中海、インド洋、東シナ海の「海の道」が完成しており、鄭和の航海は、新たな航路の開拓というより朝貢貿易の先を広げるのが主目的でした。航海技術にせよ、大船建造技術にせよ、当時の中国の水準はヨーロッパをはるかに上回っていました。その勢いのままであれば、明は一気に世界の海を制することもできたはずです。しかし、海禁政策で以って自ら身を引きました。北への備えを重視し、秦の始皇帝（紀元前 259–210）が着工した万里の長城の完成に予算を割こうとして、"金食い虫" の大艦隊による航海を中止したのです。

　1492 年、クリストファー・コロンブス（ラテン語でコルンブス、イタリア語でコロンボ、スペイン語ではコロン）が、サンタ・マリア号でバハマ諸島に到達します。スペイン、ポルトガルによる大航海時代、地理上の発見時代の幕開けです。「大航海時代」という表現は歴史学者増田義郎（1928–2016）によって提唱され [23]、その是非についてはさまざまに議論されています。西洋の学者は西洋史観から「地理上の発見（Age of Discovery）」としていましたが、近時は「探検の時代（Age of Exploration）」と呼んでいるようです。命名者である当の増田も指摘するように「大航海時代は世界の海がつながった」という点において画期的であり、「ひとつの海時代（Age of One Ocean）」と呼んでもいいのかもしれません。コロンブスが到達した地はめざすアジアではありませんでしたが、ヨーロッパの人びとにとってはまさに "新" 大陸の発見でした。こののち、フィレンツェの探検家でコロンブスとも親交のあったアメリゴ・ヴェスプッチ（1454–1512）が 1499 年から 1502 年にかけて新大陸を探検し、1503年、この大陸がインド（アジア）ではないことを論文で発表します [24]。わたしが愛用する DELTA 製ボールペン「AMERIGO VESPUCCI」はヴェスプッチ帆船の甲板の板を使った限定品です。もちろん、航海当時のものではなく、イタリア海軍が 1931 年に建造した 3 本マストの練習帆船のもので、DELTA がイタリア政府の正式な許可を得て入手し万年筆やボールペンのキャップとして使いました。非常に硬いブラジル産天然木カンゲラナのペンで字を書く度に、アメリゴ・ヴェスプッチの偉大なる航海に思いを馳せています。

　イタリアの衰亡がポルトガルとスペインの大西洋開拓を助長し、両国がそれぞれに覇を競います。両国間の紛争を解決するため、1493 年、ローマ教皇アレクサンデル六世（1431–1503、在位 1492–1503）が両国の勢力分界線（「教皇子午線」）を設定します。西アフリカのヴェルデ岬（セネガル）西方の子午線から西をスペイン、東をポルトガルの勢力圏とするものです。しかし、すぐさまポルトガルが「スペインに有利過ぎる」と批判し、翌年、教皇の承認によってヴェルデ岬の西約 2,000 キロメートルの海上における子午線（西経 46 度 37 分）の西側をスペイン、東側をポルトガルと改定されました。よく知られる、1494 年のトリデシリャス条約です。

　1498 年、ポルトガル軍人のヴァスコ・ダ・ガマがサン・ガブリエル号でインド西海岸のカリカットに到着し、インド洋に至る航路が確立されました。この快挙によって、鄭和艦隊なき後のインド洋がポルトガルの支配下に置かれることになります。東方へのルートがオスマン帝国（1299–1922）によって遮（さえぎ）られていたため、ポルトガルの探検家たちは新たな航路を開拓し、航海術の優位性、さらには軍事力を以って世界の交易路を支配しようと考えました。紅海入り口のソコトラ島、ペルシア湾入り口のホルムズ島を占領し、さらには 1510 年、インド総督アフォンソ・デ・アルブケルケ（1453–1515）がインドのゴアを占領し、1511 年にはマラッカのイスラム勢力を追放してこれを占領しました。1557 年、明が南シナ海に面するマカオ（澳門）にポルトガル人が居住することを追認し、ポルトガルはインド洋から南シナ海にかけての制海権を確保し黄金期を迎えます。マカオが中国に返還されるのは 1999 年のことです。ポルトガルは東シナ海まで北上し、1623 年、台湾をも占領しました。

　ポルトガルは、インド洋から南シナ海に至る海域をエリアとして、香辛料とキリスト教の布教に注力しました。天文 12 年（1543）、3 人のポルトガル人が乗った後期倭寇の大頭目王直のジャンク船が種子島に漂着しました。鉄炮（火縄銃）が伝わるとともに、西洋社会に“発見”された日本は交易の相手方として認知されます。日本に外国の珍しい品々が持ち込まれ、いつしか南蛮文化が花を咲かせました。南蛮文化に日本人としていち早く接したのは、鉄炮が伝来した種子島の村人たちでした。彼らはボーロ（パンの類）、タバコ —傷口に

塗り込むと傷が癒えた—、赤ワイン（ヴィニョ・ティント）などに驚き、カボチャの種を知り、獣肉を食する光景に度肝を抜かれた。日本人で赤ワインを最初に口にしたのは織田信長（1534–82）とされていますが、種子島の村人たちだったにちがいありません。彼らは異国人と積極的に親交を深め、西方沖合に浮かぶ馬毛島の鹿を食用に提供したりもしました。

　天文 18 年（1549）、薩摩人ヤジロウ（弥次郎、アンジロウとも。1511?–50）の誘いでイエズス会宣教師のフランシスコ・ザビエル（1506?–1552）が来日しました。その影響は大きく、キリスト教が日本人の間に広まり、異文化を形成していきます。南蛮交易に魅力を感じた大名（キリシタン大名）によってギヤマン、コップ、コンペイトウ（金平糖）などの珍品がわが国に持ち込まれ、広まっていきました。わたしたちにおなじみのカステラもそのひとつです。スペインの菓子（ビスコチョ）が起源で、スペインの歴史的な地域名であるカスティーリャを意味するポルトガル語の Castella に由来するようです。やや話が逸れますが、織田信長に黒人が仕えたのも象徴的な出来事と言っていいでしょう。イエズス会が連れてきた奴隷黒人で、信長の家臣になって名を弥助と改めます。

　大航海時代初期、ポルトガルと覇を競ったのがスペインです。1469 年にカスティーリャ王国のイサベル一世（1451–1504、在位 1474–1504）とアラゴン王国のフェルナンド二世（1452–1516、在位 1479–1516）が結婚し、1479 年、スペイン王国が誕生します。ふたりの王（「カトリック両王」）は、レコンキスタ（再征服）に注力しました。1492 年、グラナダを中心とするアンダルシア地方のイスラム国家（ナスル朝）が滅び—アルハンブラの落城 25)—、レコンキスタが完成します。ふたりの王はユダヤ人までも追放し、イスラム教、キリスト教、ユダヤ教が共存する多様性文化は終焉のときを迎えました。このスペインによる純化政策がそののちスペインの国力を削ぐことになります。混交こそが政治や文化のエネルギー源であることを知るべきでした。

　スペインは西に進みました。1521 年、メキシコ（ヌエバ・エスパーニャ）に上陸したエルナン・コルテス（1485–1547）が 3 年の月日をかけてメキシコ高原にあったアステカ帝国を滅ぼし、1533 年、文字もろくに読めないフランシ

スコ・ピサロがペルーで栄えていたインカ帝国を滅ぼしました。コルテス、ピサロは、探検家であり征服者（コンキスタドール）でした。彼らがわずかな兵で両帝国を攻め滅ぼすことができたのは、馬や鉄砲の力はもちろんですが、旧大陸（ヨーロッパ）の天然痘などの病原菌（ウイルスや細菌）の"働き"もありました。メキシコだけでも、250万人以上の先住民が病原菌の犠牲となりました。スペイン人は新大陸に銃や病原菌、タマネギ・バナナ・マンゴー・コムギ・コメ、牛、馬や豚、ロバ・イヌ・ネコ・蜂・ニワトリを持ち込み、新大陸から、銀はもちろん、トマト・ジャガイモ・ゴム・バニラ・チョコレート・トウモロコシ・タバコ・トウガラシ・ピーマン・インゲン豆・カボチャ・イチゴなどを持ち帰りました。ジャガイモはヨーロッパを飢餓から救い、各地で主食となっていきました。カプサイシンを多く含むトウガラシは野生動物から身を守るために辛いのですが―種子を遠くに運んでくれる鳥類だけは難なく食べる―、大航海時代、壊血病に効くと信じられていたために多くの船乗りに好まれたようです。

　中南米を征服したスペインはペルーのポトシ銀山で採れる銀を太平洋側のアカプルコに運搬し、その銀は海流によってフィリピンまで運ばれて「メキシコ銀」と呼ばれるようになります。銀が大量に持ち込まれた東アジアはバブル景気で沸き立ちます。フィリピンは、フェルディナンド・マゼランが南米最南端のマゼラン海峡を経由する史上初の世界周航の途次に発見した土地です。マゼラン自身は現地のラプラプ王との戦いで命を落としますが、マゼランの後を継いだバスク人ファン・セバスティアン・エルカーノ（1476–1526）によって完遂された世界一周の快挙はスペインに絶大な利益をもたらしました。1565年にメキシコ副王領を出たミゲル・ロペス・デ・レガスピ（1502–72）がフィリピンを征服し、初代フィリピン総督に就きます。「フィリピン」の地名は、スペイン全盛期「太陽の没することなき帝国」を築いたフェリペ二世に因んで付けられました。マニラに拠点を構えたスペインは、ヌエバ・エスパーニャ（いまのメキシコを中心とする一帯）の首都アカプルコとの間でガレオン貿易を展開します。カラック船から進化したガレオン船による海上交易で、2月末から3月中旬にアカプルコからマニラをめざし、6月下旬以降にマニラから日本近海

まで北上してアカプルコをめざしました。天正 12 年（1584）、スペイン船が長
崎の平戸に初来航しました。日本の海岸に漂着する船もありました。慶長 14
年（1609）のサン・フランシスコ号の千葉御宿（岩和田）漂着もその一例です。
極東の日本で世界の海の覇権を競ったポルトガルとスペインが出合ったのであ
り、大航海時代はまさに「ひとつの海時代」であったと言っていいでしょう。

　こうした時期、世界中の視線が日本のある物に注がれます。「銀」です。16
世紀から 17 世紀初頭、世界の銀の流通量の約 3 分の 1 は日本産で占められ、
その主要な鉱山が佐渡銀山、平成 19 年（2007）に世界遺産に登録された石見
銀山でした。日本はプラタレアスの島としてヨーロッパ列強の衆目を集める
ところとなり、南蛮貿易もこの銀があったからこそ成立したのです [26]。石見
銀山で本格的な採掘がはじまるのは大永 6 年（1526）のことで、博多の豪商
神屋寿禎（生没年不詳）が灰吹法を朝鮮から導入して生産量を大きく伸ばしま
した。灰吹法は銀と鉛の合金（貴鉛）を鞴で酸素を送りながら加熱し鉛と銀
を分離する方法で、純度の高い灰吹銀を得ることができました。南米のポトシ
銀山を支配するスペインもこの銀に狙いをつけますが、銀を求めてわが国との
接触をいち早く図ったのはオランダでした。リーフデ号もそうした使命を帯び
ていました。慶長 5 年（1600）3 月、豊後国（いまの大分県）に漂着したとき、
リーフデ号には 24 名の生存者がいました。徳川家康はこの生存者のうちの 2
名、イギリス人航海士のウィリアム・アダムス（三浦按針、1564–1620）とオラ
ンダ人航海士のヤン・ヨーステン・ファン・ローデンステイン（1556?–1623）
を外交顧問として重用します。オランダから強力な兵器を購入し、有効射程
500 メートル以上のカノン砲を手に入れたことで、慶長 20 年（1615）、家康は
スペインが助勢する大坂城の豊臣秀頼（1593–1615）を打ち破ることができた
のです。世に言う「大坂夏の陣」です。

　スペインがカリブ海や中米、ポルトガルがブラジルやインドをめざすなか、
イギリスとフランスは北米をめざしました。とりわけ、海軍力を強めたイギリ
スはスペインとの対立を深め、ジョン・ホーキンス（1533–95）、大海賊フラン
シス・ドレーク（ジョン・ホーキンスの従兄弟）が国王公認の私掠船でスペイ
ンを恐怖のどん底に追い込んでいきます。両国の争いは 1588 年の「アルマダ

の海戦」へと発展し、イギリス海軍がスペインの無敵艦隊に勝利します。アルマダの海戦は艦隊同士の本格的な衝突で、西洋史の舞台が地中海から大西洋へと移る最初の海戦であり、カトリックとプロテスタントの対立が頂点に達した瞬間でもありました[27]）。

　宗教改革の影響を受けるオランダは、ローマ教皇の権威を高めようとするスペインのフェリペ二世（ハプスブルク家）に対し、1568年、叛乱を起こします。「80年戦争」とも呼ばれる、大独立戦争です。1580年以降、フェリペ二世がポルトガル国王を兼ねます。しかし、すでに国庫破綻の状態にあるスペインに、2国を治めるほどの力はありません。かつての「海の王国」ポルトガルにしても、スペイン国王が王位を継承したためにオランダの敵となり、衰退の一途を辿ります。オランダは主力の毛織物産業に材料の羊毛を提供するイギリスと手を結び、スペインに圧力をかけます。先に触れたように、スペインは1588年の海戦で敗北してしまいます。このとき、スペイン艦船に積んであったジャガイモがイギリスの海岸に流れ着き、そののちイギリスの主食のひとつとなりました。1581年に独立を宣言した —正式な独立は1648年— オランダは、1602年、世界初の株式会社とされる東インド会社を設立します。それまでの航海ごとに出資を募る方式ではなく、インド洋交易に本格的に取り組むための長期資金を募ったのです。東インド会社の設立の背景には、衰退するポルトガルやスペインの利権、香辛料などの交易権を奪い取ろうとする意図がありました。複数の堅牢な船、東方の商品と交換するための大量の銀、多くの乗組員や兵士が必要であり、それらの原資はアムステルダムに移り住んでいたアントワープの裕福な商人、金融業者などが提供しました。バタヴィア（いまのジャカルタ）を根拠地としてスペインとの植民地争奪戦を展開しますが、それを支えオランダに勝利をもたらしたのは日本の銀であり、泰平の世となったことで行き場を失った武士などから成る日本人傭兵の存在でした。

　オランダの台頭は、ヨーロッパ各国を大いに刺激しました。とりわけ、私掠船が横行していたイギリスでは、ロンドンの商人たちが会社組織によるインド洋交易の独占を国王エリザベス一世に献策し、1600年に特許状が発布されました。イギリス東インド会社の誕生であり、オランダのそれより2年も

早い設立でした。とき、徳川家康が江戸に幕府を開かんとするころです。イギリス東インド会社は、国王によって特許状が与えられた純粋な民間会社です。航海ごとに出資を募る旧来型の組織でしたが、そののち、オランダ方式を採用します。アジアの海との交易を推し進め、イギリスが「大英帝国」、「太陽の沈まぬ国（太陽の没することなき帝国）」[28]と呼ばれるまでに繁栄する礎となり、大航海時代の主役となっていきました。東インド会社の設立年と解散年はイギリス東インド会社：1600–1858 年、オランダ東インド会社：1602–1799 年、フランス東インド会社：1604（1664 再興）–1769 年で、イギリス東インド会社がもっとも長く 250 年強続いています。

　17 世紀前半の大西洋では、オランダが「海洋の自由」（「海洋は万人の財産である」）を旗頭に交易立国をめざしていました。「海洋の自由」を主唱したのは、オランダの国際法学者フーゴ・グロティウス（1583–1645）です。「国際法の父」とされているグロティウスですが、アカデミズムからではなく単に自国の権益を守ろうとしただけなのかもしれません [29]。もちろん、公海自由の原則や無害通航権などの概念はいまに受け継がれています。この時期、オランダは東インド会社に類似する西インド会社（1621–1792）も設立しています。オランダは、ときをさかのぼる 1614 年、北米ハドソン川河口にニュー・アムステルダムを建設していました。いまのニューヨークです。オランダ西インド会社の主たるターゲットはこのアメリカ方面でしたが、スペインやポルトガルを相手とする密貿易、海賊行為からはじまったのは言うまでもありません [30]。デンマーク、フランスやスウェーデンも西インド会社を設立しました（デンマーク：1659–1776、フランス：1664–74、スウェーデン：1787–1805）が、フランスの西インド会社経営は振るわず、そののち、イギリスの支配に屈することになります。

　オランダは、「海洋の自由」を理論武装として、大型帆船を駆使し海上交易の中継基地として繁栄を極めました。東インド会社によって高額な商品がオランダに集められ、そこからイギリスやヨーロッパ諸国に輸出されました。この中継交易で、オランダは巨万の富を築きます。オランダはまた、イギリス近海の好漁場に大量の漁船を差し向けます。当時は貧しい農業国にすぎないイギリス

は、数少ない輸出品である魚をオランダに奪われる危機に直面しました。こうした事態を受け、法学者で政治家でもあったジョン・セルデン（1584–1654）が海洋の"領有"を主唱します。オランダの「海洋の自由」に対峙する概念です。イギリスの沖合を領有しようとするもので[31]、今日の領海や排他的経済水域などの基礎となる思想です。17世紀後半のヨーロッパは、言うなればイギリスとオランダの"2強"時代です。清教徒革命（ピューリタン革命、1642–49）でイングランド共和国（–1660）が樹立され、革命の主導者オリヴァー・クロムウェル（1599–1658）がアイルランドに侵攻します。イギリス議会は1651年、本国への外国船（オランダやフランスの船）の来訪を禁じる目的で航海法（航海条例）[32]を可決しました。航海法により、イギリスの近海からイギリス船を除く船影が消えました。一方、オランダはと言うと、数人のイギリス人船員を乗せることで法の網を潜り抜けようとします。イギリスとオランダは英仏海峡の覇権を争い、1652年、両国間でついに戦端が開かれました。世に言う、「英蘭戦争」（第一次（–1654年）・第二次（1665–1667年）[33]）です。ちなみにこの時期の1666年、ロンドンで大火災があり、ヴェネツィアで発展した海上保険からヒントを得て火災保険がはじまります。1688年の名誉革命でイギリスとオランダは同君連合となり、アムステルダムがロンドンに海事・金融センターの地位を明け渡し、ロンドンが世界の海事センターになります。

　1703年、ピョートル一世（大帝、1672–1725、ロシア帝国初代皇帝在位1721–25）が新都サンクトペテルブルクを建設し、軍を整備します。ロシアが、ついに念願のバルト海とつながったのです。1697年からの2年間、当時ツァーリだった大帝自ら船大工としてアムステルダムに滞在しました。ロシア海軍の建設に向けてのことでした[34]。この史実ひとつとっても、世界は地政学の時代に本格的に突入したと言っていいかもしれません。「海」という地理的条件を、交易という経済面からだけでなく、政治的な側面から見ようとする動きです。セルデンの海洋の領有という考え方、東インド会社の躍動の背景にも、すでにそうした視点があったと考えられます。人類史における一大パラダイムシフトであり、ピョートル大帝はその新たな視点を本格的に実践したのです。ロシアはその後、東進および南進政策を強力に推進します。東進政策は日本と

関係する契機となり、南進政策を重視したエカテリーナ二世（1729–96、在位 1762–96）によって黒海からボスポラス海峡に至る海路が確保され、クリミア半島がロシアに併合されました。女帝は、漂流民大黒屋光太夫（1751–1828）に拝謁の機会を与え、アダム・ラクスマン（1766–1806?）を日本に使節として派遣した 一光太夫同行一 ことでも知られています。

　清（1644–1912 年）の乾 隆 帝（在位 1735–96）は、江南巡幸を 6 回も実施しました。従前のような質素な巡幸とは違って、じつに贅沢なものでした。巡幸の副産物として完成するのが、山海の珍味を贅沢に食べ続ける満漢全席です。文化は、ときにこうした“贅沢”のなかから生まれるものです。ゆとりや遊びのないところに新たな文化は芽生えないと言ってもよく、江戸時代でいえば元禄文化がそうでした。満漢全席は多彩な食材を必要とします。そして、そのために、日本の俵 物が脚光を浴びました。煎りナマコ、干しアワビ、フカヒレなどが日本から大量に輸出され、金銀が掘りつくされていた日本は大いに救われました 35)。18 世紀後半、産業革命なったイギリスで綿織物工業がフル稼働します。労働者は長時間労働を強いられ、紅茶が“気付け”薬として重宝されました。しかし、砂糖はカリブ諸国やアメリカ大陸から調達できるものの、茶葉だけはどうしようもありません。茶は、中国の専売商品だったのです。乾隆帝は外国との交易を広東に限定し、イギリスもそれに従うしかありませんでした。イエズス会によって、科挙制度がヨーロッパに紹介されました。優秀な官僚の力で国を統治しようとするシステムであり、広大な国土をまとめる清の根幹政策であると理解されたのです。清では人口が急増し、彼らの胃の腑を満たしたのが 16 世紀後半から中国にもたらされたトウモロコシ・ジャガイモ・サツマイモ・カボチャ・トマト・落花生などのアメリカ大陸原産の作物でした。

　ナポレオン・ボナパルト率いる“陸”の大国フランスが“海”の大国大英帝国を支配しようとします 36)。しかし、身長 1 メートル 67 センチのホレーショ・ネルソン提督が、1805 年 10 月 21 日の「トラファルガーの海戦」でその策謀を打ち砕きます。敗者となったナポレオンは 1814 年に退任したのち地中海に浮かぶエルバ島に流され、いったんは脱出して復位するものちに大陸から遠く離れた南大西洋の絶海の火山島、イギリス属領セントヘレナ島に幽閉され、失

意のなかで波瀾万丈の人生に幕を下ろしました。

　19世紀の前半、世界では3つの大きな動きがありました。①アメリカのモンロー宣言、②中国大海賊の終焉、そして③イギリスのアジア戦略強化です。1823年、第五代アメリカ大統領ジェームズ・モンローは、議会に送った教書のなかで、新旧大陸間の相互不干渉を主張しました。世に言う「モンロー宣言」であり、その思想は「モンロー主義」と呼ばれています。独立の時代を迎えていたアメリカ大陸では、1816年にアルゼンチン、1817年にチリ、1821年にはメキシコ・ベネズエラ・ペルー・ブラジルがそれぞれ独立します。1825年にボリビアが独立し、南米におけるスペイン支配は終焉を迎えました。ボリビアの国名は、南米諸国の独立のためにスペインと戦い続けた革命家、シモン・ボリバル（1783–1830）に因んでいます。1810年、最後の大海賊と言われた張保（生年不詳–1822）が清政府に投降しました。後期倭寇の大頭目王直から連綿と続いた中国大海賊の歴史は終焉のときを迎え、東シナ海や南シナ海がヨーロッパに蹂躙される伏線になります。東アジアにおけるオランダとの争いに勝利したイギリスは、1819年にトーマス・ラッフルズ（1781–1826）がシンガポールに入植したのち、アジア海上交易の要衝であるマラッカ海峡を押さえるなど、その支配力をさらに強めていきます。アフタヌーンティーを楽しむ風習が広まったことで紅茶に対する需要が大きくなり、国際通貨である銀が東インド会社から中国（清）へと大量に流れ込みました。イギリスの対清貿易赤字は増加の一途をたどり、もはや看過できない状況になります。事態を解決する方法は、麻薬のアヘン（阿片）しかありませんでした。イギリスは、植民地であるインドで栽培するアヘンを清に密輸出することで赤字の解消を図ります。清国政府は何度もアヘン禁止令を出しますが、事態は一向に収束に向かいません。1827年からイギリスと清の貿易収支が逆転し、銀が中国から流出しはじめます。銅銭を銀に換算して納税しなければならない清では、銀不足のために実質的な増税となり、庶民の不満が噴出します。アヘン貿易をめぐって中国とイギリスの対立は深まり、1840年、ついに戦争へと発展します。世に言う「アヘン戦争」です。1842年、イギリスの勝利で戦争は終結し、両国の間で「南京条約」が締結されます。清は多額の賠償金に加えて香港を割譲し、広東を含めた

5 港の開港を余儀なくされました。

　1869 年、エジプトのスエズ運河が、フランスの外交官フェルディナン・ド・レセップスによって開通の日を迎えました。スエズ運河会社は、産業振興を図るナポレオン三世（ナポレオン・ボナパルトの甥、1808–73）によって 1858 年に設立されました。1875 年、イギリスの首相ベンジャミン・ディズレーリ（1804–81）はロスチャイルド銀行からの融資でその株式を買い取り、ヴィクトリア女王（1819–1901、在位 1837–1901）にプレゼントします。

　この時期の 1867 年、十五代将軍徳川慶喜（1837–1913、在任 1867–68）はパリで開催される第 5 回万国博覧会に異母弟の徳川昭武（あきたけ）（1853–1910）を名代として派遣し、それに薩摩藩と佐賀藩も参加しました。和紙や金銀蒔絵（まきえ）の漆工品などが出品されました。江戸商人の清水卯三郎（うさぶろう）（1829–1910）が同行させた 3 人の柳橋芸者（すみ・さと・かね）が日本茶屋をいろどり、それはのちにジャポニスム（日本趣味）の源流となっていきます[37]。

　アメリカがイギリスから独立するのは、1776 年のことです。南北戦争（1861–65 年）を経て、アメリカは近代国家へと大きく変貌します。19 世紀後半、アメリカで海上権力（sea power）を志向する動きがみられるようになります。アメリカの海軍士官で海事史家でもあるアルフレッド・セイヤー・マハンの『海上権力史論』をはじめとする著書は第二十六代アメリカ大統領セオドア・ローズベルト（1858–1919、在任 1901–09）に絶賛され、わが国でも秋山真之らに大きな影響を与えました。国家の繁栄のためには交易の拡大が必要であり、そのためには海運と強力な海軍力が重要であるとマハンは主張しました。海を制する者が世界を制する、という思想です。国家は生産物を交易する必要があり、交易のためには「海運」が必要になる。植民地があれば海上輸送量を拡大させることが可能となり、安全な拠点を設けることで海運業は保護されるというロジックです。海外に安全な拠点を設け、自国の海運は自国の海軍力で守るというマハンの主張は大海軍主義に通じ、帝国主義的な側面を多分に含んでいました。「海」あるいは海外植民地の政治利用を志向する、いわば地政学的な発想と言ってもいいものです。早い時期からパナマ運河の重要性に着目したマハンの戦略性は、1898 年の米西戦争を正当化しました。スペインからフィリピ

ン・グアム・プエルトリコを獲得し、キューバを保護国化することにも成功します。フィリピンが独立運動をはじめると、アメリカはますます帝国主義的になっていきます。そして、いよいよ、アメリカは世界の覇権を握ることになるのです。

## 2. 文化を織りなす「海」

　わたしたちの日々の生活に関連して、海は「文化」をさまざまに織りなしてきています。文化は特定の地域社会を特徴づける慣習的了解であり、特定の地域における風土性および風土性と相即性をなす歴史性のなかで醸成される人事現象全般、特定の地域社会の"心"とでも言うべきものです。汎用性を有する技術的・物質的な要素を中心概念とする「文明」が時代のなかに埋没することもあるのに対し、文化は精神的要素を中心概念としているために消え失せることはありません。

　文化はおおまかにサイエンス（科学）とアート（技術および芸術）に整理され、サイエンスとアートが発展的に混淆することで新たな文化が創造されていきます。サイエンスとアートは明確に区分される訳ではなく、曖昧なことも多々あります。科学的で理論的であるためにサイエンスであっても、極めて技術的であればそれはアートでもあり、文明とも認識され得ます。言ってしまえば「サイエンス $\cap$ アート＝技術、サイエンス $\cup$ アート＝文化」ということであり、本稿の理解を深めるべく、下の図を示しておきます。

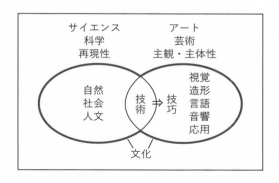

## （1）サイエンスを織りなす「海」

　サイエンス（science）は形式知の体系であり、実証可能で明示的な知識の体系です。物理学・化学・生物学といった自然科学のほか、法学・経済学や社会学などの社会科学、さらには、歴史学・言語学・心理学・宗教学といった人文科学もあります。自然科学の 1 分野である海洋学（oceanography）は海棲生物・海象・海流といった海洋の諸現象などを扱っており、海洋物理学・海洋化学・生物海洋学・海洋生物学・海洋生態学・海洋地質学などの分野があります。海洋に関連する社会科学としては海洋経済学・海運経済学・海運経営学・海洋政策学・海事法学・海事社会学など、人文科学としては海洋考古学・海事史学などがあり、切り口に拠って多岐にわたり、その一方で学際的な研究がなされることになります。再現性に忠実であろうとする自然科学に対し、社会科学や人文科学は人間社会あるいは人間そのものに深く関与しようとするために主体性や創造性を基本コンセプトとすることになり、それだけアート（技術および芸術）に近づくことになります。

　海が織りなすサイエンスとなれば、まずは海洋学を思い浮かべることでしょう。「はやぶさ 2」のミッションコンプリートのニュースもあり、世間の多くの目が宇宙に向かっていますが、海、たとえば深海ひとつとっても未知の世界が残されており、海洋学がそうした未知の世界を解明してくれることを心から願っています。ここでは、海が織りなすサイエンスについて別の視点で考えてみます。人間という存在があり、社会が形成され、そこから普遍的な真理がエキスとして抽出されると考えれば、人文科学→社会科学→自然科学→人文科学→……の連環、あるいはジグソーパズルのピースを埋めるように複層的にサイエンスを捉えてもいいかもしれません。自然科学の"分析"のみで全体像を把握するのは難しく、そこに"総合"というプロセスが加わることで真の姿が見えてくるということです。

　海が織りなすサイエンスについて人文科学と絡めて語るときの好例に、「シーマンシップ（seamanship）」があります。すばらしい船も、船長はじめ優秀な乗組員（船員[38]）がいてはじめてその魅力を発揮することができます。日本語で

は「船員」とも「海員」とも訳される英語の seaman ですが、これは landsman と対になるもので、かつては北方ノルマン系の mariner が一般的でした [39]。「板子一枚下は地獄」という厳しい状況下、かつてのヴァイキングがそうであったように、船長の指揮のもと一枚岩であることが船員に求められました ―本章 1. のなかでも触れている―。船員に必要な技能や心構えとでも言うべきもの、それがシーマンシップです。シーマンシップはスポーツマンシップとリーダーシップが融合した（ような）もので、日本では精神論まで含まれ、そうであれば、それは船員社会の文化と言っていいでしょう。そうしたシーマンシップを有する船員こそが優秀な船員である、ということです。[40] シーマンシップは海の男の処世訓であり、サイエンスとして哲学書の 1 ページに刻まれて然るべきものです。もちろん、有益な無形の文化遺産として、学校教育の教材にしてもいいと思います。先に紹介した佐久間勉などの感動譚（第 3 章 1.（3）2）参照）を紹介するのも一考に値するかもしれません。

　わたしたちは、ひとりでは生きていけない社会的な生き物です。自分ひとりの力だけでは生きていけないとき、人は何らかの集団に頼ろうとします。集団は社会の基礎をなします。社会とは人びとが何らかの関係を有しつつ輪郭を以って形成される総体であり、風土性および風土性と相即性をなす歴史性によって規定される文化を共通基盤とし、現実的には政治的・経済的総和として把握されます。わたしたちは社会において個々の利益や権利を守ろうとする一方で、社会における「共通、公共の利益が優先される」という暗黙知に屈することもあります。そうした社会的な枠組みを、わたしたちは「制度」と呼んでいます。制度は社会 [41] の秩序を維持するための仕組みや決まり事であり、あらゆる社会に必然的に存在します。制度の一例として、海上保険があります。保険はリスク転嫁の手段です。海上保険について言うならば、海上リスク（衝突・沈没・座礁・火災など）を転嫁するいろいろな保険商品が開発されてきました。古代ギリシア時代、航海中に共同の危険を回避するために故意かつ合理的にとった行為によって支出した費用あるいは損害を船主や荷主などの関係者で分担する「共同海損（general average）」の制度がみられました。わが国最古の廻船式目にもみられるなど、古今東西みられる制度です。古代ローマ時代に

起源を有し、1807 年フランス商法典でもみられた制度に「冒険貸借」と呼ばれるものがあります。航海を成功裡に終えたとき、借主である船主は貸主に対し元本に高額の利息 —たとえば、1 航海につき 24–36 パーセント— を付して返還する。しかし、座礁や沈没などの事故によって船舶あるいは積荷が滅失したときはその返還義務から解放される、というものです。わが国にも、17 世紀初め、似たような制度として「抛銀（なげがね）」がありました。博多や長崎などの豪商が船や積み荷を担保に必要資金を融通するものです。射幸契約的性質のほか信用契約・組合契約・保険契約の性格を有するとされ、現代保険制度のルーツと説明されています。海難事故で経済的損失を被るリスクを資金提供者に転嫁する工夫であり、船主にとっては一種のリスク管理手法となっていたのです。高利貸しはキリスト教の隣人愛の思想に反するとして、1230 年ごろ、ローマ教皇グレゴリオ九世（1143?–1241、在位 1227–1241）によって冒険貸借は禁止されます。しかし、そののちも形を変えて続けられ、リスク転嫁の機能が残り、その対価として保険料が前払いされるようになり、そのために保険料はプレミアム（premium）と呼ばれるようになった、とされています [42]。前もって払うという意味のラテン語 praeemere に由来するようです。船は、運賃や傭船料などのキャッシュフローを創出する利用価値、キャピタルゲインなどのキャッシュフローを創出する交換価値といった商業的価値を有しています。そうした価値が毀損する可能性があるとすれば、そうしたリスクを第三者に転嫁するに如くはありません。もちろん、船舶自体の価値の毀損リスクだけでなく、他人やほかの設備への損害賠償責任も考えられ、そうした場合、船舶所有者（広義の船主）の船主責任を補塡する P&I 保険（Protection & Indemnity Insurance）がリスク転嫁の任を担うことになります。リスクは回避・転嫁 —保険が代表的—・契約・認容・黙認といったマネジメント手段で管理されますが、もっとも好ましいのは「リスクを顕在化させないこと」です。しかし、そうした顕在化のリスクは減じられることはあっても、なかなかゼロにはならない。そのために、保険という制度が用意されているとも言えます。船舶金融、とりわけ船舶抵当権を前提にする船舶融資において、船舶抵当権の補完機能をはたす船体保険は極めて重要であり、船舶融資提供者である金融機関にとっての精神安定

剤となっています。保険と言う場合、まずは生命保険を思い浮かべるでしょう。しかし、その土台となったのは、じつは海上保険なのです。海上保険は、14世紀初頭、ピサ・ジェノヴァ・ヴェネツィアなどの北部イタリア諸都市ではじまり、14世紀中頃から後半にかけて徐々に整備されていきました。17世紀後半、エドワード・ロイド（1648?–1713）がロンドンで開店したコーヒーハウス（Lloyd's Coffee House）が海運業者・貿易商・海上保険業者などの情報交換の場となり、いつしか海上保険の本拠地となっていきました。江戸末期、福沢諭吉（1835–1901）によって、保険がわが国に紹介されました。明治12年（1879）に設立された東京海上保険会社（いまの東京海上日動火災保険）が貨物保険の営業を開始し、5年後から船舶保険の取り扱いがはじまりました。北前船船主の右近家十代目当主（権左衛門、1853–1916）が、時代を先取りする格好で日本海上保険（いまの損害保険ジャパン）を設立します。ちなみに、生命保険については、明治14年（1881）に日本初となる生命保険会社（明治生命、いまの明治安田生命）が設立され、明治21年（1888）に帝国生命（いまの朝日生命）、翌年には日本生命がそれに続きました[43]。

　共同体の一員として守るべきことの代表的なものが道徳であり、法です。法は社会秩序を維持するための規範で、一般的に、国家権力による強制力を伴っています。規範という点で自然法則や理性を前提とする道徳と区別され、国家権力による強制力を伴うという点で村八分といった心理的拘束を前提とする道徳と区別されます。法には、自然法と実定法があります。自然法が理性に基づく法体系であるのに対し、実定法は特定の社会と時代において実効性を有する法体系であり、それぞれ風土性および風土性と相即性をなす歴史性を孕んでいます。楔形文字で書かれた「ハンムラビ法典」（紀元前18世紀ごろ）は世界最古の成文法典であり、船の積載能力に応じてあらかじめ定められた料金で傭船されること、造船価格は船の大きさに応じて決められ、造船者は堪航性につき1年間保証すること、運送料は前もって支払われること、など、現代的な条文が規定されていました。現代海商法の基礎は、中世ヨーロッパにおいて築かれました[44]。地中海、北海の都市国家でさまざまな海事慣習法が構築され、12世紀以降、各地で海商に関する都市条例が制定されました。12世紀、フラ

ンス西海岸の海事判決を収録したオレロン海法が登場し、スペインの地方語
で海事慣習法や裁判例を集成したコンソラート・デル・マーレ（Consolato del
Mare）が地中海交易を介して各地に広まっていきました。コンソラート・デ
ル・マーレ以外にも地域に根ざした海商法がいくつもあり、海上保険に関する
慣習法を集めたものまで登場します。16 世紀、フランス西部のルーアンでギ
ドン・ドゥ・ラ・メールが編纂されました。太陽王ルイ十四世（1638–1715、在
位 1643–1715）治世下の 1681 年にはフランスで海事王令が編まれ、慣習と実
務について徹底的に調査されているとして世界各国で法源とされました。世界
最初の現代的な商法典は、1807 年に制定されたフランス商法典（ナポレオン
商法典）とされています。海商法の規定が商法典のなかに組み入れられ、そう
したスタイルは明治期のわが国にも紹介され、いまは商法のなかで第三編「海
商」として規定されています。わが国の海商法にも、それなりに長い歴史があ
ります。最古の海商法は、全 31 条からなる「廻船式目（廻船大法、とも）」と
されています。摂津兵庫・土佐浦戸・薩摩 坊 津の 3 人の船主の船法度を鎌倉
幕府が公認したものとされていますが、実際は、室町時代末期に編纂されたよ
うです。江戸時代の廻船問屋や海運業者は、この廻船式目を大切に保管してい
ました。「理を曲ぐる法あれども、法を曲ぐる理あるべからず」と実定法至上
主義をうたい、他に船の沙汰（法）がある場合でもこの廻船式目を引合いにす
ると定められています。古法が新法に優先するなど、現代における法原理、法
解釈と異なる部分もみられます。「悪法もまた法」という当時の封建思想に基
づいていると考えられますが、契約自由の原則を認め、傭船の規定、積み荷の
損害賠償の規定、衝突の際の取り決め、刎ね荷（共同海損）の規定、難破船の
処理規定などが盛り込まれていることを考えれば、廻船式目を以ってわが国が
世界に誇るべき海事文化遺産としていいのではないでしょうか。廻船式目を参
考に、天正 20 年（1592）、豊臣秀吉は「海路諸法度」をまとめました。諸国の
船主らに布達された 19 条からなる海事規範で、当時の海運事情に合わせて改
訂が加えられました。他領地の船舶との衝突は領主間の紛争につながりかね
ず、それを回避するには衝突原因の調査、過失の有無や過失割合の確認がもっ
とも重要であり、海路諸法度ではそのことが詳細に規定されました。徳川家康

174

は海路諸法度が豊臣治世下のものであることから廻船式目を尊重したとされていますが、鎖国政策で船舶の航行が国内に限定されるために廻船式目で十分との認識もあったのでしょう。

## (2) アートを織りなす「海」

（1）において社会科学、人文科学の視点で「海が織りなすサイエンス」について考察しましたが、例として挙げたシーマンシップ・海上保険・海事法は「サイエンス∩アート」の図式からはある種の“技術”であり、そのことは社会科学や人文科学がアートと密な関係にある証左になっています。海はわたしたちの五感（視覚・聴覚・触覚・味覚・嗅覚）に作用して正または負の心の原風景となり、わたしたちを冒険・探検・交易へと誘い、サイエンスへの衝動を刺激しました。そして、ふとしたとき、新たな何かがわたしたちのなかで蠢（うごめ）きだすのに気付きます。それは創造性（creativity）の発露であり、創造性を具現化させる「芸術」と呼んで不可（ふか）ないものです。芸術は、art（アート）の訳語です。創造性の主観的な表現あるいはその形態であり、技術を一段とすすめた“技巧”でもあります。芸術のおもしろさは、表現者の主観や主体性を基本にしつつ、そのなかに普遍性が見出されるために価値が認められ、その結果として何らかのキャッシュフローが創出され、技巧が一段と高じられることで文明になり得ることです。

芸術には美術（絵画、彫刻、写真、生け花などの視覚・造形芸術）、文芸（詩、小説、随筆、哲学、自説の主張などの言語芸術）、音楽（作曲、演奏、指揮などの音響芸術）、デザイン（ファッション、グラフィックなどの応用芸術）などの分野があり、それぞれに表現者の主観や主体性が反映されます。表現者の主観や主体性を基本にしているため、表現者の基底にあるのはfreedomとlibertyが意味するところの“自由”です。自由が価値を生み、キャッシュフローを生むことで持続性が見出されることが芸術の最大の魅力です。そうでなければ、単なる自己満足的な趣味の域を出ません。海は芸術のふるさとであり、視覚・造形芸術、言語芸術、音響芸術、応用芸術などの表現者にとっての心のオアシ

スです。自由な表現者によって具現化された芸術は、自ずとわたしたちの心を
震わせます。そして、感動は甘美な記憶となり、いつしか心の原風景に溶け込
んでいくのです。

## 1）美術と「海」

　ルネッサンス期のイタリアの画家サンドロ・ボッティチェリ（1445–1510）
は、メディチ家に依頼されて『春（ラ・プリマヴェーラ）』と『ヴィーナスの誕
生』[45]を描きました。ヴィーナス（ウェヌス）はローマ神話に出てくる美と愛
の神で、ギリシア神話ではアプロディテ（アフロディーテ）と呼ばれています。
全能の神ゼウスの父クロノスが切断した父ウラノスの男性器を海に投げ込んで
できた泡から生まれました。世界的な海洋地質学者ティアート・H・アンデル
は、「（前略）海それ自身の抒情をよびおこす絵画は、19 世紀になって生まれ
た」としてイギリスロマン主義の画家ジョゼフ・マロード・ウィリアム・ター
ナー（1775–1851）をその先駆者として紹介し、1840 年作の『浅瀬の蒸気船に
警告するのろしと青い光』を例に挙げています[46]。その前にも、ターナーが
多大な影響を受けた、フランス古典主義を代表するクロード・ロラン（本名ク
ロード・ジュレ、1600–82）がいます。海景画の先駆者で、代表作に 1639 年作
の『夕日の港』があります。その他にも、ジュール・ヴェルヌ（1828–1905）が
『海底二万里』のなかで海景画家として名を挙げているルドルフ・バックホイ
セン（1631–1708）やクロード・ジョセフ・ヴェルネ（1714–89）などがおり、
ヴェルネの絵（連作『フランスの港』）には資料的価値があるとされています。
『印象、日の出』はクロード・モネ（1840–1926）が 1872 年に描いたもので、19
世紀後半のフランスで興った「印象派」の名の由来となった作品です。フラン
ス北西部の都市、ル・アーヴルの港が柔らかいタッチで描かれており、実際に
鑑賞したなかで、わたしはこの絵がいちばん"印象"に残っています。江戸時
代、世界的に有名な葛飾北斎（かつしかほくさい）（1760–1849）[47]は、代表作『富嶽三十六景（ふがくさんじゅうろっけい）』の
なかで数多くの海と舟の絵を描きました。なかでも『神奈川沖浪裏（かながわおきなみうら）』は、多く
の西洋画家たちに大きな影響を与えました。『凱風快晴（がいふうかいせい）』（赤富士）、『山下白雨（さんかはくう）』
とともに北斎の三大作品とされ、ご存知の方も多いはずです。北斎は波の伊八

（1751-1824）の波の彫刻に影響されてこの絵を描いたと言われています。荒れ狂う波が舟に襲い掛かる。船乗りたちは怯え、ただただ舟にしがみつくかのようです。遠くに富嶽（富士山）が描かれ、「動」と「静」、「近」と「遠」の対比がじつにみごとです。かのフィンセント・ファン・ゴッホ（1853-90）は弟テオに宛てた手紙のなかでこの絵を絶賛し、フランスの作曲家クロード・A・ドビュッシー（1862-1918）はこの絵に刺激されて交響詩『海』を作曲しました。北斎通りの両国国技館寄りにある「すみだ北斎美術館」は、わたしのお気に入り散歩スポットのひとつです。かつてその地には、江川太郎左衛門（英龍、1801-55）の屋敷がありました。

　各地で船絵馬を目にすることができます。この船絵馬を美術とするかどうかは悩ましいところです。船絵馬は絵そのものの芸術性が問われているのではなく、船乗りたちの祈りであり、信仰であり、感謝だからです。そうであれば、サイエンス（人文科学）のなかの宗教との絡みで論じられて然るべきなのかもしれません。船絵馬の類は世界各地で見ることができます。なんの TV 番組だったか忘れましたが、モンテネグロ ―2006 年にモンテネグロ共和国として独立― の聖母教会が紹介されていました。モンテネグロはアドリア海を挟んでイタリアの対岸にあり、「黒い山」というのが原意です。15 世紀、コトル湾に浮かぶ岩礁で聖母マリアの絵が見つかりました。船乗りたちはそののち 170 年の年月を費やしてその地に教会を建て、無事に航海を終えると船の絵が描かれた銀のプレートを教会の壁に納め、感謝の意を表したとのことです。

　海に浮かぶ「船」には彫刻に似た視覚・造形芸術のほか応用芸術の要素もあり、海が創り出した総合芸術作品と言ってもいいでしょう。ばら積み船（バルカー）、各種タンカー（原油輸送船、ケミカル製品輸送船など）、ガス運搬船（液化天然ガス運搬船、液化石油ガス運搬船など）、コンテナ船、自動車専用船（PCTC）など、用途や航路などによってさまざまですが、芸術性の点からは、青い海に白い帆を張る帆船、洋上を優雅に進む豪華クルーズ客船に軍配があがるでしょう。富山伏木港に係留されている初代「海王丸」、横浜みなとみらい地区に浮かぶ「日本丸」など、海に浮かぶ絵画そのものです。1853 年、最後の大型帆船（全長 120 メートル）とされているグレート・リパブリック号

が竣工しました。1848 年から 1849 年にかけてのゴールドラッシュ時代、金採掘者のための家財道具や食料品、酒類をアメリカ東海岸から南米最南端のホーン岬を回ってサン・フランシスコへと運んだのがこうした大型クリッパー船でした。人口わずか 2,000 人の寒村だったサン・フランシスコが巨大都市に変貌したのも、こうした船の存在があったればこそのことでした。切り詰める、時を短くするという意味のクリッパーは 19 世紀のはじめにスクーナーの進化形としてアメリカで開発されましたが、そののちイギリスで改良が加えられ、19 世紀後半、その技術は最高点に達しました。そして、この時期、中国からヨーロッパに茶を運搬するティー・クリッパーが登場します。1869 年に竣工したカティ・サーク（スコットランド語で短い "シュミーズ"）もそのひとつであり、ただひとつ残るティー・クリッパーとしてロンドン近郊のグリニッジで保存展示されています。茶の運搬が汽船に取って代わられたため、カティ・サークはウール・クリッパーとして第 2 の働き口を得ました。羊毛 4,289 袋、獣油 12 樽を積んでの常識をやぶる速さは、ロンドンの人びとをあっと驚かせたようです 48)。時代は、蒸気機関が "風" を凌駕するときを迎えていました。蒸気機関が船舶に応用された嚆矢は 1783 年竣工のフランス公爵クロード・ジュフロイの船パイロスカーフ号とされ、リヨン近くのソーヌ川を 15 分だけ上流に向けてすすみました。1802 年、ウィリアム・サイミントンが建造したシャーロット・ダンダス号が、70 トン積みの 2 隻の艀を曳いて 19 マイルを 6 時間で航海しました。しかし、パトロンであるダンダス卿の令嬢の名に因むこの船には、船尾の水車で進むなどいろいろな問題がありました。そうした意味では、1806 年にアメリカ人ロバート・フルトン（1765-1815）がニューヨークで建造したクラーモント号が特筆されます。排水量 100 トン、18 馬力の蒸気船で、ハドソン川を 4.5 ノットで航行して衆目を集めました。49) 1836 年、イギリスに帰化したスウェーデン人のジョージ・エリクソンらがスクリュープロペラに関する特許を取得し、外輪式からスクリュー式へと船舶の推進力に革命がもたらされました。スクリューは東南アジア、中国や日本で多く見られる櫓と同じく揚力を利用するのですが、反作用を利用する櫂が主流のヨーロッパにあっては画期的な発想でした。1845 年 4 月 3 日に行われた、外輪船アレクトー号対

スクリュープロペラ船ラットラー号（ともに 200 馬力）の洋上綱引きは有名です。ラットラー号が後ろ向きのアレクトー号を 2.5 ノットの速度で曳航し、栄冠は後者に輝きました[50]。鉄製の蒸気船も造られるようになりました。大洋航行の鉄製第 1 号蒸気船は、造船技師ブルネルが設計したグレート・ブリテン号（1843 年竣工、大西洋定期客船）です。時代は蒸気船の時代を迎えましたが、その外観は、外輪式からスクリュー式への移行は見られたものの、相変わらず複数のマストを有していました[51]。蒸気機関の燃料消費効率が悪く、石炭を節約する必要があったのです。マストが完全に姿を消すのは、1880 年代後半から 1890 年代に入ってからです。20 世紀前半、燃料が石炭から重油へと移行し、石炭を焚く火夫が不要になります。その結果、船体はより大型化し、速力は向上し、利用可能な船内空間が増え、全体的にふっくらとした船影になりました。大型豪華定期客船の幕開けはイギリスのモーレタニア号（1907 年竣工、31,938 総トン）などによってなされ、そののち、海難史に名を刻むタイタニック号（1912 年竣工、46,328 総トン）、アキタニア号（1914 年竣工、45,647 総トン）、フランスのイル・ド・フランス号（1927 年竣工、43,153 総トン）、飛行船ツェッペリン号が世界一周の旅に出る 1929 年に竣工したブレーメン号（51,656 総トン）と続きます。横浜市に山下公園があります。大正 12 年（1923）に発生した関東大震災の復興事業として、市内の瓦礫<sup>がれき</sup>などで以って 4 年がかりで造成した公園で、山下汽船（いまの商船三井）の創業者である山下亀三郎<sup>かめさぶろう</sup>（1867–1944）が私財を投じて整備されました。この山下公園に、日本

【4-1】氷川丸（横浜市山下公園、筆者撮影（一部加工））

郵船の氷川丸（【4-1】）が係留されています。昭和 5 年（1930）4 月に横浜船渠
で竣工し、5 月 13 日、シアトル航路の起点である神戸を出港しました。武蔵
一宮の氷川神社（さいたま市）に由来する氷川丸もまた、豪華客船時代を彩る
船のひとつです [52]。

　両大戦の間の 1920 年代から 1930 年代、時代はもっとも華やかな大型豪華
定期客船時代を迎えていました。それは、過去の華美な装飾を排した、合理性
を追求する機械としての船の時代でもありました。多くの建築家が豪華客船に
心を震わせ、それは設計に大きな影響を与えました。旧来の宮殿のような華美
で重苦しい建築ではなく、合理性・合目的性を追求したシンプルな建築を志向
したのです。世界遺産に登録された国立西洋美術館を設計したル・コルビュジ
エ（1887–1965、本名シャルル＝エドゥアール・ジャンヌレ＝グリ）も、そうし
た建築家のひとりです。ル・コルビュジエはフランス・パリを拠点に活躍した
建築家で、「フランス正規の建築教育を受けておらず、スイスの山奥から来た
山ザルみたいな人」との評価もありますが [53]、「近代建築の父」とされている
人物です。[54] 多くの建築家が、ドイツの大型豪華客船ブレーメン号の流線型
の外観に魅了されました。機能性もさることながら、そのデザイン性に心惹か
れたのです。全長 286.1 メートル、幅 31 メートル、速力 27.5 ノット、乗客定
員 2,139 人、乗組員 966 人という大型豪華客船で、そのシャープな流線型デザ
インは日本郵船の浅間丸（1929 年竣工、17,498 総トン）のブリッジにも取り
入れられました。多くの人を乗せる客船をひとつの都市空間とするコンセプト
は、たとえばコルビュジエに、すべての都市機能を包摂する「集合住宅」、プー
ル、レストラン、ショッピングセンター、ゆとりある屋上、病院やちょっとし
た遊びの空間を有する集合型住宅のアイデアを賦与しました。建築家たちは、
船の煙突にも注目しました。船の煙突は外観を美しくみせるポイントである、
という着想です。初期の豪華客船、たとえば、モーレタニア号の煙突は排煙で
船体が汚れないよう背高に造られましたが、ブレーメン号、豪華客船時代を代
表するフランスのノルマンディ号（1935 年、79,280 総トン）の煙突は見るか
らに低く、断面が楕円形の煙突となっており、その "ちょこん" とした存在感
は建物の屋上にアクセントとしてもってこいでした。ほかにも、建築家たちは

船から多くのことを学びました。たとえば、白く塗装された清潔な船体に感化され —船底は海中生物が付着しにくい成分を含んだ赤い塗料、頻繁に海水を浴びる船体の側面は汚れの目立たない黒色の塗料、上部の居住区は衛生管理、美的観点から白い塗料で化粧されることが多かった—、多くの白い建物を世に送り出しました。特徴ある丸窓も、船のデザインからヒントを得たものです。

　造形芸術は、なにも洋上や陸上だけとは限りません。何らかの事情によって、海底に眠る造形芸術作品もあるのです。海に眠る芸術遺産（水中文化遺産）もまた、わたしたちが未来に向けて保存すべき貴重な資産です。水中文化遺産は、水中文化遺産保護条約[55)] のなかで、少なくとも水中に 100 年間眠る文化遺産（「文化的、歴史的、または考古学的な性質を有する人類の存在のすべての痕跡であり、その一部または全部が定期的あるいは恒常的に少なくとも 100 年間水中にあったもの」）と定義されています[56)]。四方を海に囲まれたわが国の近海には、いまも多くの船などの水中文化遺産が海底深く眠っていることでしょう。現在、多くの元軍の船が沈んでいる長崎県鷹島沖の元寇跡（鷹島神崎遺跡）が国の史跡に認定されているほか、広島県鞆の浦のいろは丸展示館には、紀州藩の蒸気船明光丸と衝突し沈没したいろは丸関連の（とされる）品々が塩抜き処理され、展示されています。また、江差の開陽丸青少年センターには幕府軍艦開陽丸のレプリカが海に浮かび、その中に、引き揚げられ塩抜き処理された資料が数多く展示されています。このほかにも、函館近くの木古内沖に沈んでいるとされる咸臨丸がオランダ政府（文化庁）の協力要請のもと引揚げが検討されているほか、熱海沖に浮かぶ初島近海でも沈没船の実態が解明されようとしています。文化庁が平成 29 年（2017）10 月に公表した「水中遺跡保護の在り方について」のなかで、水中遺跡は埋蔵文化財行政の対象となることが確認されました。埋蔵文化財とは、「地下、水底その他の人目に触れ得ない状態で埋蔵されている有形文化財」のことです。水中遺跡について、従前は水難救護法と文化財保護法のいずれを適用するか地方自治体に任されていましたが、上記報告では、出土遺跡は遺失物法（平成十八年法律第七十三号）および文化財保護法に基づき取り扱うことが原則とされました。遺失物法の適用となると届出物は市町村長に引き渡され、6 ヶ月公示ののち所有者が現れなけれ

ば所有権は拾得者に移ることになり、所有権規定のない水中文化遺産保護条約と抵触する可能性があります。また、水中文化遺産保護条約では 100 年以上水中にあるものを水中文化遺産としていますが、文化財保護法は扱う遺跡の範囲を原則として中世（1192–1573 年頃）までのものとしていること、同法の適用を領海までとしていること、など、残された課題も多いようです 57)。水中文化遺産保護条約を批准したのちの国内法整備が注目されるところです。水中文化遺産の保護は、つねにトレジャーハンターたちとの "イタチごっこ" となっています。過日（2019 年 7 月 16 日）、「BS 世界のドキュメンタリー」（NHK BS1）でフランスのテレビ局が制作した「大海原のゴールドラッシュ」が放映されていましたが、世界のトレジャーハンターたちは南アジア、マラッカ沖、ハバナ（キューバ）などで精力的に沈没船を探索し、引き揚げた陶磁器、硬貨といった財宝をオークションにかけているようです。彼らの主たるターゲットは、大航海時代の王家財宝運搬船。沈没船の正確な数は不明です。UNESCO（United Nations Educational, Scientific and Cultural Organization（国際連合教育科学文化機関））によれば 300 万隻以上が海洋に眠っているとのことですが、そのうち、探索（調査）が完了したのはわずか 5 パーセントに過ぎません。世界の海底を知り尽くしているノーチラス号のネモ船長に聞けば、あるいは、何か書き物でものこされていれば大方のことはわかるかもしれませんが、そうもいかない。ユネスコが沈没船、すなわち水中文化遺産を守ろうとしても、目が届く範囲は限られているのです。皮肉なことですが、トレジャーハンターたちのおかげで沈没船が発見されることだってないではありません。トレジャーハンターが沈没船を発見した場合、往々にして所有権の所在をめぐって争いが起きます。2007 年、スペイン沖で沈没したメルセデス号の中から 60 万枚、金額にして 5 億ドル相当の硬貨が見つかりました。発見したオデッセイ・マリン・エクスプロレーション社は、フロリダの裁判所に所有権の確認・保存を訴え出ました。これに対しスペイン政府は本船が軍艦であったことを理由にスペインの所有権を主張しました。裁判は 5 年に及び、結局はスペイン政府が勝訴しました。おかげで、いまは同国の国立海洋考古学博物館に納められています。発見の可能性が増えることで水中文化遺産の実態がより明らかになること、沿岸

国による所有権保護、水中文化遺産保護の必要性などを総合的に勘案し、民間と沿岸国による共同探索の方法が採られるべきなのかもしれません。

　写真もまた海に関係する視覚芸術、そのグラフィック性において応用芸術のひとつであり、美術やデザインの分野を支えています。ここでは、「橋のある風景」をイメージしてみましょう。川に架かる橋もすばらしいのですが、青い海原に悠然と映える橋もその魅力という点で負けてはいません。東京の近郊では、レインボーブリッジ、ベイブリッジなどが心躍らせる題材でしょう。たとえば、第六台場跡とともに大都会のなかで息づくレインボーブリッジなど、かつての風土性と歴史性が感じられ、格好の被写体となること請け合いです。このエリアは、都立台場公園として整備されています。「お台場」として親しまれており、幾組ものカップルや家族連れが海と戯れている光景を目にすることができます。過去と現在が交差し混淆する空間には未来を予感させる趣があり、いまは第三と第六だけが残る台場跡 ―1926 年、国の史跡に認定― が造形芸術遺産としてわが国の海洋文化の一翼を担っています。ペリー艦隊の来航を受け海防を強化する必要から、伊豆韮山代官江川太郎左衛門（英龍）が 1 年と 3 ヶ月の月日を要して築いたもので、全部で 6 基ありました。異常に蒸し暑い夏のある日、当地を訪ねました。時節柄、多くの家族連れが海と戯れている。

【4-2】水上バスホタルナから眺めるレインボーブリッジ（筆者撮影）

アメリカ人らしき親子も数組いました。（あなたたちは、あなたの国の海軍の来航が原因であの台場が造られたことを知っていますか？）と心のなかで呟きながら、台場公園へと向かいました。スタイルのいい水上バス（【4-2】）で向かうのもいい。隅田川の風に包まれながら、レインボーブリッジを遠目に写真におさめるのも一興です。

　映画は視覚芸術および造形芸術、言語芸術、音響芸術、さらには応用芸術のコラボレーションによる創造性の発露であり、人間の五感に訴えるエンターテインメントです。ビジュアル性、ストーリー性とメロディの融合であり、思い出と重なって心の原風景を織りなしていきます。「海」は、そうした映画の舞台にうってつけの空間です。ディズニー映画『リトル・マーメイド』は、音楽とともに名場面が目に浮かんできます。平成 16 年（2004）に公開された『海猿』などは、海上保安官への憧れを抱かせるには十分な内容です。『ジョーズ』（1975 年）、『パイレーツ・オブ・カリビアン／呪われた海賊たち』（2003 年）、『グラン・ブルー』（1998 年）、『タイタニック』（1997 年）、『海の上のピアニスト』（1999 年）、『モアナと伝説の海』（2016 年）、『海街ダイアリー』（2015 年）、『喜びも悲しみも幾歳月』（1957 年）、『ONE PIECE』や『釣りバカ日誌』のシリーズものなど、悲喜交々、笑いあり涙あり……わたしたちの心にそれぞれに深く印象付けられていることでしょう。海運業界に身を置く方には、『キャプテン・フィリップス』（2000 年）が海賊のリアルな残像となっているかもしれません。アメリカのコンテナ船マースク・アラバマ号がソマリア沖で海賊に襲われ、占拠された。トム・ハンクス扮するフィリップス船長は、乗組員を救うために身代わりとなる決断をする。ソマリア海賊たちとの鬼気迫る攻防が続くなか、米国政府が国家の威信を賭けて動き出す、というのがメインシナリオです。実話に基づいており、リアリティたっぷりの、いささか恐怖心を煽る興味深い作品となっています。海を舞台とした映画では、心震わすシーンが多いようです。先に挙げた『タイタニック』もそうした映画のひとつと言っていいでしょう。1912 年 4 月 14 日の深夜から翌未明に起きたタイタニック号の沈没事故では、1,513 人もの尊い命が奪われました。そうした大惨事のなかにあって、自分の救命具を婦人にゆずり自らは海に沈んでいく 6 等航海士の話など、感動

譚は尽きません。沈みゆく船の甲板の上で、楽団が泰然と演奏を続ける。それは、バンドマスター、ウォレス・H・ハートリー（1878–1912）の発案でした。パニックに陥っている乗客を落ち着かせ、少しでも心を癒そうと最後まで演奏を続け、8名の楽団員全員が亡くなります。最後（最期）に演奏する曲は、讃美歌「主よ、御許に近づかん（Nearer, My God to Thee.）」。楽団員のなかに、当時21歳のバイオリニスト、ジョック・ヒューム（1891?–1912）がいました。彼には同い年の恋人（メアリー）がおり、ジョックの子を身ごもっていた。ジョックは意識が薄れゆくなかで、愛しき恋人、そしてまだ見ぬわが子のことを思った。しかし……そんな彼の思いを、同じ音楽家の彼の父親は受け入れませんでした。貧しい家の出であることを理由に、メアリーと生まれたばかりの女の子を認めようとしなかったのです。メアリーはジョックとの思い出を胸に愛娘をひとりで育てようと心に決め、そして立派に育て上げます。ちなみに、讃美歌「主よ、御許に近づかん」の物悲しい旋律は、わたしが視る度に涙するアニメ『フランダースの犬』のなかで、心やさしいネロとネロを慕う愛犬パトラッシュが天使に迎えられるシーンでも流れています。「海」と映画となれば、本当に尽きるところがありません。しかし、「印象的なシーンをひとつあげろ！」と言われれば、わたしはためらうことなくフランス映画『望郷』（原題 Pépé le Moko、1937 年公開、ジュリアン・デュヴィヴィエ監督、主演ジャン・ギャバン）のラストシーンに一票を投じます。ジャン・ギャバン（1904–76）扮するペペ・ル・モコは警察に捕まることも意に介さず、アルジェの港からマルセイユへと帰る船上に立つ愛する女性（ミレーユ・バラン（1911–68）扮するギャビー）に「ギャビー！」と声をふりしぼる。しかし、その声は汽笛にかき消され、ペペは隠し持っていたナイフで自らの命を絶つ……。ペペにとって、パリを感じさせる彼女を失うことは心のなかの故郷を失うことだったのです。

　やや異質ですが、目を楽しませてくれるという点において、料理も「美術と海」のコーナーに加えておきます。海の幸を活かした料理もまたある種の視覚・造形・応用芸術であり、技巧を必要とするためにアートであり、海が織りなす文化の側面を有しています。海をわたって大陸の食文化がわが国にもたらされ、その逆もありました。それは、海外も同じです。日本では高級で見映え

がするイメージのフランス料理ですが 一もちろん、日本料理もまったく引け
を取らない一、元々はイタリアから伝わったものです。1553 年にメディチ家
（ロレンツォの直系）のカトリーヌがフランソワ一世の次男アンリと結婚する
のですが、カトリーヌは文化レベルの高いイタリアから片田舎のパリに行くの
が嫌でたまらない。そうした彼女を不憫に思ったローマ教皇が、「不自由のな
いように」とイタリアの料理人をパリまで同行させるのです。このとき、ナイ
フとフォークを使用するスタイルの食事マナーも伝わりました。元々はバグ
ダッドの宮廷の食事作法だったのですが、バグダッドからシリアのダマスカス
などに伝わり、交易によってイタリアにわたり、フィレンツェのメディチ家
やローマの貴族のマナーとなっていたのです[58]。華やかなイメージのフラン
ス料理に、食材となる魚介類は言うに及ばず、ソフト面でも「海」が大きく関
わっていたのはじつにおもしろいことです。「カトリック教文化圏（フランス
やイタリアなど）の食事はおいしく、プロテスタント文化圏（イギリス、オラ
ンダやドイツなど）はそうでもない」と言われることがありますが、そこには
カトリック教あるいはローマ教皇が贅沢を許容したことが関係しているのかも
しれません。清の乾隆帝の満漢全席もそうですが、贅沢が文化を育む側面は否
定できません。

## 2）音楽と「海」

　シャルル・カミーユ・サン＝サーンス（1835–1921）作曲の組曲『動物の謝肉
祭』のなかの『水族館』を聴けば、その神秘的な旋律に魅せられ水族館に出か
けたくなります。海は心の琴線に触れる美しい音響芸術を誘発し、ミュージカ
ルともなれば音響・視覚・造形・言語・応用の総合芸術です。歌詞のないクラ
シック音楽は典型的な音響芸術であり、オーケストラの編成は視覚芸術でもあ
ります。映画のサウンドトラックは音響芸術としても十分評価に値し、いずれ
はクラシック音楽になるにちがいありません。事実、久石 譲 作曲のジブリ映
画作品の音楽などがオーケストラで演奏され、すでにクラシック音楽の雰囲気
を醸し出しています。
　音楽は典型的な音響芸術ですが、言語芸術と融合させることで新たな分野

を拓いてくれます。言語芸術たる歌詞があるためにわたしたちは歌が歌えるのであり、そうでなければ鼻歌、ハミング、口笛に過ぎません。よく歌われる「歌謡曲」はいわゆる“大衆”音楽であり、演歌、ロック、J-POP といったポピュラー音楽の総称です。海を連想させる歌謡曲としては『憧れのハワイ航路』(1948 年)、『想い出の渚』(1966 年)、『海その愛』(1976 年)、『海の声』(2015 年) など、これまた挙げれば切りがありません。わたしは、中島みゆきが歌う『海よ』や藤圭子 (1951–2013) が歌う『誰もいない海』が大好きです。歌謡曲を歌い、耳にするとき、人は愉快な気分になり、懐古の念に駆られ、あるいは、ひとり静かに涙を流すことでしょう。ウクレレ片手に『アロハ・オエ』を歌えば心が浮き立ち、クルーズ船から眺める黄金色に輝く街が眼前に広がるようです。年配の方であれば、演歌かもしれません。ある TV 番組で、昭和の“海”演歌のランキングをやっていました。3 位は都はるみが歌う『アンコ椿は恋の花』、2 位は石川さゆりが歌う『津軽海峡・冬景色』、そして、栄えある第 1 位は北島三郎の『函館の女』でした。ある年齢以上の方は、折にふれて童謡や文部省唱歌を懐かしく口ずさむことでしょう。童謡は子ども向けの歌、文部省唱歌は明治から昭和にかけて文部省 (いまの文部科学省) が編纂した楽曲の総称です。いずれもメロディに哀愁があり、歌詞がじつにいい。広大な太平洋を連想させる『うみ (海)』(作詞:林柳波、作曲:井上武士) をはじめとして、『砂山』(作詞:北原白秋、作曲:中山晋平)、『砂山』(作詞:北原白秋、作曲:山田耕筰)、『椰子の実』(作詞:島崎藤村、作曲:大中寅二)、『我は海の子』(作詞者作曲者不詳)、『海』(作詞者作曲者不詳)、『浜辺の歌』(作詞:林古渓、作曲:成田為三)、『浜千鳥』(作詞:鹿島鳴秋、作曲:弘田龍太郎) などの旋律が、幼かった日々と重なるにちがいありません。『うみ』の歌詞は、

> うみはひろいなおおきいな、つきがのぼるしひがしずむ。うみはおおなみあおいなみ、ゆれてどこまでつづくやら。うみにおふねをうかばせて、いってみたいなよそのくに。

文化庁と日本 PTA 全国協議会が平成 18 年 (2006) に選定した「日本の歌百選」にも選ばれた文部省唱歌です。発表は、軍靴喧しい昭和 16 年 (1941)。月

が昇る一方で日が沈むからには夕刻なのでしょうが、際限なく広い海が瞼に浮かんできます。作詞は群馬県沼田市出身の詩人林柳波（1892–1974）、作曲は群馬県前橋市出身の井上武士（1894–1974）です。ふたりとも海の無い県の出身であり不思議な感じもしますが、太古は海の底だった群馬県の DNA のなせることだったのかもしれません。『砂山』の歌詞は、

> 海は荒海向うは佐渡よ、すずめ啼け啼け、もう日はくれた。みんな呼べ呼べお星さま出たぞ。暮れりゃ砂山汐鳴ばかり、すずめちりぢりまた風荒れる。みんなちりぢりもう誰も見えぬ。かえろかえろよ茱萸原わけて、すずめさよならさよならあした。海よさよならさよならあした。

北原白秋（1885–1942）が新潟市の寄居浜から眺めた佐渡島の荒涼たる光景を歌詞にまとめあげ、作曲を中山晋平（1887–1952）に依頼しました。発表は大正 11 年（1922）、関東大震災の前年です。翌年、山田耕筰（1886–1965）もこの歌詞に自らの曲をつけました。ひとつの歌詞にふたつの曲がつけられた場合どちらかが消えてしまうことが多いのですが、2 曲とも歌い続けられているのは珍しいことです。歌詞が味わい深いために、それぞれにメロディのイメージが広がるからでしょう。『椰子の実』の歌詞は、

> 名も知らぬ遠き島より、流れ寄る椰子の実一つ、故郷の岸を離れて、汝はそも波に幾月。旧の木は生いや茂れる、枝はなお影をやなせる、われもまた渚を枕、孤身の浮寝の旅ぞ。実をとりて胸にあつれば、新なり流離の憂、海の日の沈むを見れば、激り落つ異郷の涙。思いやる八重の汐々、いずれの日にか国に帰らん。

島崎藤村（1872–1943）が柳田国男（1875–1962）から伊良湖岬の浜に流れ着いた椰子の実の話を聞いて詩にした、とされています。作曲は大中寅二（1896–1982）で、作詞発表は明治 34 年（1901）、作曲発表は昭和 11 年（1936）です。『我は海の子』の歌詞は、

> 我は海の子白浪の、さわぐいそべの松原に、煙たなびくとまやこそ、我がなつかしき住家なれ。生れてしほに浴して、浪を子守の歌と聞き、千里寄せくる海の気を、吸ひてわらべとなりにけり。高く鼻つくいその香に、不断の花のかをりあり、なぎさの松に吹く風を、いみじき楽と我は聞く。丈余のろかい操り

て、行手定めぬ浪まくら、百尋千尋海の底、遊びなれたる庭広し。幾年こゝに
きたへたる、鉄より堅きかひなあり、吹く塩風に黒みたる、はだは 赤 銅さな
がらに。浪にたゞよふ氷山も、来らば来れ恐れんや、海まき上ぐるたつまきも、
起らば起れ驚かじ。いで大船を乗出して、我は拾はん海の富、いで軍艦に乗組
みて、我は護らん海の国。

日本の歌百選にも選ばれている文部省唱歌です。GHQ（General Headquarters
（総司令部））によって、歌詞の一部（「いで大船を乗出して（中略）我は護ら
ん海の国」）が削除されました。初出は明治 43 年（1910）です。大本営が玉砕
を報じるときに使ったために、『海行かば』（詞は大 伴 家持の長歌から、作曲：
信時潔）もまた GHQ によって排斥されました。その歌詞とは、

> 海行かば　水漬く 屍 、山行かば　草生す屍、大君の　辺にこそ死なめ、かへり
> 見はせじ（長閑には死なじ、とも）。

『海』の歌詞は、

> 松原遠く消ゆるところ、白帆の影は浮かぶ。干網浜に高くして、 鴎 は低く波
> に飛ぶ。見よ昼の海。見よ昼の海。島山闇に著きあたり、漁火光淡し。寄る波
> 岸に緩くして、浦風軽く 沙 吹く。見よ夜の海。見よ夜の海。

発表は大正 2 年（1913）、第一次世界大戦の前年です。作詞者作曲者不詳の文
部省唱歌ですが、難しい表現も多く、当時の尋常小学校の生徒の学力には脱帽
です。歌詞の「闇に著き」は夜の暗い闇の中でも形がはっきりと分かるという
こと、また「沙」はごく細かい石、砂のことです。三保の松原と富士山、佐賀
県唐津市の虹の松原など、松原は、海によくマッチします。わたしは九州大学
の卒業ですが、同大学の学生歌に『松原に』（作詞：秋山喜文、作曲：山田尚
慶）があります。歌詞は、

> 嵐雲地にこめて、矢の疾風頬打つも、防塁に火は燃えて、誇らかに自由を守る。
> 唇も朽ちはてて、黒き蛾は群れ舞うも、梅におう学舎に、 翳 なき知性を磨く。
> 日は高く松原に、湧き上がる宴うた、若者の瞳は澄みて、譲るなき情熱を焚く。

緊張気味の入学式での混声コーラスの美しい響き、新入学生歓迎コンパでこの

歌を歌った昔日がつい先日のように思い出されます。『浜辺の歌』の歌詞は、

> あした浜辺をさまよえば、昔のことぞしの（偲）ばるる、風の音よ雲のさまよ、寄する波も貝の色も。ゆうべ浜辺をもとお（廻）れば、昔の人ぞしの（偲）ばるる、寄する波よ返す波よ、月の色も星の影も。はやちたちまち波を吹き、赤裳<ruby>赤裳<rt>あかも</rt></ruby>のすそぞぬれひじし、やみし我はすでに癒えて、浜辺の<ruby>真砂<rt>まさご</rt></ruby>まなごいまに。

日本の歌百選にも選ばれています。発表は大正 5 年（1916）で、昭和 29 年（1954）公開の映画『二十四の瞳』（監督木下恵介）のなかで、高峰秀子（1924–2010）扮する大石先生に促された女子生徒が歌うのがこの歌です。修学旅行の船上のことで、瀬戸内の潮風に美しい調べが流れます。「あした」は明日ではなくまさしく「朝」のことで、「ゆうべ」は前の日の晩ではなく「夕方」のことです。「はやち」は「<ruby>疾風<rt>はやて</rt></ruby>」、「赤裳」は女性の赤い着物のことで、「ぬれひじし」はびしょ濡れになることです。「真砂」は白いサラサラとした砂、「まなご」は<ruby>愛子<rt>いとしご</rt></ruby>、愛する子どものこと。いまとなっては、意味不明の部分も多いようです。『浜千鳥』の歌詞は、

> 青い月夜の浜辺には、親を探して鳴く鳥が、波の国から生まれでる、濡れたつばさの銀の色。夜鳴く鳥の悲しさは、親を尋ねて海こえて、月夜の国へ消えてゆく、銀のつばさの浜千鳥。

日本の歌百選にも選ばれており、発表は大正 8 年（1919）です。鹿島鳴秋（1891–1954）が療養の甲斐なく亡くなった愛娘を偲んで作詞した、とされています。浜千鳥は浜辺にいる千鳥のことで、浜千鳥（ハマチドリ）という種の鳥がいる訳ではありません。ちなみに、この歌詞から銘をとった日本酒「銀の翼」（原酒造）は、わたしの好きな銘柄のひとつです。醸造元が鳴秋の作詞した柏崎、という理由で命名されたようです。童謡、文部省唱歌は、じんわりと胸に染み入ります。思うのは、「海」をテーマにした名曲が多いことです。それだけ、昔の人は海に親しみを覚え、ときに悲しい思い出をいまと重ねたのでしょう。作詞：加藤省吾、作曲：海沼実の『みかんの花咲く丘』（1946 年）は、そんな悲しい童謡のひとつと言っていいでしょう。歌詞は、

> みかんの花が咲いている、思い出の道丘の道、はるかに見える青い海、お船が遠

くかすんでる。黒い煙をはきながら、お船はどこへ行くのでしょう、波に揺られて島のかげ、汽笛がぼうと鳴りました。何時か来た丘母さんと、一緒にながめたあの島よ、今日も一人で見ていると、やさしい母さん思われる。

日本の歌百選にも選ばれており、太平洋戦争後の童謡では最大のヒット曲とされています。亡き母がよく口ずさんでいたことを思い出し、胸がしんみり絞めつけられます。しんみりと言えば、『島原の子守唄』（第3章2.（4）4）参照）のなかに出てくる、

> 姉しゃんな何処行ったろうかい、姉しゃんな何処行ったろうかい、青煙突のバッタンフール、唐は何処んねけ、唐は何処んねけ、海のはてばよしょうかいな、早よ寝ろ泣かんでオロロンバイ、鬼の池ン久助どんが連れンこらるバイ。

という歌詞が実に物悲しい。「からゆきさん」を歌ったものですが、青い煙突のバターフィールド＆スワイヤー社の石炭船に詰め込まれ、唐（外国）へとわたっていく寂しい光景が目に浮かんできます。早く寝ないと女衒の久助どんがさらいにくるぞとあやす幼い子守の姿が涙を誘います。心震わす短歌や詩にメロディを付したものも数知れません。わたしが好きな『初恋』（作詞：石川啄木、作曲：越谷達之助）もそうした曲のひとつです。石川啄木（1886–1912）の歌集『一握の砂』に収められている短歌「砂山の砂に腹這ひ初恋のいたみを遠くおもひ出づる日」がベースになっています。海辺の砂山に腹這っていると遠い過去の淡く切ない初恋の痛みを思い出す、ということでしょう。

> 砂山の砂に砂にはらばい初恋のいたみを遠くおもいいずる日。初恋のいたみを遠く遠くあ…あ…おもいいずる日。砂山の砂に砂にはらばい初恋のいたみを遠くおもいいずる日。

『真白き富士の嶺（七里ガ浜の哀歌）』もまた、悲しい曲です。神奈川県鎌倉市の七里ヶ浜で明治43年（1910）に発生したボート転覆事故の鎮魂歌で、同年に発表されました。原曲はアメリカの讃美歌で、作詞は三角錫子（1872–1921）です。転覆事故で犠牲になった神奈川県逗子開成中学校の生徒12名、彼女は同じ系列の鎌倉女学校（いまの鎌倉女学院）の教師でした。歌詞は、

> 真白き富士の嶺、緑の江の島、仰ぎ見るも、今は涙、帰らぬ十二の雄々しきみた

まに、捧げまつる胸と心。ボートは沈みぬ、千尋の海原、風も浪も小さき腕に、力も尽き果て、呼ぶ名は父母、恨みは深し、七里ヶ浜辺。み雪は咽びぬ、風さえ騒ぎて、月も星も、影を潜め、みたまや何処に、迷いておわすか、帰れ早く、母の胸に。みそらにかがやく、朝日のみ光、暗に沈む、親の心、黄金も宝も、何しに集めん、神よ早く、我も召せよ。雲間に昇りし、昨日の月影、今は見えぬ、人の姿、悲しさあまりて、寝られぬ枕に、響く波の、音も高し。帰らぬ浪路に、友呼ぶ千鳥に、我も恋し、失せし人よ、尽きせぬ恨みに、泣くねは共々、今日も明日も、かくてとわに。

先日（2020 年 7 月初旬）、所用で青森県八戸市に行ってきました。種差海岸、大須賀海岸や蕪島なども訪ねました。蕪島はウミネコの群生地として知られ、その様を目の当たりにすると圧倒されてしまいます。その蕪島にある蕪嶋神社の鳥居の近くに「八戸小唄」と書かれた石碑があり、つぎのような歌詞が刻まれています。

　　　唄に夜明けたかもめの港、船は出ていく南へ北へ、鮫の岬は潮けむり。

鳥取県の『貝がら節』など海に関係する民謡も数知れず、それぞれに風土性と歴史性を内包しており、各々の心に染み入ります。イタリアの民謡『海に来たれ（Vieni sul mar）』は乙女に恋する船乗りの歌であり、テノール歌手ルチアーノ・パヴァロッティ（1935–2007）の歌声が心地よく心に響きます。かつてわが国でも万葉集などで甘美な響きを湛える海の和歌が数多く詠まれましたが、いまは漁民の生活感が漂う民謡、港町、あるいはオランダ語 matroos（マタロス）に由来するマドロス（船乗り）をテーマにした“演歌”（艶歌）ということなのでしょうか。何はともあれ、いまを、そしてこれからを生きるわたしたち日本人、さらには世界の人びとが心を寄せる海の歌に浸ってみるに如くはありません。

　音楽と「海」に関して、楽器（音楽機器）のことにも触れておきます。キリスト教布教のために、ヴィオラや小型パイプオルガン、ハープなどがわが国に持ち込まれました。海が楽器をさまざまに運び、その先の地にて音楽（音響芸術）を織りなしたのです。アフリカの大西洋沖に浮かぶマデイラ諸島は、紀元前 12 世紀ごろ地中海交易を独占していたフェニキア人によって発見された島々

です。1419 年にポルトガル船が漂着し、翌年から移民が始まりました。ポルトガル政府が流刑の地としたところでもあり、いまは同国の自治州となっています。プロサッカー選手のクリスティアーノ・ロナウド、クリストファー・コロンブスの妻の出身地でもあります。キャプテン・クックが太平洋から運び込んだ植物の生い茂るこの島々に 6 弦の楽器ブラギーニャがあり、19 世紀後半から 20 世紀初頭、楽器職人とともにハワイにわたりました。わが国では「元年者」と呼ばれる移民がハワイをめざしましたが、ポルトガルでも同じようなことが行われ、1879 年の第 2 次移民船に 3 人の楽器職人が乗り込んだのです。ハワイにわたった小さなギターは、蚤が（UKU）飛び跳ねる（LELE）のに似ていることからUKULELEと呼ばれるようになりました。カラカウア王の妹で『アロハ・オエ』を作曲した人物としても知られるハワイ王朝最後の女王リリウオカラニ（1838–1917、在位 1891–93）がポルトガルからやってきた（LELE）贈り物（UKU）という意味でウクレレと名付けた、という説もあるようです。わが国の三味線のルーツは、中国の三弦とされています。15 世紀から 16 世紀、三弦が琉球に伝わって三線となり、それが本土にわたって三味線になったようです。ある琵琶法師が琵琶を三味線に持ちかえ、湿気を嫌って蛇皮から犬猫の皮に替え、撥で叩いて比較的軽い音を出せるよう工夫したのでしょう。

## 3）文芸と「海」

　海は、神が人間に与えた至極の言語で満ちています。海が、文芸（言語芸術）の礎である言語の多くを織りなしてきたのです。たとえば、世界の共通語とも言うべき英語ですが、その変遷についておおまかに言うならば、40 年から 410 年までのローマ帝国による征服、5 世紀からのゲルマン民族（アングロ＝サクソン人）の侵入、9 世紀のヴァイキング（デーン人（ノルマン人））の侵入、1066 年のノルマン・コンクェスト（the Norman Conquest）―ノルマンディ公ウィリアム（ウィリアム一世、1027–87）によるイングランド征服― の影響を受けて現在に至っています。アングロ＝サクソン人の侵入によってドイツ語系―England、English はイングランドの基礎を成したアングロ人に由来する―、ノルマン・コンクェストによってラテン語由来のフランス語の色合いが付加さ

れました。海の躍動は、たとえば、「自由」を意味するドイツ語系の freedom、フランス語系の liberty の 2 通りの英語表記となっていまに生きています[59]。より多くの影響を与えたのはノルマン・コンクェストで、アングロ゠ノルマン語と呼ばれる言語が形成され、それは動物と肉の呼称が異なることにも反映されています。たとえば、pig（豚）は pork（豚肉）、cattle（畜牛）は beef（牛肉）、sheep（羊）は mutton（羊肉）、deer（鹿）は venison（鹿肉）といった具合です[60]。

　海は文芸（言語芸術）の宝庫であり、海を舞台にした旅行記、小説、詩歌などが古今東西数多く編まれています。たとえば、江戸期の俳人松尾芭蕉（1644–94）は白河の関を越えたい、松島の月を見てみたいと思い立ち、46 歳のときにみちのくの旅に出ました。その旅行記が、「月日は百代の過客にして、行きかふ年も又旅人也」ではじまる『おくのほそ道』です。海と旅行記と言えば、紀貫之（866?–945）の『土佐日記』が筆頭に挙げられるでしょう。「をとこもすなる日記といふものを をむなもしてみんとてするなり」……国司の任期を終えて土佐から京に帰る途次に起こる出来事を筆舌巧みに綴ったもので、長いこと日記文学、紀行文の模範とされました。

　文芸は、ときとして風土性や歴史性を孕む方言（地方言語）で表現されます。海村の方言は、それはそれで立派な言語芸術と言っていいでしょう。方言をより深く分析していけば、自ずとその地の個性（海洋文化）が見えてきます。太平洋戦争後の本土復帰を前にした沖縄で、方言を使った小中学校生徒の首に罰として方言札を下げたということがあったようですが[61]、そうしたことなど決してあってはなりません。

　言語を自在に操ることで文章が編まれ、思想を紡ぎます。かかる点からは、多くの思想家、哲学者が海に魅了されたのも分からないではありません。イマヌエル・カントは、海は国と国を分かつが国と国を中和もさせると考えました。民族、ひいては国家は、互いの面子や利権をめぐってどうしても戦闘が起きてしまいます。理想と現実の相克としてわからないではありませんが、そんなときでも、海はそうした対立を仲裁する労をとってくれるのです。人は、さまざまな思いを胸に海へと向かいます。ときにはポケットにお気に入りの小説を

しのばせ、ふらっと電車に飛び乗るのもいいものです。行き先など決めない、あてのない旅。ただただ、海の風に誘われ、ひとり、あるいは気の置けない友人、家族とともに出かける。そんな人びとを、海は温かく包んでくれます。夕暮れ時、浜辺に腰を下ろして小説の一文に目を落とす。しずかに時は流れ、1文字1文字が眼前の風景と重なる。ときとして、自分だけのすてきな言句が脳裏をかける。何物にも代えがたい、至高のフレーズ。おもわず、目を閉じ、心のノートにメモをとる。海は名文の源泉であり、海を前にすれば、誰しもいっぱしの小説家です。

　海を扱った小説としては、ダニエル・デフォー『ロビンソン・クルーソー』、ジョナサン・スイフト『ガリヴァ旅行記』、ジュール・ヴェルヌ『十五少年漂流記』『海底二万里』、ハーマン・メルヴィル『白鯨』、ヒュー・ロフティング『ドリトル先生航海記』、アーネスト・M・ヘミングウェイ『老人と海』、ロバート・L・スティーヴンソン『宝島』、リチャード・バック『かもめのジョナサン』などが広く読まれています。わが国にも、ミステリーの古典とも言うべき『古事記』、平家の栄華と没落、武士の台頭を描いた『平家物語』、上田秋成『春雨物語』のなかの「海賊」、『菜の花の沖』をはじめとする司馬遼太郎（1923–96）の歴史小説、白石一郎（1931–2004）の海洋時代小説などがあります。鈴木健一は編著『海の文学史』のなかで、日本で本格的な海洋小説はそう多くないと指摘し、曲亭馬琴の『椿説弓張月』を数少ない例のひとつとして挙げています[62]。前半は源 為朝（1139–70）が保元元年（1156）の保元の乱に敗れて伊豆大島に流されたときのこと、後半では為朝が沖縄にわたってわが子舜天が琉球国中山王に即位するのを助ける話が紹介されています。史実では為朝は自害して果てるのですが、あまりにも好評だったため、伝説に拠って後半を書いたようです。ちなみに、挿絵はかの葛飾北斎が担当しています。SF作家アルフレッド・ベスター（1913–87）の小説に、『イブのいないアダム』[63]があります。地球最後の生物となった原子科学者が妻の幻に「海こそ帰るところ」と誘われ、最後の力を振り絞って海へと向かう。海に抱かれるうちに、「自分は最後の生物ではない。腐敗していく体の細胞、細菌やウイルスが海において新しい生命の源になってこの星で生き続けていくのだ」と悟ります。彼が海に

向かったのは、海が生命をふたたび創り出すために彼を呼び戻したからだったのです。八束澄子が書いた児童書に、『海で見つけたこと』64)があります。海女である"ばあちゃん"や海辺の人びとの純朴なやさしさ、海が織りなす雄大な景色に癒される少女とその弟の話です。海は物語に満ちており、それはノンフィクションについても言えることです。エンデュアランス号の漂流譚、コン・ティキ号の探検記、わが国ではジョン万次郎（中浜万次郎）、尾州廻船宝順丸の音吉（ジョン・M・オットソン）の漂流譚など、興味は尽きません。

　詩歌なども、「海」が織りなす文芸と言っていいでしょう。詩歌は和歌・俳句・詩などの韻文の総称であり、すでに紹介したように、それにメロディが付されることもあります —言語芸術と音響芸術の融合—。和歌は短歌の古典的形態で、8 世紀半ばに『万葉集』が編まれています。天皇、貴族から下級官僚、防人などさまざまな身分の人びとが詠んだ 4,500 首を超える歌のなかには、海（潮・白波・磯・荒海・荒波など）を詠んだものが数多くあります。海が見せるさまざまな貌に心動かされ、1 文字 1 文字で以って抑制された色欲や恋心を言語にしました。『万葉集』にある安貴王 （生没年不詳、男性）の和歌、

　　　伊勢の海の沖つ白波花にもが包みて妹が家づとにせむ

は、旅の途中に目にした伊勢の海を目の前にして、（この伊勢の海の沖にたつ白波が花だったら良いのに……そうであれば、摘み取って妹（妻）への土産にするものを）と、しみじみ妻を想って詠んだものです。額田 王 （生没年不詳、女性）の、

　　　熟田津に船乗りせむと月待てば潮もかなひぬ今は漕ぎ出でな

も、伊予の熟田津で船に乗ろうと月を待っていたら潮も満ちて船出するのに都合がよくなった、と、なかなかに抒情溢れるいい和歌です。鈴木健一は、海を読んだ和歌としてつぎの 3 首を挙げています。

　　　わたのはら漕ぎ出でて見れば久方の雲ゐにまがふ沖つ白波（藤原忠通）
　　　箱根路をわが越え来れば伊豆の海や沖の小島に波の寄る見ゆ（源実朝）
　　　紀の海の南のはての空見れば汐けにくもる秋の夜の月（上田秋成）

鈴木の解説に拠れば、それぞれ、「大海原に漕ぎ出して見渡すと、はるか沖の白波は白雲と混じって、波なのか雲なのか判別できない」、「箱根の山路を越えてくると、伊豆の海、すなわち相模湾があり、沖の方にある小島には波が打ち寄せるのが見える」、「紀伊の国の海で南の果ての空を見上げると、海から立ち上る潮気で曇った秋の夜の月が目に入った」ということです。広くのびのびとした海、そうした海が詠み手の心を織りなし、あたかもそれぞれに美意識を演出するかのようです。[65] ときとして政治色を帯びることもあります。たとえば、日露戦争の折、明治天皇は、

　　　　よもの海みなはらからと思う世になど波風のたちさわぐらむ

と御製を詠みました。世界の海はひとつ（one ocean）なのに、なぜ人びとは戦争をするのか、との戦争への憂いが込められています [66]。五七五七七の和歌ではあるのですが、言語芸術（文芸）というより"祈り"に近いのかもしれません。わが国の詩歌には、海によって織りなされる心情風景を読んだものが多いようです。海は直接触れるものではなく、花、雪や雲などと重ねて眺める存在ということなのでしょう。ちなみに、俳句において「海」そのものは季語ではなく、「春の海」、「夏の海」、「海開き」などと表現されています。ハインリヒ・ハイネ（1797–1856）の 1820 年ごろの詩に、「船出」があります [67]。

　　　　船のマストにわれは凭りてひとつずつ波を数えぬ。「美わしきわが祖国よ！ さらば別れん！ 今わが船は帆走りて去る」なつかしきかの人の住居の前を過ぐるとき窓ガラスあまた光りぬ。眼を見張りひたぶるに見つむれどわれにふれ振りて見送る人もなし。涙流れて視野は曇りつかくてはものも見え分かじ。心よ、耐えよ、破るるな。悲しみかくも重けれど。

わたし自身詩歌に造詣がなく、正しく解することができないのが残念です。詩作の才などあろうはずもないのですが、海に心を織りなされたために、恥ずかしながらここで自作の詩を披露します。東広島市の安芸津港からフェリーで 30 分弱のところに、大崎上島があります。島の港のひとつである木江は古くは潮待ちの港として知られ、オチョロ舟でも知られています —ほかには、大崎下島の御手洗、倉橋島の鹿老渡などが有名—。1 艘のオチョロ舟に 4、5 人の

女性が乗り込み、沖合の船まで出向き、船乗りたちの世話をしました。上臈、女郎からきたとか、チョロチョロ行き交うからとかされているようですが、夕刻、ラッパを合図に置屋の女将ともどもなじみの船をめざす光景は海洋文化の裏面史を飾る、と言っていいでしょう。

> オチョロちょろちょろ、あかね雲、ツンツン月が出てござる。この舟曳くはあの船か、曳けどあんたにゃ惹かりゃぁせぬ。ポツポツあかりが点っちょる、ほじゃけんど、おらんち真っ暗け。あんたの燈籠をば分けてくれ、今宵、そん灯は要らんじゃろ。

　民話、昔話や伝説は、全国各地にごまんとあります。民話は、それぞれの地の風土性および風土性と相即性をなす歴史性に根ざした言語芸術（文芸）と言っていいでしょう[68]。たとえば、岩手県の昔話に「塩吹き臼」というのがあります。海がしょっぱい（塩辛い）理由を語っており、おもわず「なるほど！」と唸ってしまいます。回せば何でも出てくる石臼のことを知った兄が、それを弟から盗み出して舟で逃げます。途中で塩辛いものが欲しくなり、「塩出ろ、塩出ろ！」と言いながら臼を回します。すると止めどなく塩があふれ出し、そのために兄は舟共々海に沈んでしまいました。兄は、石臼を左に回せば止まることを知らなかったのです。いまもその臼が海の底で塩を出しているため海は塩辛い、のだそうです[69]。浦島太郎の話はよく知られています。鎌倉時代末期から江戸時代にかけてまとめられた『御伽草紙』で紹介され、いまでは誰もが知っているおとぎ話です。『日本書記』に、浦島子がつかまえた亀がたちまち女の姿になりふたりして舟で蓬莱山に行った、という話が出てきます。蓬莱山は、「とこよのくに（常世の国）」と訓みます。蓬莱山は古代中国の神仙思想（不老長寿の仙人の存在を信じて、自らも仙人になろうとする思想）にみられる架空の島であり、東方はるか彼方の海上にあると信じられていました。一方で、わが国にも同じような世界観があり、永遠という意味の「常世」の思想がありました。仙人が住む蓬莱山と海の彼方にあり不老不死の理想郷でもある常世の国が混同されたのであり[70]、そののち、仏教の影響を受けて“龍宮（りゅうぐう）”へと変わっていきました。仏教では龍宮は海や水の世界を支配する

仏法の守護者・龍王の住む場所であり、古来、湖や滝、淵、そして海に所在するとされています。わたしたちがよく知る龍宮城は、言うまでもなく海のなかです。しかし、御伽草子においては海中ではなく島あるいは大陸にあるように描かれており、それは古来の蓬莱の名残と考えられているようです[71]。ただし、御伽草子のなかには、海中の龍宮城が出てくる作品がいくつもあります。浦島太郎は、お土産にもかかわらず開けてはいけないと念を押された玉手箱を開けたために白髪の老人になってしまいます。よぼよぼのおじいさんになるという悲しい"おしまい"ですが、似たような設定でもなかには、鹿児島県の昔話「龍宮女房」のようなハッピーエンドもあります。ある貧しい男が売れ残った花をネインヤ（龍宮）の神様に渡そうとして海に投げ込むと大きな亀があらわれ、男は龍宮へと案内されます。龍宮で夢のようなおもてなしを受け、いざ帰ろうとしてお土産を渡されます。しかしそれは、例の玉手箱ではなく龍神さまの一人娘でした。お土産について聞かれたらそう答えるよう、亀に事前に言われていたのです。女房となった龍神の娘はかいがいしく働き、その美貌のためにわがものにしようとする権力者の難題もはねのけ、ふたりは幸せに暮らします。古くからの海神信仰であり、海を守る女神にも通じます[72]。龍宮にまつわる話は全国各地に残されていますが、それはわが国が四方を海に囲まれ水資源に恵まれているからであり、柳田国男が昔話を動物になぞらえるのも首肯けます。何ら実証できている訳ではありませんが、山に比して海の昔話は少ないような印象があります。風土性および風土性と相即性をなす歴史性、あるいは、山の民の定住性と異なる海の民の非定住性に起因するのかもしれません。一方で、かつて山で暴れまわっていたクジラがイノシシとの交換で海に入り、そののち歯をヒゲに替えられシャチに見張られるようになった、という話、山の猿との知恵比べがおもしろい「海月骨なし」[73]や「タコの骨なし」[74]など、山と海の連結点もみられます。荒唐無稽、あるいは"ウソ"を否定しない昔話と異なり、伝説は特定の地域で信じられてきている口承文芸です。柳田が植物になぞらえるのも首肯けますし、池田が指摘したように、その性格は信仰に近いと言っていいかもしれません（注68参照）。船幽霊という話があります。船幽霊は海で遭難した船乗りたちの霊魂[75]とされ、「水杓をくれ」と声をかけ

てくると言います。船幽霊に似たものとして、海坊主の話もあります。亀の形をしているもの、巨大な坊主の形をしているものなど、いろいろあるようです。江戸時代後期の桑名屋徳蔵の話は当時広く知られていたようです。船乗りの徳蔵がふたつの眼を持つ巨大な黒い影に勇壮に立ち向かった、というものです。船幽霊も海坊主も、船乗りや漁師たちが海に対して抱く恐怖や畏怖の権化であったにちがいありません。しかし、そこには、受容的で忍従的な江戸期の人びとが"笑い"に変える心理が働いているとも考えられます。執筆現在（2020年 12 月）において新型コロナウイルス感染が再拡大していますが、この一連の禍下で有名になったのが「アマビエ」です。肥後国（いまの熊本県）で海が夜ごと光を放ち、アマビエなる妖怪が現れて「わたしの絵を描いて世に広めよ。そうすれば、厄災は消え失せる」と告げたと言います。[76] いまから 1,500年も前のこと。鎌倉のある沼に、ひとつの体に 5 つの頭という恐ろしい龍が住んでいました。大雨を降らせ、ときに幼い子どもをさらっては食べるという悪行三昧。村人たちは、ほとほと困り果ててしまいました。そんなある日、雷鳴とどろくなか海が割れて大きな島が姿を現しました。いまの江の島です。村人たちは呆気にとられ、その様子を眺めるしかなかった。しばらくして、空から美しい天女（弁財天）がふたりの供をつれて舞い降りてきました。村人たちは、「なんて美しい天女さまじゃ」と見とれるばかり。村人たちだけでなく、件の龍も、岩陰からそっとその様子を見つめていました。龍は天女のあまりの美しさに言葉を失い、あろうことかその場で結婚を申し入れます。バラを手にしていたかはわかりませんが、その照れようと言ったら……。ところが、「そなたのような粗暴な者と、わたしがいっしょになることはありません」と返され、ここに至って龍は己の愚かさを恥じ、改心なった暁はぜひわが妻に、と天女に嘆願しました。天女は龍を見つめ、「そうなれば、夫婦になりましょう」と首を縦にふります。龍は、その日から心を入れ替えました。日照りが続くと雨を降らせ、大風や津波のときは盾となって村を救いました。しかし、その都度、体は衰えていった。ある日、死期をさとった龍は天女に別れを告げ、江の島の対岸へと姿を隠しました。それが、いまの龍口山です。そののち龍は岩となって江の島の天女を見守った、ということです。つぎは、東広島市安芸津町

に伝わる話。美しい海域に散らばる島々を擬人化した物語は、いかにも伝説といった感じです。風雨や寄せ来る波でやせ細り消えゆく運命の島、ホボロ島。ホボロとは、方言で竹籠のこと。あまりの恐ろしさにそこから逃げ出そうとするのですが、北の鼻繰島（はなぐりしま）に「こっちに来れば捕まえて放（はな）さんぞ」と邪魔され、東に行こうとすれば唐船島（とうせんじま）に「とうせんぼ」される。さらに東の方（吉名）では、イカリ島が「怒って」いる。困り果てたホボロ島は前々から親切にしてくれる西の藍ノ島（あいのしま）のことを思い出し、「会い」に行こうとします。しかし、大芝島に「大芝居」をうたれ、はるか南西の来島（くるしま）には「ここまで来たら捕まえてやる」と睨みつけられ、結局、ホボロ島はどこにも行けなかった、ということです。室町時代、常陸国（ひたちのくに）（現在の茨城県）に城を構える小栗満重・助重（判官）父子が関東管領足利持氏（かんれいあしかがもちうじ）との戦いに敗れ、満重は自刃、判官は一族のいる三河へと逃げました。途中、相模国の藤沢宿（いまの神奈川県藤沢市）で、地元の横山大膳という豪族の家に泊まることになった。しかし、この男、そこら一帯を縄張りとする盗賊だったのです。横山は判官を殺して金品を巻き上げようと、ひとりの美しい遊女を判官にあてがいます。この遊女、名を照手（てるて）と言い、元は武家の娘でした。横山は照手に、客人全員に毒を盛るよう命じます。ところが、判官の身なりや立ち居振る舞いから高い身分の人物にちがいないと悟った照手は、酒に毒が盛られていると判官にささやきます。しかし、酒を拒めば怪しまれると考えた判官は敢えて杯をあおり、その場で果ててしまった。凄惨な光景を目の当たりにした照手は、悔いてその場から逃げました。しかし、六浦まで来たところで追っ手につかまり、あえなく、川に投げ込まれてしまいます。照手のあとを追った侍従がいくらさがしても照手の姿は見つからず、悲嘆した侍従もまた川に身を投げ、そのため、その川は「侍従川」と呼ばれるようになった、とか。ところがどっこい、照手は生きていた。沈みゆく水のなかで観音様に一心に祈り、そのおかげで野島の漁師に助けられたのです。漁師の手厚い看護で、照手はすっかり元気になった。しかし、なにくれと照手の世話をやく夫に女房がやきもちを焼き、何かといじめ、あるときは松の木につるしてあぶり殺そうとまでします。どうにかこのときも観音様のご加護で難を逃れた照手でしたが、人買いに売りとばされ、各地を転々とするうちに美濃国（みののくに）

（いまの岐阜県）に落ち着きます。さて、判官に同情した閻魔大王は、彼を醜い餓鬼阿弥にかえて現世に送り返します。時宗総本山の遊行寺にたどり着いた判官は熊野をめざし、その様を照手が目にする。照手はすこしでも亡き判官たちの供養になればと、その餓鬼阿弥が判官であるとも知らずに彼の乗る土車をひきました。湯の峰にある七色にかわる湯に 49 日間浸かると、ふしぎなことに餓鬼阿弥は元の判官に戻りました。元の姿を取り戻した判官は小栗城を再興するため領地へと向かい、その途次、照手と劇的な再会を果たします。ふたりは互いを許し、そののち仲睦まじい夫婦になった、ということです[77]。ちなみに、照手が助けられた野島は安藤（歌川）広重（1797–1858）が『金沢八景』に描くくらい風光明媚なところで、いまはシーサイドライン野島公園駅で下車して気軽に行くことができます。野島公園内にある伊藤博文公別邸 ―係の方に聞いたところ、「伊藤公は年に 1、2 度来たようです」とのこと― を抜けたところにあるこんもりとした山の頂からの眺めはすばらしく、（あのあたりで、照手は漁師に助けられたのか）と感慨も一入です。山頂から北の方角を見下ろすと、海の公園の砂浜が松林に抱かれて延びるのが目にはいってきます。広重が描いた『乙艫帰帆』の風景そのものですが、その砂浜は 5 年ほど海底に置いてあった浅間山（千葉県）採出の砂を浚渫船で吹きだして造られたもので、約 1 年かけて昭和 34 年（1959）9 月に完成しました。横浜市金沢の民話をもう一話。いまから 700 年ほど前のこと。長浜の村人の多くは漁師で、長浜観音堂の御本尊である長浜観音（観音様）に日々お参りしていました。そんなある日のこと、大きな津波が村を襲い、村人を飲み込んでしまいます。村人たちは波に翻弄され、一心に観音様に祈りました。すると、どこからかたくさんの舟が現れ、村人全員が助けられました。村人たちは互いに抱き合い、喜び合った。が、ふと、観音様の姿が見当たらない。懸命に探しましたが、見つかりません。村人たちが悲嘆に暮れていると、海の底から「はやく舟を出しなさい。そして、着いたところを「小柴」と呼んで仲良く暮らしなさい」という大きな声が聞こえてきました。それは、観音様の声でした。村人たちは観音様が自分たちの身代わりとなって助けてくれたことを知り、言われたとおりに舟で長浜の地を後にします。新しい土地でも、長浜の村人たちの心に観音様は生き

続けました。時が過ぎ、当時幼かった子供たちが大人になって漁に出ると、網に観音様がかかった。それはまぎれもなく、あの観音様でした。村人たちは大喜びし、すぐさまお堂をこさえ「身代わり観音」としてまつりました。いまは称名寺に「海中出現観世音菩薩」としてまつられているとのこと[78]。称名寺は真言律宗の寺で、正式名称は金沢山称名寺と言います。金沢北条氏一門の菩提寺であり、鎌倉幕府の要人だった北条実時が六浦荘金沢の屋敷内に建てた持仏堂が起源とされています。桜並木の参道の突き当りには鎌倉時代に造られたという高さ4メートルの仁王像が出迎える仁王門があり、その横の通用門を入ると、阿字ヶ池を中心とする浄土庭園が広がっています。山口県下関は歴史的な建物が散在する趣ある港町で、平成29年（2017）4月、門司とともに「関門ノスタルジア」として日本遺産に指定されました。"郷愁"、"追懐"、そうした雰囲気を醸す下関の亀山八幡宮に、「お亀銀杏」という民話が残されています。亀山八幡宮境内のあたりは、かつては島だったようです。江戸初期、馬関（いまの下関市）開発のためあたり一帯を埋め立てることになりました。しかし、潮の流れがきつく、工事は困難を極めます。もはや人身御供しかないということになり、人柱となる人を募ると、お亀という名の遊女がそれに応じました。当時の下関（赤間）は吉原、京の島原とならぶ遊郭の地として知られていました。お亀さんはあばた顔で、人気がなかったようです。「わが身を滅して功あるならば」と、お亀さんは地元のために身をささげようと心を決めます。お亀さんの思いが通じ、工事は順調にすすみました。地元の人たちはお亀さんの犠牲を尊び、銀杏の木を植えました。その銀杏を人は「お亀銀杏」と呼ぶようになり、毎年あまたの実をつけました。不思議なことに、実に無数の斑点があった。あたかもお亀さんのあばたのようだ、と、人びとは語りあいました。そののち、埋立地は八丁浜と呼ばれるようになりました。人びとは「ハッチャハマ、エライヤッチャ」と唄い踊り、お亀さんの偉功を偲んだそうです。亀山八幡宮に、長さ2メートルはあろうかという世界一の"ふく"（河豚）の像があります。亀山八幡宮の近くには赤間神宮があり、寿永4年（1185）の源平の合戦（壇ノ浦の戦い）で幼くして入水した安徳天皇（1178–1185）が祀られています。赤間と言えば、小泉八雲（ラフカディオ・ハーン、1850–1904）

も紹介している「耳なし芳一」の話も有名です。琵琶を弾くのがうまく、壇ノ浦の合戦の弾き語りなどは真に迫るものがあり[79]、そのため、芳一は毎夜呼び出され、平家方の高貴な霊の前でその技量を披露したのです。山形県の昔話に「魚女房」というものがあります。異類婚姻譚の一種であり、漁師たちが語り継いだ魚供養の話と言っていいでしょう。子どもたちに酷い目にあわされていたマス（鱒）を助けた貧しい男の元にそのマスが若い女性になって現れ、妻となって恩返しをします。毎朝自分の身を出汁にしておいしいお味噌汁をつくるのですが、それを男に見られたために家を去るという内容です[80]。青森県八戸市に伝わる「鯨石」という話もあります。時化で遭難した若い漁師を 1 頭のクジラが助け、村人たちはしきりに感謝してそのクジラを「鮫浦太郎（八戸太郎）」と名付けました。そののち毎年のように鮫浦太郎は沖合に姿を現し、イワシを鮫浦まで追い込みました。おかげで、漁師たちの暮らしはたいそう楽になりました。ところがある年、鮫浦太郎が姿を現しません。村人たちが心配するなか、ある古老の夢枕に鮫浦太郎が立ち、「もう鮫浦に行くことは叶いません」と弱々しい声でささやきます。（どうしたことか……）と心配になった古老は、翌朝早く浜へと急ぎました。するとそこには、息絶えた鮫浦太郎の哀れな姿が……。名前をもらったクジラは海底の石を 1 年に 1 個、合わせて 33 個飲み込むと神になるとされており、そのことを知る鮫浦太郎もそうしようとしたところ最後の年になって紀州沖にて銛でつかれ、意識が朦朧となるなか、鮫浦太郎は鮫浦をめざしたのです。供養しようとして村人が手をかけると、鮫浦太郎の体は朝日を浴びて大きな石になりました。いまでも、その石は近くの西宮神社に大切に保存されています[81]。

　サイエンスとしての宗教は信仰と儀礼から成り、信仰は神話・聖典・経典や偶像に拠っています。敢えて言うならば、宗教はサイエンス ∩ アートで把握されるところの言語芸術である経典などに拠っており、神殿や寺院、教会などを建て、仏像などの偶像を設えるという点においては造形芸術であり、視覚芸術、応用芸術でもあり、布教の過程では音響芸術性を駆使します。宗教は人間の五感に訴えかけるものであり、宗教はまさしく総合芸術の発露と言っていいでしょう。古来、海はそうした宗教を織りなし、そうした色を帯びる海村を織

りなしてきているのです。神話として、わが国には『古事記』や『日本書紀』
—総称して、「記紀」— があります。日本神話の源流については、ポリネシア
などの南洋、中国江南地方、インドシナ半島などの東南アジアといった「南方
系」、朝鮮、中央アジアといった「北方系」、ギリシア、騎馬遊牧民のスキュタ
イ（スキタイ）、インド、イラン、ゲルマン、ケルトといった「印欧語族」など、
比較神話学などの分野からいろいろに主唱されています[82]。ギリシア神話は
そのストーリー性、奇抜さ、哲学性などから、いささかも色褪せることがあり
ません。天地創造がそうです。古代ギリシア人は、人間の姿をした、喜怒哀楽
の感情を持つオリュンポス 12 神を心から信仰しました。ギリシア神話の特徴
のひとつは、この “人間的” ということです。ギリシア神話が各地の寄せ集め
であることに関係しているのでしょう。神々はしばしば人間界に降り立ち、多
くの伝説、そして信仰を生みます。浮気が過ぎる全能神ゼウスのほか、海神ポ
セイドンが強大な力を有する神とされ[83]、ときとして芸術作品の題材となり、
ヨーロッパ文明の創造性の礎となっていきました。ギリシア神話に、「アルゴ
船」の話が出てきます。都市国家イオルコスの王位継承権を持つイアソンが
神聖な宝物（黄金の羊毛）を求めるべく、地中海一帯で遠征隊の仲間を募ると
竪琴の名人オルペウス、千里眼のリュンケウス、豪傑ヘラクレスなど 50 余人
の勇士が集まりました。名工（船大工）アルゴスが造った巨船の舳先にはドー
ドーネの森から切り出された人語を話すオークの木が用いられ、50 丁のオー
ル共々、アルゴナウタイ（アルゴ船乗組員）は出陣していきました。[84] 総合芸
術の発露としての宗教に、海が深く関与することも多々あります。キリスト教
に関連して、少々みておきましょう。キリスト教を一口で説明するのは難し
く、信者でもないわたしが軽々しく語るべきものでもありません。ここでは、
キリスト教はいまから 2,000 年ほど前にベツレヘムに生まれたイエス・キリス
トを救世主と信じる宗教であり、経典はユダヤ教から受け継いだ旧約聖書と独
自の新約聖書であり、それはある種の言語芸術でもある、としておきます。旧
約聖書は神と人間との間に結ばれた古い契約、新約聖書はイエス・キリストに
よって神と新たに結ばれた契約です。旧約聖書『創世記』に、人類の始祖アダ
ムとその妻イブが登場します。イブはアダムの肋骨から創られ、アダムによっ

て生命の母なる「イブ」と名付けられました。蛇に 唆 されて禁断の木の実を
食べ（「原罪」）、そのため、アダムとイブは楽園を追放されます —マザッチョ
（1401–28）の絵画に『楽園追放』（1425–27 年ごろの制作）がある—。このアダ
ムとイブから 10 代目にあたるノアの時代、神は堕落しきった人間に怒り、大
洪水をひき起こします。神への信仰と服従を旨とするノアは、神から、箱舟を
つくりそこに自身の家族、ひと 番 の家畜や動物を乗せるよう言い渡されます。
果たして、箱舟の彼らだけが生き残った。誰もが知っている「ノアの箱舟」の
話です。旧約聖書のなかに、モーセ（モーゼ）が海を割って難から逃れた話が
出てきます。ヘブライ人（イスラエル人）家族の子としてエジプトで生まれた
モーセ。ヘブライ人の新生児を殺すよう命じるファラオから逃がそうと、モー
セの母はわが子をパピルスの籠に入れてナイル河畔の葦原に隠します。それを
ファラオの娘（王女）が見つけ、王宮へと連れていきます。王女の計らいで雇
われた実母の元で成長するモーセ。そののち、イスラエルの民を奴隷として酷
使するエジプト人が許せず、エジプト人を殺害し逃亡を図ります。しかし、「受
難のヘブライ人をエジプトから救い出せ」という神の命によって引き返し、ヘ
ブライの民を率いてエジプトを脱出し、約束の地カナン（いまのパレスチナ）
をめざします。彼らを連れ戻そうとファラオは軍隊を差し向け、ついに海辺へ
と追い詰めます。万事休す……しかしそのとき、モーセが手を上げると眼前の
海が左右に割れるのです。モーセ率いるヘブライ人が渡りきると海は元の姿に
戻り、追いかけてきたエジプト人はみな溺れ死んでしまいました。

　ヴァチカン宮殿システィーナ礼拝堂の祭壇に描かれた『最後の審判』は、イ
タリアルネサンス期の画家ミケランジェロ（1475–1564）が 1535 年から 6 年
の歳月を費やして描いたフレスコ画です。キリスト教では世界の終末にキリス
ト（救世主）が現れ、死者も土の中から蘇り、天国と地獄に行く人を仕分ける
最後の審判が行われるとされていますが、この絵はまさにその光景を描いてい
ます。徳島県鳴門市にある大塚国際美術館で原寸大の陶板画（陶器の板に原寸
大の図柄を描き焼き付けたもの）を観ることができますので、ご興味のある方
は行かれてみてはいかがでしょうか。絵の右下では、地獄の王ミノスのもとに
罪人を運ぶ渡し守のカロンが罪人たちを櫂で打ち据えている。罪人たちは冥土

の川を渡る舟に乗せられ、鬼の形相のカロンにおびえています[85]。ちなみに仏教では、死者は死んで7日後に冥土へと至る川（三途の川）をわたるとされています。善者は橋をわたり、軽い罪を犯した者は浅瀬、重い罪を犯した者は流れの速い瀬をわたるとされ、人びとはぜひとも橋をわたりたいと考えるのです。

〔注〕

1. M・ストップフォード著 公益財団法人日本海事センター編訳 星野裕志監修『マリタイム・エコノミクス（第3版）（上巻）』日本海運集会所（2014年）6-8頁
2. 西方のセム系遊牧民のアムール人がシュメールの諸都市を征服し、紀元前1900年ごろ、バビロンに都を建設した。紀元前18世紀のハンムラビ王統治時代が全盛期（メソポタミア文明最盛期）とされている。
3. 青柳正規『興亡の世界史・人類文明の黎明と暮れ方』講談社（2018年）200-202頁
4. M・ストップフォード前掲書（注1）9頁
5. 青柳前掲書（注3）
6. 1901年、この地の都市遺跡で、先のハンムラビ法典が縦2.25メートル、横0.65メートルの玄武岩の円柱の上で発見された。
7. 現在のレバノン国旗にはレバノン杉が描かれている。
8. 大河内直彦『地球の履歴書』新潮社（2015年）32頁
9. エジプト古王国時代第4王朝のファラオで、ギザのピラミッドを造ったことでも知られる。
10. ローマは、ハンニバル（紀元前247-183）をはじめとする武将との戦いに勝利をおさめた（三次にわたるポエニ戦争（紀元前264-146年））。紀元前146年、カルタゴ滅亡。ローマが勝利を収めたのは、フェニキア人が元来の商人で、カルタゴの兵が傭兵だったからとされている。
11. 出口治明『全世界史（上）』新潮社（2018年）158-159頁
12. 東ローマ帝国皇帝のユスティニアヌス一世（483-565、在位527-565）の治世下で流行した。エジプトからシリア、小アジアへと広まり、コンスタンティノープルでは1日に5千人から1万人が死んだとされ、インド洋でも多くの犠牲者が出た。
13. このとき、ウマイア一族の王子のひとりが逃げて、スペインで後ウマイア朝（756-1031年）を再興した。
14. パスタはイタリア人が洋上食として開発した、ともされている。
15. これより前、広州にはアラビア人ムスリムが住んでいた。黄巣の乱（854-884年）で1万人を超えるアラビア人ムスリム商人が虐殺された、とされている。
16. I・アシモフ著 星新一編訳『アシモフの雑学コレクション』新潮社（2012年）72-73頁
17. わが国では樫と訳されることがあるが、正しくは楢（ブナ科ナラ類コナラ亜属）。
18. 『最新世界史図表』第一学習社（2008年）109頁
19. 前掲書（注18）116頁
20. 塩野七生『海の都の物語―ヴェネツィア共和国の一千年』中央公論社（1987年）180-183頁
21. 日本銀行「公表資料・広報活動」〈https://www.boj.or.jp/announcements/education/oshiete/history/j09.htm〉最終アクセス2021年2月19日

22. 喜望峰をアフリカ最南端の地と勘違いしている人も多いようだが、そこから約 160 キロメートル東にあるアガラス岬が最南端であり、喜望峰より 65 キロメートルも南に延びている。

23. 増田義郎『大航海時代』講談社（1984 年）6-8 頁

24. 1507 年、この新大陸は、ドイツの地理学者マルティーン・ヴァルトゼーミュラー（1470?-1520）によって「アメリカ」と命名された。

25. クラッシックギターの名手フランシスコ・タレガ（1852-1909）は、スペイン南部のグラナダにあるアルハンブラ宮殿を訪れたときの印象を『アルハンブラの思い出』というギター曲にした。アルハンブラは、アラビア語で「赤い城塞」という意味。レコンキスタののちはキリスト教の教会に建て替えられ、いまは世界遺産となっているが、イスラム教徒にとってはいまもイスラム支配と信仰の象徴である。

26. 山川出版社『詳説日本史図録（第 3 版）』（2010 年）5 頁

27. J・スタヴリディス著 北川知子訳『海の地政学―海軍提督が語る歴史と戦略』早川書房（2018 年）77 頁

28. 世界史上この形容は、ハプスブルク家のスペインとこの時期のイギリスのみに使われる。

29. 竹田いさみ『海の地政学』中央公論新社（2019 年）7 頁

30. アティリオ・クカーリ゠エンツォ・アンジェルッチ著 堀元美訳『船の歴史事典』原書房（1997 年）88 頁

31. 竹田前掲書（注 29）8 頁参照

32. 当時国王が不在のため「航海条例」とされたが、国王復帰後何度も改定されたため、一般的に「航海法」と呼んでいる。

33. イギリスはオランダが有していたニューアムステルダムを譲り受け、ニューヨークと改称。一方のオランダは、南米ギニアを獲得した。

34. 北山章之助『司馬遼太郎旅路の鈴』NHK 出版（2006 年）172-173 頁

35. 出口治明『全世界史（下）』新潮社（2018 年）217-218 頁

36. スタヴリディス前掲書（注 27）85 頁

37. 木原知己『波濤列伝―幕末・明治期の夢への航跡』海文堂出版（2013 年）「花の都パリに咲いた江戸の華」

38. 「船員」とは船に乗って働く人びとを意味する。船長・海員に分けられ、海員は船技資格を有する職員（オフィサー）と職員を補助する部員（クルー）に分けられる。職員としては機関長・航海士・機関士など、部員としては甲板員、機関員、事務部員などがある。船では、最高責任者である船長が、甲板部・機関部・無線部・事務部の各部門を統括する。

39. 佐波宣平『復刻版 海の英語―イギリス海事用語根源』成山堂書店（1998 年）372-373 頁

40. 逸見真編著『船長職の諸相』山縣記念財団（2018 年）248-254 頁、中村眞澄・箱井崇史『海商法（第 2 版）』成文堂（2013 年）111-114 頁

41. 英語の「society」を「社会」と最初に訳したのは福地源一郎（桜痴、1841-1906）で、「ソサエチー」とルビをふった。「社」はかつて中国（周）にあった里（集落の最小単位）ごとの空間であり、「社会」という訳語は絶妙としか言いようがない（司馬遼太郎『この国のかたち（三）』文藝春秋（1996 年）24-30 頁）。

42. 東京海上日動火災保険「海上保険の歴史」〈https://www.tokiomarine-nichido.co.jp/hojin/marine_site/info/history.html〉最終アクセス 2021 年 2 月 19 日

43. 生命保険協会「STEP. 2　生命保険の誕生」〈https://www.seiho.or.jp/data/billboard/introduction/content02/〉最終アクセス 2021 年 2 月 19 日

44. 中村・箱井前掲書（注40）。海商法の歴史に関する記述は、基本的に同書に拠っている。

45. ヴィーナスが陰門の象徴であるホタテ貝に乗り、それを精霊のニンフと西風の神ゼフュロスが陸地に吹き寄せている光景を描く『ヴィーナスの誕生』は、絵画史上初の全裸の絵とされている。

46. ティアート・H・アンデル著 水野篤行・川幡穂高訳『海の自然史』築地書館（1994年）6頁

47. 1998年、米国「ライフ」誌は、「この1000年間に偉大な業績をあげた世界の人物100人」のなかで、唯一の日本人として北斎を選んだ。

48. 杉浦昭典『大帆船時代―快速帆船クリッパー物語』中央公論社（1992年）148–149頁

49. クカーリ゠アンジェルッチ前掲書（注30）118–120頁

50. クカーリ゠アンジェルッチ前掲書（注30）128–129頁

51. 帆走の邪魔にならないよう、煙突が収縮式になっていた。

52. 1932年6月2日、チャールズ・チャップリン（1889–1977）が横浜から帰国の途に就いた。1937年10月2日、天皇の名代としてイギリス国王ジョージ六世戴冠式に出席した秩父宮雍仁親王（1902–53）、勢津子妃（1909–95）がカナダのヴィクトリア港から横浜に向けて乗船し、1938年4月22日、講道館柔道の創始者嘉納治五郎（1860–1938）がバンクーバーから横浜に向けて乗船した。

53. 隈研吾『建築家、走る』新潮社（2015年）106頁

54. 木原知己『号丸譚―心震わす船のものがたり』海文堂出版（2018年）「建築家を刺激した船の群像―たとえば、ル・コルビュジエの場合」

55. Convention on the Protection of the Underwater Cultural Heritage. 沈没船や海底遺跡などの水中文化遺産の保護を目的とした条約で、2001年の国際連合教育科学文化機関（ユネスコ）総会で採択され、2009年1月発効。ただし、排他的経済水域（EEZ）での規制が多いことなどを理由に、アメリカ、ロシア、インド、オーストラリア、イギリス、わが国は批准していない―国連常任理事国ではフランスのみ批准―。

56. 岩淵聡文「「水中文化遺産保護条約」をめぐる最近の動向」『世界平和研究』No.220 Winter 2019

57. 笹川平和財団「Ocean Newsletter」〈https://www.spf.org/opri/newsletter/453_3.html?latest=1〉最終アクセス2021年2月19日

58. 出口前掲書（注35）90–91頁

59. freedomもlibertyも「自由」を意味するが、freedomが何かからの自由・解放であるのに対し、libertyは何かをするための自由・解放である、という違いがある。それぞれに風土性と歴史性が反映されてのことであろう。

60. 動物を飼育する被支配者とその動物を食する支配者の関係性が反映されたものと考えられる。

61. 仲村清司『本音で語る沖縄史』新潮社（2017年）340–341頁

62. 鈴木健一「日本古典文学が描いた海」鈴木健一編『海の文学史』三弥井書店（2016年）15頁

63. アルフレッド・ベスター著 中村融編集『イブのいないアダム』東京創元社（2017年）。最相葉月は、ショートショートで有名な星新一（1926–97）が著書『生命のふしぎ』のなかでこの話を紹介していることに触れている（最相葉月『星新一――一〇〇一話をつくった人（上）』新潮社（2010年）367–369頁）。

64. 八束澄子『海で見つけたこと』講談社（2004年）

65. 鈴木前掲書（注62）14–15頁

66. 竹田恒泰『天皇の国史』PHP研究所（2020年）479頁

67. 片山敏彦訳『ハイネ詩集』新潮社（1987 年）42-43 頁

68. 概念的に民話は昔話と伝説の総称であり、民俗学者柳田国男は昔話を動物、伝説を植物になぞらえて明確に区別している（柳田国男『日本の伝説』新潮社（2015 年）10 頁）。昔話はどこでも花を咲かせるが、伝説はその地に根付いて花を咲かせるということである。国文学者の池田弥三郎は同書の解説の中で、学問上の用語ではない「民話」という新しい言葉の非を指摘したうえで、昔話は言語芸術、伝説はむしろ信仰に近いとしている（同 225 頁）。いずれにせよ、昔話、伝説とも風土性および風土性と相即性をなす歴史性のなかで息づいており、「（地域）文化」とすることに何ら異論はない。

69. 稲田浩二・稲田和子編著『日本昔話百選』三省堂（1993 年）97-101 頁、柳田国男『日本の昔話』新潮社（2006 年）120-123 頁

70. 関原彩「竜宮城はどこにある？」鈴木前掲書（注 62）184 頁

71. 恋田知子「お伽草子が描く海」鈴木前掲書（注 62）150-151 頁

72. 稲田・稲田前掲書（注 69）409-415 頁

73. 柳田前掲書（注 68）18-19 頁

74. 宮本常一『周防大島昔話集』河出書房新社（2012 年）102-104 頁

75. 死んだ船乗りたちの霊という点では、シャンソンなどで歌われている「カモメは死んだ船乗りたちの魂」というのと軌を一にしている。

76. 門脇大「海の化物、海坊主―化物の変遷をたどる」鈴木前掲書（注 62）242-244 頁

77. http://www.geocities.jp/picaly1/33_oldday/10kana.html（最終アクセス 2018 年 4 月 28 日）

78. 横浜市金沢区地域振興課編発行『金沢の民話』（2006 年）

79. 『平家物語』によれば、寿永 4 年（1185）、われを抱き上げ己が身共々海に身を投げようとする祖母二位尼（平時子、清盛の妻、1126-85）に、安徳天皇（1178-85、在位 1180-85）が「わたしをどこに連れていくのか」と尋ねる。二位尼は「この世は辛く厭わしいので極楽浄土にお連れ申す。波の下にも都はある」と幼い安徳天皇を涙ながらに諫め、共に関門海峡の急流に身を投げる。ちなみに、同じく入水した母建礼門院（平徳子、1155-1214）は源氏側に助けられ、そののち出家し弔いの日々を送った。

80. 稲田・稲田前掲書（注 69）92-94 頁

81. まんが日本昔ばなし ～データベース～「鯨石」〈http://nihon.syoukoukai.com/modules/stories/index.php?lid=827〉最終アクセス 2021 年 2 月 19 日

82. 吉田敦彦『日本神話の源流』講談社（2014 年）33、133-135 頁

83. ゼウス、ポセイドンは、ローマ神話ではそれぞれユピテル、ネプトゥヌスであり、ジュピター（Jupiter）、ネプチューン（Neptune）はその英語読みである。そもそもローマ固有の神々がギリシア的に解釈されたのであり、ローマ神話はギリシア神話のローマ版と言って不可ない。

84. 中野京子『運命の絵』文藝春秋（2020 年）64-168 頁、F・ギラン著 中島健訳『ギリシア神話』青土社（1990 年）312-317 頁、阿刀田高『ギリシア神話を知っていますか』新潮社（2013 年）178-197 頁

85. 中野京子『名画の謎（旧約・新約聖書篇）』文藝春秋（2016 年）258-268 頁

# 第5章

# わが国の交易・文化を織りなす「海」

一つの伝説が日本国中、そこにもここにも散らばって居て、皆自分
のところでは本当にあった事のように思って居るというのは、全く
不思議な又面白いことで、何か是には隠れた理由があるのですが、
それが実はまだ明らかになって居らぬのです。

―柳田国男『日本の伝説』

　さまざまな文化が交易によってわが国にもたらされ、わたしたち日本人はモンスーン型の風土性および風土性と相即性をなす歴史性によって規定される受容的で忍従的な国民性、さらには、厳しい自然環境に起因して、あたかもビジネスにおいてリスクとリターンが均衡するかのように、諦念的でありながら進取的であるという性状のためにその多くを受け入れ、時の流れのなかで既存の文化を変容させていきました。

　この受容的で忍従的、諦念的でありながら進取的であるという国民性こそがわが国の強みのひとつであり、他のモンスーン型性状の国々に先んじて近代化をなし得た原動力と言ってよく、その基底に「海」が関与しているのは疑うべくもありません。

## 1. 稲作文化、金属文化の伝来

　縄文時代中期、地球の気温上昇はピークを迎えます。海面が上昇して海岸線が内陸の奥まですすみ（「縄文海進」）、いまの九十九里平野のほぼ全域は海に浸食されました。そののち海面は下降し、多くの潟湖が誕生します。大雨が降る度に川は氾濫し、あたりが湿地帯と化すことで稲作が広まる下地が出来上がっていきました。

　紀元前 1000 年ごろ ―縄文時代末期から弥生時代の初期―、大陸からわが国

に稲作が伝わり、2世紀ごろには津軽平野にまで拡がりました。稲作が縄文時代からの延長線上にあるとは考えにくく、稲の原産地が南方であることを考えても、稲作は海をわたってきたと考えるのが自然でしょう。ただし、文字を知らない縄文人が稲作技術を知識として得ることは不可能に近く、ある程度の規模の人間集団が大陸から海をわたってきたと思われます。

　稲作の開始を以って弥生時代（紀元前10世紀–3世紀中頃）のはじまり、としていいでしょう。わが国に伝来した米は短粒種のジャポニカ米で、中国の長江（揚子江）中下流域で誕生したのち朝鮮半島を経由して北部九州に伝わったと考えられていますが、東シナ海をわたって直接日本に伝わったという説もあります。鈴木亨『歴史の島旅情の島』[1]では種子島が日本における稲作発祥の地であり、それが種子島の名前の由来であるとしています。事実、種子島の北部にある浦田神社（祭神は神武天皇の父鸕鷀草葺不合尊）の神饌が白米、南部にある宝満神社（祭神は神武天皇の母玉依姫）のそれが赤米とされています。いずれのルートを経て稲作がわが国に伝来したかは別にして、鹿児島県南種子町の宝満神社、岡山県総社市の国司神社、長崎県対馬市の多久頭魂神社で赤米が神事用として守り継がれいまも生産されている事実は、いまに残る海洋文化として特記されて然るべきでしょう。

　稲（米）は、弥生時代の貴重な輸出品でした。長崎県の壱岐島から船で朝鮮半島に運ばれ、その対価として鉄がわが国にもたらされました[2]。縄文時代から朝鮮半島と往来があったとも考えられますが、この米と鉄の交換を以ってわが国の交易のはじまりとしていいでしょう。玄界灘に浮かぶ壱岐島は古くから鉄で潤い、カラカミ遺跡には鍛冶炉、銛・釣り針・鎌や鉄鏃などの鉄器が残されています。鉄器は旧来の石器に比してその力は圧倒的で、弥生人はこぞって鉄（器）を求めました。しかし、当時の壱岐の弥生人に鉄鉱石から鉄をつくる技術はなく、鉄を求めて朝鮮に出向くしかありませんでした。米との交換によって、大量の鉄がわが国に持ち込まれます。寒冷期にあった朝鮮の人びとも、弥生人のつくる米に救われたにちがいありません。韓国南部のヌクト遺跡で弥生人たちの痕跡が発見されており、大量の弥生式土器が見つかったことから、当地に移り住んだ弥生人もかなりいたと考えられます。

　鉄がもたらされたことで、造船技術が進みました。鉄は農具や武器にもなりましたが、全体の 8 割は石斧や石包丁に代わる工具として利用されたのです。鉄製の工具はわが国に大きな成果をもたらし、高い建物や大型の舟を造ることもできました。舟が大きくなったことで交易が拡大し、鳥取の管玉、小松の碧玉、新潟（糸魚川）の翡翠や瀬戸内の塩などと交換される格好で壱岐の鉄が各地へと伝わっていきました。

　鉄が日本海沿いに広まっていった背景には、日本海沿岸を形成する潟湖（ラグーン）の存在が大きく関係していたと考えられます。丸木舟で潟湖を転々とする交易によって、「環日本海文化圏」とでも呼ぶべき文化圏が形成されていたのです。2 本かそれ以上の丸太をつないで造る複材の刳り舟が見られるようになり、波除けの舷を付すことで堪航性が大幅に改善されました。全長は 5 メートル前後、大きなものは全長 15 メートルもあり、幅 1 メートル、深さは 30 センチメートルほどでした。材質はクス（楠）、カヤ（榧）、ムク（椋）などで、帆はなく、櫂で進みました。一部には、ポリネシアのカヌーの流れを汲むと思われる、両端がそりあがったものも見られました。

　鉄器にやや遅れて青銅器も朝鮮半島から伝わり、おもに祭器として利用されました。人類史的には青銅器から鉄器時代へと変遷するのが一般的ですが、わが国ではそうはなっていません。この時期、機織り技術も伝わっています。

　2 世紀、倭の奴国は中国の後漢（25–220 年）に使いを送って朝貢し、2 世紀から 3 世紀、邪馬台国も中国の魏に使いを遣りました。その頃のものと考えられている埴輪のなかに、当時の舟を象ったものがあります。両舷に計 6 個の櫂口があり、喫水線には鍔のようなものが付されており、大海をすすむのに適した構造となっています。

## 2. 儒教、仏教の伝来

　弥生時代ののち、わが国は大和時代[3]（3 世紀中ごろから 7 世紀の古墳時代、592 年から 710 年の飛鳥時代）を迎えます。鉄剣など鉄が祭祀用に使われることも多くなり、大和朝廷の権威・権力の象徴とされるようになりました。古墳

時代後期、わが国は、たたら製鉄法で以って砂鉄を原料にした鉄の内製化に成功します。たたらとは、炉に風を送る鞴（ふいご）のことです。

　5世紀、王仁（わに）（西 文氏（かわちのふみうじ）の祖）が『論語』を伝え、弓月君（ゆづきのきみ）（秦氏（はた）の祖）が養蚕や機織りを伝えました。6世紀には五経博士（ごきょうはかせ）が、『書経』『易経』『詩経』『春秋』『礼記』を経典とする儒教を伝えます。儒教の伝来は仏教よりも早い513年のこととされていますが、5世紀にはすでに伝来していたとも言われています。秦氏は5世紀はじめに渡来した農民集団で、『日本書紀』に大和朝廷に税として絹をうず高く積んだために禹豆麻佐（うずまさ）の姓を与えられたとあり、それがいまの太秦（うずまさ）の由来とされています。また、“八幡さま”の総本宮である宇佐神宮（大分県宇佐市）の創建にも関係しているようです[4]。のちに四国を統一する戦国武将長宗我部氏（ちょうそかべ）の祖先ともされており、じつに謎めいた一族です。

　百済の聖王から欽明天皇（きんめい）に、仏教が伝えられました。伝来時期については538年説（『上宮聖徳法王帝説』（じょうぐうしょうとくほうおうていせつ））と552年説（『日本書紀』）がありますが、いずれにしても、仏教の伝来がわが国に少なからぬ影響を与えたのは疑う余地がありません。

## 3. 遣隋使の派遣

　中国は隋（581-618年）の時代を迎えていました。聖徳太子（厩戸皇子（うまやどのおうじ）、574-622）はわが国最初の女性天皇である推古天皇（554-628、在位593-628）の摂政として冠位十二階（かんいじゅうにかい）（603年）[5]や憲法十七条（604年）を制定するとともに、やや遡る600年、大陸から優れた文化を吸収するため遣隋使を派遣し、推古15年（607）、第2回遣隋使として小野妹子らを隋に派遣しました。このとき、「日の出ずる処（ところ）の天子が日没する処の天子に書を致す（日出處天子致書日没處天子）」という体裁を採りました。聖徳太子は、あくまでも対等の国交を期待したのです。この時代、「天子」の称号は中国の支配者のみに許されていました。隋の煬帝（ようだい）（569-618）は激怒しますが、最終的には受け入れます[6]。

　遣隋使は618年までの間、5回にわたって派遣されました。飛鳥を出て瀬戸内海を西に進み、百済（くだら）（4世紀中葉-660年）・新羅（しらぎ）（676年統一-935年）・

高句麗（?–668 年）を通って大興城（いまの西安市付近）に至る行程でした。
遣隋使船は、安芸国の倉橋島などで造られました。丸木舟の舷側に板材を継ぎ
足すことで載貨容量が増大しました。骨組みと板材によって造られる構造船と
の違いから「準構造船」と呼ばれ、わが国では室町時代まで首座の地位を占め
ました。ちなみに、大阪市中心部では、古墳時代の数多くの丸木舟が発掘され
ています。全長 11.6 メートル、幅 1.2 メートルという大きなものです。材質
はクス（楠）で、船体がふたつの材木で造られています 7)。この時代、大和朝
廷は伊豆の地で造船を進めました。伊豆はスギ（杉）やマツ（松）のほか、ケ
ヤキ（欅）、クスなどの良材に恵まれ、黒潮に乗って東南アジアから優れた技
術を持った人びとが流れ着いたということもありました。応神天皇の時代（4
世紀後半）、朝鮮半島の新羅から造船工を迎え入れ、摂津国（いまの大阪）で
新羅式の船が造られました。わが国の造船技術は格段に進み、大陸にわたって
百済などを征服し、高句麗と戦うまでになります。

　中国から直接大陸文化を受容しようとしたところに、聖徳太子の先進性や向
学心がみてとれます。仏教文化が花開き、百済・高句麗や隋の文化、さらには
西アジア・インド・ギリシアの文化の混融もみられました。法隆寺（607 年創
建）金堂や唐招提寺（759 年創建）金堂の柱などにギリシアパルテノン神殿
のエンタシス様式 ―柱の中ほどが膨らんでいる―、法隆寺金堂釈迦三尊像や
飛鳥寺（6 世紀末ごろ創建）釈迦如来像などに古代ギリシアの人物彫刻に特有
なアルカイックスマイル ―口元に浮かぶ微笑― がみられます。

# 4. 遣唐使の派遣

　618 年に唐（618–907 年）が隋にとってかわり、大和朝廷は遣唐使を送りま
す。遣唐使は 630 年から 894 年にわたって 15 回 ―12、14、16、18、20 回説
も― 派遣され、唐の制度や文化を吸収しました。その頃の長安（いまの西安）
が世界有数の国際都市であったことから、インド、アラビアやペルシアなどの
文化もそこに加わったと考えていいでしょう。

　遣唐使船は、全長 30 メートル、幅 7 メートルから 8 メートル、2 本マスト

の平底船です。使節団のほか、通訳・医師・細工師・留学生・留学僧など、船の漕ぎ手を含めて 120 人ほどが乗り込みました。当初は 2 隻の派遣、8 世紀以降は 4 隻が派遣されるようになります。大使・副使ら 500 人から 600 人が分乗し、2、3 年がかりで往復しました。帆は帆柱の真ん中にかけられているだけで、無風、逆風のときは帆柱を倒し櫓で漕いですすむしかありませんでした。小型船による危険な航海であり、成功率は 4 割から 5 割程度であったとみられています [8]。後期の船となると、折り畳みができる帆を備えていました。船型からすれば中国のジャンク船で、唐人の船大工によって堅牢な船が造られるようになったと考えられます。

　中臣鎌足（のちの藤原鎌足、614–669）の支援を受けた中大兄皇子（のちの天智天皇、626–672）らによる大化の改新（645 年）―「大化」はわが国最初の年号―、白村江での対唐・新羅連合軍大敗（百済の滅亡、663 年）[9] を経た 7 世紀後半以降、遣唐使の影響が日本文化に大きく現れはじめます。

　和銅 3 年（710）、藤原京から平城京に遷都され奈良時代となります。この時期、わが国最古の史書『古事記』（712 年）、『日本書紀』（720 年）が編纂されています。海との関与も指摘されています。たとえば、有名な「因幡の白兎（稲羽之素菟）」の話ですが、マレー半島や南方の島々のバンビ（小鹿）とワニの知恵比べの話がわが国に伝わり、それが大国主神の英雄譚となったと考えられています [10]。

　聖武天皇の時代は毎年のように天災が発生し、735 年に北九州に持ち込まれた天然痘が 2 年後には京にまで感染が広がりました。政権を担っていた藤原四兄弟（武智麻呂・房前・宇合・麻呂）もそれが原因で亡くなります。そうした暗い時代にあって、聖武天皇の天平年間（729–749 年）は古典文化（天平文化）の黄金期を迎えていました。自らを「三宝の奴」と称し、災いから逃れるために東大寺を建立し、多くの華美な調度類を正倉院に残しました。政治制度も唐の影響を受けました。律令に基づく中央集権的な統治政治（「律令政治」）がすすめられ、大宝律令（701 年制定）や養老律令（718 年制定）など、唐に倣った体系的法典が編纂されました。律は刑罰について定めたもの（いまの刑法）、令は行政組織、官吏の勤務規定、人民の租税や労役について規定したものです。

聖武天皇発願の東大寺盧舎那仏像（「奈良の大仏」、752 年開眼供養会）造立の実質的な責任者として招かれた行基（668–749）も唐に学んでおり、天平 15 年（743）、聖武天皇は行基らの主張によって墾田永年私財法を制定しました。

　天平勝宝 6 年（754）、苦難の末に来日を果たした鑑真和上がわが国に「律」を伝えると、ときの孝謙天皇はすぐさま「戒」を受けました。明神（現人神）である天皇の、異常なまでの仏教への傾倒ぶりがうかがえます。

　細工、鋳金、医術、舞、さらには琵琶、琴が、その奏法ともに遣唐使によってわが国に伝わりました。794 年に平安京に遷都したのちも遣唐使を送り、その一方で、遣新羅使（計 22 回、675–779 年）、遣渤海使（計 13 回、728–811 年）の派遣も続けます。遣新羅使によって銅・錫・鉛の合金製食器、人参、絨毯、アラビア産香料など、遣渤海使によって獣皮、コンブ、魚の干物、人参などが日本に持ち込まれました。

　延暦 23 年（804）、最澄（伝教大師、767–822）と空海（弘法大師、774–835）が、別々の遣唐使船で唐に入ります [11]。帰国後、最澄は天台宗、空海は真言宗を開きます。仏教は在来の神々に対する信仰と融合し、仏と神は本来的に一体であるとする神仏習合の思想が生まれます。同思想は日本人の間に広く流布し、それは慶応 4 年（1868）の神仏判然令（神仏分離令）まで続きました。

　菅原道真（845–903）の建議によって、寛平 6 年（894）、遣唐使が廃止されます。年号の覚え方は、「白紙（894）にもどす遣唐使」。遣唐使派遣の目的は朝貢の見返りに中国の文物を得ることでしたが、9 世紀になって中国の私貿易船が博多に来るようになり、莫大な費用をかけ危険を冒してまで派遣する必要がなくなったのです。

　遣唐使が廃止されてのち、古典文化の国風化がすすみます。7 世紀前半の飛鳥文化、7 世紀後半から 8 世紀初頭の白鳳文化、8 世紀の初頭から末に至る天平文化と、海の向こうの文化に影響されてきた国内文化が内発的な化学反応を起こしたのです。

# 5. 日宋貿易

　宋（960–1279年）が、唐に代わって中国を統一しました。わが国は宋と国交を結ぶことはなく、その一方で、私貿易目的の宋船が荘園地帯の博多や坊津、平戸などに来航するようになります。

　鳥羽院の信任が厚かった平忠盛が、院領荘園肥前国神埼荘（ひぜんのくにかんざきのしょう）（いまの佐賀県神埼市付近）の管理を通じて日宋貿易をはじめます。対外交渉を管轄する大宰府が越権行為であると批判しますが、院宣を以ってこれを退けます。

　忠盛の子である清盛は、修築した摂津大輪田泊（おおわだのとまり）（いまの神戸港の一部）までの宋船の通航を許可し、日宋貿易を拡大させました。宋銭、書籍、陶磁器、香料、高級織物、薬品、茶などが持ち込まれ、砂金、硫黄、木材、刀剣、漆器、水銀、蒔絵などが輸出されました。清盛は宋との交易をさらに発展させ、大量に輸入された宋銭によってわが国の貨幣経済は大きく発展しました。まさに"海の平氏"の繁栄ここに極まれり、です。安芸守（あきのかみ）として厳島神社の社殿（【5-1】）を造営し、『平家納経』を奉納します。厳島は「斎く（いつく）（心身を清めて神に仕える）島」であり、市杵島姫命（いちきしまひめのみこと）を祀る社殿を創建したことからその名が付いたともされる厳島神社は、古くから航海安全の神として信仰されていました。

【5-1】厳島神社（筆者撮影）

　平安末期、中国から盆景がわが国に伝わります。盆（鉢）のなかに理想郷を形作るもので、日本の風土性や歴史性のなかで「盆栽」として独自の発展を遂げました。宋船の来航に制限が付されると、造船技術の進化が止まってしまい

ます。鎌倉時代（1185–1333 年）前期の準構造船は、舵は船体に固定され、漕帆兼用で、錨は自然木の枝に自然石をくくりつけた重石<ruby>重石<rt>おもし</rt></ruby>、帆は<ruby>筵<rt>むしろ</rt></ruby>帆でした。

## 6. 武士の勃興と「海」

　建久 3 年（1192）、源頼朝（1147–99）が征夷大将軍となります。西国の"海の平氏"に対する、東国の"山の源氏"の誕生です。

　その頃、大陸ではモンゴルが勢力を強め、1271 年、クビライが国名を中国風に「元」と改めます。元はこののち 1368 年まで続きますが、一方で、南宋（–1279 年）が命脈を保っていました。日本が交易によって南宋を支えていることが、クビライはどうにも気に入りません。クビライは南宋の力を削ぐべく、日本が日宋貿易にかわって<ruby>冊封<rt>さくほう</rt></ruby>体制にはいること、すなわち、わが国が中国王朝の臣下となることを望んだ。しかし、日本はその軍事力の行使をもほのめかす要請に応えません。怒ったクビライは日本への派兵を決めます。蒙古襲来、世に言う「元寇」です。2 度の来航（文永の役（1274 年）・弘安の役（1281 年））がありましたが、2 度とも嵐に翻弄され、元軍は退却を余儀なくされます。弘安の役は台風だったと思われますが、当時の日本では「神仏の加護があった」とされました。元の再来に怯える一方で、"神風"信仰は強まっていきます。

　この時期、ヴェネツィア商人のマルコ・ポーロがアジアの旅に出ています。1271 年から 1295 年にかけてのことです。往路は陸路で中国に入り、復路はマラッカ海峡を抜けてアラビア海にはいり、そこから陸路を利用しました。1275 年、すなわち文永の役の翌年、クビライに拝謁します。どうやらこのとき、マルコ・ポーロはクビライから黄金の国"ジパング"のことを聞いたようです。マルコ・ポーロの旅は、『世界の叙述』、いわゆる『東方見聞録』にまとめられました。そのなかで、ジパングは東海にある大きな島で、住民は色が白く、文化的で、物資に恵まれている。偶像を崇拝し、黄金が無尽蔵にあるが国王が輸出を禁止している、などと紹介されています。ジパング —中国の古音（Cipangu、Zipangri）が語源— には黄金が無尽蔵にあるとありますが、平泉の

黄金文化（中尊寺金色堂や毛越寺）のことではないかと言われています。当時の日本海には三津七湊とされた七湊のすべての湊が存在し（第3章1.（2）参照）、環日本海交易圏をなしていたことを考えると、そうした情報が中国に伝わっていたとしても何ら不思議ではありません。

## 7. 日明貿易

　建武の新政（1334–35）ののちの建武5年（1338）、足利尊氏（1305–58）が征夷大将軍となって室町幕府を開き、中国では1368年、朱元璋（1328–98）が明（–1644年）を建国して洪武帝を名乗ります。

　応永8年（1401）、三代将軍足利義満（1358–1408、在任1368–94）によって遣明使の派遣がはじまります。応永11年（1404）、遣明船[12]による日明貿易が開始されます。倭寇や密貿易ではなく正式な遣明船であることを示すために勘合を使用したことから、「勘合貿易」とも呼ばれています。将軍が国内商人に勘合と朝貢品を与え、商人がそれと付塔品を携えて明にわたり、寧波で確認のうえ北京にて皇帝に上表文と朝貢品が手渡され、明の商人は付塔品を商い、日本側の商人は付塔品のお返しで得た唐物を商売し、勅書と頒賜品が将軍に返されるという仕組みです。しかし、貿易と言いつつ実態は冊封ありきの朝貢貿易に過ぎず —事実、義満は永楽帝（1360–1424、在位1402–24）によって「日本国王」に封じられた—、そのことを嫌った四代将軍足利義持（1386–1428、在任1394–1423）によって一時的に中断されます。そののち、六代将軍足利義教（1394–1441、在任1428–41）時代の永享4年（1432）に再開され、結局、天文16年（1547）までの間、計19回の入貢がなされました。

　明への入貢がもっとも多かったのは琉球でした。1372年の最初の入貢以降、その数は171回を数えました。1429年に尚巴志（1372–1439）によって統一された琉球王国は東南アジアと明の中継貿易で栄えました。解禁政策をとる明に硫黄や馬、胡椒、象牙などを運び、回賜の品である唐物に加え、陶磁器、生糸や絹織物を中国から輸入し、日本、朝鮮や東南アジアに輸出するのです。15世紀から16世紀、日本船や中国の船、南蛮船が寄港した那覇は東アジア有数

の国際貿易都市に発展します。琉球にとっての「大交易時代」であり、文化的にも明の影響を大きく受けました。ちなみに、琉球を統一した尚巴志のルーツは、伊平屋諸島の伊是名島とされています。倭寇の補給基地になっていた可能性がある島で、倭寇はここから中国へと向かったようです [13]。

　室町時代も中期になると、瀬戸内海や西日本の各地で強力な水軍が誕生します。各水軍とも安宅型と呼ばれる主力艦を有し、巡洋艦に相当する関船、その小型版の小早を以って艦隊を編成しました。

　室町時代、日本固有の文化が形成されます。北山文化（14 世紀末から 15 世紀初め）、東山文化（15 世紀から 16 世紀前半）を経て、能や狂言、御伽草子、連歌などの庶民文化が誕生し、地方へと普及していきました。

## 8. 倭寇

　倭寇や密貿易ではなく正式な遣明船であることを示すために勘合が使われたことはすでに触れました。ここで、倭寇についてみておきましょう。倭寇も、元はと言えば海上交易の担い手として登場したのです。

　13 世紀、九州北部の松浦党、瀬戸内海の村上三島（能島・因島・来島）の武士や漁師の一部が集団で船に乗り込み、朝鮮半島や中国に出向き交易をはじめました。しかし、交渉がうまくいかないと暴徒と化し、力による略奪を繰り返すようになります。いわゆる、「倭寇」の誕生です。蒙古襲来（元寇）に対する“復讐”、ということもあったかもしれません。

　倭寇は、前期倭寇と後期倭寇に分けられます。前期倭寇は、粗雑な和船に乗った倭人（対馬・壱岐・松浦などの海賊衆）、済州島や高麗（918–1392 年）の海民によるものでした。ただし、14 世紀から 15 世紀の倭寇は、朝鮮半島の海民が大方を占めるようになったことを考えると、前期倭寇の後期は高麗人による“偽”倭寇と言ったほうが良さそうです。さらに言えば、後で触れる 16 世紀の後期倭寇にしても明人による“偽”倭寇だったのであり、史実がそうであるとすれば、「倭寇」という歴史用語そのものに疑問を抱かざるを得ません [14]。

　蒙古直系の武人の家に生まれた李成桂（1335–1408）が 1392 年に高麗を倒

して朝鮮王朝（李朝）を興し、都を開城から漢城府（いまのソウル）に移し、倭寇対策を練ります。1419年、朝鮮王朝は対馬を攻撃（「応永の外寇」）するも、必死の抵抗にあって失敗に終わります。そののち、太宗（第3代王、李成桂の息子）が死んだこともあり、日朝間の修好が回復されます。日本からは銅や硫黄などが輸出され、朝鮮からは米や豆などの穀類のほか、日本ではまだ生産できなかった木綿などが持ち込まれました。懐柔策が奏功し、こののち、倭寇は中国大陸に矛先を向けます。

　倭寇に怖れをなした明政府は義満に倭寇の取締りと朝貢を求め、それが先に触れた日明貿易のはじまりとなりました。日明貿易によって、倭寇は沈静化していきました。しかし、16世紀になると、倭寇は再び活動をはじめます。松浦党などの北九州勢に加え、天草、肥後、薩摩、そして瀬戸内海の河野、村上党なども参加した大掛かりなものでしたが、その多くは中国人で、中国のジャンク船、あるいはジャンク船の技術を取り入れた船が使われるようになりました。1543年に種子島に漂着した船も、そうしたジャンク船でした。間違った記述が散見されますが、決してポルトガル船（南蛮船）が来航したのではありません。後期倭寇の大頭目王直の所有船で、中国から倭寇の拠点があった深江（のちの福江）あるいは王直が邸を構える平戸をめざすうちに大風に流され、種子島に漂着したと考えられます。偶々その船に3人のポルトガル人 ―荒くれ者の私貿易商人― が乗っており、鉄炮を伝えたのです。

　王直は1540年に深江に入港し、戦国武将宇久純定の父盛定に通商を認められ唐人町に居宅が与えられます。翌年、宇久氏の宗家にあたる松浦氏の求めで平戸に移り、当地にも邸宅を構えます。明国側も倭寇に手をこまねいていたわけではなく、1548年に舟山群島にある倭寇の要地、双嶼港を掃討し、大友義鎮（宗麟、1530–87）らを説得して王直を帰順させようとします。官位をちらつかされた（妻子の手紙にほだされた、とも）王直は、舟山に帰ったところを捕らえられ斬首されました。王直ののちも、平戸の顔思斎（1588–1625）、彼の配下で日本人妻を娶った鄭芝龍（1604–1661）―妻との間に近松門左衛門作『国姓爺合戦』のモデルとなる鄭成功（1624–62）をもうけた― など、日明を股にかけた海賊も現れました。宇久氏はじめ松浦一党は、こうした明の海に生き

る男たちとさまざまに提携することで独自の文化圏を築いていきます。もちろん、松浦党以外の、九州各地の大名や瀬戸内の村上水軍などもそうでした <sup>15)</sup>。世は、まさに"大海賊時代"だったのです。

## 9. 南蛮貿易と文化の伝来

　天文 18 年（1549）のフランシスコ・ザビエルの鹿児島来訪を以って、わが国におけるキリスト教の歴史ははじまります。

　キリスト教宣教師の歩みも、海が織りなした 1 ページと言っていいでしょう。大航海時代（探検時代、ひとつの海時代）、ヨーロッパ人ははるか彼方の未開の地にまで足を伸ばすようになり、多くのカトリック宣教師がアジアやアメリカへと向かいました。彼らは修道会に属し、精力的に布教活動を展開しました。有名な修道会としてはフランシスコ会、ドミニコ会があり、16 世紀に入ると新興のイエズス会が目立った活躍をするようになります。イエズス会は、ヨーロッパのスタイルを強要するのではなく、当地の文化に自分たちを合わせようとしました。フランシスコ・ザビエルはそうしたイエズス会の宣教師でした。イエズス会創立メンバーのひとりで、インドのゴアで宣教活動に従事し、マラッカなどで布教活動をするうちにヤジロウ（アンジロウ）と出会います。ヤジロウは、同僚を殺した罪を免れようとザビエルを頼ってマラッカに来ていたのです。

　ザビエルは仏僧との対立に心痛める島津貴久（1514–71）の助言を聞き入れ、天文 19 年（1550）、平戸に移りました。元禄 9 年（1566）、五島列島の深江にふたりの宣教師がやってきました。いまに続く、五島キリシタンの"はじめの一歩"です。2018 年に「長崎と天草地方の潜伏キリシタン関連遺産」として世界遺産に登録されましたが —五島市の構成資産は、久賀島の集落と奈留島の江上集落（江上天主堂とその周辺）<sup>16)</sup>—、それはこのふたりの宣教師の歩みからはじまったのです。

　永禄 6 年（1563）に受洗しわが国最初のキリシタン大名となった大村純忠（1533–87）は長崎をイエズス会に教会領として寄進し、自らも南蛮貿易を展開

しました。天正 10 年（1582）には、大友宗麟・有馬晴信（大村純忠の甥）の両大名とともに天正遣欧少年使節をローマに送りました。正使伊東マンショ（大友宗麟の名代）・千々石ミゲル（大村純忠の名代）・原マルティノ・中浦ジュリアンの面々はローマで遠来の客人として歓待され、市民権も与えられます。しかし、天正 18 年（1590）に帰国したときにはすでにキリスト教禁制の世となっており、不遇の人生をおくりました [17]。彼らが持ち帰ったグーテンベルク印刷機によってわが国で活版印刷が行われるようになったのが、せめてもの救いです。グーテンベルク印刷機で『平家物語』や『日葡辞書』などが出版されます。ただし、活版印刷が普及するのは明治期になってからのことです。東京都中央区に、ミズノプリンティングミュージアムがあります。中央区まちかど展示館のホームページ [18] によれば、明治 6 年（1873）、平野富二（1846–92）が築地で築地活版製造所を設立したのが日本における印刷文化の源泉となったようです。そののち、中央区は日本印刷文化の中心地となりました。平野は明治 9 年（1876）に民間洋式造船所の嚆矢となる石川島平野造船所（いまの IHI）を創設する人物 [19] ですが、日本初の印刷機も製作していたのです。

　キリスト教の伝来によって、いわゆる南蛮文化がわが国で花を咲かせました。キリスト教の伝来が神儒仏三教一致のわが国に与えた影響は大きく、その後の日本人の世界観を大きく変えました。種子島に鉄炮を伝えたポルトガル人らの宿坊となっていた寺（慈遠寺）に堺の絵師が宿しており、南海の草花や海景を描いて日々を過ごしていたようです。折よく、初めて目にする中国船、物珍しい南蛮人など、彼にとっては格好の画材であり、淡々と画業に精出し、請われれば彼らの絵を描き、求められれば喜んで進呈しました。種子島における南蛮との接触は、悪天候による、いわば偶然の結果でした。居合わせたポルトガル人はわずか 3 名、しかも彼らが乗っていたのはジャンク船だったことを考えると、そののちの南蛮交易の契機となったのは間違いないことながら、異形の来訪者に「南蛮文化」を伝えるほどの“熱量”があったかどうかは疑問です。やはり、ザビエルが鹿児島を後にして向かった平戸、キリシタン大名大村純忠が寄進した長崎こそが南蛮文化、とりわけ南蛮食文化の発祥の地とすべきかもしれません。ちなみに、江戸時代に整備された脇街道のひとつに、豊前国小倉

から肥前国長崎に至る長崎街道があります。「シュガーロード」とも呼ばれたように、オランダ船によって運ばれてきた砂糖と製菓技術によって、小城や飯塚などの街道筋でカステラや羊かん（小城羊かん）、マルボーロなどの甘い菓子がつくられるようになりました。シーボルトもこの長崎街道を通っており、また、八代将軍徳川吉宗の命によってベトナム象が運ばれています。

　ポルトガル系ではパン（麺麭）・ボーロ・カステラ・コンペイトウ（金平糖）・カッパ（合羽）・ビードロ（硝子）・ジュバン（襦袢）・ラシャ（羅紗）・タバコ（煙草）・カルタ（歌留多）・シャボン（石鹸）・ボタン（釦）・テンプラ（天麩羅）など、スペイン系でメリヤス（莫大小）・ビロード（天鵞絨）など、いまも数多くの南蛮文化が日本語となって残っています。南蛮人（ポルトガル人とスペイン人）がかぶる帽子、鼻眼鏡、ズボン、マント、襞のついた襟などに、当時の日本人は強い興味をもちました。地球儀、時計なども持ち込まれ、48 枚 1 組のカルタも国内に広まっていきました。宣教師によって、多くの絵画や銅版画がわが国に持ち込まれました。油絵や銅版画の技法を学んだ日本人絵師狩野内膳（1570–1616）によって『南蛮人渡来図屛風』が描かれますが、それは、南蛮人の見慣れぬ容貌や風俗への関心の現れでもありました。ほかにも、日本人の手による『洋人奏楽図屛風』などの作品が残されています。

　南蛮文化は当時の人びとの生活に浸透し、鉄炮によって戦闘の在り方、治世そのものを変える契機となりました。鉄炮に欠かせない火薬を手に入れるために堺に目を付け、商人・茶人であった今井宗久（1520–93）を代官に任命した織田信長などもその一例と言っていいでしょう。南蛮文化は、新たな食の文化でもありました。"南蛮"と最初にコンタクトした種子島の村人たちは、ボーロ、タバコ ―傷口にねり込むと傷口がふさがり、2、3 日もすれば痛みが癒えることにも驚いた―、ヴィニョ・ティント（赤ワイン）などをはじめて知った。当時、赤ワインは珍陀酒と呼ばれました。イエズス会の宣教師として来日したルイス・フロイス（1532–97）が献上したものを織田信長が日本人として初めて飲んだとされていますが、最初に芳醇な赤ワインを堪能したのは種子島の村人たちだったと考えられます。そののち、長崎や平戸に入港したポルトガル船が西洋料理をわが国にもたらします。

17世紀になるとオランダ ―ポルトガル人やスペイン人を南蛮人と呼ぶのに対し、オランダ人は紅毛人と呼ばれた― の影響力が顕著になり、西洋料理は長崎の上流階層の人びとや豪商の間に広まっていきました。ギヤマン（硝子）のグラスで葡萄酒を飲む、そんな光景も見られたことでしょう。コーヒー（珈琲）・ビール（麦酒）・ゴム（護謨）・ガラス（硝子）・ブリキ（錻力）・コック・コルク（木栓）・ランドセル・ポンプなども、大いに興味をひいたと考えられます。

西洋音楽も、教会典礼の手段としてわが国にもたらされました。直接的に五感に訴えかける音響芸術は、布教するうえで格好の手段だったのです。当時、ヨーロッパでは多声楽が流行していましたが、東洋的単音の旋律と音階を好む日本では単旋律のグレゴリオ聖歌が多用されました。ヴィオラが早くから紹介され、天正7年（1579）には小型のパイプオルガンも輸入されました。兵庫県有馬のセミナリヨ（Seminario）[20]では、楽器も製作されています。キリシタン少年たちによる卓抜した演奏、日本人の器用さに、外国人宣教師たちは大いに驚かされたようです。

南蛮文化の伝来は芸術（アート）に限ったことではなく、科学（サイエンス）も然りでした。16世紀後半の医者曲直瀬道三（まなせどうさん）（1507–94）はキリスト教に入信し、南蛮外科を学んだのち“紅毛”外科と合流してわが国医学の基礎をなしました。日本暦学の祖とされる渋川春海（はるみ）（1639–1715）の研究も、マテオ・リッチ（1552–1610）の『坤輿万国全図』、マテオ・リッチに影響された游子六（ゆうしろく）の『天経惑問』の影響を受けたものでした。

自然科学に限らず、社会科学の分野でも南蛮文化は開花しました。たとえば、会計学がそうです。経済活動をすすめるには収支の記録が必須であり、そのための帳簿が必要になります。わが国は、中国から、帳簿を用いた財政収支の記録術を学びました。当時の正税帳（しょうぜいちょう）が残っています[21]。中央から各国に派遣された国司（くにのつかさ）が作成し、朝廷宛て文章で報告することが義務付けられていたものです。帳簿の記録には単式簿記[22]（single entry bookkeeping）と複式簿記（double entry bookkeeping）がありますが、正税帳は収入と支出を書き留めただけの単式簿記でした。複式簿記がはじまるのは、1300年ごろのヴェネ

ツィアにおいてです [23]。13 世紀初頭、ピサ（イタリア）の商人がアラビア数字をヨーロッパに持ち込み、0（ゼロ）の概念など使い勝手が良かったために広く使われるようになったことがその背景にあったと考えられます。メディチ家が栄えたのも、複式簿記を心得ていたからです。しかし、複式簿記は一本調子に広まっていきませんでした。大航海時代、スペインは、複式簿記の重要性を認識しながら敢えて重視しませんでした。財務状況が思いのほか厳しく、杜撰（ずさん）な植民地経営が白日の下にさらされるのを避けたかったのです。ここで頭角を現すのがオランダです。複式簿記を駆使し、東インド会社による交易で大いに稼ぐのです。紅毛人であるオランダ人から複式簿記が長崎に持ち込まれたと考えるのは、至極自然なことです。

## 10. 朱印船貿易

　イギリスやオランダが東インド会社を設立しようとしている頃、わが国でも制海権をめぐる動きがありました。豊臣秀吉が仕掛けた朝鮮出兵、1592 年の文禄の役（壬申倭乱（じんしん））と 1597 年の慶長の役（丁酉倭乱（ていゆう））です。秀吉の死によって終わりますが、この侵略戦争によって高度な製陶技術が朝鮮からわが国にもたらされました。日本に連れてこられた優れた職人たちの手によって、有田焼や伊万里焼が興ります。また、この戦争によって木版印刷技術も伝わり、江戸時代の出版文化につながります。

　秀吉の朝鮮出兵で、朝鮮との国交は断絶します。明もまた、自らが支配する朝鮮に出兵した日本との交易を認めようとしませんでした。やむなく、明の船が東南アジアの港に絹や茶、陶磁器などを運び、そこに日本の船が出向いて交易するという仕組みが考えられました。「朱印船貿易」です。秀吉は朝鮮出兵を画策する一方で全国の大名や大商人に大船建造を命じ、朱印を押した朱印状を与えて交易を促しました。朱印状を与えられた船は、「御朱印船」と呼ばれました。朱印状を与えられた大名は薩摩藩の島津、平戸藩の松浦、久留米藩の有馬、佐賀藩の鍋島など九州の大名が多く、商人では、京都の角倉了以（すみのくらりょうい）、茶屋四郎次郎（ちゃやしろうじろう）、大坂の末吉孫左衛門（すえよしまござえもん）、納屋助左衛門（なやすけざえもん）（別名、呂宋助左衛門（ルソン））、長

崎の末次平蔵（すえつぐへいぞう）や荒木宗太郎（あらきそうたろう）などでした。

　江戸時代（1603–1868 年）初期、朱印状を与えられた者は 100 人ほどで、船は 350 隻余りを数えたと言います。御朱印船は木造ながら 300 総トンから 400 総トンという大きさで、なかには 700 総トンの大型船もありました。「荒木船」と呼ばれている船などは 2 本マストの二重底の船で、船首の旗にはオランダ東インド会社の社章を逆さにしたものを使っていました。中国式（ジャンク）、西洋式（ガレオン船）、和式の折衷と言ってもいいデザインで、250 人ほど乗ることができました。中国、台湾、フィリピン、タイ、ベトナム、カンボジア、インドネシアあたりまで出向き、各地に「日本町」を築いていきました。城山三郎の同名小説をドラマ化した NHK 大河ドラマ『黄金の日日』のなかに、マニラにわたった呂宋助左衛門が登場します。タイで活躍する山田長政（1590?–1630）の名はよく知られています。

　朱印船貿易は東南アジアの諸港を中継地とする密貿易で、鎖国によって閉ざされる 1635 年まで続きました。航海士は中国人、ヨーロッパ人、日本人など多様で、日本からは銀や銅、当地からは生糸や絹織物を運びました。

## 11. 家康の交易振興

　海外との海上交易に興味を抱く初代将軍徳川家康も、東南アジア諸国に使者を派遣して友好関係を築くなどして朱印船貿易を継続しました。対馬の宗氏を介して李氏朝鮮との講和も図りました。宗氏に一任したため、朝鮮と交易する船には朱印状は発行されませんでした。

　家康は、イギリス人のウィリアム・アダムス（三浦按針）に命じて、慶長 10 年（1605）、伊東にてわが国初となる本格的西洋型帆船 2 隻を建造しました。川の水をせき止め、川底に枕木を並べその上に竜骨を置いて船体を組み、できあがったところで川上のせきを切って進水させました。120 総トンの船はサン・ブナヴェントゥラ号（按針丸）と命名され、慶長 15 年（1610）、御宿に漂着したスペイン人たち、京都の商人田中勝介（生没年不詳）ら日本人 23 人 [24)] を乗せて浦賀を出帆し、87 日かけて太平洋をわたりました [25)]。翌年、セバス

ティアン・ビスカイノ（1548–1624）が、先の田中らを伴い答礼特使として来日しました。任務を終え意気揚々帰路についたものの、嵐のためにビスカイノの乗った船は日本に引き返さざるを得なくなった。途方に暮れたビスカイノは、キリスト教に理解のある（と耳にした）仙台藩主、伊達政宗（1567–1636）に頼ります。果せるかな、一行を不憫に思った政宗は、新造船を約束し、のちにサン・ファン・バウティスタ号（伊達丸）と命名されるガレオン船を建造しました。全長35.5メートル、幅10.5メートル、帆柱の高さ29.7メートル。日本人が初めて建造した洋式帆船で、2年前に起きた慶長三陸大地震からの復興の象徴でもありました。現在、宮城県石巻市のサン・ファン館（宮城県慶長使節船ミュージアム）に同船の復元船（【5-2】）が展示されています。老朽化のため解体のう

【5-2】サン・ファン・バウティスタ号の復元船（石巻市サン・ファン館、筆者撮影）

え改めて復元する計画があるようですが、縮小されるとすればいささか残念です。慶長18年（1613）、政宗の命をうけた仙台藩士支倉常長（1571–1622）が、帰途につくビスカイノと帆風を共にしました。世にいう、「慶長遣欧使節」（1613–20年）です。一行はヌエバ・エスパーニャ経由でスペイン、ローマへとわたり、スペイン国王フェリペ三世（1578–1621、在位1598–1621）、ローマ教皇パウロ五世（1552–1621、在位1605–21）に謁見しました。支倉らの目的は、メキシコとの直接通商を得ること、フランシスコ会修道士の日本派遣を約束させることでした。しかし、かかる壮挙は徒労に終わり、いつしか歴史の闇のなかに埋没してしまい、のちに、岩倉使節団（1871–73年）によって日の目をみることになります。サン・ファン・バウティスタ号が、失意のうちに帰国の途

に就いた支倉一行を迎えるべくアカプルコに向かいました。2回目となる航海です。マニラまで一行を送り届けるのですが、長いこと、その後の消息が不明となっていました。ところが、最近、マニラでフィリピン政府に売却されたのち、まわりまわってアフリカ人奴隷350人を積んで大西洋を渡ったという新説が記事になりました[26]。平成29年（2017）4月、スペインのフェリペ国王レティシア王妃ご夫妻が来日され、天皇皇后両陛下（当時）が新幹線で静岡まで案内されました。慶長16年（1611）にフェリペ三世が謝意として家康に贈った洋時計[27]を見るのが目的でした。日本とスペインの友好をいまに伝えるもので、国王ご夫妻は天皇皇后両陛下のお心遣いに深く感激されたようです。

　家康は秀吉の貿易政策を継承して外国との海上交易を発展させ、造船を推奨したためにわが国造船技術は画期的に進歩しました。ところが、慶長14年（1609）、家康は二代将軍徳川秀忠（1579–1632、在任1605–23）を介して大船建造の禁（大船建造禁止令）を発します。大名たちが徒党を組んで船で江戸湾に攻め入ることを恐れ、諸大名による500石積み以上の軍船の建造を禁じ、彼らが有していた安宅型（あたけがた）軍船を没収したのです。日本の近海から安宅型軍船は消えましたが、諸大名は関船クラスの御座船（ござせん）を建造して参勤交代時に利用しました。

## 12. 家光の鎖国政策と内航網の確立

　三代将軍徳川家光（1604–51、在任1623–51）は軍船建造に力を入れ、関船・天地丸を建造したほか、軍船安宅丸（あたけ）を寛永12年（1635）に建造しました。しかし、この船は喫水が深すぎたために隅田川に係留され、利用されることはありませんでした。いまは、係留地跡に建つ石碑がその史実を伝えるのみです。

　家光は朱印船を廃止し、寛永12年（1635）には500石積み以上の一切の船舶の建造を禁止しました。その結果、わが国の造船技術、さらには操船技術の進歩がみられなくなります。加えて寛永16年（1639）には、ポルトガル船の入港を禁止することでいわゆる「鎖国」を完成させます。ただし、対朝鮮の対馬、対琉球の薩摩、対蝦夷の松前における海外との交易は維持されました。鎖

国政策は国を完全に閉ざすことではなく、窓口を限定しての海外との交易の管理だったのです。

　海外との海上交易を制限する一方で、大坂から江戸[28]へと運ばれる米をはじめとする物資の量は増加の一途を辿っていました。この国内海上交易の任を担ったのが、のちに大型化して「千石船」と称される弁才船です。元々瀬戸内海の輸送手段として 16 世紀初期（室町時代）に誕生した船ですが、そののち改良が加えられ、使い勝手がよくなったことで全国的に普及していきました。航（かわら）と呼ばれる船底材に根棚を付け、その上に中棚、上棚（かじき）という順に幅広で厚い外板を組み合わせ、太い梁で強度が高められました。簡素ながらそれなりの強度があり、建造は比較的容易でした。たとえば、全長 29.4 メートル、幅 7.4 メートル、深さ 2.4 メートル、帆柱の高さ 27 メートル、帆は 18×20 メートルといった大きさで、長く突き出した船首と棚板の構成による鋭角的な美しさがありました。しかし、甲板がないために水密性が低く、舵は船体に比して大き過ぎるために壊れやすく、漂流する船が頻出しました。

　寛文 11 年（1671）に東廻り航路、翌 12 年（1672）には西廻り航路が河村瑞賢（かわむらずいけん）（1618–99）によって整備され[29]、日本海地方の弁才船である北前船が蝦夷地の江差や松前と大坂を結ぶなど、内航海運が一気に活気づきます。下関・兵庫・敦賀・新潟・酒田・深浦・松前などの港町が栄え、廻船問屋によって商品経済が隆盛を極めました。北前船のご当地を訪ねたときのことを拙著『号丸譚』にまとめてありますので[30]、時間のある方はぜひご一読ください。

　北前船が、蝦夷地と大坂を 1 年かけて航海しました。瀬戸内海の優秀な弁才船が日本海の津々浦々を地乗りしながら航海するうちに、いつしか「北前船」と総称されるようになりました。北前船は北陸地方を中心とする日本海沿岸を往来した弁才船の総称であり、弁才船が北前船ということではありません。北前船 ⊂ 弁才船、ということです。名前の由来ははっきりしませんが、北廻り（北廻）がなまったか、大坂や瀬戸内で日本海が「北前」（きたまえ）と呼ばれていたからと考えられます。敦賀とその北にある河野（こうの）（いまの南越前町）を結ぶ河野船が北前船のルーツとされています。中世以降、北陸の貢納米が敦賀にあつまり、敦賀から馬の背で琵琶湖へと運ばれ、舟運で坂本、大津に至り、そこから京や

大坂をめざしました。坂本は比叡山延暦寺の門前町で、京への関門として栄えていました。江戸の初期、蝦夷地に進出していた近江商人によって蝦夷地と敦賀が結ばれました。使われた船は、荷所船と呼ばれました。蝦夷地での近江商人の地位が低下すると荷所船は次々と独立し、北前船主として廻船経営を行うようになります。北前船主は先の河野のほか加賀、伏木や東岩瀬などの出身者で、その多くは全国に拠点を築いて活躍しました。

　北前船だけでなく、定期船の菱垣廻船や樽廻船、大坂と江戸を結ぶ不定期の尾州廻船など、当時の日本は世界に冠たる内航網を構築していました。菱垣廻船は、両方の舷側の垣立部分の筋が菱組の格子に組まれている外見に由来します。木綿、油、酒[31]、醤油、紙などの生活必需物資を江戸に運搬するために菱垣廻船問屋が仕立てる弁才船で、幕府や領主御用の荷物を扱える特権もありました。廻船問屋が船を所有することもあれば、傭船することもありました。廻船問屋は積み荷の集荷や差配、荷主からの運賃集金も担当しました。元禄7年（1694）に江戸十組問屋が結成されると廻船はその共有となり、菱垣廻船を管理しました。享保15年（1730）、十組問屋から酒問屋が抜け、酒造仲間が酒専用の樽廻船を運航するようになります。酒問屋が抜けたのは、混載の菱垣廻船が集荷から荷役・出帆までかなり時間がかかったこと、貨物が十組問屋の仕入荷物と違って酒造仲間の送り荷であり、共同海損で割を食ったことが理由として考えられます。荷役日数が短く、余積みとして低運賃で上積み貨物を運搬できたため、樽廻船の人気は菱垣廻船を凌駕しました。明和7年（1770）に菱垣廻船と樽廻船の間の積荷協定が結ばれ、酒は樽廻船の一方積み、米・糠・藍玉・灘目素麺・酢・醤油・阿波蝋燭については両積み、それ以外については菱垣廻船の一方積み、と決められました。そののち、樽廻船によって菱垣廻船は駆逐されていきます。

　北前船や尾州廻船のビジネス形態には、運賃積みと買積みがありました。前者は今日の海運業に近く、運賃を徴して荷物を運搬しました。後者は自らが商いをするビジネスモデルで、商い品の市況や市場動向などの情報をうまく使って利益率をあげる、いわゆる、ハイリスク・ハイリターンのビジネスでした。尾州廻船は尾張船主が所有する船で、知多半島の東側の船主が運賃積みを主と

するのに対し、内海、小野浦などの西側の船主は買積みを得意としていたよう
です。年の瀬、大坂、尾張・鳥羽を経由して江戸に向かいました。江戸の正月
を見越してのことでしたが、この時期、西からの季節風が琵琶湖を抜けて太平
洋に吹きつけ、尾州廻船の多くが流されました。伊豆諸島、小笠原諸島に見放
されれば死を覚悟するしかありませんでした[32]。

　ところで、江戸期の和船の船頭は、漆の装飾が施された一閑張りの遠眼鏡
（望遠鏡）を用いました。遠眼鏡は 1608 年にオランダで発明され、慶長 18 年
（1613）にオランダ東インド会社によってわが国に伝わりました。真鍮製だっ
たものが軽い和紙と漆のものへ、と、和風にアレンジされました。国産遠眼鏡
の制作者としては、長崎の森仁左衛門正勝（1673–1754）、大坂の岩橋善兵衛嘉
孝（1756–1811）が知られています[33]。

## 13. 朝鮮通信使

　江戸時代の交易・文化を語るうえで、朝鮮通信使（朝鮮聘礼使）のことに触
れない訳にはいきません。朝鮮からの通信使は正長元年（1428）から派遣され
ており、朝鮮国王と足利将軍は対等な関係にありました。慶長 12 年（1607）以
降、計 12 回の朝鮮通信使が来日しました。1 回あたり総勢 300 人から 500 人
の多勢が、大坂まで海路、大坂から京都までは川御座船、京都からは陸路で江
戸へと向かいました。朝鮮通信使は将軍代替わりなどの祝賀の使節で、朝鮮国
王からの国書を届けるためのものでした。使節側に文明国と野蛮国を分ける華
夷思想がみられたもののあくまでも両者の関係は対等で、江戸までの道中には
接待所が置かれ、接待役を命じられた藩がそれぞれに最大限もてなしました。

　通信使は瀬戸内の島々にも立ち寄りました。外航船主のふるさとでもある
下鎌苅島（広島県呉市）に朝鮮通信使関連の資料館があり、通信使行列の様子
やご馳走（3 汁 15 菜）、通信使船の模型などを見ることができます[34]。当時
のわが国の庶民にとって、朝鮮通信使は珍しい見世物であり、娯楽でもありま
した。なじみのない牛・鹿・猪・鳥などの肉料理を提供し、文人墨客はこぞっ
て一行を訪ね、交流を深めました。絵画（視覚芸術）・工芸（造形芸術）・文芸

234

（言語芸術）・芸能（音響および応用芸術）などの分野で大きな影響を受け、一方で、日本の文化が先方に伝わりました。華夷の差別観からか、通信使一行のなかには乱暴をはたらく者も少なからず居り、そのことがのちの征韓論や日韓併合（1910年）の遠因になったとの指摘もあります。

　日朝の交易関係が構築されると、大量の銀が輸出され、一方で生糸が大量に輸入されました。朝鮮を介して日中間の銀の道、生糸（絹）の道が形成されていたのです。

## 14. 江戸期いろいろ

　承応3年（1654）、隠元隆琦（1592–1673）が長崎にやってきました。日本三禅宗のひとつとされる黄檗宗 —ほかは、臨済宗と曹洞宗— の開祖で、万治4年（1661）に京都の宇治に開創した万福寺大雄宝殿は黄檗様と呼ばれる明末清初の建築様式とされています。長崎の崇福寺大雄宝殿もそうです。インゲン豆、西瓜、蓮根、孟宗竹、木魚、煎茶、さらにはフォントの明朝体もわが国に持ち込みました。

　秀吉の朝鮮出兵で各大名が朝鮮から連れ帰った陶工らの手によって伊万里焼などの磁器が作られたことは、すでに触れました。伊万里焼は陶工李参平（?–1655）が有田に住み着き、作陶をすすめたものです。伊万里の港から輸出したために伊万里焼と呼ばれていますが、伊万里焼と有田焼 —江戸初期、酒井田柿右衛門（1596–1666）が赤絵を完成させた— は同じものです。鍋島氏の伊万里焼（有田焼）のほか、毛利氏の萩焼、黒田氏の高取焼、細川氏の上野焼、松浦氏の平戸焼、大村氏の波佐見焼、島津氏の薩摩焼（苗代川焼、竜門司焼、竪野焼など）—陶工沈当吉— などがあり、「お国焼」と呼ばれ、それらの多くは中国景徳鎮の磁器を手本にしていました。

　1644年、満州で建国した清（–1912年）が明にとって代わると、満州族の支配を嫌う明人陶工が日本をめざしました。多くの帰化明人が南九州に移り住み、石敢当（當）を持ち込みました。T字路に置かれた石柱で、「災いを持ち込む鬼がこの石敢当にあたると死ぬ」という民間信仰です。沖縄・奄美諸島・南

九州に広く分布しており、沖縄では「いしがんとぅ」、鹿児島では「せっかんとう」などと呼ばれています。

　長崎の中島川の石橋群はよく知られています。寛永 11 年（1634）、2 年前に中国から渡来した興福寺の黙子如定（1597–1657）によって眼鏡橋が架けられたのを皮切りに、帰化人によって慶安 3 年（1650）から 30 年の間に次々に架けられました。14 ある橋のうち眼鏡橋のみが 2 連アーチの石橋で、あとは単一アーチの橋です。昭和 57 年（1982）7 月の大水害でその多くを失ってしまったのは残念ですが、眼鏡橋が原形復元、高麗橋が移築復元されたのがせめてもの救いです。

　唐箕が中国から伝来しました。羽根の回転によって籾殻や塵芥を吹き出す農具で、わたしも幼いころ作業したことがあります。

　「京の着だおれ、大坂の喰いだおれ、江戸の呑みだおれ」（柳亭種彦）とあるように、京都では西陣織、京焼 ―野々村仁清（生没年不詳、17 世紀の人物）が傑出― などの手工業が育ちます。明の技法を導入した西陣織は室町幕府の保護を受けて発展し、江戸後期には全国各地に伝えられました。西陣織の源流は、5、6 世紀までさかのぼります。秦氏の一族がいまの京都太秦あたりに住みつき、養蚕と絹織物の技術を伝えたようです。「西陣」の名は、織物を再開した地が応仁の乱（1467–78 年）における西軍本陣跡だったことに由来します。

　ここで食についての略史をまとめてみます。遣唐使は粒食文化のわが国にコメ粉やコムギ粉をつかった唐菓子を持ち帰り、粉食加工という新たな技術を伝えました。粉には多くの可能性があり、製粉技術はいまやわが国のお家芸のひとつと言っても過言ではありません。鎌倉期にかけて中国から麺づくりの技術が伝わると、そうめん・冷や麦・うどん・そばなどの麺が開発されました。蒸まんじゅうも伝わり、各地で土産物がつくられるようになります。南蛮文化が咲きみだれた安土桃山期は純然たる和食文化も健在で、江戸期にその完成をみました。敦賀で奥井海生堂という老舗昆布店を経営する奥井隆が書いた『昆布と日本人』[35]という本に、北前船が食文化に貢献したことが詳しく紹介されています。江戸時代、蝦夷のコンブが京の食文化の幅を広げ、伊勢湾や三河湾地域では尾州廻船によって全国からもたらされた塩や大豆などの醸造原料を用

いて酒、味噌、醤油、味醂、酢などが醸造され、ふたたび全国へと運ばれていきました。尾州廻船が運んだ酢のおかげで、江戸ではやずしが日の目を見ました。文化・文政期[36]は、「和食革命」の時代とされています。寿司、天ぷら、蒲焼き、豆腐料理、麺料理などが誕生し普及した背景に、菱垣廻船、樽廻船、北前船、尾州廻船の存在があったのです。北海道江差のニシン（鰊）は日本を支えた北の産物です。食べるだけでなく、鰊粕は良質な肥料として農業の発展に大きく貢献しました。「ヤーレン、ソーラン、ソーラン……♪」のソーラン節は、小気味よく力強いメロディと相俟ってその当時の賑わいを髣髴とさせます。当時の江差は「江差の5月は江戸にもない」と言われるほどだったといいますから、よほど繁栄していたのでしょう。北からの荷はニシンだけではありませんでした。函館の献上昆布、風待ちの青森・深浦では「神明宮のトヨの水（しんめいさまのとよのみつこ）」なる名水、秋田では米、それに阿仁鉱山で産出された銅、信濃川や阿賀野川の恩恵を受ける新潟は米、そして花街が水主たちの無聊を慰めました。文化のすすんだ金沢では、昆布を活かしたニシンの昆布巻きが登場しました。そして、京都では、昆布出汁の効いた京料理が進化をとげていきます。もちろん、民間交流も盛んに行われたことでしょう。地域の言葉が持ち込まれ、また、さまざまな祭事、神社仏閣、など、まさに風土性および風土性と相即性をなす歴史性を踏まえた地域ならではの文化が海を介してわが国をひとつの文化圏にまとめていった、と言っても過言ではありません。青木昆陽（1698-1769）が甘藷（サツマイモ）の効用と栽培法を説き、八代将軍吉宗は、奈良時代に伝わり江戸期には日朝貿易で大量に輸入されていた朝鮮人参の栽培を奨励しました。とりわけサツマイモは、飢饉で苦しむ人びとにとっての生きる希望となりました。唐芋とも呼ばれ、原産地は中南米とされています。スペインによってルソンに持ち込まれ、中国南部でも栽培されるようになり、それが琉球に伝わりました。宝永2年（1705）、鹿児島山川の漁師前田利右衛門（?-1719）が琉球に渡った折にサツマイモの鉢植えを持ち帰ります。やせた土壌のシラス台地でも、サツマイモはすくすく育ちました。作地面積はたちまち広がり、そののち、青木昆陽が江戸の小石川薬園で栽培するようになり、寒冷地を除く全国に広まっていきました。いまや、わがふるさと種子

島は「安納芋」の産地として知られています。ふかした芋はスイーツのようだ、と、たいそうな人気です。甘い味わいから、安納という地はさぞ"おしゃれ"なところと思われるかもしれませんが、じつのところ取り立てて語るべきことのない農村です。さて、ここで言いたいのは、利右衛門が鹿児島に持ち帰るより先に種子島にサツマイモが伝わっていることです。元禄 11 年（1698）、琉球国の 尚 貞王（1646-1709、在位 1669-1709）から種子島久基（1664-1741）にサツマイモの苗が贈られているのです。久基は十九代島主で、鉄砲伝来時の島主、時堯の 5 代後になります。わたしが小学生のころ、楽しい遠足のリュックのなかにはたいていボンタンアメか 兵 六餅が入っていました。いずれも、鹿児島のセイカ食品の製品です。当時考えたことはなかったのですが、なぜボンタンアメ、兵六餅という名前なのだろうか。兵六餅はセイカ食品創業者の地元出身者が書いた時代小説からとったようですが、ボンタンアメには「海」が関係しています [37]。安永元年（1772）、広東から長崎に向かう途中の中国船が、時化のため阿久根の西南にある倉津に入港しようとします。嵐に苦しむのを見かねた遠見番所は入港を許すのですが —あるいは、密貿易の温床ならではのことか—、このとき、同船の船長が謝礼として贈ったのが台湾原産の果実、文旦だったのです。

　銭五こと、銭屋五兵衛（1774-1852）は日本海を舞台に北前船で活躍した海の豪商のひとりですが、薩摩の密貿易を支え、火の車だった同藩の窮地を救った人物でもあります。薩摩藩の財政を支える大きな柱は、貿易と専売制度でした。琉球・奄美大島・喜界島・徳之島などで生産される黒砂糖やウコンが大坂に運ばれ、大きな利益を生みました。南国産のものは高い値が付いたのです。産物の運搬には海上インフラの充実が必須で、坊津・阿久根・指宿・山川・鹿児島・波見・志布志などの港が整備され、海上交易の拠点となっていました。薩摩藩は幕府の許可を得ずに寒天や醤油を製造し、干しアワビ・フカヒレ・イリコ・コンブなどを琉球 [38] 経由で中国に輸出しました [39]。いわゆる"密貿易"で藩財政を再建するのですが、その密貿易に関与したひとりが指宿の豪商といわれた浜崎太平次（1814-63）です。浜崎は、加賀の銭屋五兵衛、紀伊の紀伊国屋文左衛門（1669-1734）と並び称されるほどの傑物でした。

　高田屋嘉兵衛（1769–1827）は、司馬遼太郎が小説『菜の花の沖』で取り上げた海商です。兵庫県淡路島で生まれ、船乗りとなったのち、廻船業者として箱館（いまの函館）で活躍し、国後島・択捉島間の航路を開拓しました。ゴローニン事件 [40] に絡んでカムチャツカに連行されますが、日露交渉の間をとりもち、事件を解決へと導きます。

　江戸期、海上交易に供されたのはなにも大型船だけとは限りません。江戸周辺でとれた鮮魚を江戸へと運ぶ押送船（おしおくりぶね）、木更津と江戸の間のような比較的近距離の海運に用いられた 100 石ないし 300 石積みの五大力船、廻船や川舟に飲食物を売る小型の船、少人数を運ぶ猪牙船（ちょきぶね） [41]、小さな荷物を運ぶ荷足船など ―猪牙船、荷足船をあわせて「茶船」という― も江戸の海や河川を行き交いました。湊に停泊した廻船から積み荷を瀬取りする瀬取船（せどりぶね）もありました。9世紀の平安時代から昭和 20 年代末期までわが国の河川や湖で活躍した高瀬船（たかせぶね）も往来しました。狭く浅くて流れのはやいわが国の河川での運搬のために喫水が浅く、船底が極端に平坦で背が高い構造をしており、その姿は河川の形状に応じて変容しました。高背船が転じて高瀬船となったようです。江戸時代、京都では物資や人びとの運搬のほかに遠島の刑を申し渡された罪人の護送にも高瀬船が使われました。人目のない夜に高瀬船で罪人を運ぶ光景を、森鷗外（1862–1922）は小説『高瀬舟』に書きました。

## 15.「文明開化」への助走

　江戸期において、すでに明治期の文明開化の素地はできていました。そして、それを支えたのが、サイエンスを織りなす「海」の存在でした。たしかに、サイエンスとアートのマリアージュとでも言うべき「算額」（和算の問題や解法を記した額や絵馬）が和算愛好者の仲間内でつくり出され、関孝和（?–1708）のように、当時の世界においても突出した人物もいました。また、寺子屋などの普及により、識字率が高かったということもあるでしょう。しかしそれでも、遣隋使や遣唐使はじめ進取の精神で海外の知識を貪欲に吸収したことで素地ができたのであり、「文明開化」が海の向こうから促されたのは間違いあり

ません。

　新井白石は宝永 5 年（1708）に日本に潜入しようとしたイタリア人カトリック司祭ジョヴァンニ・B・シドッティ（1668–1714）を取り調べるうちに西洋科学に興味を抱き、シドッティから聞いたことを『西洋紀聞』にまとめました。

　享保 5 年（1720）、八代将軍吉宗が禁書令の一部を解除し漢訳洋書の輸入制限を緩めるや、医学・植物学・天文学・地理学・暦学・力学などの洋学が発達していきます[42]。「鎖国」という言葉を最初に用いたことで知られる志筑忠雄（しづきただお）（1760–1806）はアイザック・ニュートン（1642–1727）の学説を紹介し、天皇の侍医だった山脇東洋（1706–62）は中国医学が説く五臓六腑（五臓；肝臓・心臓・脾臓・肺臓・腎臓、六腑；大腸・小腸・胆嚢・胃・三焦・膀胱）に疑問を抱き、宝暦 4 年（1754）、死刑囚の腑分けを行いました。ヨハネス・ヴェスリングの『解剖学の体系』（1641 年刊）を読んでいた山脇は解剖の結果に満足し、宝暦 9 年（1759）、解剖書『蔵志』を刊行しました。「剥胸腹図」と書かれた人体解剖図 ―死刑囚だったため、頭部がなかった― は、五臓六腑説の間違いをビジュアルに指摘するものでした。山脇の人体解剖に大いに刺激された杉田玄白（1733–1817）は、前野良沢（1723–1803）とともに苦労の末に医学書『ターヘル・アナトミア』（『解体新書』）を訳述しました。

　オランダ商館のドイツ人医師フィリップ・フランツ・フォン・シーボルトが文政 6 年（1823）に来日し、鳴滝塾（なるたき）で医学を教授します。しかし、国外持ち出しが禁止されていた日本地図などを国外に持ち出したことが発覚し、シーボルトは国外追放となりました。世に言う「シーボルト事件」（1828 年）ですが、シーボルトは西洋の知識をわが国に紹介する一方で、わが国の貴重な品々や情報をオランダへ移出させました。シーボルトによる収集は、オランダ政府に命じられてのことでした。ナポレオン戦争終結後のヨーロッパではアジアに目が向けられるようになり、鎖国政策を続ける日本も関心の的となっていたのです。長崎から帰国したシーボルトが住んだオランダ・ライデンの家は、いまは「シーボルトハウス日本博物館」として公開され、彼が持ち帰った多くの日常品や浮世絵、工芸品など、沢山の収集品が展示されています[43]。

　寒暖計やエレキテルなどを製作した平賀源内（ひらがげんない）（1728–79）が油絵の具を工夫

し、長崎に伝来した西洋婦人画をまねてわが国初となる西洋画を描きました。世界的に知られる葛飾北斎が西洋画の遠近法を取り入れ、「神奈川沖浪裏」を描くのは 19 世紀前半のことです。北斎の描く絵はゴッホ、マネ、モネらフランス印象派に影響を与え、19 世紀後半の日本趣味（「ジャポニスム」）の源流となっていきます。

　江戸時代、伊勢・近江・大坂などの商人たちは、ヨーロッパの複式簿記とは違ってはいたものの、損益計算書や貸借対照表に相当するもの、減価償却の概念を導入していました。算盤片手に、ヨーロッパに引けを取らない帳簿をつけていたのです。明治の世になってイギリスの銀行家、アラン・シャンド（1844–1930）[44]が複式簿記を教え、森有礼（1847–89）が創設した商法講習所（いまの一橋大学）でアメリカ人簿記教師のウィリアム・ホイットニー（1825–82）が複式簿記を講義し、福沢諭吉が海外の簿記教科書を翻訳した『帳合之法』を出版しました（1873 年）。これらの簿記の知識や技術を、明治期の商人たちは抵抗なく受け入れました。それは、江戸商人文化があったからこそ成し得たことでした。

　天保 12 年（1841）、江戸郊外の徳丸が原（いまの東京都板橋区）で、銃隊 99人、砲隊 24 人による西洋式戦術訓練が行われます。幕府はオランダ人から近代西洋砲術を学んだ高島秋帆（しゅうはん）（1798–1866）を長崎から招き、実射と野戦砲の訓練をしました。それは、アヘン戦争の敗因が西洋砲術の差であると説く秋帆の主張を老中首座の水野忠邦（1794–1851）が汲（く）んでのことでした。欧米列強が急接近してくる時代、海防は喫緊の課題だったのです。

　開明的な大名として知られる島津斉彬は第十一代藩主に就任するや藩の富国強兵に努め、洋式造船に注力し、反射炉・ガラスなどを製造する集成館を建設しました。アメリカから帰国した中浜万次郎と面談し、造船のことを尋ねてもいます。日本人写真家の最初の日本人モデルともされており、日本写真協会は撮影された日（天保 12 年（1841）6 月 1 日）を「写真の日」に制定しました。

　嘉永 6 年（1853）、アメリカ東インド艦隊司令長官ペリー率いる 4 隻の艦隊が琉球、小笠原を経由したのち浦賀に姿をみせました。江戸の狂歌に「泰平の眠りを覚ます上喜撰（じょうきせん）たった四杯で夜も眠れず」―「たった 4 杯の宇治の高級茶

「喜撰」で夜も眠れない」と「たった4隻の蒸気船で夜も眠れない」をかけてい
る— とあるように、世間は黒船の来訪に大いにおどろきます。ペリーの来航、
いわゆる「黒船」の来航は、老中阿部正弘が旧慣に反して諸藩に意見を求めた
ために尊王攘夷運動を喚起することになりました。しかし、おもしろいのは、
ペリーが小舟24隻一杯の土産を持参したことです。敷設された円形の線路の
上を約4分の1スケールの蒸気機関車が走り、応接所から1マイルのところと
の間に電線が張られて電信機の実験が行われました。望遠鏡、柱時計、ピスト
ルやライフル銃などの武器、香水なども紹介されました。ペリーは文明力を見
せつけることで交渉を優位にすすめようと考えたのでしょうが、当時の庶民の
関心をひくには十分過ぎました。

　佐久間象山（1811–64）は中国で起こったアヘン戦争（1840–42年）に危機
感を覚え、齢34にして蘭学の研究をはじめました。その佐久間を師としたの
が吉田松陰（1830–59）です。西洋の実情を知る必要があると考えた松陰は、
ペリーが再来航した嘉永7年（1854）、浜につないであった漁船を盗みとるや
旗艦ポーハタン号に近づき乗船を試みました。海をわたって日本に至り来た西
洋の烈風が、日本の若い有為の心を海の向こうへと連れ去ろうとしたのです。
黒船の来航は、西周・津田真道・福沢諭吉・加藤弘之ら多くの若者たちを洋
学の研究へと駆り立てました。万延元年（1860）に咸臨丸でアメリカに渡っ
た勝海舟（麟太郎、1823–99）はアメリカの進んだ科学技術や大統領制度など
の政治制度を説き、貿易立国をめざすべきであると坂本龍馬（1836–67）ら気
鋭の若者を諭しました。同じく咸臨丸で渡米した福沢諭吉（1835–1901）は、
時代の主流が英語であることをいち早く悟ります。咸臨丸は新見豊前守正興
を正使、村垣淡路守範正を副使、小栗豊後守忠順（のちの上野介）を目付と
する万延元年遣米使節を乗せたアメリカ軍艦ポーハタン号に随行したのです
が、文久元年（1862）には、竹内下野守保徳を正使、松平石見守康英を副使、
京極能登守高朗を目付とする文久遣欧使節も派遣されています。前者は修好
通商条約批准書の交換、後者は開港延期交渉を目的とする使節派遣でした。し
かし、ふしぎなのは、開国、いずれは海上交易に乗り出そうとするこの時期、
国内の攘夷の盛り上がりを受け、文久3年（1863）、慶喜が池田筑後守長発を

正使とする遣欧使節を派遣して横浜鎖港を交渉させたことです。

　幕末の海は、イデオロギーをさまざまに織りなしました。尊王攘夷派、佐幕派、開国派が複層的に交錯し、西洋の圧倒的な力の前に必死にもがき苦しみ、薩長などはその力を認め受け入れようとしました。「サツマ・スチューデント」、「長州ファイブ」と呼ばれる密航留学です。とき、幕府独裁の収奪的体制から全国家的視座の包括的体制へと変遷し、相対的価値観、立憲主義、公論主義が芽生えます。最後の将軍となった徳川慶喜の大政奉還（1867 年）も、そうした時流を悟っての決断だったのでしょう。尊王攘夷派は、西洋が自分自身の「利」のみを求めるのに対しわが国は「義」の国である、と主張したのです。「義」は儒教における五常（仁・義・礼・智・信）のひとつですが、精神的にはそうであったとしても、西洋の進んだ科学文明は認めないわけにはいかない。こうした状況を、佐久間象山は「東洋の道徳、西洋の芸術」とすることで克服しようとしました。道徳（moral）や倫理（ethics）はわが国の伝統を堅持しつつ、科学と芸術（サイエンスおよびアート）、すなわち西洋文化は積極的に取り入れようとする思想です。しかし、本書のなかで指摘したように、道徳や倫理も再現性を伴う汎用性を有する限りはサイエンスに包括され、文化とされて然るべきものです。文化は一体として把握されてこその文化であり、そののち、中村正直（1832–91）、加藤弘之（1836–1916）らが、「西洋富強・東洋貧弱は東西の思想の相違に由来する」と主張します。西洋の思想や文化の啓発によって人間生活の進歩を図ろうとする啓蒙思想であり、幕末の海外渡航者の体験談も相まってそののちの文明開化の源流となっていきました。

## 16. 明治期における文化の伝来

　ペリーの来航という外圧によって鎖国を解き、わが国はついに開港しました。それは、"修好通商"というレトリックに踊らされた暗鈍な光のなかでのことでした。わが国はそののち、幕府が諸外国と結んだ不平等条約（unequal treaty）の重石に苦しめられ、そこからの脱却を模索し、関税自主権の完全回復を含めた条約改正が実現するのは明治 37 年（1904）にはじまる日露戦争に勝

利したことで国際的地位が格段に向上した後のことであり、明治 44 年（1911）
の日米新通商航海条約の調印で以って実現しました。

　わが国の内面・外面の美しい原風景が失われていく一方で、多くの人が日々
近代化されていく状況に胸をおどらせました。そうであれば、従来の文化と西
洋の文化が混淆し、受容的で忍従的な国民性、諦念的でありながら進取的でも
あるという性状のもとで新たな、独自の文化が創造されていったとするのが正
しいのかもしれません。

### 1）横浜の開港

　横浜は、外国人居留地 45) の西洋人たちがもたらす文化によって劇的に変化
しました。万延元年（1860）には 200 の商家が軒を連ね、89 軒の生糸商を含
む 110 軒あまりが外国との貿易に従事するまでに発展しました。

　イギリスのジャーディン・マセソン商会 46) やデント商会、アメリカのウォ
ルシュ・ホール商会といった大資本が優位でしたが、中小の商館もおもむろに
その勢力を強め、海上交易はいよいよ発展していきました。リチャード・H・
ブラントンによって近代的な下水道、砕石舗装道路（いまの日本大通りなど）、
公園（いまの横浜公園など）が整備され、ヘンリー・S・パーマーによって港
湾が整備されました。慶応 3 年（1867）には京浜間蒸気船、明治 5 年（1872）
には横浜・新橋間の鉄道が営業開始となるなど、横浜は西洋文化が香る“日本
はじめて物語”の地となっていきます。松沢成文は横浜における西洋文化の浸
潤をすすめた人物として、横浜開港の立役者であるペリー提督とタウンゼン
ト・ハリス総領事（1804–78）、偉大な政商であり易聖であった高島嘉右衛門
（1832–1914）、初めて和英辞書（『和英語林集成』）をつくりあげた宣教師医師
ジェームス・カーティス・ヘボン（ヘップバーン、1815–1911）、有為の人材を
あまた育てた福沢諭吉、大事業家浅野総一郎（1848–1930）、さらには生糸貿易
を主導した原三渓（富太郎、1868–1939）の名を挙げています 47)。

　開港当時、海外の商人たちが目を付けたのが生糸と茶でした 48)。フランス、
イタリアが微粒子病のために蚕の供給不足に陥り、蚕種と生糸の確保は重要な
課題でした。「横浜で生糸が売れる」との情報が国内各地を活気づかせ、生糸

の輸出を有力な外貨獲得策と考える政府も養蚕や製糸業を奨励しました。横浜へと至る絹の道が形成され、横浜は生糸輸出港としての地位を不動のものにします。そののち、約80年にわたって生糸が日本の輸出品目の首座の地位を占め、その8割以上が横浜港からの輸出でした。

　日本から生糸や茶が輸出される一方で —正確には、それぐらいしか外貨を稼げるものがなかった—、海外からは武器や織物などが輸入されました。このとき、メキシコ洋銀1ドルがわが国の1分銀、すなわち、4枚の洋銀（4ドル）が1小判（両）に換算されるのですが、おかしなことに、金と銀の交換価値が海外と日本とで異なっていました。海外における金の銀に対する価値は、わが国のそれの3倍だったのです。諸外国の商人たちは洋銀を日本に持ち込み、金に換えると海外で銀に換え大きな利益を得ることができました。日本から大量の金が海外に流出し、わが国は物価が高騰しました。幕府が金含有量を減らした金貨を大量に発行したために大幅な財政赤字となり、激しいインフレとなったのです。庶民の不満は爆発し、倒幕の空気を濃くしていきました。金貨の重さを3分の1にしたことで、金の流出はようやく収まりました[49]。

　日本における新聞第1号は、米国領事館で通訳として働いていたアメリカ彦蔵ことジョセフ・ヒコ（浜田彦蔵、1837–97）が翻訳したものを岸田吟香（1833–1905）らが正しい日本語に直した『海外新聞』とされています。ジョセフ・ヒコは太平洋を漂流していたところをアメリカ商船に助けられ、一行（栄力丸の乗組員）共々サン・フランシスコに連れて行かれました。ボルチモアで教育を受けたのち、ニューヨークに向かいます。1854年に洗礼を受けて名をジョセフ・ヒコ（Joseph Hico、のちにJoseph Heco）と改め、日本人として初めてアメリカに帰化しました。駐日公使タウンゼント・ハリスに神奈川領事館通訳として採用され、安政6年（1859）、9年ぶりの帰国を果たします。同年に来日したヘボン博士夫妻のための住居（神奈川宿の成仏寺）を用意したのもジョセフ・ヒコでした。万延2年（1861）、尊王攘夷運動をおそれたジョセフ・ヒコは領事館の職を辞してアメリカに戻り、翌年、第十六代大統領アブラハム・リンカーンと会見し、民主主義の理念を教えられます。アメリカに帰化していたことを考えれば微妙ですが、ジョセフ・ヒコはリンカーンと握手した唯

一の日本人とされています。晩年は東京に移り、いまは東京の青山霊園に「浄世夫彦」なる名で眠っています。

### 2）箱館の開港

　箱館（いまの函館）は、下田と並んで一足早く開港されました。

　嘉永 6 年（1853）のペリー来航は、日本近海で遭難したアメリカ捕鯨船の乗組員の生命や財産の保護、薪水食料の補給および修理、さらには、中国交易における中継地としての開港を求めるものでした。幕府はアメリカ船舶との交易は拒絶したものの、長崎 1 港の開港はやむを得ないと考えます。しかし、アメリカにすれば主要航路にない長崎では意味がなく、神奈川あるいは浦賀、琉球、松前の 3 港の開港を求めました。幕府は、遠隔の地であるために監督が難しいこと、所在領主の意向によること、浦賀あるいは神奈川は数多くの内国船舶が行き交っていることなどを理由に、アメリカ側の要求を拒みます。しかし、ペリーも黙って引き下がらない。琉球は諦めるにしても、沖合で多くのアメリカ捕鯨船が漁をし、英仏が虎視眈々と狙っている松前は自ら領主に直談判してでも開港させると言って一歩も妥協しようとはしません。やむなく幕府は、浦賀の代わりに下田、松前の代わりに箱館を開港することに決します。

　箱館はその昔宇須岸 ―アイヌ語で「入り江の端」― と呼ばれ、室町時代後期にはすでに商業都市になっていました。そのことは、昭和 43 年（1968）、函館市郊外で 38 万枚を超える中国の古銭が見つかったことからもわかります[50]。しかし、康正 3 年（1457）のアイヌの大反攻（「コシャマインの乱」）を機に寒村となり、永正 11 年（1514）に蠣崎氏が松前に本拠を移してからは松前が北前船の商港として発展していきました。松前藩は無石高の藩で、家臣団の知行は商場知行と呼ばれる、蝦夷地の一定の区域におけるアイヌとの交易でした。アイヌは、北東アジアでの交易を積極的に展開していました。至便な箱館ではなく松前に城を築いたのはアイヌからの攻撃を避けるためですが、アイヌとの交易が藩の命綱でもあったのです。

　江戸時代初期から中期にかけて、松前を舞台に、近江商人が活躍します。松前との交易は、近江商人によって開発されたのです。文化 4 年（1807）に全

蝦夷地が幕府の直轄地となり、東蝦夷地の産物は箱館、西蝦夷地の産物は松前での集荷となったことで、箱館は第二の商港として復活しました。安政 2 年（1855）、幕府は再び蝦夷地を直轄し、箱館に支配の拠点を置きます。箱館が交易港となるのは、日米修好通商条約締結ののち、1859 年 7 月 1 日のことです。

　ラナルド・マクドナルド（1824–94）という人物がいます。イギリス領時代のカナダで生まれた、西洋人と原住民の混血です。尾州廻船宝 順 丸の水主音吉（ジョン・M・オットソン）らの漂流譚に感化され、自分のルーツは日本と考えるマクドナルドは、嘉永元年（1848）、アメリカの捕鯨船で日本に向かい、小船で利尻島に密入国し、松前に送られたのち長崎にて監禁されます。長崎にいる間、森山栄之助（多吉郎、1820–71）ら日本人通詞の英語学習を助け、英語を母国語とする日本初の公式英語教師になりました。

### 3）長崎の開港

　長崎が貿易港として正式に開港するのは、横浜、箱館と同じ 1859 年 7 月 1 日です。寒村の横浜、開港されてはいたものの交易が認められていなかった箱館と違い、長崎は鎖国期にあっても海外に開かれていました。ポルトガルの貿易船が入ってきた元亀 2 年（1571）の開港以来、長崎には貿易商人やイエズス会の宣教師などの外国人の姿がありました。天正 8 年（1580）、長崎は領主大村純忠によってイエズス会に寄進され、天正 15 年（1587）に豊臣秀吉が奪回するまでイエズス会が統治しました。寛永 16 年（1639）の島原の乱ののちイエズス会やポルトガル人は国外追放となりますが、潜伏キリシタンが幕府の迫害に耐えて長崎周辺の村落や島々で生き続けました。長崎県内に約 130 の教会があるようですが、そのうちの 50 あまりが五島列島にあります。江戸期の禁教令下に多くのキリシタンが移り住み、信仰を守ってきたのです。いまも、人口の 1、2 割がカトリック信徒と言われています。平成 30 年（2018）6 月、「長崎と天草地方の潜伏キリシタン関連遺産」が世界文化遺産に登録されました [51]。

　開港なった長崎に、アメリカからプロテスタント宣教師がやってきました。居留地内での宗教活動は許されましたが、日本人への布教活動は禁じられま

した。日本人に英語を教え、来るべきときを待ちます。アーヴィン・コレル（1851–1926）という宣教師がいます。彼の妻サラ・ジェーンがアメリカ人船員と日本人女性の恋愛を目撃し、その話が彼女の弟（ジョン・ルーサー・ロング）によってフィクション化され、劇となり、それがジャコモ・プッチーニ（1858–1924）の目に留まりました。プッチーニはその感動をオペラに仕立て、1904 年、ミラノ公演初日を迎えます。オペラ「マダム・バタフライ」（蝶々夫人）は大成功をおさめました。

　西洋人との付き合いが深く、天然の良港を有し、上海などの中国沿海に近く、石炭が豊富にあるなど、長崎には貿易港として発展する素地がありました。西洋人、とりわけ商人は、そこに期待しました。初期においてはイギリス商人が優勢でした。ジャーディン・マセソン商会、デント商会などの大手総合商社が幅をきかせ、そののちトーマス・グラバー、ウィリアム・J・オルト（1840–1905）[52]、フレデリック・リンガー（1838–1907）といったわずかな資本を元手に事業に進出する若手の貿易冒険家たちが独立して事業を展開しました。問題を起こす若手商人も少なくなく、外国領事は彼らの暴行事件を裁き、ときとして国外に追放しました。

　商船の船員、水先人（パイロット）、政府関係者や軍人は言うに及ばず、医者（船医）・歯医者といった専門家も長崎の土を踏みました。西洋人の来訪が多くなったことでコレラ、天然痘、腸チフスなどの伝染病がはびこり、上陸を許された船員は歓楽街に繰り出し、アメリカ人水兵が派手な茶屋遊びをするために梅毒や淋病なども蔓延し、医者はどこでも引っ張りだこでした。人類の歴史が感染症との闘いであることはすでに触れましたが（第 2 章 4.（1）参照）、海が病原菌を運ぶ、すなわち、海が感染症の拡大を織りなすことがあったとしても、すべては人間たちの冒険・探検、交易、戦争（侵略）、ときとして遊興に伴う移動に起因することは間違いのないところです。慶応 3 年（1867）7 月、ふたりの船員が亡くなります。ふたりは酔って茶屋の前で寝込んでしまい、通りすがりの侍（筑前藩の武士）に切り捨てられたのです。酔った西洋人水兵が運賃のことで車夫や小舟の水夫と喧嘩するのも珍しくはありませんでした。

　いつの世でも、文化（文明）が衝突する前線では流血が絶えないものです。

後になって、文化あるいは文明の衝突という観点でポジティブに論じられることもありますが、「海」がさまざまに織りなしていく過程では想像を絶する犠牲がつきものだったのです。それでも栄えているうちはまだ良かったのですが、東京に近く、東日本の絹織物産業と親密で、サン・フランシスコから日本に向かうアメリカ人にとって地理的に有利な神奈川（横浜）に商業と産業の中心が移り、さらには慶応3年（1868）に兵庫（神戸）が開港されたことで、長崎の将来は閉ざされてしまいました。

### 4）神戸の開港

　1868年1月1日（慶応3年12月7日）、横浜から遅れること8年6か月、神戸がようやく開港しました。横浜のケースと同じく、古くから湊（港）として栄えた兵庫ではなく、辺鄙な漁村だった三宮の湿地帯が居留地とされました。

　まもなくして、英国人土木技師のジョン・ウィリアム・ハート（1837?–1900）によってヴェランダコロニアル方式の街並みが出来上がります。「東洋の居留地でもっともよく設計された美しい街」として、外国人に人気を博したといいます[53]。入居者が増え手狭になったため山の手へと移り、いまは「異人館めぐり」の観光スポットになっています。

　神戸開港の年に来日したイギリス商人アーサー・ヘスケス・グルーム（1846–1918）は六甲山の開拓をすすめ、わが国初のゴルフ場（いまの神戸ゴルフ倶楽部）を明治36年（1903）5月に開場しました。ティーグラウンドやグリーンは砂を固めたようです[54]。

### 5）新潟の開港

　神戸のほかに、開港が遅れた地がもう1ヶ所ありました。日本海の港町、新潟です。諸外国は、日本海側の開港を強く望みました。それはあたかも、日本海側の港が古来環日本海の海上交易で栄えていることを知っているかのような要求でした。（痛いところをついてくる）……幕府はうろたえた。しかし、幕府としては他藩の港を開かせるわけにいかず、天領である新潟を提案するしかありませんでした。密輸の取り締まりが不十分などの理由で長岡藩から取り上

げ、幕府の直轄地にしていたのです。新潟港が開港するのは、実際には 1869
年 1 月 1 日（明治元年 11 月 19 日）のことです。開港が遅れたのは、川砂のた
めに水深が浅く、諸外国が航海に不向きと判断したからです。しかし、幕府は
先の事情から新潟開港に固執し、諸外国も受け入れざるを得ませんでした。

　新潟は北前船で栄えた湊町で、地元の廻船問屋が大坂住吉大社の御神体を受
ける [55]　など、海と文化を語るうえで無視し得ないところであり、いまも旧新
潟税関庁舎（国指定重要文化財（1969 年））が残されています。

## 17. 浸潤する西洋文化

　明治維新後の西洋文化の導入を以って「文明開化」とするのが一般的です。
しかし、島国であるわが国の文明開化を語るのであれば、弥生時代の大陸から
の稲作文化の伝播を「第 1 次文明開化」、南蛮文化の伝播を「第 2 次文明開化」
と認識して然るべきであり、そうであれば、明治期の西洋文化の伝播を以って
「第 3 次文明開化」としていいでしょう。江戸期の有能な幕吏や有為の人材が
いたからこそ明治期の日本は外来の文明、文化を消化することができたのであ
り、明治期における近代化の萌芽はすでに江戸期にあったのです。

　海をわたってきた明治期の"西洋"がわが国に浸潤し、わが国の文化は西
洋文化との巧みな縫合によって変容していきました。文明開化は、三宅雪嶺
（1860–1945）、陸羯南（1857–1907）といった国粋主義者の台頭を促しました。
しかし、彼らにしても偏屈な排外主義者などではなく、わが国の生きる道は西
洋文化と日本文化の併進であると考えたのです。こうした思想は芸術にも反映
され、岡倉天心（1863–1913）は東洋と西洋を区別することの非を説くまでに
なります。西洋と東洋、ふたつの対峙する思想体系は受容的で忍従的な国民性
とも相俟ってわが国におけるあらゆる分野に浸潤し、あらゆる方面の人物を論
争の渦に巻き込み、融合し、深化、変容していきました。

　わが国初のホテルは万延元年（1860）にオランダ船の船長が創業した横浜ホ
テルであり、ロイヤル・ブリティッシュ・ホテル、アングロ・サクソン・ホテ
ルがそれに続きました。レストランやおしゃれなカフェも登場し、街には食

肉、パン、牛乳、西洋野菜などが溢れ、大衆向けビール（のちの「キリンビール」）の製造もはじまりました。アイスクリーム、カレーライスなどの西洋の食文化が横浜にお目見えし、人びとは「散切り頭を叩いてみれば文明開化の音がする」などとうそぶき街中を闊歩しました。しかし、その一方で、文久3年（1863）の池田筑後守長発を団長とする遣欧使節団に同行した理髪師の青木梅蔵は牛肉が喉をとおらず、持参した餅を食べ、「其時の快さたとふるに物なし」と日記に記しました[56]。1865年にイギリスに密航した薩摩藩士（「サツマ・スチューデント」）の松村淳蔵（1842-1919）の日記にも、洋風の食べ物は口に合わず、味のあるのは 橙 と米ばかりで、豚や牛の肉はまずくて食えたものではない、とあります。食文化については、明治5年（1872）に明治天皇が牛肉食を解禁したのが大きなインパクトになりました。明治政府は鹿鳴館を舞台に西洋文化に追いつこうと必死にもがき、国民の体躯をより屈強にしようとして西洋の食文化の普及を図りました。しかし、当時の日本人は西洋食が口に合わず、味噌や醤油などで味付けする牛鍋やすき焼きが登場します。西洋の食文化の浸潤、融合、深化、変容と言っていいでしょう。

　明治政府は、文官のすべてに洋服を着せようともしました。かくも西洋文化に追いつこうとしたのは、幕末に結ばれた不平等条約の改正を早期に実現したいという切実な事情からでした。幕府が各国と結んだ修好通商条約の実態におどろき、関税自主権の放棄、治外法権（領事裁判制度）など、1日も早く解消したかったのです。明治4年（1871）の岩倉使節団は、条約改正の予備交渉を主たる目的としていました。西洋文化を吸収することで外面だけでも欧米列強と対等になる必要がある……当時の、青く、切なく悲壮なまでの覚悟でした。

　米飯と競合しないあんパンが木村屋の創業者木村安兵衛（1817-89）によって開発され[57]、明治も中期になると、テーブルマナーを学ぶ学校もできました。しかし、庶民が自在に洋食をつくり、自由気軽に食べるようになるのは、まだまだ先の大正から昭和になってからのことです。とにもかくにも、肉食を主とする西洋の食文化が浸透していきました。そうこうするうち、和風化された西洋料理とでも言うべき「洋食」文化が生み出されました。大正期に、「大正三大洋食」とされるカツレツ・コロッケ・カレーライスが誕生します。大正

12 年（1923）に起きた関東大震災の焼け跡で田楽（豆腐）を煮込んだ関東煮<sup>かんとうだき</sup>を
ルーツとするおでんが関西から“逆輸入”され、気軽に立ち食いできるカレー
ライス、さらには中華そば屋などが軒を連ねました。旧来のそば屋は鳴りを潜
め、そのため、そば屋は生き残りをかけてかつ丼やカレーライスをメニューに
加え、それがいまやわたしたちにとって当たり前の光景となっています。じゃ
がいもコロッケが肉屋の店頭に並んだのも、ちょうどその頃です。明治 38 年
（1905）に銀座の「煉瓦亭」がクリームコロッケを始め、昭和 2 年（1927）、東
京「長楽軒」でコックをしていた精肉店「チョウシ屋」の阿部清六が安くて栄
養のある食べ物をより多くの人に食べてもらおうと肉屋の店先でいもコロッケ
を売り出し、ほかの肉屋にも勧めたために全国に広まっていきました。第二次
世界大戦後、大陸からの引揚者たちによってギョーザが再伝来し、ラーメン文
化が花を咲かせました。安藤百福<sup>ももふく</sup>（1910–2007）が開発したインスタントラー
メンが海をわたり、海の向こうからパスタやピッツァなどがもちこまれまし
た。いまや、日本は世界の食文化の中心地の感すらあります。そこには、四方
を海に囲まれ、湿潤で温暖なモンスーン型気候という風土性と歴史性、それに
起因する受容性と忍従性という国民性が関係していると考えられます。

　劇場、競馬、ボート、ヨット、射撃、スケート、テニス、野球、ラグビーな
どが輸入され、海水浴も横浜ではじまりました。写真店、洋服店、クリーニン
グ店、理容店、洋楽器製造、石鹸製造、マッチ製造、時計店などの職業も興り、
丸善や横浜正金銀行などを創業する早矢仕有的<sup>はやしゆうてき</sup>（1837–1901）らによって日本
初となる公共的な総合病院も誕生しました[58]。

　西洋文化の伝来は、わが国の文芸や美術にも大きな影響を及ぼしました。一
生を美術の「文明開化」に捧げた人物のひとりに、高橋由一<sup>ゆいち</sup>（1828–94）がい
ます[59]。「日本洋画の父」とされる人物で、元々は狩野派の日本画家でした
が、ペリー来航を機に洋画家を目指しました。ペリーが贈答品として持ち込ん
だなかに石版画があり、そのあまりの迫真性に衝撃を受けたのです。1863 年
に文久遣欧使節団が持ち帰った油絵具、筆、油液などが由一が初めて目にす
る“本物”の画材でした。由一は必死に研究を続け、慶応 3 年（1867）開催の
パリ万博に出品しました。作品のタイトルは「日本国童子二人一世那翁ノ肖

像画ヲ観テ感アルノ図」、一世那翁とはナポレオン一世のことです。明治9年
（1876）に工部美術学校（工部大学校付属美術学校）が設立されると、高橋は
お雇い外国人として来日したアントニオ・フォンタネージ（1818–82）と親し
くなります。トリノ王立美術学校の教授で、イタリアでもよく知られた風景画
家でした。人格識見ともに優れ、彼のもとから浅井 忠（1856–1907）、小山正
太郎（1857–1916）といった画家の卵が巣立っていきました。ちなみに、工部
美術学校には、3人のお雇い外国人が招かれました。フォンタネージのほか、
彫刻のヴィンチェンツォ・ラグーザ（1841–1927）、建築のジョヴァンニ・ヴィ
ンチェンツォ・カッペンレッティ（1843–87）の面々です。

　西洋文化の伝来は、建築にも顕著な影響を及ぼしました[60]。安政元年（1854）
に着工し文久元年（1861）に計画全体が完遂した長崎製鉄所（のちの造船所）
は、わが国最初の洋風建築として、対岸の外国人居留地より早い時期に誕生し
ています。当時の洋風建築には、欧州から東回りルートのヴェランダコロニア
ル、西回りルートの下見板コロニアル、木骨石造、ヴェランダと下見板が結合
した下見板ヴェランダコロニアルの4つの建築群があり、とりわけ、ヴェラ
ンダコロニアルと下見板コロニアルが代表的なものでした。インドで暑さ対策
として普及していたヴェランダコロニアル様式は、開国間もない長崎に上陸し
ました。これには、スコットランド生まれの若いイギリス商人トーマス・グラ
バーが関係しています。自分の城として、ヴェランダコロニアルの花を保養地
長崎に咲かせたのです。いまも長崎の地に残る「グラバー邸」がそうです。下
見板コロニアルはイギリスから大西洋をわたり、アメリカ開拓地に多く見ら
れた様式です。19世紀半ばのゴールドラッシュに沸くカリフォルニアに広が
り、そののち太平洋を越えて同じくゴールドラッシュ喧しい豪州へと至り、さ
らには明治期の日本に辿り着きました。建設の質・量ともに、札幌が他を圧倒
しました。北海道開拓を計画する新政府が最高顧問としてアメリカの現役農
商務大臣（ホーレス・ケプロン（1804–85））を招いたことが関係しているの
でしょう。明治9年（1876）、ウィリアム・スミス・クラーク博士（1826–86）
が新設の札幌農学校教頭として来日し、彼に同行したウィリアム・ホイーラー
（1851–1932）がこの下見板コロニアル様式を主導しました。コロニアル様式

は、好奇心いっぱいのわが国の棟梁たちを魅了しました。彼らの工夫によっ
て、「擬洋風」と呼ばれる建築様式が登場します。清水建設を創業した初代清
水喜助の婿養子で、二代目を継いだ清水喜助（1815–81）が手掛けた築地ホテ
ル館や第一国立銀行などがそのさきがけでした。擬洋風は、棟梁たちの手に
よって全国に広がっていきました。擬洋風建築で無視し得ないのが、明治期
の学校群です。市川代治郎（1826–96）が設計した、長野県佐久市にある重要
文化財・国史跡「旧中込学校」は正面から見ると縦長の建物で、前面にヴェラ
ンダを備えています[61]。ステンドグラスが多用されていることから「ギヤマ
ン学校」、校舎上部の八角形の塔の天井から吊るされた太鼓が時を告げたので
「太鼓楼」とも呼ばれました。明治 8 年（1875）に建築され、わが国に現存す
る擬洋風学校では最も古いもののひとつとされています。明治 9 年（1876）に
は、松本に「開智学校」が誕生しています。漆喰系擬洋風の建物で、立石清重
（1829–94）という宮大工が設計しました。多くの棟梁を魅了した擬洋風です
が、やはり“本物”にはかないません。そこで、お雇い外国人の登場です。お
雇い外国人の中に、英国人ジョサイア・コンドル（1852–1920）がいました。
明治 10 年（1877）に来日したコンドルは日本文化をこよなく愛し、日本人生
徒に敬意を以って接しました。有為な 21 名を世に送り出し、鹿鳴館、三菱一
号館、ニコライ堂などの作品を残します。鹿鳴館は欧化政策に“華”を添え、
三菱一号館はわが国初のオフィスビルとして街の新しい“顔”となり、ニコラ
イ堂は東京の“ランドマーク”として親しまれました。築地は開港以来の外人
居留地であり、洋館が立ち並ぶ文明開化の最先端の地として栄えていました。
築地居留地の外国人は銀座に買い物に出掛けるのですが、その銀座の煉瓦街計
画が始動します。計画を立案したのは、鹿鳴館の成功に自信を深めていた井上
馨（1836–1915）です。井上は、そのデザインをコンドルに打診しました。し
かし、そのあまりに地味な図面に落胆し、ドイツ政府と交渉して技術者を受け
入れる一方で、建築家、大工、左官、石工、屋根職、煉瓦工、ペンキ職、錺職、
彫師、ステンドグラス職、セメント技師ら総勢 20 名をベルリンに送り出しま
した。ドイツからの技術者が帰国したのを最後にお雇い外国人の時代は終わ
り、いよいよ日本人建築家の登場です。国家的プロジェクトである日本銀行の

設計者に辰野金吾（たつのきんご）（1854–1919）が選ばれたのを皮切りに、コンドルが育てた21名の工部大学校卒業生、欧米の大学に学んだ4名の新進気鋭が先導するときを迎えるのです。当時の日本人建築家にはコンドルの教え子を中心とするイギリス派のほか、フランス派、ドイツ派があり、なかでも、辰野金吾、曽禰達蔵（そね）（1853–1937）らのイギリス派が大きな勢力となっていました。辰野金吾・妻木頼黄（よりなか）（1859–1916）・片山東熊（とうくま）（1854–1917）は明治建築界の三雄とされ—三人ともコンドル門下生—、とりわけ、辰野の働きには目を見張るものがありました。海外に学び、コンドルが退官した明治17年（1884）には工部大学校造家学科教授となって後進の育成に努め、送り出した建築家の卵は56名に及びました。議事堂建設の夢は叶いませんでしたが、日本銀行旧館（本館）—1896年完成、1974年国の重要文化財に指定— はいまも威容を誇っています。また、昭和20年（1945）5月の米軍機（B29）による空襲で炎上した3階建ての東京駅 —1914年完成— は2階建として生まれ変わり、近時（平成24年（2012）10月）、かつての優麗な元の姿に戻りました。

# 18.「教えを乞う」ということ

　文化が伝来し浸潤していく過程では、誰かに積極的に教えを乞うことも重要になります。知らないことは聞くに如くはなく、明治期の為政者たちはそのことをよく理解していたようです。積極的に"知"を招き、"知"に近づこうとしたのがその証左であり、前者はお雇い外国人の採用、後者は留学が該当します。

　アントニオ・フォンタネージ、ヴィンチェンツォ・ラグーザ、ジョヴァンニ・ヴィンチェンツォ・カッペンレッティ、ジョサイア・コンドルなど、何人かのお雇い外国人は本書のなかですでに紹介しましたが、西洋文化の浸潤について語るにあたり、「お雇い外国人」について改めて説明するに如くはないようです。明治新政府は不平等条約の改正を宿願とし、殖産興業や富国強兵をスローガンとしました。そして、その実現に向け、西洋諸国から多くの有用な人材を招聘しました。求められる外国人にしても、法外な報酬のほか、"未開"の地に西洋文化を広げることにモチベーションを感じたことでしょう。そうでなけ

れば、いまの安定した、あるいは高い社会的地位を放棄してまで遠く離れた異国になど行くはずもありません。1868 年から 1889 年までの 22 年間で 2,700 人ほどのお雇い外国人が来日しています。国籍はイギリス、アメリカ、フランス、中国、ドイツ、オランダとなっており、イギリス人がもっとも多かった（4 割強）ようです。専門分野の教育と普及に尽力する傍ら日本事情を精力的に研究し、母国の文化を根付かせていきました。そのなかには、いまでもわたしたちの暮らしのなかに息づいているものも少なくありません。たとえば、英語教師だったホーレス・ウィルソン（1843-1927）はわが国に野球を伝え、大阪造幣寮技師のウィリアム・ゴーランド（1842-1922）は「日本アルプス」の命名者となり、フランツ・エッケルト（1852-1916）は「君が代」を編曲しています。エドウィン・ダン（1848-1931）のように、日本人女性との恋に生きる者もいた。拙著『波濤列伝』（注 32）に登場するお雇い外国人の名を挙げておきますので、ぜひご参照ください。

第 15 話「聖像画家、山下りんの「生来画を好む」人生―日本人女性で初めてロシアの土を踏んだイコン画家」
　　　アントニオ・フォンタネージ（1818-1882）
第 28 話「地図に残る近代化―明治の街を文明開化させた辰野金吾」
　　　ジョサイア・コンドル（1852-1920）
第 30 話「開拓使のお雇い外国人―開拓史に秘められた、ある愛の物語」
　　　ホーレス・ケプロン、エドウィン・ダン（1848-1931）
第 34 話「高橋是清のダルマ人生」
　　　A・A・シャンド（1844-1930）
第 40 話「さまよう魂―ラフカディオ・ハーン（小泉八雲）とアインシュタインの意外な接点」
　　　ラフカディオ・ハーン（1850-1904）
第 42 話「近代女医の誕生―楠本稲、荻野吟子らの挑戦」
　　　フィリップ・フランツ・フォン・シーボルト（1796-1866）
第 49 話「芸術の「文明開化」をなしとげた男―日本洋画の父、高橋由一」
　　　アントニオ・フォンタネージ（1818-1882）

　明治初期における留学を語るとき、すぐさま岩倉使節団のことが頭に浮かびます。大使・副使など 46 名、大使・副使の随従者 18 名、そして 43 名の留学

生からなる総勢107名の使節団で、明治4年（1871）11月12日にパシフィック・メール社（米国太平洋郵船会社）のアメリカ号で横浜を後にしました。事務的なミスもあり、期間はなんと1年9か月にも及びました。右大臣岩倉具視（1825–83）を特命全権大使とする使節団の目的は、新政府樹立にかかる表敬訪問、不平等条約改正に向けての予備交渉、進んだ欧米諸国の制度や文物の視察と調査などでした。さて、この使節団に加わった43名の留学生ですが、公家、旧佐賀藩主鍋島直大ら旧藩主クラス、金子堅太郎や団琢磨（ともに福岡県士族）、中江篤介（のちの兆民、高知県士族）など後世に名をなす士のほか、津田梅子（1864–1929）、山川捨松（1860–1919）ら5名の女子もいました。じつに多彩な留学生といったところでしょう[62]。ヴィクトリア朝時代（1837–1901）の末期、イギリスの地でひとり悩む日本人留学生がいました。明治の文豪、夏目漱石（1867–1916）です。明治15年（1882）2月、明治政府は従前の貸費留学生規則を改めて「官費留学生規則」を制定しました。明治30年（1897）から官費留学の枠を広げ、1896年に35名だったものが1897年に60名となり、翌々年の1899年には59名が送り出されました。漱石がイギリスに留学した明治33年（1900）はやや少ない39名でした。漱石が留学していたころのイギリスはヴィクトリア女王（1819–1901、在位1837–1901）の治世下にあり、世界にその栄華を見せつけていました。産業革命による経済発展が成熟し、イギリスは絶頂期を迎えていたのです。しかし、1901年1月23日に女王が享年81で逝去する不吉のうちに新世紀を迎えるや、綻びが随所に現れ始めます。そうした微妙な空気を感じとったのか、漱石は"内発的開化"とは程遠い故国の国力のなさを嘆き、その一方で、イギリスの繁栄の衰弱について考えます。孫の夏目房之介は父純一から、「ロンドンを歩いていたら、向こうからやけにみすぼらしい猿のようなのが歩いてくる。みっともないな、と思ったら、ウィンドーに映った自分であった」という漱石の逸話を聞いています[63]。悩みに悩み抜いた漱石は、明治35年（1902）12月5日、日本郵船博多丸でロンドンを後にしました[64]。明治期における留学を紹介しようとすれば切りがありませんが、『波濤列伝』でとりあげた野口英世（1876–1928）はいまでこそ評価が分かれるところながら傑出した人物として歴史に名が刻まれるべきであり、そ

の野口に強い影響を与えた北里柴三郎（1853–1931）の名を挙げることにも異論はないと思います。北里は明治 19 年（1886）に政府からドイツに派遣され、高名な衛生学者・細菌学者ロベルト・コッホ（1843–1910）と交流し、破傷風菌の純粋培養に成功するなど、輝かしい業績をのこしました。コッホと並んで堂々と胸をはって写る姿に、同じ日本人として誇らしい気持ちになります。

## 19. 産業の興隆

　江戸時代、大坂は「天下の台所」と呼ばれ、「天下の貨、七分は浪華（大坂）にあり。浪華の貨、七分は船中にあり」とも言われました。蔵米や国元の産物を保管する蔵屋敷が諸藩によって設けられ、舟運によって運び込まれた年貢米が米株仲間に払い下げられました。蔵米は堂島にあった幕府公許の米会所で取引され、そこでの米相場が全国の基準となりました。人や物が集積したことで、多くの両替商が誕生します。幕府は鴻池善右衛門（1608–93）、天王寺屋五兵衛（1623–95）ら 10 人に両替商の取締りを命じる一方で、幕府の御用両替商としました。大坂は、菱垣廻船、樽廻船、尾州廻船などで賑わいました。しかし、明治の世になると通貨は金貨に統一され、蔵屋敷は廃止となり、株仲間は解散されます。大坂にとっては大打撃でした。それでも、造兵司（大阪砲兵工廠）、造幣局の官営工場の稼働によって、どうにか商都の面目は維持されました。明治中期になると、五代友厚をはじめとする実業家が諸産業を興し、大阪はかつての賑わいを取り戻しました。とりわけ、紡績業の勃興が顕著でした。中世末以降三河地方でワタ（棉）の栽培が盛んになり、近世初期になると近畿地方にまで広まり、干鰯や〆粕、鰊粕などの肥料の運搬にわが国の世界に冠たる内航網が大きく寄与したことはすでに本書のなかで触れました。大阪は、紡績業の素地ができていたのです。明治 15 年（1882）、大阪紡績会社（のちの東洋紡績、いまの東洋紡）が操業を開始し、その後も紡績会社が次々と設立されました。明治 24 年（1891）ごろ、大阪は全国紡績生産の 50 パーセントほどのシェアを占めるに至り、日清・日露戦争後には「東洋のマンチェスター」と言われるまでになります。紡績産業を支えたのが筑豊などの石炭で、帆船や機帆

船で運ばれました [65]。筑豊の石炭については、文化 13 年（1816）、福岡藩によって石炭採掘や販売を取り締まる焚石会所（ふんせきかいしょ）が北九州の若松に置かれました。そののち、若松は筑豊地区の石炭の集積地、搬出港として発展を遂げます。大阪では、紡績業の隆盛とともに、海運、商社、銀行、生保、造船業なども発展しました。明治 17 年（1884）に大阪商船（いまの商船三井）が設立され、東洋棉花（のちにトーメンとなり、いまは豊田通商に吸収合併され消滅）、日本綿花（のちにニチメンとなり、いまは日商岩井に吸収合併され双日）、江商（ごうしょう）（のちに兼松江商となり、いまは兼松）の貿易商社 3 社に伊藤忠商事・丸紅を加えて「関西五綿」などと呼ばれました。伊藤忠商事は安政 5 年（1858）に伊藤忠兵衛（1842–1903）が設立した麻布類の卸売が前身で、日商岩井（いまの双日）の前身である岩井商店は明治 29 年（1896）に岩井勝次郎（1863–1935）によって設立されました。造船業の中核は、和船を建造していた兵庫屋を前身とする藤永田造船所（ふじながた）、イギリス人エドワード・H・ハンター（1843–1917）によって明治 12 年（1879）に設立された大阪製鉄所（いまの日立造船。造船事業はのちにジャパンマリンユナイテッドに継承）でした。そののち、木津川沿いで、佐野安船渠（さのやすせんきょ）（いまのサノヤス造船）―新来島どっくの傘下になることが決まっている―、名村造船所が呱々の声をあげ、昭和 11 年（1936）、有力実業家の南俊二（1882–1961）によって大阪造船所（いまのダイゾー、大型船建造事業は大島造船所）が設立されました。

　明治期から昭和初期にかけて、工業化の進展による貨物の大型化、石炭需要の拡大、貿易量の増大に伴い、全国各地で港湾の修築が盛んに行われ、臨海部に京浜工業地帯などの工業地帯が登場しました。明治 30 年代から 40 年代にかけて、わが国の工業は繊維（紡績）・製紙・食品といった軽工業から鉄鋼・造船・機械などの重工業へと変貌を遂げます。重工業は軽工業に比して、広い敷地、多くの資源を送迎するための大型の港が必要です。明治期の東京において、越中島、芝田町（いまの芝、田町）、芝車町（いまの高輪）などの埋め立てが始まりました。横浜・川崎では、京浜工業地帯の生みの親と言われている浅野総一郎（浅野財閥の創業者）らが新たな事業を立ち上げます。大正期から昭和初期にかけて人工島がいくつも造成され、同時に運河が掘られました。第

一次世界大戦における軍需によって、わが国は好景気に沸きます。このころから東京に集中していた工場が横浜・川崎に数多く進出し、大正 12 年（1923）9月に起きた関東大震災を契機にその流れはさらに加速しました。多くの工場が東京から横浜・川崎へと移転し、京浜工業地帯が横浜まで一気に広がったのです。外海からの波浪に対抗する防波堤の嚆矢は小樽港で、計画を主導したのは廣井 勇（ひろい いさむ）（1862–1928）でした。パナマ運河の開削工事に参加した土木技師青山士を指導したことでも知られる人物です。アメリカ、ドイツ留学を終えたのち札幌農学校の教授になり、北海道庁小樽築港事務所所長を兼務し、明治 41 年（1908）に北防波堤を完成させました。完成時、廣井は東京帝国大学工科大学教授になっていました。

　明治政府が掲げる「殖産興業」のスローガンのもと、海運業は製鉄業などの基幹産業の振興に不可欠な産業として位置付けられました。明治 7 年（1874）に勃発した台湾出兵で勢いを得た岩崎弥太郎の郵便汽船三菱会社（土佐開成商会→九十九商会→三川商会→三菱商会→三菱汽船会社→郵便汽船三菱会社）は、翌年、日本国郵便蒸気船会社を吸収し、さらには政府の斡旋によって、明治 8 年（1885）、渋沢栄一（1840–1931）らによって 3 年前に設立された共同運輸会社と合併して日本郵船を誕生させます。同じころ（1884 年）、関西の船主が住友を中心に大合同して大阪商船会社が誕生します。両社は「社船」（common carriers）と呼ばれ、政府の厚い庇護のもと成長していきました。明治海運、山下汽船などの「社外船」（private carriers）と呼ばれる不定期船船主も台頭したほか、商社船舶部（1903 年三井物産船舶部、1918 年三菱商事船舶部）はじめ多くのオペレーター（海上運航業者）が誕生しました。そののち、日清戦争（1894–95 年）、日露戦争（1904–05 年）、第一次世界大戦（1914–18年）といった戦禍に一喜一憂し、紆余曲折を経てわが国海運は成長を遂げました。しかし、太平洋戦争（1941–45 年）によって、わが国海運界は壊滅的な状況に陥ります。昭和 12 年（1937）から 20 年（1945）でみれば、犠牲となった船員は 63,000 人、喪失船舶は 3,605 隻（約 905 万総トン）を数えました。1941 年 12 月と 1945 年 8 月を比較した数字（100 総トン以上）でみれば、隻数は 2,693 隻から 873 隻、633 万総トンから 120 万総トンに縮小したとされて

います。船員には徴兵隊員のような年齢制限がなく、その犠牲率は 43 パーセントと、陸軍犠牲率の 20 パーセント、海軍の 16 パーセントを大きく上回るものでした。昭和 25 年（1950）4 月、船舶運営会が解散し、全船の完全民営還元が実現します。山縣勝見『風雪十年』海事文化研究所（1959 年）を読むと、太平洋戦争後におけるわが国海運の復活がいかに大変だったか改めて思い知らされます。壊滅状態にあったわが国海運界の復活はわが国経済の再生を図るうえで不可欠とされましたが、期待とは裏腹に総司令部（GHQ）は経済再生抑制政策をとりました。しかし、米ソ（アメリカ対ソビエト連邦（いまのロシア））冷戦を背景に日本を反共の防壁にしようとする西側諸国の動き、それを受けての船舶民営還元の実現（1950 年）、さらには同年 6 月に勃発した朝鮮戦争による船舶需要の高まりといった一連の時の流れが、アメリカをはじめとする西側諸国の反日感情を和らげていきました。サンフランシスコ講和会議が近づくなか、参議院議員で日本船主協会会長でもあった山縣勝見（1902–76）は欧州を行脚し、いち早くサン・フランシスコにはいります。宿泊するホテルの正面玄関に翻る日章旗に、山縣は感動したと言います。しかし、日本海運が復活することにアメリカを除く諸外国、とりわけ、わが国海運復活による業況圧迫を怖れたイギリスは執拗に抵抗し、機会あるごとに議長国であるアメリカ政府に圧力をかけました。そうしたなかにあって山縣は懸命に立ち回り、講和（平和）条約草案作成にあたったジョン・フォスター・ダレス（1888–1959、のちの国務長官）とジョン・ムーア・アリソン（1905–78、のちの駐日大使）の理解と協力もあって、すべてがわが国海運の復活に資する方向で進められていきました。山縣はこのふたりをわが国海運復活の恩人としていますが、いまに生きるわたしたち、海運業界に身を置く者であってもこの史実を忘れてしまっているようで残念でなりません。サンフランシスコ講和会議は昭和 26 年（1951）9 月 4 日からの 5 日間、サン・フランシスコのオペラ・ハウスで開かれました。52 カ国が参加し、議長はアメリカ国務長官のアチソンが務めました。会議の冒頭、第三十三代アメリカ大統領ハリー・S・トルーマン（1884–1972、在任 1945–53）は、「（前略）われわれは悪意を捨てて憎しみを忘れよう。われわれの間には勝者もなく、また敗者もない。ただあるのは平和に協力する対等者

のみ」と挨拶し、出席者に深い感銘を与えました。会議はアチソン議長の水際
立った進行によって成功裡にすすみ、8 日の調印式を迎えました。それは、日
本が終戦後 6 年にして主権を回復した瞬間であると同時に、わが国海運にとっ
ての新たな出発点であり、苦難の始まりでもありました。アチソン議長は会議
を閉める演説のなかで、わが国を「Japan」ではなく「Our Friend Japan」と呼
び、各国が示した和解と信頼を裏切らぬよう日本を諭しました。[66] わが国が
復興に向けて動き出すなか、朝鮮戦争（1950 年 6 月–1953 年 7 月休戦）が勃
発し、わが国海運は戦後初の活況を呈しました。諸手を挙げてという訳にはい
きませんが、わが国経済は朝鮮戦争によって息を吹き返したのです。しかしそ
の一方で、高金利、高船価のために海運会社の経営は圧迫され、また、戦後の
海運復活を支えるはずの「計画造船」（計造。1947 年 9 月に第一次計画造船実
施）が総花的だったために、朝鮮戦争特需の終焉と過当競争によって経営悪化
を招いてしまいます。そののち、日本経済は好景気 —1955 年から 57 年まで続
く「神武景気」— を迎え、先進諸国も工業生産を伸ばしていったことで市況は
好転しました。さらには、昭和 31 年（1956）7 月にエジプト共和国第二代大
統領ナセル（1918–70、在任 1956–58）がスエズ運河の国有化を宣言し、それ
に対し英仏軍が攻撃したために同運河が閉鎖され（いわゆる「スエズ動乱」）、
船舶に対する需要が一気に高まりました。しかし、翌年 4 月にスエズ運河が再
開されると船舶余剰問題がわが国海運業に暗い影を落とし、政府は海運再建整
備 2 法（海運業の再建整備に関する臨時措置法、外航船舶建造融資利子補給及
び損失補償法及び日本開発銀行に関する外航船舶建造融資利子補給臨時措置法
の一部を改正する法律）を制定し、外航海運企業の経営基盤強化に着手しまし
た。昭和 39 年（1964）、「海運集約」によって日本郵船（NYK）・大阪商船三
井船舶（MOL）・昭和海運（SL）・川崎汽船（KL）・ジャパンライン（JL）・山
下新日本汽船（YS）からなる「中核 6 社」が誕生します。海運集約は、NYK
が三菱銀行、MOL が三井・住友銀行、SL が富士銀行、KL が第一勧業銀行、
JL が日本興業銀行、YS が三和銀行という具合に、当時の大手銀行の色が出た
ものと言ってもいいでしょう。昭和 60 年（1985）8 月、海運集約に参加しな
かった三光汽船が過度な発注を主因に経営破綻（会社更生法申請）し、同年 9

月のプラザ合意による急激な円高の仕打ちにあい、昭和63年（1988）7月に
JLとYSの定航部門が経営統合して日本ライナーシステムが誕生し（同年7
月、SLが定航部門撤退を表明）、平成元年（1989）6月にはJLとYSが合併
してナビックスラインとなりました。平成10年（1998）10月にNYKがSL
を、翌年4月にはMOLがナビックスラインを吸収して大手3社体制が確立さ
れ、現在に至っています。平成29年（2017）10月、NYK、MOL、KLのコ
ンテナ船事業が統合され、オーシャンネットワークエクスプレスジャパン（通
称「ONEジャパン」）が誕生します。このこと自体は同事業部門の合理化につ
ながるものと期待されていますが、財閥の枠を超えた統合を迫られるほど同事
業が苦境にある証左とも言えそうです 一本稿を執筆しているいま現在、海上
荷動きの活況を主因に好況を呈している―。現代における海上交易の特徴のひ
とつとして、コンテナリゼーションが挙げられます。1950年代のアメリカで
考案された海上コンテナ輸送は、定曜日サービス（ウィークリーサービス）や
ドアツードア輸送によるリードタイムの短縮、在庫の削減、貿易実務の簡素化
など、そののちの海上交易の在り様を大きく変えました。わが国の海運業界は
さまざまな経済要因による海上荷動き動向と船舶需給に翻弄され、そのなかで
再編 ―1964年の海運集約は国家主導の再編だが、その後は民間主導の自助努
力であった― を経て業界の生き残りを図ってきています。現代における海上
交易（モノの流れ）は、製品と小売店・消費者の間の空間・時間的な隔たりを
物理的に克服することで製品価値の維持および向上を図る「物流」から、原材
料の調達に始まり製品までのプロセスを戦略的に検討する「ロジスティクス」、
そして、需要予測に基づくロジスティクスおよび小売店・消費者までの物流を
も包摂する経営戦略である「SCM（Supply Chain Management）」に変遷して
きています。海上交易の科学的進化とでも言っていいでしょう。<sup>67)</sup>

## 20. 海外においてわが国の文化を織りなす「海」

　日本の文化が海を越え、より輝きを増して故郷に錦を飾ることもあります。
たとえば、元駐日公使ラザフォード・オールコック（1809–97）が日本で収集

した磁器などが 1862 年開催のロンドン万国博覧会に出品され、それがジャポニスム（日本趣味）の先駆けとなりました。たとえば、有名な『ホイッスラーの母』の作者ジェームズ・M・ホイッスラー（1834–1903）が 1864 年に描いた絵に『白のシンフォニー（No.2）』がありますが、団扇と染付磁器が描かれており、花の一部を描き込むという浮世絵の技法が取り入れられています。

　ジャポニスムを語るとき、慶応 3 年（1867）、江戸の商人清水卯三郎の声掛けでパリ万博に出向いた柳橋の 3 人の芸者のことも無視できません[68]。1867年、幕府はナポレオン三世の招きでパリ万博に正式に参加しました。5 回目の万博であり、わが国が参加した最初の万博でした。徳川慶喜の異腹の弟、徳川昭武が名代となり、薩摩、佐賀の 2 藩のほか、先の卯三郎も応じました。万博に出展する和紙や金銀蒔絵の漆工芸品[69]などを乗せた船に、卯三郎が手配した柳橋「松葉屋」の 3 人の芸者[70]が乗りこみます。日本髪に振袖、丸帯の格好の彼女らはセーヌ川沿いの万博会場内に設営された 6 畳間、土間、厠を備える総檜造りの日本家屋で袱紗捌きも淑やかに茶を供し、花を生け、長い煙管で煙草をふかし、客が望めば土間の縁台で味醂酒を振舞いました。3 人は好評を博し、良家の令嬢が着物を欲しがるなど、卯三郎が出した店の収入を上回るほどの盛況振りでした。モネ、ルノワールら印象派が活躍する"花"の都パリで和風な江戸の"華"が異彩を放った、といったところでしょうか。『カルメン』などの作品で知られる小説家で、ナポレオン三世の側近でもあったプロスペル・メリメ（1803–70）は、彼女らを大いに気に入ったようです。3 人もまたジャポニスムの先鞭をつけたのは間違いありません。

　佐賀出身の大隈重信（1838–1922）は、1873 年開催予定のウィーン万博に参加するよう松尾儀助（1837–1902）を諭します[71]。皇帝フランツ・ヨーゼフ一世（1830–1916、オーストリア皇帝在位 1848–1916）の治世 25 周年を記念する、帝国としてのまさに最後の華でした[72]。日本庭園、鳥居や神社などが日本から同行した職人たちの手によって設営されました。皇后エリザベート（1837–98）はこの様子を興味深く眺め、開幕後も、皇帝とともに日本庭園を観賞しました。愛息（ルドルフ皇太子、1858–89）が謎の死を遂げ、自身も旅先でイタリア人無政府主義者に暗殺されることなど、そのときは知る由もあ

りませんでした。このウィーン万博がジャポニスムを加速させたのは疑いようがありません。緻密で壮麗な美術工芸品は、中国の属国ぐらいにしか思っていなかったヨーロッパ人の日本観を一変させました。日本庭園内の売店では、扇子が瞬く間に売り切れたと言います。万博会場近くの日本茶店では、着物をまとった３人の日本娘が茶などを振る舞いました。儀助はそんな彼女たちに癒され、そっと金貨を握らせています。

　林忠正（1853–1906）はパリを拠点に浮世絵などの日本美術を紹介した、まさしくジャポニスムを"プロデュース"した人物です。1886年に日本美術専門商を立ち上げ、1889年に完全独立を果たしました。この間、印象主義の進歩的作家エドモン・ド・ゴンクール（1822–96）に付きまとわれますが、その一方で、ゴンクールに、ナポレオン三世の従妹マチルド皇女（1820–1904）のサロンを紹介されました。日本人として、初めて上流階級へのお目通りが叶ったのです。浮世絵を丁寧に鑑定し、証印し、パリを中心に売り出しました。1890年から1901年の12年間の統計によれば、海外に流出した浮世絵は約15万6千枚、そのうち、春信、清長、歌麿などの全盛期のものが約3万枚、北斎以降の末期作品が約12万6千枚となっています。顧客は美術史家、画商、作家などでしたが、こうした人を介して、浮世絵はパリ画壇に大きな影響を与えていったのです。わが国の貴重な文化財を海外に大量に流出させた悪徳商人と忠正を評する向きもありますが、はたしてそうでしょうか。当時の江戸で、浮世絵はチラシや包み紙程度にしか見られていませんでした。それが海外で愛好されるようになり、愛すべき日本文化として評価されるに至ったのです。彼の働きは、日本文化の伝道師として評価されて然るべきでしょう。事実、美術史家で美術評論家のフィリップ・ビュルティ（1830–90）をサポートし、ゴンクールの執筆に協力することで『歌麿』『北斎』などの著作を世に送り出す産婆の役も果たしたのであり、そう評価される資格は十分あるはずです。忠正は、単にジャポニスムの仕掛け人に留まりませんでした。フランスで法律を学んでいた黒田清輝（1866–1924）に画家になることを勧め、モネなどの絵画を日本に持ち込むことで若手画家の眼を刺激しました。フランス語で、『日本美術史』を上梓したりもしました。彼が苦労して集めた印象派の傑作が妻によってオーク

ションに出され、世界中に散っていったのはいかにも残念なことです。[73)]

　ジャポニスムに多くのフランス絵画界の巨匠たちが魅了されたのですが、それとは別に、浮世絵に魅惑された人物がいます。明治 15 年（1882）に来日した、フランス人風刺漫画家のジョルジュ・ビゴー（1860–1927）です。「鏡を見ない日本人」……鹿鳴館の舞踏会にでも出席したのか、洋装とは不釣り合いのふたり連れが鏡をのぞくと猿が二匹映っている。明治期の日本で 17 年もの間活動し、風刺画で明治期の新風俗を痛烈に揶揄しました。明治 32 年（1899）に治外法権（領事裁判制度）の撤廃が盛られた日仏通商航海条約が施行されたことに立腹したビゴーは、日本人妻と離婚して長男共々日本を去ります。自由に活動できなくなることを危惧してのことでした。

　1867 年に開催されたパリ万国博覧会に出向いていた徳川昭武は、同万博にアメリカ廻りで来ていた足芸の浜碇定吉（1832–?）一座の初演を見物し、多額の祝儀を出しました。慶応 2 年（1866）5 月、幕府は、留学および商用目的の海外渡航を認可する「海外渡航差許布告」を出します。アメリカ人リチャード・リズリー・カーライル（1814–74）[74)] が 2 年契約で渡米させた高野広八（1822–90）一座 18 名、手品・綱渡りの隅田川浪五郎（旅券第 1 号）率いる一座、浜碇定吉一座、独楽廻しの松井菊次郎一座の面々に、旅券が与えられました [75)]。浜碇定吉一座は同年 10 月、サン・フランシスコに向け横浜を出港しました。芸人の渡航といえば、同時期、同じくカーライルにやとわれた独楽廻しの松井源水一座 9 名（旅券番号 19〜27）がヨーロッパに向け旅立っているほか、イギリス人グラントを雇い主とする軽業師の鳥潟小三吉一座が、神奈川奉行発行の旅券（2〜6 号）でパリへと向かっています。広八一座はサン・フランシスコで好評を博し、1867 年 1 月にはニューヨークに向かうべく、サン・フランシスコから船でパナマ地峡に向かい、陸路でカリブ海へと辿り着いています。同じ船には福松一座 13 名も乗っていました。同時期、早竹虎吉一座やミカド曲芸団なども渡米しており、世はまさに“日本人旅芸人遠征ブーム”と言ってもいい。彼らの主たる目的は、一様にパリ万博でした。成功裡に公演を続けた広八一行は、ホワイトハウスで第十七代アメリカ大統領アンドリュー・ジョンソン（1808–75、在任 1865–69）に謁見したのち、イギリス、フランス

に向けて大西洋を 12 日間かけて横断し、同年 7 月下旬にパリに安着しています。休む間もなく、公演初日を迎えます。このパリでの初演こそ、徳川昭武が見物した公演でした。ロンドンではヴィクトリア女王の観覧を得るという栄に浴しています。そののちニューヨークに戻り、パナマ経由でサン・フランシスコに向かい、そこから帰国の途に着きました。新しく造られたばかりの船には中国人が多く、食事は中華料理が中心でしたが、久しぶりの米飯に一行は大満足したようです。

　嘉納治五郎は、柔術を柔道として体系化した人物です。東京帝国大学を卒業し、学習院の教授となっていた嘉納は、明治 22 年（1889）、柔道を広めるためヨーロッパに出向きます。往航の船上で柔道の演技を披露し、多くの外国人に強い衝撃を与えます。マルセイユにて演技を披露し、フランス・ドイツ・オーストリア・デンマーク・スウェーデン・オランダ・イギリス・エジプトなどを訪れて柔道を広め、各地で強烈な印象を与えました。復航の船上、2 メートルはあろうかというロシア人が嘉納に近づき、喧嘩を売ります。最初こそ相手にしませんでしたが、さすがに煩わしくなったのか、嘉納はそのロシア人を投げ飛ばしてしまいます。まさに、「柔よく剛を制す」です。明治 42 年（1909）、東洋人として初めて国際オリンピック委員会（IOC）の委員となり、1912 年開催のストックホルム大会でわが国のオリンピック初参加を実現しました。1935年には、昭和 15 年（1940）東京オリンピックの誘致にも成功します。残念ながら戦争のために実現しませんでしたが、画期的なことであることに疑う余地はありません。昭和 13 年（1938）5 月、IOC の会議から帰る途次の氷川丸の船上にて、肺炎のために 78 年の生涯の幕を閉じます。昭和 39 年（1964）、東京オリンピック開幕。そこには、五輪史上初となる「JUDO」の文字が躍っていました。[76]

〔注〕
1. 鈴木亨『歴史の島旅情の島』東洋書院（1997 年）198 頁
2. わが国最初の稲作が長江中下流域から種子島に直接伝わったという説によれば、「日本列島にやってきたホモ・サピエンスが縄文人となり、そののち長江中下流域から種子島（南九州）に稲作技術が伝わったことでわが国は弥生時代を迎えた。さらには、竹田恒恭が言うように（竹

田恒泰『天皇の国史』PHP 研究所（2020 年）212 頁）、日本の縄文人が朝鮮半島にわたって住みつき、その結果、同地は長い間日本文化下に置かれ、そののち大陸北部の影響を受けるようになり、中原や北方民族との混血がすすみ、わが国との異質化が進行し、大陸北部の文化である青銅器や鉄器が同地にもたらされ、そうした青銅器や鉄器が米と引き換えにわが国に持ち込まれた」、と説明できるかもしれない。

3. はたして、「大和国」と「邪馬台国」の発音上の類似性は何を意味するのだろうか。

4. 司馬遼太郎『この国のかたち（五）』文藝春秋（2016 年）15−16 頁

5. 朝鮮半島の国々の制度を参考にしたもので、個人の能力や功績に基づき与えられる役人の身分制度。この制度によって、人材登用の道が明らかにされた。

6. 蘇因高という中国名をもらった小野妹子は、翌年（608）、裴世清らに送られて筑紫に戻った。その折、怒りに満ちた煬帝の返書を天皇に見せる訳にはいかず、煬帝からの返書を百済人に盗まれたと嘘をついたとされている（三浦佑之『古事記を旅する』文藝春秋（2011 年）239 頁）。流刑にあたるところ恩赦で無罪となったが、推古天皇が小野妹子の嘘の理由を知っていたとすれば説明がつく。小野妹子は第 3 回遣隋使としても海をわたり、多くの留学生や留学僧を隋に送ることに成功した。

7. 波方船舶組合百年史『波方海運史』347 頁

8. たとえば、734 年、唐から帰国する途次にあった 4 隻のうち第 3 船がインドシナ半島まで流された。115 人のうち十数人は現地の賊に殺され、90 余人は病死し、わずか 4 人のみが生きて中国に逃れ、6 年後に帰国を果たした。

9. この大敗の結果、遣唐使は朝鮮半島西海岸沿いを経て遼東半島南海岸から山東半島に至る北路が使われなくなり、南島路（薩摩の坊津から出帆し、種子島や屋久島などの南西諸島から東シナ海を横断するルート）、さらには南路（五島列島から東シナ海を横断するルート）に移っていった。こうした航路の変更により、遣唐使の航海は危険を極めることになった。ちなみに、五島列島福江島の美禰良久崎（いまの三井楽周辺）が日本における最終寄港地だった。

10. 三浦前掲書（注 6）77 頁

11. 桓武天皇（737−806）が派遣した官費還学生の最澄が通訳付きで経典を入手次第 2 年で帰国できたのに対し、私費留学生の空海の場合、滞在費は自腹で、しかも 20 年の学習義務が課されていた。同じ留学僧であっても、その性格は大きく異なっていたのである。

12. 遣明船は、幅の広い棚板と複数の梁で構成する 3 階ないし 4 階造りの船であった。初期の構造船であり、江戸時代の弁才船（千石船）の先駆をなすものと言っていい。ただし帆は筵帆のままで、木綿帆はまだ使われていない。

13. 11 世紀ごろの琉球では祭祀・軍事施設であるグスク（城）を根拠にして按司（首長）が乱立したが、14 世紀になると、中山・北山・南山の三山時代を迎え、そののち尚巴志が全島を統一して琉球王国が成立した。中山が勢力を伸ばし得た原動力は、日本からの鉄の輸入であった。琉球諸島では砂鉄が産せず、農具は生産性の低い木器や青銅器に頼っていたのであり、鉄の衝撃、威力たるや計り知れないものがあった。三山とも鉄を輸入するための資金を得るために対明交易に精を出し、その辺りのことを明も承知しており、朝貢の返礼として鉄器を与えたとされる。ちなみに、明側が欲したのは火薬の材料となる硫黄、馬などであった。

14. 井沢元彦『逆説の日本史（9）戦国野望編』小学館（2005 年）212 頁

15. 杉山正明『海の国の記憶—五島列島』平凡社（2015 年）121−125 頁

16. 五島市「世界遺産の島 五島」〈https://www.city.goto.nagasaki.jp/sekaiisan/〉最終アクセス 2021

年2月19日

17. 伊東マンショは司祭に叙階され、1612年、長崎で死去。千々石ミゲルはのちに棄教。原マルティノは司祭に叙階されるも、1629年、追放先のマカオで死去。中浦ジュリアンも司祭に叙階されるが、1633年、長崎で穴吊るしの刑によって殉教した。

18. 中央区まちかど展示館「ミズノプリンティングミュージアム」〈https://chuoku-machikadotenjikan.jp/tenjikan/mizunoprinting/〉最終アクセス2021年2月19日

19. 水戸藩が幕府に命じられて創設した（1853年）石川島造船所の跡地を海軍省から借用し、1876年、平野富二が石川島平野造船所として設立した。1893年、株式会社東京石川島造船所と社名変更し、渋沢栄一が会長に就任した。

20. イエズス会の中等学校に相当する教育機関で、天正8年（1580）、アレッサンドロ・ヴァリニャーノ（1539-1606）が有馬、安土に設立した。予備教育のほか、音楽、工芸などを教育した。ちなみに、豊後の府内（いまの大分市）には、大学に相当するコレジョ（Collegio）が設立されている。

21. ジェイコブ・ソール著 村井章子訳『帳簿の世界史』文藝春秋（2018年）401-402頁

22. 「簿記」という言葉は福沢諭吉らによる訳であり、帳簿記録の略と考えられている。ブックキーピングが訛ったとの説もあるが、こじつけの笑い話に過ぎない。

23. 財務会計（Financial accounting）の目的は、貸借対照表（B/S：Balance Sheet）、損益計算書（P/L：Profit & Loss）といった財務諸表で以って当該企業の財務状況を企業外部の利害関係者に説明することにある。かつては、1航海ごとに計算する「口別損益計算」が当たり前であった。1航海ごとに出資者から資本を集め、航海が終わったら清算して"当座"企業を解散するのである。冒険貸借にしてもそうであり、収支を管理できるのであれば単式簿記で十分であった。

24. 太平洋をわたった（少なくとも記録のうえでは）最初の日本人

25. 木原知己『号丸譚—心震わす船のものがたり』海文堂出版（2018年）「サン・フランシスコ号の漂着」

26. 2018年11月26日付河北新報「サン・ファン号、奴隷運ぶ？」

27. 「家康の洋時計」として久能山東照宮に保存されている（国の重要文化財）。

28. 18世紀の江戸の人口は100万人を超え、パリ、ロンドンの50万-60万人を凌駕していた。ちなみに、当時の日本全体の人口は3,000万人。

29. 伊勢国東宮村（現在の南伊勢町）に生まれた河村瑞賢は13歳で江戸に上がり、荷車引きから身を起こして材木商となった。1657年に起こった明暦の大火後の江戸再建に手腕を発揮し、新川の開削工事を成功させたことから幕府の信頼を得、西廻り航路や東廻り航路の開発を依頼された。

30. 木原前掲書（注25）「江差・松前取材旅行記」、「蝦夷地と大坂を結んだ西廻り航路」

31. 偶然の事故でできた灘の生一本（清酒）が江戸で人気を博した —江戸後期、江戸での清酒消費の約6割は灘の清酒—。その偶然の事故とはつぎのようなものである。西宮の酒造家の蔵人（杜氏のもとで酒造りに携わる職人）が、火気厳禁にもかかわらずあまりの寒さに耐え切れず火鉢を2階に持ち込んだところ、誤ってその火鉢を酒樽の中に落としてしまった。蔵人は深く落ち込んだが、仕方ないと開きなおってその夜は寝ることにした。ところが、翌朝目覚めて樽の中を覗いてみると、大樽の表面が澄んでいた。恐る恐る手ですくって口にすると、おどろいたことに、美味の酒に変わっていた。ののち、生石灰で濾過し、さらに渋紙で濾すことで清酒を生産するようになった（田村茂編著『海、船、そして海運—わが国の海運とともに歩んだ

山縣記念財団の 70 年』山縣記念財団（2018 年）4–5 頁）。

32. 木原知己『波濤列伝―幕末・明治期の"夢"への航跡』海文堂出版（2013）、木原前掲書（注25）のなかで多くの漂流譚を紹介しており、参照いただきたい。

33. 副田一穂「江戸時代の望遠鏡と拡張された視覚の絵画化」〈https://www-art.aac.pref.aichi.jp/collection/pdf/2013/2013Bulletin_Soeda.pdf〉最終アクセス 2021 年 2 月 19 日

34. 蘭島文化振興財団「朝鮮通信使資料館御馳走一番館」〈http://www.shimokamagari.jp/facility/gochiso.html〉最終アクセス 2021 年 2 月 19 日

35. 奥井隆『昆布と日本人』日本経済新聞出版社（2012 年）

36. 化政期とも。1804–30 をさし、十一代将軍家斉（1773–1841、在任 1787–1837）が幕府の実権を握っていた。商品流通が進み、生活は贅沢をきわめた。しかしその一方で、幕府や諸藩の財政は窮乏し、外圧も次第にきびしくなり、幕藩体制の矛盾がますます露呈した。政治、経済、文化の中心が大坂から江戸へと移り、町人文化が栄えた（化政文化）。化政文化の特徴として、文化の庶民化と地方伝播、都市生活・文化の多様化、学問や思想における批判的精神の高揚が挙げられる。浮世絵もまた、化政文化を代表するものである。喜多川歌麿（1753?–1806）の美人画に、ポッピンを吹く町屋の娘を描いたものがある。ポッピンはガラス製の玩具で、吹き口から息を吹き込むと底が「ぽっぴん、ぽぺん」と鳴り、ガラス製のために「ビードロ」とも呼ばれた。ビードロはガラスを意味するポルトガル語であり、南蛮文化の庶民化を見て取ることができる。

37. 原口泉著 NHK 鹿児島放送局編『かごしま歴史散歩』日本放送出版協会（1996 年）215–216 頁

38. 1609 年 4 月、薩摩の侵攻を受けて首里城が落城した。尚 寧王（1564–1620、在位 1589–1620）はほぼ一年間薩摩に留め置かれ、翌年（1610）7 月、駿府城にて家康と会見した ―サン・フランシスコ号の漂着者とも面談―。家康は捕虜ではなく使節として遇するが、それは明との交易復活を狙ってのことだった。しかし、明は琉球を日本の傀儡と看做して距離を置き、家康を失望させる。こうした状況にあって、薩摩は琉球に在番奉行（薩摩仮屋）を設置して支配を強め、対明交易を掌握していった。

39. いわゆる薩摩による密貿易で、薩摩は明から生糸、絹織物、漢方薬を仕入れて大坂市場で売りさばいた。密貿易からあがる収益は、藩の借財の返済に充当された。

40. 文化 8 年（1811）、千島列島を測量中のロシア軍艦ディアナ号艦長のヴァシリィ・ミハイロヴィッチ・ゴロヴニン（1776–1831）らが国後島で松前奉行配下の役人に捕縛され、2 年 3 ヶ月にわたって日本に抑留された事件。

41. 猪の牙のように、舳先が細長く尖った屋根なしの小さい舟。新吉原の遊郭への往来に使われたことから「山谷船」とも。山谷は、新吉原につながる水路。

42. 吉宗は進取の精神に富んだ将軍として知られ、たとえば、享保 13 年（1728）、オランダを通じて洋馬・洋式馬術とともに 3 頭の白牛をインドから輸入し、嶺岡牧（いまの千葉県南房総市）で飼育をはじめている。バターに似た乳製品までつくったことから、同地はわが国における酪農の発祥の地とされている（「千葉県酪農のさと」）。いまから 8,000 年ほど前のチグリス・ユーフラテス川などで興った乳文化を海がわが国にても織りなしたのである（千葉県酪農のさと〈http://www.e-makiba.jp/〉最終アクセス 2021 年 2 月 19 日）。

43. 吉村昭『ふぉん・しいほるとの娘』27–30 頁

44. 1898 年、横浜正金銀行副頭取の高橋是清は、ロンドンでシャンドと再会した。シャンドは日本政府の要請で『銀行簿記精法』を編述し、第一国立銀行の行員、大蔵省の役人に簿記を教えたのちイギリスに帰国していた。是清と再会したとき、シャンドはパース銀行ロンドン支店副支

配人だった。ちなみに、是清は、かつて、シャンドのボーイをしていた（木原前掲書（注32）「高橋是清のダルマ人生」）。

45. 周りを掘割にして出入りを橋に限定し、そこに関所を設けるなど、幕府は外国人居留地造営を慎重にすすめた。ちなみに、居留地エリアは関所の内側であり、そのため「関内」と呼ばれるようになった。

46. イギリス東インド会社の外科船医だったウィリアム・ジャーディン（1784–1843）が、1832年、同じスコットランド生まれのジェームス・マセソン（1796–1878）と組んで設立した。主として、インド産のアヘンを清に密輸することで巨利を得た。

47. 松沢成文『横浜を拓いた男たち―破天荒力』有隣堂（2019年）

48. 長崎での茶の輸出に成功した人物に大浦慶（1828–84）という女性がおり、坂本龍馬・大隈重信・松方正義・陸奥宗光らとも親交があったとされている。茶の栽培は遣唐使の時代に臨済宗の祖栄西（えいさい）（1141–1215）が大陸から平戸の地に持ち帰ったのが嚆矢で、そののち全国各地に広まっていった。日本茶の海外輸出は平戸に来航したオランダ東インド会社がヨーロッパに向けて船積みしたのが最初で、鎖国時代、オランダ人によって世界へ伝わっていった。

49. わが国は10世紀半ばに銀貨発行を中止し、12世紀半ば以降、中国から大量の銀貨（開元通宝（唐）、宋銭、永楽通宝（明）など）がわが国にもたらされた。その背景には、中国で大量の銀貨が発行されたということもある。中国の銀貨は、庶民の暮らしの中に浸透していった。貨幣の役割を担っていた米や布より軽く、また、銀貨1枚が1文とシンプルだったからである。13世紀になると国もやむなく中国鋳造の銀貨の流通を認め、それは17世紀まで続いた。

50. 函館市「史跡志苔館跡」〈https://www.city.hakodate.hokkaido.jp/docs/2018032900043/〉最終アクセス2021年2月19日

51. 五島市「世界遺産とは」〈https://www.city.goto.nagasaki.jp/sekaiisan/li/020/010/20190201140151.html〉最終アクセス2021年2月19日

52. 日本茶貿易の先駆者として知られる大浦慶に大量の茶を注文し、嬉野茶に加えて九州一円の茶を集めアメリカに輸出した。ちなみに、大浦慶は晩年詐欺事件に巻き込まれたが、1879年に長崎に来たユリシーズ・グラント元アメリカ大統領（第十八代。1822–85、在任1869–77）に招待され艦上での対面を果たした。巨額の借金を抱えて没落はしたが、最後は完済したという。

53. 田村前掲書（注31）30頁

54. 神戸ゴルフ倶楽部「神戸ゴルフ倶楽部"100年のあゆみ"」〈http://www.kobegc.or.jp/history/〉最終アクセス2021年2月19日

55. 延宝8年（1680）、湊元（つもと）神社から白山（はくさん）神社内に建立された住吉神社に継承された。白山神社には、年貢米輸送の様子が描かれた大船絵馬（新潟県有形民俗文化財）がある。

56. 岡田哲『明治洋食事始め―とんかつの誕生』講談社（2012年）11–12頁

57. 米食がわが国食文化の中心であり、パンはあくまでもおやつという考えが基底にあった。

58. 松沢前掲書（注47）

59. 木原前掲書（注32）第49話「芸術の「文明開化」をなしとげた男―日本洋画の父、高橋由一」。ジャポニスムの源流となった1867年パリ万博とそこに参加した江戸柳橋の3人の芸者については、同書のなかの第2話「花の都パリに咲いた江戸の華―パリ万博で評判になった江戸芸者」

60. 木原前掲書（注32）「地図に残る近代化―明治の街を文明開化させた辰野金吾」

61. 木原前掲書（注32）「建築関係初の留学？―旧中込学校を設計した謎多き棟梁、市川代治郎」

62. 田中彰『岩倉使節団『米欧回覧実記』』岩波書店（2010年）19–21頁、木原前掲書（注32）「い

ま、「岩倉使節団」を考える―このくにを創った 1 年 9 ヵ月の大視察」

63. 夏目房之介『漱石の孫』新潮社（2006 年）

64. 木原前掲書（注 32）「二〇世紀前夜―夏目漱石、滝廉太郎ほか海外留学生の話」

65. 大崎上島の望月東之助は代々の屋号で石炭を運搬し、ときとして自ら石炭を求め、需要地で売りさばいた。明治 31 年（1898）に「豊田郡東野村外一二か町村組合立芸陽海員学校」（いまの広島商船高等専門学校）を創設するとともに、帆船を操り、北九州の若松港から大阪や和歌山方面の紡績工場に燃料の石炭を輸送した。

66. 木原知己『船舶金融論（2 訂版）―船舶に関する金融・経営・法の体系』海文堂出版（2018 年）53-54 頁

67. 石原伸志「9. 国際物流（1）―コンテナ船の発達と国際物流」池田龍彦・原田順子『海からみた産業と日本』放送大学教育振興会（2016 年）115-117 頁

68. 木原前掲書（注 32）「花の都パリに咲いた江戸の華―パリ万博で評判になった江戸芸者」、「パリ万博（一八六七年）に出品した江戸商人―清水卯三郎の生涯」

69. 漆は英語で lacquer だが、japan とも表記される。漆器も japan であり、china が陶器を意味するのに似ている。17 世紀初頭、オランダ東インド会社が日本の漆器をヨーロッパに広めたために漆器が japan と呼ばれるようになったのだが、漆器自体は中国に起源があり、高度な漆工芸が 6 世紀の仏教伝来とともに日本にやってきたとされる（司馬遼太郎『この国のかたち（四）』文藝春秋（2016 年）146-151 頁）。

70. 江戸文化年間（1804-18）に隆盛を誇った辰巳芸者の多くが取締りの厳しくなった深川から柳橋へと移り、柳橋芸者となった。柳橋は隅田川と神田川が交わるところにかかる橋で、（新）吉原へ猪牙船で向かう客がひとまず立ち寄る場所であった。柳橋芸者は江戸っ子気質が強く、あっさりとした風趣で、日本橋界隈の老舗の旦那衆に支持された。

71. 木原前掲書（注 32）「日米貿易の礎石を築いた男―起立工商会社を設立した松尾儀助の生涯」

72. 帝位後継者で甥のフランツ・フェルディナントとその妻がサラエボで暗殺され、それを契機に勃発した第一次世界大戦の最中にヨーゼフ一世は崩御し、皇帝カール一世が国外逃亡したことで、ハプスブルク家による支配は終焉を迎えた（1918 年）。

73. 木原前掲書（注 32）「ジャポニスムの必殺仕掛人―美術商、林忠正の生涯」

74. 1864 年 3 月、曲芸で世界的に有名だったリチャード・リズリー・カーライル（1814-74）は曲馬団をひきいて横浜に入り、そのまま住みついて日本最初の劇場、ロイヤル・オリンピック劇場を開設した。曲芸に長けていたからこそ、浜碇定吉一座らに目をつけたのかもしれない。ちなみにカーライルは、わが国にはじめてアイスクリームを持ち込んだ人物としても知られている。

75. 木原前掲書（注 32）「世界を駆ける芸人一座―パスポート第一号は旅芸人だった」

76. 木原前掲書（注 32）「日本人の溜飲を下げた「心技体」―柔道家嘉納治五郎、横綱常陸山谷右衛門の痛快談」

# 最終章

# わたしたちの "明日" を織りなす「海」

> 国家は、人間およびその意思の外にあるなにかの実在ではない。反対に、国家は心理的、道徳的な人間的事実である。それは国家を構成し、それにあるいは頭としてあるいは臣従者として参加する人間の活動のうちに、活動によって存するのみである。
>
> ——ジャン・ダバン『国家とはなにか』

　執筆当初はどうなることやらと案じておりましたが、どうにかここまで来ることができました。いよいよラストスパート。ここは「さぁ、集大成だ！」とばかりに気を引き締め、本章を書き進めていきます。

　正あるいは負の心を織りなす、冒険や探検を織りなす、交易そして文化を織りなす……海は、さまざまに織りなす主体としての顔を持っています。「織りなす」とはプロデュース（創造）しマネジメント（管理）を徹底するということであり、そうであれば、海はまさに「悠久のプロデューサー」と言っていいでしょう。本書の完結編として、本章では社会、ひいては国を織りなす海について考えてみます。

　塩野七生は著書『海の都の物語—ヴェネツィア共和国の一千年』のなかで、葦が生える沼地に過ぎなかったヴェネツィアが一大海洋国家になっていく過程を紹介しています。葦原が巨大都市に変貌していく姿は、徳川家康によって造作された江戸の町、あるいはかつて寒村だった横浜などとイメージが重なります。しかし、江戸の開発が 17 世紀初頭であるのに対し、ヴェネツィアの歴史のはじまりは西ローマ帝国の滅亡（476 年）より前の 452 年のことです。7 世紀末に共和国となって以降ナポレオン・ボナパルト（ナポレオン一世）によって征服される 1797 年まで、ヴェネツィアは 1,000 年以上続きました。中世のイタリアには、ヴェネツィアのほかジェノヴァ、ピサ、アマルフィの 3 つの海洋国家が併存していました。しかし、その性格は大きく異なっていました。耕

作に適さない風土性、そうした風土性と相即性をなす歴史性が、それぞれに国家を織りなしていたのです。塩野は同書のタイトルを、当初の『水の都の物語』から『海の都の物語』に替えました。おそらく、「海」が社会、ひいては国を織りなしていく行程を改めて評価してのことだったのでしょう。[1]

# 1. 海村を織りなす「海」

　わが国の海辺は、漁民の雰囲気を多分に孕んでいます。しかし、海辺に暮らすのは漁撈に従事する人びとだけではありません。海が織りなす美しい海岸線にさまざまな人びとが息づき、海なる風土性、その風土性から派生する歴史性をまとう「海村（かいそん）」[2] をそれぞれに形成しています。

## （1）歴史性を帯びる海村

　生命を育む海という視点からは海岸線およびその後背（「海岸帯」）に位置する森林や河川 [3] も含めて観察する必要があり、そうであれば、「わが国の美しい海岸帯には独自の文化を有する海村がそれぞれに息づいている」と言い換えていいかもしれません。東西南北に広がる地理的条件、島嶼国家という性格から風土性および風土性と相即性をなす歴史性が複雑に錯綜し、たとえば、フォッサマグナ（Fossa Magna、ラテン語で「大きな溝」という意味）[4] を境にして、西南日本はブリ文化・水田文化・「海」中心文化・横社会文化、東北日本はサケ文化・畑作文化・「陸」中心文化・縦社会文化といった文化の差異がみられます。

### 1）山の民・海の民

　本書のなかで日本人の国民性を受容的で忍従的、諦念的でありながら進取的としていますが、山の民と海の民とではその性状は大きく異なっていると概括できます。風土性としての山、とりわけ盆地で暮らす人びとの多く —ここでは、農耕牧畜に従事する者を想定している— は“定住性”を基礎とし、受容的で忍従的です。一方、死を予感させる風土に生きる海の民の多くは“非定住

性"を基礎とし、いつでも死を受け入れるという点において諦念的で進取的です。刹那的あるいは競闘的に生きている、と言い換えてもいいかもしれません。山の民が定住のためのりっぱな家を建てようとするのに対し、海の民の家屋の多くが（大変失礼ながら）簡素にして粗末であり、集落全体が寂れた印象を拭えないのもそこに一因があると考えられます。

　尊王攘夷運動が喧しい江戸末期、海の民である薩摩（いまの鹿児島県）と長州（いまの山口県）はイギリスに密航留学生（「サツマ・スチューデント」と「長州ファイブ」）を派遣し、武器商人トーマス・グラバーを介して軍備の増強を図りました。一方、山の民の会津藩はと言うと、将軍家と近しい間柄ということもありましたが[5]、守旧の精神文化であったために兵器や隊編成の近代化が遅れ、薩長に賊軍の汚名をきせられました。元年者など、海外移民の多くが西日本の海沿い出身だったことも海の民の性状から説明がつきそうです[6]。

　人間も、ほかの動物と同じように、群れをなす傾向を有しています。群れには自ずとリーダーが現れ、慣習らしき生活様式がみられるようになります。慣習や文化は、リーダーの性状によってある程度規定されます。経営理論のSECIモデル[7]を応用するならば、「リーダーの暗黙知が集団組織において共同化され、形式知として表出し、組織で連結され、そして内面化されていく」ということです。組織におけるリーダーは自己組織の強化を図りつつときに他集団との戦いを主導し、陣地を広げようとします。集団の「自己複製」とでも言うべきプロセスであり、それこそが戦争の本質と言っていいでしょう。問題は、集団の自己複製が集団の機関決定ではなくある特定の有力者個人によってなされることです。適正な自己複製を果たすには、包摂的な政治・経済制度、すなわち、いろいろな意見を受け入れる多元主義的価値観、やる気を基礎とした創造的破壊とイノベーションが必要です。真逆の収奪的政治・経済制度、異見を排除する絶対主義的価値観のもとでは、よほどの"聖人"君主が現れない限り、持続性のある成長は難しいでしょう。

## 2）漁村の形成と変容

　古代エジプト時代の壁画に、漁に勤しむ姿が描かれています。わが国においても漁撈の歴史は古く、7,500年前と思われる丸木舟の遺構が雷下遺跡（千葉県市川市）から出たことはすでに触れました。縄文時代には、すでに漁や運搬のために舟が使われていたのです。

　稲作が始まった縄文時代後期から弥生時代、漁撈が寂（さび）れてしまったかというとそうではありません。漁を専門とする技術集団も現れ、漁に使用する舟は大型化し、網なども考案され、潜ってアワビなどを獲るようにもなるのです。海女の始まりであり、わが国では縄文時代中ごろ、いまから5,000年ほど前のことです。

　朝鮮半島から渡ってきたとされる安曇（あずみ）（阿曇）氏は、天皇の命に従わない海人を平定した人物として広く知られています。3世紀ごろのことです。海神綿積豊玉彦（わだつみのとよたまひこ）、神の子穂高見之命（ほたかみ の みこと）の子孫とされ、そののち内陸へと移住し、安曇野（あずみの）（長野県）、穂高岳（ほたかだけ）、渥美（あつみ）（愛知県）、熱海（あたみ）（静岡県）などの地名にその名残をとどめています。

　瀬戸内海に多くの海人がいたのは、海が静かということもありますが、大型船の水主（かこ）として駆り出される機会が多かったことも関係していると考えられます。海上で生活しながら漁に勤しむ海人も少なくありませんでした。小豆島（しょうどしま）や塩飽諸島（しわく）の海人たちは方々に出かけては魚を売り、生活の糧を得ました。魚群を追っては命からがら陸地にたどり着き、流れ着いた地で漁の技術を伝え、自らも海辺に這いつくばるように生息し、共同の社会である漁村を作り上げていきました。

　17世紀初頭から18世紀中葉、漁具や漁法に優れる大阪や紀州の漁民が、房総半島をはじめとする関東地方に進出していきました。あまりにも競争が激しく、また、多くの浜が農耕に適さないために生活は楽ではなかった。そのため、数多の漁民が、イワシを追って黒潮とともに房総半島をめざしたのです。彼らは房総の地に漁の技術を伝え、醤油づくりを根付かせました。いまでこそ千葉県の銚子（ちょうし）は醤油の産地として有名ですが、元を質せば江戸時代初期、現在の和歌山県広川町出身の濱口儀兵衛（はまぐち ぎ へ え）が下総国銚子（しもうさ）（いまの千葉県銚子市）で

創業した廣屋儀兵衛商店（いまのヤマサ醤油）までさかのぼります。同商店七代目当主が、「稲むらの火」で有名な濱口梧陵（1820–85）です。

　外房御宿（千葉県）の漁師のルーツをたどると、どうやら紀州和歌山までさかのぼるようです[8]。安土桃山時代の終わり頃、和歌山県日高郡美浜町三尾地区の漁師たちが九十九里浜に出かけ、慶長20年（1616）あたりにその最盛期を迎えます。地引網によるイワシ漁で稼ぎ、地元に多くの財をもたらしました。房総半島の各湊に留まる者も多かったようです。しかし、明治期以降は大阪南部の漁師との競争に敗れ、衰退の一途を余儀なくされます。その当時、単身カナダにわたった三尾の漁師工野儀兵衛が鮭漁に励んでいました[9]。それを知った三尾の漁師たちは俺も俺もとカナダをめざし、そこで稼いだ財で以って三尾の村に「アメリカ村」なる洋風空間が出現し、いまに至っています。

　紀州の漁民たちはイワシのいわば"虜"だったのですが、逆な見方をすれば、それだけイワシの需要があったということです。中世末期以降三河地方でワタ（棉）の栽培が盛んになり、近世初期になると近畿地方にまで広まり、干鰯・〆粕などの魚肥が肥料として重宝されたのです。干鰯や〆粕は俵に詰められ、三浦半島から廻船で大坂に送られました。北前船で江差から運ばれるニシンも、魚肥の材料として重用されました。大林太良は『海の道、海の民』小学館（1996年）のなかで、漁業が発達するには魚が豊富で漁具や漁法に優れ、消費があることが必須であるとしています。また、河岡武春が『海の民―漁村の歴史と民族』平凡社（1987年）で述べているように、大量の魚肥が必要となるほどの農業の発展が不可欠でした。

　イワシを追う漁は三陸海岸、さらには八戸あたりまで広がり、たとえば、八戸では、文化6年（1819）の藩政改革以降、大豆などに加えて干鰯や〆粕、魚油が重要な国産物となっていきました[10]。

　海の民は獲物を追って居を移し、行き着いたところに漁村（海村）を築いていきました。田村勇は著書『海の文化誌』雄山閣（1996年）のなかで、海の民の衣食住は山の民に比して粗末でみすぼらしく、社会階層的にも一段低く見られていたと書いています。漁民の多くが名入りの金の指輪をはめ、腹巻に財布をしのばせ、体に入れ墨（文身）を入れ、博打に興じました。それは"いま"を

楽しもうとする刹那的な生き方であり、難に遭ったときに誰かに葬ってほしいと願ってのことだったのです。そうした日常の心掛けは、先に触れた諦念的な人生観から来ると言っていいでしょう。かつて、公地公民を基礎とする律令体制において「墾田」という例外的な私有田が開墾されるようになり、武士の誕生を促しました。武士は一"所"懸命に自分の領地と名誉を守り、甲冑の差別化などによっても"私"を表現し、潔さを以って戦場における自分の死を予期しました[11]。漁民の最期もそうした武士と相通じるものがあり、それは、定住性に縁遠い者が共有する精神性なのかもしれません。

　近世から近代に見られたものに、家船があります。数隻から数十隻で集団を組み、周辺海域を移動しながら漁にはげみ、近くの港に入っては物々交換に近い交易を行いました。いまでも東南アジアの国々で船上生活をしている光景を目にしますが、わが国でも太平洋戦争後しばらく見ることができました。

　山・海それぞれの民のなかで協力関係、委任受任・委託受託といったある種の契約関係、あるいは力学がはたらき、派閥などの小社会が形成されます。あるときは血縁関係が基礎になり、あるときは共同あるいは主従関係などの力関係によって組織が形成され、人間社会は徐々に複雑化し、高度化されていきました。人は、何人であっても自分にないものを求めます。山の民は海の幸を求めて山を下り、海の民は山の幸を求めて山へと分け入った。ふたつのグループは出会い、物々交換が行われ、そのために互いの暮らしぶりを垣間見ることになります。

　山の民は農耕地や牧場を求めて海辺へと向い、海の鼓動を感じながら農耕や牧畜に精を出したことでしょう。佐賀県の大浦というところに、美しい棚田があります。山と海が出合う場面であり、山の民と海の民の営みが交錯する象徴的なシーンです。山の民が海に出るのは自らの意志ではなく、たとえば古代ギリシアがそうであったように、風土性から農耕に適さず、力がないために山から追われ、行き先を海に求めたということもあったでしょう。慣れ親しんだ土地を離れ、眼前に芒洋と広がる海を不安げに眺めたにちがいありません。もちろん、逆のケースもありました。瀬戸内海の島（大崎下島など）では、舟で対岸の島にわたってミカン畑を切り開いた海の民も多かったようです。

## 3）塩づくりの歴史

　漁民のなかには、生い茂る木々で塩焼きをはじめる一群もありました。奈良や京都に塩を供給するためで、小豆島や塩飽の島々がそうでした。

　わたしたちの体は 60 兆個の細胞から成っており、そうした細胞を守っている血液やリンパ液などの体液は同じ濃さ（約 0.9 パーセント）の塩水で維持されています。塩分がないと細胞は設計通りに働かず、生命を維持することができないのです。これは何も人間に限ったことではなく、ほかの動物についても言えることです。ただし、その摂取の仕方は種類によって大きく異なっているようです。たとえば、熱帯林に住むマルミミゾウは川の近くで塩などのミネラル分を多く含む場所を塩舐め場としており、そこに、ほかの草食動物も塩を求めて寄ってきます。野生の草食動物（シマウマ、キリンなど）は塩分をほとんど含まない植物ばかりを食べているために、どうにかして塩分を得ようと努力しています。一方、野生の肉食動物（ライオン、トラなど）は獲物である草食動物の肉や血液に含まれる塩分で十分足りており、ほかに塩分を求めることはありません。ウミガメやペンギン、ガラパゴス諸島で独自の進化を遂げたウミイグアナなどは塩涙腺と呼ばれる器官で余計な塩分をこしとり、ウミガメは目のうしろにある穴から、ペンギンは鼻から体外に捨てています。ペンギンがときどき頭を左右に振るのはそのためです。あのかわいいカモメもそうです [12]。ちなみに、クジラも余分な塩を海水とともに大きく噴き出しているように見えますが、あれは呼吸をしているに過ぎません [13]。

　岩塩 [14]、湖塩、天日塩などの天然資源に恵まれず、湿潤で天日乾燥にあまり適さないモンスーン型気候のわが国において、塩を手に入れるのは大変な労苦でした。海水を直接煮詰めて作る原始的な直煮製塩（縄文・弥生時代）にはじまり、海水が付着する海藻を乾燥させて焼いた灰塩を釜に入れ、海水を加えてその上澄みを煮詰めて作る藻塩焼製塩（奈良時代）、好天の日に海水を浜に揚げて天日で乾燥させる揚浜式製塩（室町時代中期）、潮の干満を利用して海水を浜に揚げる入浜式製塩（江戸時代）、濃縮工程で海水を流下させるよう工夫した流下式製塩（昭和 27 年ごろから）、そして、現在のイオン交換膜製塩へと、その技術を高めてきました。

　雨が少ない瀬戸内海地方では、入浜式製塩が盛んに行われました。17世紀中葉、播州赤穂（いまの兵庫県赤穂市）ではじまり、赤穂から伝わった竹原（広島県）でも盛んとなり、そのなかから北前船の船乗りたちを相手とする酒造りをはじめる者が現われました。いまの竹鶴酒造です。入浜式製塩は、満潮時に人工の砂地に海水を引き入れ、干潮時に海水で湿った砂を太陽と風で乾かし、そうやってできた塩交じりの砂に海水をかけて濃い海水にし、あとは煮詰めるだけです。瀬戸内海地方では平安時代から製塩が盛んで、そのために、塩を運ぶ海運業が栄えたのですが、それより前の古墳時代から「藻塩焼製塩」が行われていたようです。日本の渚百選にも選ばれている上蒲刈島（かみかまがりじま）の南西部がそのふるさととされ、いまも同島隣の下鎌苅島（しもかまがりじま）の方に会うとお土産に藻塩をいただくことがあります。

　いまでも、食べる塩 —家庭用は、製塩全体の3パーセントにもならない（2013年度）— は海水から作られています。「イオン交換膜製塩」と呼ばれる方法で、1リットルあたり30グラムの塩が含まれている海水を濾過し、イオン交換膜と電気の力で海水の約6倍の濃さの塩水にしたうえで煮詰め、結晶となったものを脱水して完成です。ちなみに、一般工業用・家畜用・ソーダ工業用などの塩のほとんどは、メキシコやオーストラリアなどからの輸入です。


### 4）海賊の誕生

　漁民は、売る魚がなければ船を襲いました。雨が少ないために農耕に適さない地に住む海人の必然的な選択であり、小豆島や塩飽諸島の海人の多くは、半ば海賊行為をはたらき、半ば年貢輸送などにかかわり、ときに商いにも関与しました。


### 5）いろいろな海村

　毎年、長崎ではペーロン、沖縄ではハーリーという勇壮な競漕大会が行われます。ペーロンは、明暦元年（1655）、「港に碇泊中の唐船が暴風雨による大きな被害を受けたことから、在留の唐人たちが海神の怒りを鎮めようと端舟を借り集めて競漕したのがはじまり」[15]とされ、中国語の白龍（バイロン）が語源のようです。

沖縄のハーリーも、ペーロンと似たようなものです。14 世紀ごろ中国から伝わったもので、沖縄の伝統的な漁船（サバニ）や龍の姿を模した爬龍船が航海安全・豊漁を祈願して競漕を繰り広げます 16)。

　江戸時代、八丈島は流刑地のひとつでした。慶長 11 年（1606）、関ケ原の戦いで敗れた宇喜多秀家の一族 13 人が流されたのが最初です。明治 4 年（1871）までの 265 年で、流された人数は付き人を入れて 1,865 人。彼らは八丈島の温かい人情に触れ、次第に現地に溶け込んでいきました。妻を迎え — 流人は妻帯が許されなかったため、正式には内縁の妻 —、いろいろなことを教え伝えたことで、八丈島は文化のかおる海村として変容していきました。

　八丈島といえば、くさやが有名です。くさやは、ムロアジ（鯎（室鯵））やトビウオ（鱵（飛魚））などをくさや液に半日から 1 日漬けたのちに乾燥させた干物です。くさや液は魚を漬けておくための塩水で、長年漬け込んでいるために魚の成分が溶け込み、乳酸菌の一種であるくさや菌のために独特の臭いがします。くさやが誕生した背景には、近くの海でムロアジやトビウオが獲れたということもありますが、歴史性も絡んでいるようです。江戸時代、伊豆の島々では年貢とされたために塩が不足しがちで、塩を節約しようとして海水を繰り返し使ったところいい塩梅に魚の成分が溶け込み、臭いはきついが腐りにくく、それでいて美味ということで広く作られるようになったのです。

　桜島の煙に、鹿児島の人びとは元気や勇気をもらいます。桜島は和銅元年（708）に最初の噴火があり、大正 3 年（1914）の大噴火で大隅半島と地続きになりました。九州南部は火山噴火物からなるシラス台地が広がり、鹿児島県本土では約半分を占めています。そこに、桜島などの新規火山灰が降り積もったのです。「花のいのちはみじかくて苦しきことのみ多かりき」の一節でも知られる林芙美子（1903–51）は、幼いころ桜島の近くで暮らしたようです。桜島に関しては、幕末の福岡藩士、平野国臣（1828–64）が詠んだ

　　　　　わが胸の／燃ゆる思いに／くらぶれば／煙はうすし／桜島山

という有名な短歌があります。攘夷派志士である自分の思いは桜島が吐く煙より濃い（強い）、ということです。

　各々の海村で、さまざまなブランディングがみられました。たとえば、江戸時代中期以降にお伊勢参りが流行すると、三重県桑名の焼き蛤が特産品となりました。「その手は桑名の焼き蛤」（そんなやり方にはだまされない）という洒落言葉もできました。十返舎一九『東海道中膝栗毛』のなかで、弥次郎兵衛と喜多八（弥次喜多）もこの焼き蛤を肴に酒を飲んでいます。

　奈良、平安の時代の鮨（鮓）は魚を塩と米飯で乳酸発酵させたなれずし（熟れ鮨、馴れ鮨）で、現在のにぎり寿司（江戸前寿司）とはまったく異なります。17世紀後半になって江戸でははやずしが流行し、両国の華屋与兵衛（1799–1858）が江戸前寿司 —“寿司”は縁起担ぎの当て字— をはじめて大いに繁盛しました。菱垣廻船、樽廻船、尾州廻船などで米、酒や酢などが江戸にはいり、東廻り航路、たとえば八戸湊などから大豆が銚子に運ばれたことで醤油が醸造され、さらには、江戸前（東京湾）で多彩な魚が豊富に獲れたことで、江戸の食文化が芽生えたのです。

　利尻島 —アイヌ語の「リシル」（高い山）に由来— などのコンブ（昆布）、十勝などのサケ（鮭）のほか、江差などでは大量のニシン（鰊）で活気づきました。5月の江差は江戸にもない、と言われるほどに賑わったようです。小樽には豪奢な鰊御殿が建ち並び、「沖の鴎に潮時問えば —鰊来たかと鴎に問えば、とも— わたしゃ立つ鳥波にきけぇチョイ（後略）♫」とソーラン節にその暮らしぶりが残されています。

　古来、漁撈では竹製の籠が使われ、簗と呼ばれる仕掛けも多用されました。わたし自身、家族で出かけた岐阜県の川で簗を仕掛けたことを懐かしく思い出します。

　簗に似た仕掛けに、石干見があります。中国の福建・広東、ベトナム、タイ、マレー半島などの泥質干潟でもみられる漁法です。干潟などの遠浅の海岸に石を半円形や馬蹄形などの形状に積み上げて仕切ったもので、潮の干満で内側に取り残された魚を獲る世界最古の漁法です。水底に竹を立てる漁具に簸がありますが、竹の代わりに石を使うことから「いしひび」（石簸）となり、それが「いしひみ」（石干見）になったと考えられています。有明海、沖縄県の島々には石干見の跡が残っており、一部はいまも現役です。

　有明海の干潟では、ハネイタと呼ばれる板を使ってムツゴロウなどを獲って
いたようです。細長い板の上に桶を置き、片膝を乗せて片足で蹴って干潟をす
すみ、獲物を狙います。有明海ではスッキーあるいはスックイなどと呼ばれて
います。掬いとる、からきているようです。日本のほか、韓国、台湾などの東
アジア、東南アジア、南太平洋の島々、南フランス沿岸などでもみられる漁法
で、ユネスコの世界記憶遺産への登録を目指す動きもあります。

　福岡県宗像市鐘崎にある織幡神社の境内に、「海女発祥の地鐘崎」の像が
建っています。日本三大海女の地として千葉県の御宿、石川県輪島の沖合に
浮かぶ舳倉島、三重県の志摩が知られていますが、その像の説明文によれば、
鐘崎は古くから海女の地として知られ、宗像市のホームページに、貝原益軒
（1630–1714）が『筑前国続風土記』のなかで「（前略）鐘崎、大島、波津、志
賀島の村では、女の人が海女として働いている。特に、鐘崎の海女は漁が上手
である」と書いたことが紹介されています 17)。潜水の技術に優れた彼女らは
アワビやサザエを求め、東は石川県の舳倉島から西は壱岐、対馬、長崎の五島
列島、済州島まで出掛けました。いわゆる「海女あるき」で、なかにはその地
に定住する者もいました。江戸時代には 300 人もいた海女もウェットスーツ
の開発や魚介類の減少などによって年々減り続け、いまは深刻な後継者難に直
面しているようです。

　永禄年間（16 世紀）、舳倉島に鐘崎の海人 18) 13 人が移り住みました。いま
は 100 人ほどが住んでいるようですが、かつての舳倉島は人が住むのが難し
い島でした。海人たちは輪島から家財道具一式を船に積んで島にわたり、夏
の 3 ヶ月、アワビやサザエ、海藻などを獲りました。海人の島渡りで、夏の舳
倉島は人口が倍増したと言います。海女である妻が潜り、夫が船の上で命綱を
引く「フナド」と呼ばれる漁法で、夫婦の息があわないと大変なことになりま
した。

　三大海女の地として紹介した御宿ですが、心温まる史話が残る海村でもあり
ます。慶長 14 年（1609）9 月 30 日夜半、前フィリピン諸島長官のドン・ロド
リゴ・デ・ビベロ・イ・ベラスコ（1564–1636）一行、総勢 373 人を乗せたサ
ン・フランシスコ号がマニラからヌエバ・エスパーニャ（いまのメキシコを中

心とする地）のアカプルコをめざす途中で遭難し、御宿の岩和田に漂着しました。海図が不正確だったことが原因とされています。世に「大航海時代」「地理上の発見」と呼ばれる15世紀から17世紀、ポルトガル、スペインをはじめとする欧州各国は、ガレオン船で活動の場を世界へと拡げました。ガレオン船は15世紀の地中海で開発されたカラック船が遠洋航海用に発展したもので、小さめの船首楼と1、2層の大きめの船尾楼を有し、4本から5本の帆柱を備え、砲列まであり、船体を長めにすることで速く帆走できるよう工夫されていました。しかし、その一方で航海の安定性に欠け、転覆することも多かったようです。サン・フランシスコ号も、そのガレオン船でした。しばらくして、漂着者たちのもとに、岩和田の村人が集まってきました。岩和田の村人たちのほかにも、多くの人が方々からかけつけました[19]。異国船の突然の漂着に驚いたこともありますが、漂着物の益に与ろうとしたのです。室町時代に編纂されたわが国最古の海事成文法である廻船式目、さらには、豊臣秀吉が天正20年（1592）に制定した海路諸法度によれば、生存者がいない場合の漂着物は村落の公有とされ、積み荷の売却益は神社仏閣の造営費にあてることができました。しかし、生存者がいる場合、積み荷は生存者のものであり、地元の人たちが積み荷に手を出すことは許されません。当時の最先端をいく、良心的かつ画期的な規定です。サン・フランシスコ号には生存者がいた。規定では、地元の村人たちは何の益も期待できません。かなりの生存者がいたことに、岩和田の村人たちは大いに落胆したはずです。しかし、村人たちはドン・ロドリゴ一行の惨状を大いに憐れみ、女性たちは涕泣し、寒さに震える巨躯を、多くの海女たちが己の肌で懸命に温めました（【1】）。373人のうち56人が溺死。救出された317人を、岩和田の人たちは総出で37日にわたって介

【1】海女たちの肌の温もり
（メキシコ記念公園内、筆者撮影）

抱しました。同じ海の民としての DNA がそうさせたのかもしれません。300
人あまりの小さな集落で、暮らし向きは日々の糊口をしのぐことにも窮するほ
どでしたが、それでも、村人たちは服やら、米、ナス、大根などの食料を惜し
みなく与えます。その甲斐あって一行は元気を取り戻し、そののち、第二代
上総大多喜藩主本多忠朝（1582–1615）の手配で江戸へと向かいました。

　山の民である樵と海の出合いもありました。トラックや鉄道などの運搬手
段、林業用の機械や設備がない時代、樵が切り出した丸太はその丸太などを組
んでつくった修羅や桟手を使って谷川まで運び、流れの弱いところでは鉄炮堰
を設営し、綱場に集まった丸太で筏をこしらえ、川の流れによって河口の木場
まで運びました。

　明治期から大正期にかけて、石炭業でにぎわう筑豊では、採掘された石炭の
輸送手段として「川ひらた」あるいは「五平太舟」と呼ばれる喫水の浅い川舟
が使われました。長さ 12.2 メートル、幅 2.1 メートルもある大型の川ひらたに
6 トン、中型の川ひらたには 4 トンの石炭を積み、遠賀川では帆をたて、堀川
では棹を用いて下流域の若松へと運びました。明治 10 年（1877）代がピーク
で、8,000 から 9,000 の川ひらたが行き来しました。明治 24 年（1891）、若松・
直方間に筑豊興業鉄道が開通すると徐々にその数は減り、昭和 13 年（1938）
には完全に姿を消してしまいました。

　平成 27 年（2015）、「明治日本の産業革命遺産」を構成する資産のひとつと
して、端島炭鉱（【2】）が世界文化遺産に登録されました。文化 7 年（1810）、
佐賀藩によって採掘がはじまり、明治 23 年（1890）に三菱合資会社が島全体
と鉱区を買い取ったのちは本格的な海底炭鉱として開発がすすみました。その

【2】軍艦島。沖合から眺める姿は、まさしく軍艦「土佐」（観光船内から筆者撮影）

姿が軍艦「土佐」[20) に似ていることから、「軍艦島」という俗称がつけられました。ピーク時には 5,000 超の人が住み、人口密度は当時の東京の約 9 倍、ひとつのコミュニティを形成していました。いまも残る小中学校、病院 ―隔離病棟まであった―、神社や灯台の跡などに、往時が偲ばれます。600 メートルほど下まで掘りすすみ、気温摂氏 30 度、湿度 95 パーセントという高温多湿、いつガス爆発が起きても不思議ではない悪条件のもと、真っ黒になりながら沖合 3 キロメートルほどにある三ツ瀬まで坑道を伸ばし、そこでさらに 400 メートルも下に掘りすすんだと言いますから、先人たちの筆舌に尽くしがたい労苦に胸うたれ、その偉業にただただ敬服するばかりです。

　北海道根室市に、アダム・ラクスマン来訪の記念碑があります。ラクスマンは、漂流した大黒屋光太夫を伴い、寛政 4 年（1792）、日本との通商を望む女帝エカテリーナ二世の命で使節としてわが国に派遣された人物です。詳しくは拙著『波濤列伝―幕末、明治期の夢への航跡』をお読みいただくとして [21)、ここでは、その記念碑が建っている公園に設けられた、缶詰工場で働く女工さんたちの心情を歌ったメロディのことだけ紹介しておきます。公園の片隅にある「根室女工節」と刻まれた石碑に、

　　　女工、女工とみさげるな、女工のつめたる缶詰は、横浜検査で合格し、アラ女工
　　　さんの手柄は外国までも。工場の窓から沖見れば、白波分けて旗たてて、又も
　　　積んできた蟹の山、アラ可愛い女工さん、また夜業。故郷離れて来ておれば、文
　　　の来るのを待つばかり、千島がよいの便り船、アラ今日も来るやら来ないやら。

という歌詞が刻まれています。大正から昭和にかけて、根室や北方四島の缶詰工場で唄い続けられてきたようです [22)。故郷を思いながら缶詰工場を支えた女たちの鎮魂歌……石碑の横のボタンを押すと、切ない調べが耳朶に響きます。風土性および風土性と相即性をなす歴史性のなかで、根室の町は（幾分廃れたとはいえ）「海」の記憶を抱きながら確実に息づいている、そんな感傷に浸ってしまいます。

　恐竜が絶滅したのちにカバに似た哺乳類（パキケトゥス）が海にはいったのがクジラの祖であることは、本書のなかですでに触れました。クジラ目は大きく、ヒゲクジラ（鬚鯨）亜目とハクジラ（歯鯨）亜目に二分されます。シロナ

ガスクジラ・ミンククジラ・ザトウクジラ・セミクジラ・コククジラなどがヒ
ゲクジラ、マッコウクジラ・ツチクジラなどがハクジラです。ヒゲクジラは鬚
でオキアミなどのプランクトンなどを濾して食べるためにプランクトンの豊富
な極地近辺に生息し、冬になると繁殖、出産、子育てのために暖かい海域に移
動します。マッコウクジラは、深海に生息する大型のイカを「カチカチ」とい
う音とその反射で居場所を探り当て格闘のはてに食いちぎることから海面に魚
影のないところでも生息します。冬になると、北の海で栄養をたっぷり摂った
ザトウクジラが小笠原諸島や沖縄、奄美諸島などに姿をみせます。日本近海
は、じつはクジラの宝庫なのです。そのため、古くから捕鯨が盛んに行なわれ
てきました。捕鯨は、大型哺乳類を捕獲するという点でほかの漁撈と一線を
画しており、ともすれば、非難の対象にもなりかねません。クジラを捕獲した
可能性を示す先史時代の遺物が数多く残っているようですが、9世紀以降のノ
ルウェーやフランス、スペインなどで捕鯨が始まったことはほぼ間違いない
ようです。北大西洋に浮かぶフェロー諸島（デンマーク自治領）では、いまか
ら1,000年前から続くグリンダドロップ（グリンド）と呼ばれる伝統的なクジ
ラ・イルカ漁が見られます。漁船で入り江にクジラやイルカ（ハクジラ亜目の
比較的小型のものの総称）を追い込み、陸にいる漁師たちが胸まで海に浸かり
海を鮮血で真っ赤に染めながらそれらを仕留めるのです。日本捕鯨協会のホー
ムページ[23)]によれば、わが国では12世紀に手銛による捕鯨がはじまり、慶長
11年（1606）、和歌山県の太地で「鯨組」による組織的な捕鯨が行われるよう
になりました。延宝3年（1675）に太地でクジラに網をかけて銛で突く網取り
式捕鯨がはじまり、そののち捕鯨が急速に普及していきました。クジラ漁は、
慶長3年（1598）、長崎県の五島でもはじまっています。紀州（いまの和歌山
県）の三郎太郎なる人物が福江島の庄屋と組み、そののち組織的な捕鯨がなさ
れるようになったようです。捕鯨の利潤は大きく、「鯨一本とらえれば、七浦
浮かぶ（クジラ1頭で7つの漁村が助かる）」と言われたほどです。福江藩の
財政は、クジラ漁による多額の運上金で潤いました。明治11年（1878）12月
24日、不漁続きのために年を越せそうになかった太地のクジラ漁師たちは、嵐
のなか、無理を押して漁に出ました。総勢184人、19隻から成る船団で、み

ごと、クジラを仕留めました。が、喜びもつかの間、大波に流され、100人以上が命を落としてしまいます。「大背美流れ」と呼ばれる、悲惨な事故でした。大背美は、大きなセミクジラ（ヒゲクジラ亜目セミクジラ科）のことです。太地町のホームページには、「発見した鯨は、未だ嘗て見たこともない大きな子連れの背美鯨で、そのような巨鯨は当時の技術ではしとめるのは難しく、昔から「背美の子連れは夢にも見るな。」といわれるほど気性が荒々しく危険である」[24)]とあります。捕鯨は海の民を虜にし、それは、幕末の偉人、中浜万次郎も例外ではありませんでした。万次郎はアメリカの捕鯨船に助けられ、教育を受けたのちも別の捕鯨船で長い航海にでかけるなど、生涯クジラのことが頭から離れませんでした。

　正月の風物詩に「凧揚げ」があります。平安時代に中国から入ってきたとされていますが、近世、中近東やインド起原の旗型のものがオランダ船によって長崎に持ち込まれたのでしょう。江戸時代に庶民の遊びとして普及したこの「凧」、元々はその姿格好から「いかのぼり」と呼ばれていたようです。あまりにも盛んになったことで凧が人家、あろうことか大名行列に落下し、糸がもつれて喧嘩、死傷事件にまで発展する事態となり、幕府が「いかのぼり禁止令」を出すまでになった。すると、それに納得できない江戸っ子たちは「あれはイカではなく、タコだ」と言い張り、凧揚げを続けます。上方の「イカ」という呼び名への対抗もあったでしょう。日本人の蛸好きは有名で、世界の消費量の約3分の2は日本人が消費しています。蛸は英語でoctopusですが、その外見から欧米ではdevilfishと呼ばれ、食用としてはあまり歓迎されていないようです。中国で蛸はアシナガグモのことですが、日本では"海のクモ"といったところから、親しみを込めてタコの当て字としたようです。タコは多股 一足が多い一 が由来とされています。凧揚げは、そうしたなじみ深い蛸への感謝の意も込められているのです。凧揚げといえば、長崎県壱岐島の鬼凧も有名です。壱岐には5万の鬼が住み、その大将である悪毒王を百合若大臣という若者が退治した。そののち壱岐の人びとは、鬼が降りてこないように鬼の凧揚げをするようになったようです。絵では悪毒王が百合若大臣の兜にかみついていますが、強い悪毒王も百合若大臣には敵わないことを天上にいる鬼たちに知らし

めているのだと言います。

　横浜で近代的な港湾整備が完成するのは明治 27 年（1894）のことです。わずか 100 戸ほどのわびしい海村に進歩的な西洋文化が移植され、土着の和文化とも融合することで大きくその姿を変えたのです。横浜開港資料館『横浜もののはじめ考（第 3 版）』によれば、居留地最初の牛の屠殺が、安政 7 年（1860）の春、オランダ帆船の元船長が創始した横浜ホテルで行われました。レストランやカフェもオープンしました。上下水道、道路、街路灯、ガス燈、鉄の橋などが整備され、居留外国人専用の山手公園、慶応 2 年（1866）10 月に発生した豚屋火事で焼失した港崎遊郭 ―遊女 400 人以上が焼死― の跡地に外国人日本人共用の横浜公園が設けられました。横浜公園内に、横浜スタジアム、数多くの西洋式灯台を設計したリチャード・ヘンリー・ブラントンの胸像などとともに遊郭随一といわれた岩亀楼の石灯籠が建っています。開港に伴って自転車が伝わり、外国郵便、電信電話、鉄道が整備され、劇場、競馬、ボートやヨット、野球といった娯楽やスポーツが盛んになります。また、写真、クリーニング、理容、洋楽器、石鹸やマッチ、病院や西洋目薬などが横浜の地に根付いていきました。「横浜市歌」という歌があります。南能衛の作曲で、作詞は森林太郎、あの森鷗外（1862–1922）です。歌詞はこうです。

　　わが日の本は島国よ、朝日かがよう海に、連なりそばだつ島々なれば、あらゆ
　　る国より舟こそ通え、されば港の数多かれど、この横浜にまさるあらめや、む
　　かし思えばとま屋の煙、ちらりほらりと立てりしところ、今はもも舟もも千舟、
　　泊るところぞ見よや、果なく栄えて行くらんみ代を、飾る宝も入りくる港。

　横浜はかつての侘しい漁村が商港へと変貌を遂げたのですが、その逆の例もあります。かつての三津のひとつ、鹿児島県の坊津がそうです。鑑真和上が苦心の末に上陸を果たし、江戸期には密貿易でにぎわいました。いわゆる商港だったのですが、享保年間（1716–36 年）の幕府による一斉手入れによって一夜にして寒村となり（「唐物くずれ」）、そののち、カツオ漁などに従事する漁民の村になっていきました。まさに横浜とは真逆の変容、と言っていいでしょう [25]。

## （2）宗教色を帯びる海村

　わたしたちの日常は、まず以って衣食住の充足によって成り立っています。とりわけ食は重要で、日常のなかで食にまつわる文化、すなわち、食文化を醸成します。

　食文化はなにも料理そのものだけではなく、食に関連するすべての所作を含みます。そして、そこには、文化であれば当然のことですが、その地の風土性、歴史性が大きく関係しています。わたしたち日本人は、すべてに神や生命が宿ると考え、その尊い生命をいただくことに感謝しつつ、鎮魂の心を抱きます。魚を獲って食すれば、その魚を鎮魂し、供養するのも珍しいことではありません。全国各地の海辺で、そうした風習や供養碑、あるいは民話に接することができます。

　とりわけ海の民は、「魚も人間と同じ大事な生命である」と考える精神的世界を共有しています。それゆえに、彼らは魚を供養するのです。クジラ漁師にとってクジラは戦場における敵・味方であり、ラグビーのノーサイドではありませんが、闘い終えて互いの健闘を称え、互いに感謝し、海の民はクジラを弔うために墓や碑を建てました。和歌山県太地町にある「くじら供養碑」がそうです。クジラに挑むことを誇りとしつつ、クジラを仕留めることへの躊躇いと償いの心をそこに込めるのです。それは、陸揚げされたクジラを解体処理する人びとも同じです。魚への畏怖と感謝の気持ちの発露であり、海村に生きる民の息吹であり、そうした精神性まで含めてはじめて食文化なのです。

　海村では、航海の安全を祈願する神社仏閣を数多く見かけます。脳が発達したことで心を得た人類は、自然のうちに自分たちの力を超える何かを感じるようになり、それを畏れ、崇拝し、信仰し、儀礼化され、いつしかそれは宗教（religion ―ラテン語 re（ふたたび、～の後ろへ、固い）と ligo（結ぶ、絆）が語源―）なる文化として定着していきました。わたしたちが共同体のなかで安寧に生きていくうえでの暗黙の了解こそが宗教の本質であり、先の魚供養という精神の共有性は人間の力や自然の力を超越するものへの畏敬の発露であり、漁民の宗教心の一端と言っていいでしょう。古代、漂着した死体に神威を感じ

たらしく、漁民はその死体に豊漁を祈るようになり、それが恵比寿信仰を生んだと考えられます 26)。

　圧倒的な自然の力を目の当たりにしたとき、わたしたち日本人の祖先もまたその人知を超えた力に畏怖の念を抱き、その前にひれ伏したことでしょう。怒りが鎮まるのを心から願い、「カミ」なる絶対的な存在を規定し、諸処に鎮座するカミに必死に祈ったにちがいありません。集団において、祈りは「祭り」となりました。祭りは、カミに食物を供え、酒を差し出す「マツル」に起源を求めることができます。それぞれの集落や村、国で神社が建てられ、カミを喜ばせるための酒食の提供がなされました。集落や村、国の長の役割はカミを喜ばせることであり、それはいわゆる原始宗教のはじまりでもありました。

　いつしか「マツリゴト」は経済や政治を意味するようになり、集団に特有の文化として根付いていきました 27)。宗教と文化を分けて考える向きもありますが、「特定の地域における風土性および風土性と相即性をなす歴史性のなかで醸成される人事現象全般」、「特定の地域社会における"心"」という文化の定義に拠るならば、宗教もまた文化の一部をなすということになります。

　日本の海村では、「船祭り」に代表される神輿の海上渡御を見ることができます。村の守護神（産土神）を祀るだけでなく、航海の安全や大漁祈願、海の幸への供養、感謝を祭りとして表現するのです。神社に奉納された石灯篭、絵馬なども、海の民の文化を雄弁に語ってくれます。

　伊勢神宮には天照大御神（天照大神）28)を祀る皇大神宮（「内宮」）と豊受大御神を祀る豊受大神宮（「外宮」）があり、正式名称は「神宮」です。伊勢の名の由来は「イ（霊力のある）」と「セ（風）」であり、海の彼方から神が風にのって寄せ来る地ということです。古来伊勢神宮を参拝する人は、神宮から車で20分ほどのところにある二見が浦で身を清めたようです。いわゆる「浜参宮」の習わしですが、いまは二見興玉神社でお祓いをすることでその代わりとしています。ちなみに、二見が浦は夫婦岩でも知られています。渥美半島からフェリーで渡るところに篠島があります。古くから伊勢神宮との関係が深く、そこで獲れる鯛（干鯛）は伊勢神宮の神饌（御饌）とされています。天照大神を伊勢の地に祀った倭姫命が篠島の鯛をたいそう気に入ったからの

ようです。

　福岡県宗像市にある宗像大社は、平成 29 年（2017）、「神宿る島」宗像・沖ノ島と関連遺産群として世界遺産に登録されました。宗像大社の創建は有史前とされ、天照大神の御子神（宗像三女神）29) を祀っています。沖ノ島に鎮座する沖津宮 ─長女、田心姫神を祀る─、筑前大島の中津宮 ─次女、湍津姫神を祀る─、総社辺津宮 ─三女、市杵島姫神を祀る─ からなり、とりわけ、60キロメートルほど沖合にある沖ノ島（標高 243 メートル）は古くから朝鮮半島などとの航海の安全を司る神の島として崇められ、4 世紀末から約 500 年間、航海の安全を願い、多くの装飾品を用いた祭祀が行われました。当時、この宗像の地は、豪族の宗像一族が治めていました。胸形（宗像）君徳善の娘（尼子娘）が大海人皇子（のちの天武天皇）に嫁ぐなど、その権勢は大和朝廷でさえ無視し得ないほどだったようです。朝鮮半島（新羅）との関係を重視する大和朝廷にとって、大陸との交通の要路を治める宗像氏は与して損はない一族だったのです。宗像大社は日本海海戦とつながりが深い。沖ノ島至近の洋上で海戦は繰り広げられ、沖津宮に奉職していた宗像大社の神職がその戦いの一部始終を記録にのこしている、と、宗像大社作成のガイドブックにあります。海戦後、東郷平八郎司令長官は、宗像大社の神恩に感謝し、旗艦三笠の羅針盤を奉納しました。現在、宗像大社では毎年 5 月 27 日に沖津宮現地大祭が行われていますが ─このときだけ、抽選で選ばれた人が禊を終えたのち沖ノ島に渡ることができる─、これが日本海海戦開戦と関係しているのは言うまでもありません 30)。

　宗像三女神を祀る神社としては、ほかにも、江の島（神奈川県）にある江島神社、安芸の宮島（厳島、広島県）にある厳島神社があります 31)。ただし、祀られている神様の名が微妙に異なっています。江島神社では多紀理比賣命・田寸津比賣命・市寸島比賣命、厳島神社では田心姫命・湍津姫命・市杵島姫命です。江島神社の五頭龍伝説は本書のなかで既に紹介しましたので、ここでは厳島神社の市杵島姫命にまつわる話を紹介しておきます。瀬戸内海の大崎上島（広島県芸予諸島）に屹立する神峰山の山頂に登ると、多島美、瀬戸内海の 360 度大パノラマを堪能することができます。駐車場に伝説を紹

介する案内板があり、それによると、イチキシマヒメ（市杵島姫命）が行方不明の息子を探す途中でこの神峰山にやってきて、その景色のあまりの美しさに心癒され、終の棲家にしようとまで考えた、という内容です。瀬戸内海の島々は、神すらうっとりするほど美しいということでしょう。

　船乗りたちは、古くから「板子一枚下は地獄」と言って海を畏れました。彼らは航海の安全を神仏に祈りつつ、いつ海の藻屑と消えるかもしれないという心理のもとで刹那的あるいは諦念的に生きる文化を醸成してきました。勇ましい海の民ですが、その反面、迷信深い一面ものぞかせます。神への安全航海祈願をかかさず、船霊（舟玉）に航海の安全と心の安寧を付託するのです。海の民は海の塩の霊力を信じ、海の恵みに感謝し、海に先祖を感じ、それはいつしか海彼信仰、神様が海の向こうからやってくるという深層心理へとつながっていきました。遠くに眺める山を「あて山」として航海し、いつしかその山を霊山と崇めるようになり、本地垂迹（仏が人びとを救うために神の姿となって現れるという考え）の思想に拠って神社仏閣を建立しました。船人たちの頭につねにあったのは故郷のあて山であり、そうした精神性は廻船で津々浦々を行き交う船乗りたちの信仰と融合し、全国各地の海辺近隣に象頭山や金華山[32]といった霊山ができあがっていきました。

　大阪市住吉区にある住吉大社の祭神は、住吉三神（底筒男命・中筒男命・表筒男命）および神功皇后です。三神が伊邪那岐命の禊祓の際に海中より出現したことから海の神とされ、古くから海の民の信仰を集めています。海の彼方から波間を照らしてやってきた神[33]、大物主命を祀っている金刀比羅宮（香川県琴平町）も、古くから海の民に信仰されてきました。江戸時代、漂流した千石船の船乗りたちは「住吉様、こんぴら様」と神仏にすがり、選択に迷ったときは船頭が髷を切ってくじをひき、その結果で帆柱を切ることも珍しくはありませんでした。帆柱を失った船は波がおさまったのちに良風を活かすことができず、地乗りをしているうちはいいのですが、ほとんどは心ならずも海浜を離れ沖へと流されました。

　航海の神として信仰されている女神媽祖がわが国に伝播し根付いたことは、すでに本書のなかで紹介しました（第1章、注40参照）。

## （3）活気を帯びる海村

　わたしたちの日常を維持するためには何らかの糧が必要であり、とりわけ、貨幣経済においては何らかのキャッシュイン（現金収入）が重要です。キャッシュインは、キャッシュアウト（現金支出）とともにキャッシュフロー（cash flow）を構成します。ビジネスにおいて価値（value）があると言う場合、それは何らかのキャッシュフローを創出することを意味します。より多くの価値があればより多くのキャッシュインを創出するのであり、それは“競争優位”の状態にあるということです。

　競争優位性は、価値の多寡で判断されます。わたしたちは、何らかのキャッシュフローを創出する価値を見出そうと日々を忙しく過ごしています。価値はサイエンス（科学）とアート（技術および芸術）によって規定され、少なくともビジネスの世界においては、風土性・歴史性→文化→サイエンス・アート→工業的価値・商業的価値→キャッシュフローの創出という構造が見えてきます。キャッシュフローの最大化こそがビジネスにおける究極の目標のひとつであり、ほかに目標を挙げるとすれば、社会還元、SDGs の実現などとなるでしょう。

　海に関連して「価値」が認められる場合、そこに何らかのキャッシュフローが創出され、そうした状況が数多く観測される海村は自ずと活気を帯びてきます。たとえばそこに、「労働」の機会が生まれます。「仕事」ではなく「労働」としているのは、生活に必要なキャッシュフローである賃金を得るための肉体の“拘束”という側面を強調するためです。労働は単なる仕事とちがって、労働力の義務的な提供です。生活のための正当な対価としての賃金を手に入れるため、労苦を伴うことがあっても体力（の一部）を労働力として提供し続けなければならないのです。

### 1）労働の機会を提供する「海」

　村上龍が著した『13 歳のハローワーク』という本があります[34]。13 歳ということは中学 1 年か 2 年でしょうか。よく「もっとも難しい時期」と言われる時期ですが、この『13 歳のハローワーク』はそんな彼らに明日への希望を与え

てくれそうです。

　この本では、「海」が提供する（と思われる）労働の機会、すなわち職業とし
て、①水族館の飼育員、②釣り餌の養殖、③船員、④潜水士、⑤水中カメラマ
ン、⑥スキューバダイビングインストラクター、⑦養殖業、⑧漁師（海女）、⑨
音楽家・画家などの芸術家、⑩作家や詩人、⑪ジャーナリスト、⑫映画監督・
映像関係者、⑬冒険家・探検家、⑭ツアーコンダクター、⑮外航客船パーサー、
⑯地図製作者、⑰寿司職人、⑱海事代理士、⑲水産学校・商船学校の教師、⑳
海上保安官・レスキュー隊員、㉑海上自衛隊、などが挙げられています。

## 2）水産業でにぎわう「海」

　海における職業でまず思い浮かぶのは、漁民（漁師）が従事する漁業でしょ
う。漁業は、水産物を収穫したり養殖したりする事業です。水産物には、魚介
類のほか、コンブやワカメなどの海藻類も含まれます。「魚介」類であって、
「魚貝」類ではありません。「魚貝」は、「魚介」の誤用です。「介」の字は鎧を
つけた人を象っており、"硬い"ことから甲羅を身にまとう生き物（貝、エビ、
カニなど）を意味するようになり、そののち甲羅のないイカやタコなども含め
た水産物全般（海藻類を除く）の総称となりました。

　漁業に似た表現に「水産業」があります。水産業は水産動植物の漁獲や養殖
のほか加工工程までも含めた産業概念であり、「漁業⊂水産業（漁業は水産業
に含まれる）」ということです。時代は漁獲・計画養殖・海洋資源管理・加工、
さらには、販売・飲食提供・物流・観光（含む、釣り船営業）までを含めた第
6次産業化された水産業が求められている、と言っていいでしょう。

　魚を表す漢字が多いことからもわかるように、日本人は魚介類を好んで食べ
ます。しかし、古来、日本人が魚食文化かというとそうではなく、山での狩猟
や採集によっても生活の糧を得ていました。岡田哲『明治洋食事始め―とんか
つの誕生』[35]によれば、旧石器時代の遺跡からイノシシやシカ（カノシシ）の
骨が出土していますし、縄文時代の遺跡でもイノシシやシカを中心にタヌキ・
キツネ・サル・ウサギ・キジ・ツルなどの骨が発掘されているようです。ただ
し、ウマ・ウシ・ヤギ・ヒツジは、縄文時代後期以降に大陸から伝わったため

発掘されていません。カツオの骨、シカの骨で作られた釣り針なども出ていますが、獣肉を食していたのは間違いのないところです。弥生時代になっても獣肉が食され、水田耕作の開始に伴ってウシやウマが農耕用の家畜となりました。古墳時代になると、中国や朝鮮半島からの渡来人によって、イヌ、さらには、日本で大事にされていたウシやウマを食べる習慣が持ち込まれます。6世紀、わが国に仏教が伝来すると、天武天皇（?–686、在位 673–686）が「殺生肉食禁止の 詔 」で以って食肉を禁止します。仏教に食べ物についての禁忌はなく、殺生忌避に過敏に反応したわが国特有の思想でした。大陸からの渡来人の勢力を弱めよう、と考えたのかもしれません。この肉食禁止令がわが国に及ぼした影響は大きく、日本人の食文化は魚介類が中心となり、隋・唐から伝わった牛乳や乳製品までも姿を消しました。しかし、食を禁じられたのは家畜であり、野生動物まで禁じられた訳ではありません。イノシシやシカなどは薬 猟され、江戸時代にもなにかと理由をつけては薬喰いされました。薬猟はもともと薬草やシカの若角を摘む習俗だったのですが、そののち野獣の捕獲までも意味するようになり、薬喰と呼ぶことで獣肉食が受容されたのです。朝鮮半島からの渡来人が定着した近江では良質なウシが飼育され、彦根藩はウシを味噌漬けにし、養生肉として将軍や御三家（尾張・紀伊・水戸）に献上していたようです [36]。

　わが国で漁獲高が増えるのは明治 43 年（1910）あたりからで、それまでは、干物や節物はさておき、生の魚が食されることはそう多くはありませんでした。船の構造や航海術、魚の保存方法などが関係しているのでしょう。魚の消費量や食する魚の種類が増えるのは太平洋戦争後のことで、食の危機を感じてのことでした。近時、わが国では食の西洋化がすすみ、調理の煩雑さや生臭さを理由に魚離れの傾向が見られますが、家庭の食卓から消えることはあっても、日本人の多くはおいしい魚料理を求めて街の食堂の暖簾をくぐるにちがいありません。

　世界に目を転じれば、水産物への需要は着実に高まっているようです。欧米における健康志向、和食ブーム、人口の多い中国などの経済成長に伴う食料事情の変化などが関係していると思われます。平成 22 年（2010）に 69.3 億人

だった世界人口は令和22年（2040）に92億人を超え、令和32年（2050）には97.3億人になると予想されています。100億人を超える、との予測もあります。人口が増えればそれだけ食料が必要になります。陸生の食料だけでは対応できず、初期のホモ・サピエンスがそうであったように、人類はまたしても海に救いを求めるのではないでしょうか。さもなくば、人口の適正管理について真剣に議論を尽くすほかありません。

　わが国水産業は、世界第6位という排他的経済水域の広さもさることながら、黒潮と親潮がぶつかることで豊かな漁場が形成されており[37]、周辺海域における他国との利害調整、適正な資源管理は必要ですが、成長産業となる可能性を十分に秘めています。しかしながら、水産庁がまとめた「平成30年度水産白書」[38]によれば、わが国の漁業・養殖業生産高は昭和59年（1984）のピーク（1,282万トン）以降減少傾向にあり、平成28年（2016）は436万トン、平成29年（2017）は431万トンとピーク時の34パーセントまで落ち込んでいます。平成7年（1995）にかけての急激な減少は、魚離れと言うより、マイワシの漁獲量が海洋環境の変化によって減少したことが原因のようです。内水面を除く海面漁業生産高424万トンのうち、通常の漁業生産高は全体の76パーセントにあたる326万トン、残りは養殖業によるものとなっています。かつてわが国は世界一の漁獲生産高を誇りましたが、いまは世界全体の約19パーセント（1,781万トン）を占める中国が世界一となっています。

　わが国の領海と排他的経済水域を合わせた面積は447万平方キロメートル（世界第6位）、海岸線の長さは3万5,000キロメートルにも及びます。その海岸に、2,860の漁港、6,298の漁業集落、960の漁業協同組合があります。漁業集落は「漁港の利用関係にある漁業世帯の居住する範囲を社会生活面の一体性で区切った範囲」と定義され、192万人の人が暮らしています。漁業集落のうち漁港後背集落でみれば、急峻な崖が迫る狭隘な土地が59パーセント、急傾斜地27パーセントとなっており、危険で劣悪な土地に暮らしていることがわかります。高齢者比率も高く、日本全体が約28パーセントのところ38パーセントとなっています。

　海洋生物は、光合成生態系と化学合成生態系に分けられます。前者は大小さ

まざまな藻類に始まり、植物プランクトン、それを食べる動物プランクトン、さらにはそれを食べるマイワシやカタクチイワシなどのプランクトン食の魚、カツオ、クロマグロ、マカジキなどの肉食魚類、大型肉食哺乳類へとつながる食物連鎖です。一方、後者は深海底から湧きだす硫化水素やメタンなどの化学物質をエネルギー源とする生態系で、熱水噴出孔生物群集、湧水生物群集とも呼ばれ、細菌類などの微生物が身を寄せ合うように生存しています。化学合成生態系はさておき、光合成生態系の海の産物に対する視線はますます熱くなるにちがいありません。しかし、海洋生物資源を無償で得られる食料と考える時代はすでに過ぎ去り、計画的に生産していくときを迎えています。わたしたち人類も海が育むサプライチェーンマネジメントのなかに組み込まれており、その海はあらゆる生命のふるさとであることを忘れてはなりません。計画養殖の生産量が増えていくでしょうが、その救世主にしてもスペースの適否など自ずと限界はあります。漁民が息づく活気を帯びた海村であるためには、水産業に未来がなくてはなりません。そして、海村自体が水産業で潤い、カラフルな輝きで以って魅力ある空間である必要があります。はたしていまのわが国の海村はどうか。風土性と歴史性からあまりにも貧弱ではないか……それは、つぎの観光のところで問うことにしましょう。

## 3）ストレス発散場としての「海」

人は、ときとして「旅」に出たくなります。旅は多くの人（「衣」）が旗（「方」）を掲げて動いている象形であり、他日・外日・発日・飛などが語源とされています。直感的に、「さまざまな衣を身にまとって方々に出かけること」としてもいいかもしれません。旅は空間と時間を超越することであり、似た言葉に「旅行」があります。ほとんど違いはありませんが、旅がその行程に重きを置くのに対し、旅行は行き先への行動に目が向くようです。行き先を決めずにぶらりと汽車に飛び乗るのは、旅行ではなく旅、ひとりであれば、ぶらりひとり旅です。「観光」という言葉もあります。意味するところに大きな違いはありませんが、観光は行き先での行動の質や量が問われることになります。観光は、その地の威光（美しい景色、おいしい食べ物、歴史や文化など）を観察し

経験することです。こう考えると、意図的な空間と時間の超越は、旅→旅行→観光といった具合に目的が明確になるにつれて"進化"するかのようです。ちなみに、英語では、期間の長短の概念も入り込み、trip（短い旅）、travel（基本的な旅）、journey（長く、本格的な旅）そして sightseeing（観光）といった感じでしょうか。英語の旅には tour もありますが、travel と tour では意味するところが違います。travel が travail（苦労する）を語源としているのに対し、tour は turn（回帰する）と同源です。travel は危険を冒してまでも見聞を広めようとする旅、tour は安全に帰ってくることを前提にした旅、ということです。近代旅行業は、後者を念頭に置いています。さらに言えば、添乗員による懇切丁寧な現地ガイドのことを思えば、近代旅行業は観光を志向していると言っていいかもしれません。近代旅行業がはじまったのは、1841 年 7 月のこととされています。イングランド北部のレスター駅に集まった 1,000 人ほどの人びとが、ラフバラまでの鉄道旅行に出発したのです。片道約 17.7 キロメートルの、往復の運賃と食事込みの日帰り旅行でした。彼らを率いたのは、印刷業を営むトーマス・クック（1808–92）でした。熱心な禁酒運動家で、労働者を酒から遠ざけるためにこのツアーを企画したのです。大衆化されたツーリズム（tourism）を実現した —travel を tour に、traveler を tourist に変えた— ことで、クックは「近代旅行業の父」とされています。1851 年の第 1 回ロンドン万国博覧会を訪れた 600 万人のうち、4 パーセントにあたる 24 万人はクックが企画したツアーの参加者でした。本書を執筆中、「トーマス・クック社経営破綻、約 180 年の歴史に幕」というニュースが流れました（イギリス現地時間の 2019 年 9 月 23 日）。インターネットに敗北したとのことですが、企業のライフサイクルと割り切るにはあまりにも寂しいものがあります。

　現代における労働は生活するための強制的行動（compulsory activities）であり、度が過ぎるとストレスの原因にもなりかねません。人は、心身ともに自由であることでストレスから解放されます。ときに非強制的行動（non-compulsory activities）が必要、ということです。ストレスを発散するのは STRESS である、とよく言われます。Sport（スポーツ）、Travel（旅行）、Rest（休息）、Eating（食事）、Shopping（買い物）、Sleeping（睡眠）の頭文字をとっ

てSTRESSであり、心身のバランスを保ってくれる魔法と言っていいでしょう[39]。無人島サバイバルなど、STRESS解消のためのツアーが企画されて然るべきです。ブランド化された地域の海洋文化を広めるべく、あらゆる工夫を以って観光客を受け入れるアクティビティもいいでしょう。グリーンツーリズムに対する「ブルーツーリズム（blue tourism）」であり、「漁師の家」民宿、「漁師の家」民泊など、おもしろい旅行商品はいろいろありそうです。

　旅、旅行あるいは観光は、視覚・聴覚・嗅覚・触覚・味覚の五感で以って新たな空間と時間を感じとるものです。味覚の視点からは、「食」の分野が期待できます。食は、旅、旅行あるいは観光における大きな要素です。海は食の宝庫であり、地元ならではの創意工夫が加わることでさらに深みを増すことでしょう。横浜市にあるフランス料理店のシェフが、計画養殖されたコンブを使った練り物 —フランスのリオンで「クネル」と呼ばれるもの— の商品化に成功しました。特殊な加工技術で還元熟成された干物を商品化しようという動き、売り物にならない魚介類や残渣物（ざんき）を粉に変えるプロジェクトもあります。海の織りなす海村における食の可能性は ∞（むげんだい） です。

　満天の星のもと、浜辺でのキャンプファイヤーは至福のときです。強制的行動で酷使した脳を全面的に解放し、新鮮な「知」を求めるのもいい。海における "学ぶ" であり、その筆頭として挙げられるのが博物館や資料館です。わが国に国立海洋（海事）博物館がないという指摘もありますが、全国津々浦々、魅力的な海洋関連施設がたくさんあります。中央に海洋文化センター（仮称）を置き、全国の海洋関連施設の情報を一元化し、双方向で発信する体制が期待されるところです。海洋生物と触れ合うことができる水族館も学びの場です。わが国は「水族館天国」と言われるほど全国各地に水族館があり、わたしたちを楽しませてくれています。道の駅や海の駅、地元の名産品店や土産物屋なども現地を知るいい機会です。参加型もおもしろそうです。地元ならではのものを使ってオリジナルのものをつくる……究極の思い出づくりではないでしょうか。当地が気に入ったら、眼前の海が "働く" 場になるかもしれません。強制的行動はストレスの原因になりますが、愉しい強制的行動はストレスを解消してくれます。

洋上から陸地を望み、ただただ芒洋たる海を漂い、星々で満たされた夜空を見上げては宇宙に思いを馳せる……近時注目されているものに洋上クルーズがあります。クルーズ（cruise）は、オランダ語の kruisen（わたる）、ラテン語の crux（十字架）を語源としているようです。南十字星（crux（【krʌ́ks】））が関係していようとは、いやはやロマンチックの極致です。大型のスタンダードクラスから比較的小型のラグジュアリークラスまで、いろいろな船型のクルーズ客船が世界の海を航行しています。時間と懐具合が許せば、という停止条件付きではありますが、陸から切り離された空間と時間を楽しめるクルーズは極上のストレス解消と言えるかもしれません。

いまはマンションの一室で、YouTube でクラシック音楽を流しながらただひたすらパソコンに向かっています。叶うことなら活気を帯びる海村、たとえば熱海か伊豆あたりの別荘で、残照を名残に杯を傾けつつ筆をすすめたいものです。ちなみに、「名残」は「余波」とも書き、波が残していった「波残り」に由来します。

## 2.「海」の未来と社会

ここまでさまざまな海村を織りなす海についてみてきましたが、ここではより大きな社会、ひいては国を織りなす海について考えてみます。

Ｑ：なんのために「海」は必要なのでしょうか……「海」、さらに言えば「海」の未来についての根源的にして究極の問いです。

わたしたちホモ・サピエンスは地球カレンダーで言えばわずか 23 分ほどの存在でしかなく、2 月 9 日が誕生日の海からすればほんの若輩に過ぎません。しかし、そんな新参者に、海の未来は大きく左右されかねない状況です。もちろん、地球温暖化による「そこにある危機」など、わたしたちもそのことは十分に理解しています。平成 17 年（2005）の国連総会で宣言された「国際惑星地球年（International Year of Planet Earth）」では地球と人類の持続可能な未来を志向することが国際地質科学連合（IUG：International Union of Geological Science）とユネスコの間で確認され、平成 27 年（2015）の国連サミットで採

択された SDGs（Sustainable Development Goals（持続可能な開発目標））にお
いて「14. 海の豊かさを守ろう（Life Below Water）」が 17 の目標のひとつに挙
げられているのがその証左です。

　現在、ユネスコの政府間海洋学委員会（IOC：Intergovernmental Oceanographic
Commission）が中心となって、「持続可能な開発のための国連海洋科学の 10
年（UN Decade of Ocean Science for Sustainable Development）」の準備が進め
られています。2021 年から 2030 年までの 10 ヵ年計画で、「水質汚濁のないき
れいな海、水産資源が永続的に利用できる持続可能で生産的な海、海洋の生態
系が維持されるはつらつとした健康な海、海洋のデータなどが共有公開される
アクセス可能な開かれた海、海洋環境の変化やその社会への影響が予測できる
海、人類の海上あるいは沿岸域での社会生活が安心のもとに担保される安全な
海」を目標としています[40]。さきの Q に対する A になりますが、詰まるとこ
ろ、「「海」は必要なのではなく、不可欠なのです」ということです。それだけ、
「海」には価値があるということです。価値が何らかのキャッシュフローを創
出することはすでに触れたとおりです。本稿において考えると、「社会におけ
るキャッシュフロー」は「社会をなすすべての人びとが幸せになれるエネル
ギー」と言い換えていいかもしれません。四方を海に囲まれているわが国にお
いて海はわたしたちの風土そのものであり、わたしたち日本人は海が織りなす
風土性、その風土性と相即性をなす歴史性のなかで息づいており、（いつの日
か大陸に吸収されるという未来予想図はあるものの）それは未来永劫変わるこ
とのない事実です。わたしたちはそのことを十分理解したうえで「海」と「社
会」、「海」と「国」について考える必要があります。そしてそれは、めざすべ
き「海洋社会」、「海洋国」の構築でもあるのです。

　では、Q：「海洋国」ってなに？……本書における最後の問いかけです。

　千葉県浦安市にある東京ディズニーシーに行かれた方も多いでしょう。東京
ディズニーシーは平成 13 年（2001）9 月にグランドオープンを迎えたのです
が、東京ディズニーランド「第 2 パーク」の構想は昭和 58 年（1983）4 月の同
ランド開園時からあったようです。ハリウッド映画のテーマパークという構想
だったのが、平成 4 年（1992）、海をテーマにしたアイデアに変更されました。

エントランスを飾るシンボルについても、日米間でいろいろ議論されました。冒険の守り神で温かいイメージのある灯台をシンボルにしたいアメリカ側、灯台を哀愁漂う寂しいものと捉える日本側（オリエンタルランド社）。本書のなかで灯台を正の心の原風景としましたが、オリエンタルランド社はうきうき、わくわくするほどの正の感動を海に感じなかったようです。紆余曲折ありましたが、結局、水の惑星地球をイメージした「アクアスフィア」に決まり、いまは同パークのエントランスで多くの夢追い人たちを出迎えています[41]。

　めざすべき海洋国[42]も、東京ディズニーシーのように、楽しく夢を与えてくれる場所であってほしいものです。もちろん、海洋国ともなると、そうそう単純なことを言っているだけでは済まないでしょう。そもそも国家とは、「組織化され位階秩序をもった社会という統一体的」[43]な政治的組織を意味します。領土・国民・主権を成立基盤とし、主権は統治権（対内主権）・国家主権（対外主権）・国民主権から成っています。領土・国民・主権を成立基盤としている限り、何らかの文化が国民の間で醸成、共有されることでしょう。国家における文化は国家における風土性および風土性と相即性をなす歴史性、国家という空間と時間のなかで生成・成熟される感性の共有であり、国民に影響を及ぼす期待・信仰・同意のすべてであり、国家を特徴づける慣習的了解です。絶対主義的価値観しか認めない独裁あるいはそれに近い体制の国家もありますが、国家が健全に成長するためには相対主義的価値観を可とする包摂的政治経済制度が好ましいとされています。国民がさまざまな価値観を持つことを許され、公共善（全体のための善）によって制約されることはあるもののその価値観が具現化される自由があることが大事なのであり、そうした国に住むわたしたちは幸せな国民と言っていいでしょう。

　「海洋国」について、ここでは「国家の成立基盤である領土・国民・主権において「海」の要素が強い国」と定義しておきます。大陸国に対峙する地理的概念であり、国土の全体あるいは大部分が「海」に囲まれている国、「海」との関わり合いが大きい国であり、大方の国民が「海」に親しみを感じ、主体的に関与できる国のことです。「海」と深い関わりがあれば、それだけで海洋国と呼ばれる資格があります。フェニキア、カルタゴ、アテネ、ヴェネツィア、

ジェノヴァ、ポルトガル、スペイン、オランダ、大英帝国（イギリス）、アメリカ、日本など、古今東西、名を挙げれば切りがありません。大陸国は海と接している部分、関係している部分が少なく、黄河文明、ペルシア文明、モンゴル帝国、中国、モンゴル、ロシア、フランス、ドイツなどが挙げられますが、大陸国であっても「海」と深く関わることで海洋国とされることもないではありません。たとえ地理的には内陸であっても、地政学的に「海」と関りを持つことはできるのです。たとえば、フランスは大航海時代（探検時代）に東インド会社を設立して海上交易に励み、ロシアはかつて海への進出を企ていまや北極圏交易の覇権を狙っており、中国は「一帯一路」政策で海に着目しつつ国立海洋博物館などの整備を図っています。

　塩野七生が指摘するように、海洋国であるためには「自給自足の概念の欠如」が必要ということもあるかもしれません[44]。大陸国でかつ十分に自給自足できるのであれば、危険を冒してまで海に出ることはないでしょう。しかし、内陸での自給自足はそう容易いものではありません。しかも、農耕牧畜より漁撈の方が手間はかからない。そのため、多くの人が陸と海の接点に住居を構え、船のデザイン性が向上したことで漁撈が高度化され、その結果、海上交易、大量移住、文化の伝播、地政学的な成長性を感じることができました。そう考えると、人類の歴史は巨視的には海洋国主導で動いてきている、と言っていいのかもしれません。海は、言うなれば「自由」を謳歌できる場所です。自由なる非定住性を基礎とする風土性と歴史性をまとう海洋国は定住性を基礎とする大陸国をその自由度で凌駕している、と言ってもいいかもしれません。

　大陸国が対内的権力の発動を基礎として外部に対し服従を迫る傾向がある一方で、海洋国は「海」を天然の防御として自由を謳歌するように独自の文化を育てつつ制海権を志向するようです。しかし、同じ海洋国であっても、風土性および風土性と相即性をなす歴史性によってその性格は大きく異なります。ヴァイキングの海賊的特性を継承したイギリスは、貧しさからの脱却を図るなかでオランダと海洋における覇を競い、太陽の沈まぬ帝国を築き上げました。片や、わが国は、イギリスと同じ島国でありながらそうはならなかった。温暖で湿潤な風土性のために農耕、漁撈で生きる糧を得ることができ、受容的で忍

従的な性状のために「"少"を以って足る」と考え、東方が大きく開けているという地理的条件から敵の襲来に備える必要がありませんでした。さらには、諦念的で進取的な性状のために中国や朝鮮半島、東南アジア、南太平洋の島々から物資や文化を貪欲に受入れ、それらの地域との海上交易（南蛮貿易、勘合貿易（日明貿易）や朱印船貿易など）に励み、白村江の戦い、私的出兵とも言うべき倭寇、豊臣秀吉の朝鮮出兵などのようにときとして諍いを仕掛けては退き、ときに蒙古襲来（元寇）といった敵襲に備えるだけで国内を治めることができたこと、鎖国という特殊な環境にあって究極のエコリサイクル経済を築き上げたことなども関係していると考えられます。湿潤で温暖な風土性を有する日本はイギリスとは違う道を歩みました。しかし、同じ道を歩もうとした、悲しく切ない時代もありました。先の太平洋戦争がそうです。かつて貧しかったイギリスが海の向こうに夢を描いたように、自然と中和される海の世界に陸の支配の論理を持ち込むことで大帝国の樹立を夢見たのです。地政学的な止むに止まれぬ事情があったとはいえ、その是非は後々の歴史評価で明らかにされることでしょう。

## 3. 真の「海洋国」をめざして

　わが国は果たして海洋国と言えるであろうか……それは、海洋国としてのわが国の「自己評価」でもあります。自己評価が適正になされれば、わが国のどこに問題があって、真の海洋国になるにはなにが必要で、さらに成長するにはどうすれば良いのか、といった国家戦略が見えてくるはずです。

　真の海洋国をめざすということは、海洋国としての"心技体"を高めるということです。「心技体」の「心」は海洋国としてのミッション・ビジョン、「技」はヒト・モノ・カネ・情報・ブランド、「体」は安定性・効率性・成長性・持続性です。とりわけ、心（ビジョン・ミッション）は重要です。真の海洋国をめざそうとすれば、まずは、国際社会との調和を基底にしつつ、めざすべき海洋国の姿を明らかにする必要があります。幸いにもわたしたちは、本書を通じて、「海」の諸相、「海」と社会（国家）との多面的な関係性について理解でき

ているはずです。

　めざすべき姿が明らかになったところで、つぎは、具体的にどうするか、な
にをするかという「戦略」が問われることになります。その解を得るために
は、「自己評価」が重要です。理想と現実のギャップを明確にすることで、戦
略、進むべき方向性が見えてきます。自己評価しようとすれば、わが国を評価
対象として、S：Strength（強み）、W：Weakness（弱み）、O：Opportunity（機
会）、T：Threat（脅威）の諸点から分析する SWOT 分析が有用です。S と W
は内部要因、O と T は外部要因であり、S と O を組み合わせることで成長戦
略、S と T を組み合わせることで差別化（競争優位）戦略、W と O・T を組み
合わせることで課題克服戦略が見えてきます。戦略はベクトルで示されるマイ
ンドであり、もっとも重要なものと言っても過言ではなく、すべてはここから
はじまるのです。

　ここで、わたしなりの「海洋国」をテーマにわが国の SWOT 分析と戦略の
策定を試みてみます。わたし個人の偏った意見でもあり、あくまでも例示的な
ものであることはご了解ください。

＜ S；Strength ＞

- 四方を海に囲まれているという風土性
- モンスーン型風土性と歴史性によって規定される受容的で忍従的な国
  民性
- 厳しい自然環境によって規定される諦念的にして進取的な国民性
- 政治経済が高度に発展した現実的社会
- 教養程度が高く、自由を謳歌する（できる）国民
- 国際的競争力のある海事産業（海事クラスター）の存在
- 豊富な海底鉱物資源
- 豊富な再生可能エネルギー
- 海事クラスターを支える金融機関などの海事ブースターの存在
- さまざまな文化が高度に発展し、発展する余地のある成熟社会
- 有用な文化施設が数多く存在する成熟社会

＜ W；Weakness ＞

- 学校教育における貧弱な海洋教育
- 海への関心が低下しつつある国民
- いまだ創設されない国立海洋博物館（海洋文化センター）
- 魅力に欠ける海村
- 海への関心が薄いマスメディア
- 弱い情報発信力および不十分なブランディング
- マスメディアの関心をひくイベントの不足
- 不明確な国家的コミットメントおよび財政支援

＜ O；Opportunity ＞

- 巷間ささやかれる「海洋の世紀」という共通認識あるいは幻想
- SDGs についての世界的認知
- 水中文化遺産としての価値の再発見

＜ T；Threat ＞

- 地球温暖化、天災など、そこにある危機
- 海洋プラスチックごみなど、人災的な海洋汚染
- 深刻化する領海、接続水域および排他的経済水域（EEZ）問題

　以上の SWOT 分析からみえてくる戦略としてはどのようなものが考えられるでしょうか。たとえば、成長戦略としては海洋資源開発および有効活用、水中文化遺産の保護、計画養殖の高度化（ブルーカーボン）、災害発生時対応船—病院船を含む— の建造および運用など、差別化戦略としては海洋探査の高度化と人類社会への貢献、海洋プラスチックの資源化、海洋残渣物の資源化、環境対応高機能船の開発および建造など、課題克服戦略としては学習指導要領の充実、海洋教育教員の養成および活用、国立海洋博物館（海洋文化センター）の創設 45)、魅力ある海村の創造、海洋関連情報の一元化および発信の高度化、国家的・国際的海洋イベントの開催、海をテーマにした諸芸術への支援など、いろいろなアイデアが出てくるにちがいありません。願わくは、国民的なムー

308

ブメントとしてこうした SWOT 分析および戦略の策定をすすめる機会が設けられ、いろいろに実りある議論が継続されることが重要であり、そうしたことが見られるようであれば、わが国はすでに真の「海洋国」たり得る資格を得たと言っていいでしょう。

　戦略が定まったところで、つぎはいよいよ実行（execution）です。なにごとも、実行なくしてはなんら意味を持ちません。

　真の海洋国をめざすプロセスは、海洋文化（サイエンスとアート）を基礎として、新たなサイエンスとアートを加えて新たな付加価値をプロデュースし、マネジメントを徹底することで既存のサイエンスとアートをさらに向上させる行程です。経営理論の SECI モデルを応用するならば、言語化あるいは記号化できない主観的で身体的な経験知である「暗黙知」が「形式知」を経てふたたび「暗黙知」として内面化されるサイクル……暗黙知が共同化され（socialization（暗黙知→暗黙知））、表出化され（externalization（暗黙知→形式知））、連結化され（combination（形式知→形式知））、そして内面化（internalization（形式知→暗黙知））されていくプロセスと言ってもいいでしょう。本書は「海」に関する形式知を扱っていますが、わが国の海についてはいまだ共同化されていない、表出化されていない暗黙知で溢れています。文化の"種"が諸処に宿っているはずであり、わたしたちは「海」が有する価値をより正確に把握する必要があるのです。

　真の海洋国をめざして行動するには、My dream・Your dream・When（Now）の要素が散りばめられた STORY（物語）が必要です。「My dream」はどのような海洋国になりたいのかという心（ミッション・ビジョン）を語ることであり、「Your dream」はそうした海洋国が多くの国民にとっていかに魅力的か、「When（Now）」はいつ真の海洋国になるのか、についてつぶさにすることです。これらの要素を、6W2H（when、where、who、whom、what、why、how、how much）で以って STORY にするのです。6W2H のなかでも、STORY をより肉付けするのは 1H（how）です。ある種の戦略論であり、成長方程式（$y = \beta x + \alpha$、ただし、if $x < 0$、$\beta < 1$, if $x > 0$、$\beta \geq 1$。$\beta$：自助努力、$\alpha$：外部からの支援）[46]、SWOT 分析で明らかになった成長戦略、差別化戦略を踏まえつつ、課題をひと

つひとつ克服していかなければなりません。

　真の海洋国をめざすうえで、めざして主導する側とその利益を享受する側の関係性には留意したいところです。言ってしまえば、海洋国における行政府と国民の関係性です。須く、社会における当事者間の関係は、プリンシパル（主体）とエージェント（代理人）で説明できます。たとえば、株主：プリンシパル、経営者：エージェント、経営者：プリンシパル、管理職：エージェント、金融機関：プリンシパル、借り手：エージェント、といった具合です。海洋国をめざすなかでは行政府と国民の間でこの関係が成立し、そうであれば目的の不一致（両者が最終的にめざすところが違う）、情報の非対称性（両者の持っている情報の質と量が異なる）が懸念されます。この懸念を払拭できないことには真の海洋国は実現できません。両者が互いを信頼する、すなわち、"抱卵"の可能性を具現化させるに如くはないのです。

　真の海洋国であるためには、信頼に足る金融システムが機能していることも重要です。金融システムは先の心技体で言えば「技」のなかの「カネ」にかかる要素であり、金融システムが機能しないようであればすべての STORY は絵に描いた餅で終わってしまいます。幸いなことに、わが国には海洋国に相応しい金融機関が数多く存在しています。まったくの構想の域を出ませんが、官民がリソースを共有する「日本交通銀行」なる金融機関が新たに設立される未来もじつにすばらしい。船舶金融に関わる彼らの多くは、船舶金融が社会の成長とともに変貌するインフラ金融であること、胆力を以って変貌すべきこと、深化（deepening、exploitation）あるいは進化（evolution、exploration）がなされるべきことを理解しています。船舶金融は船舶の建造あるいは中古船舶の購入に必要な資金を供給する金融手段であり、海洋産業において原動力となる金融商品です。海洋鉱物資源や海洋エネルギー資源はこれからもわたしたちの日々の生活、海洋文化を支え、そして進化させていくことでしょう。海洋は資源の宝庫であり、多くの資源が億単位の眠りから目覚める日を指折り数えて待っています。今後さまざまな資源が採掘され、また、採掘技術が開発されることでしょう。そうであれば用途に合ったさまざまな船が開発され、洋上を行き交うに違いありません。船舶金融は社会の成長とともにあり、自らが深化・進化し

310

ていく宿命を背負っています。船舶金融が社会インフラ金融として位置付けられるということであり、船舶金融に対する期待は増大することはあっても減じられることはありません。金融技術に過ぎないという側面もないではありませんが、ダイナミックにして社会的に価値のある金融であり、金融機関がそうした気概、使命感、あるいは達成感を持って推進されることを心から願っています。

〔注〕

1. 塩野七生『海の都の物語—ヴェネツィア共和国の一千年』中央公論社（1987年）9-49頁

2. 江戸時代の海辺の村を、「漁村」ではなく「海村」と表現する向きもある（たとえば、渡辺尚志『海に生きた百姓たち—海村の江戸時代』草思社（2019年））。

3. わが国には、一級河川：109水系・14,066河川、二級河川：2,711水系・7,083河川、合計2,820水系、21,149の河川があたかも血脈のように延びており、その距離は123,965キロメートルとなっている（国土交通省「河川」〈https://www.mlit.go.jp/river/toukei_chousa/kasen_db/pdf/2020/4-1-2.pdf〉最終アクセス2021年2月5日）。

4. 糸魚川−静岡構造線を西縁、直江津−平塚線を東縁とする地溝帯で、ドイツの地質学者でお雇い外国人でもあったハインリッヒ・エドムント・ナウマン（1854-1927）によって命名された。

5. 会津松平家初代藩主は、初代将軍徳川家康の孫にあたる保科正之（三代将軍徳川家光の異母弟、1611-73）。代々徳川家に仕えることを藩訓として残し、そのため、藩主松平容保は京都守護職を受諾することになる。会津藩が悲しい末期を迎えるのは、いわば宿命だった。

6. こうした観点からは、旧会津藩家老萱野権兵衛長修の三男郡寛四郎（1858-1943）が日本人初の欧州航路船長となったのは、やはり画期的としか言いようがない。

7. 野口郁次郎が主唱する「知の創造にかかる動的プロセス」であり、① socialization（共同化）、② externalization（表出化）、③ combination（連結化）、④ internalization（内面化）の循環を示す（入山章栄『世界標準の経営理論』ダイヤモンド社（2020年）272-279頁）。

8. 最初に来た紀州漁民は加太浦（現在の和歌山県和歌山市）の大甫七重郎という人物で、元和2年（1616）、津々浦々イワシを追いかけるうちに上総勝浦にたどり着いた。その当時、御宿の浜は異様な雰囲気だったろう。と言うのも、7年ほど前の慶応14年（1609）、御宿岩和田にスペインのガレオン船サン・フランシスコ号が漂着するという大事件があったからである。

9. 明治10年（1877）、長崎口之津出身の永野萬蔵がすでに同地で鮭漁に従事していた（木原知己『波濤列伝—幕末・明治期の“夢”への航跡』海文堂出版（2013年）「加奈陀に夢を描いた男たち—鮭を追い続けた永野萬蔵と及川甚三郎」）。

10. 三浦忠司『八戸藩の歴史をたずねて』デーリー東北新聞社（2015年）122頁

11. 司馬遼太郎『この国のかたち（三）』文藝春秋（1996年）172-175頁

12. カモメは海で死んだ船乗りの魂と言われている。シャンソン歌手のダミアが歌う「かもめ」の歌詞にもあり、彼女の歌う切ないメロディが頭をよぎる。

13. たばこと塩の博物館「塩のひみつがわかる動物ずかん」

14. エチオピアのダナキル砂漠では、摂氏50度を超す炎天下、アファール族（塩の民）が2,000

年にわたって塩板を地面から切り取り、整形したうえでラクダのキャラバンで塩の集積地に運んでいる。最近でこそトラックによる運搬など近代化の動きがあるようだが、旧来の採塩方法にアファール族は誇りを感じている。ダナキル砂漠で大量の塩が採れるのは、アフリカとユーラシア大陸が分離するときにそこ（標高マイナス 110 メートル）が海の底になり、そののち火山活動で隆起した陸地で囲まれ、太陽熱によって干上がり結晶化したのが原因と考えられている。岩塩の鉱脈はアルプスにもある。アルプスもまたかつて海底だったところが石灰岩とともに隆起してできた山脈で、ヴォルフガング・アマデウス・モーツァルト（1756-91）が生まれたザルツブルグは“塩の砦（城）”を意味する。世界一美しい湖畔の街、オーストリアのハルシュタットはアルプスの氷河によって削られた崖沿いにあり、約 3,000 年前から岩塩で栄え、1997 年、文化的景観が世界遺産に登録された。水溶岩塩 ―“白い黄金”とも― はパイプラインで 40 キロメートルも下流の製塩所まで運ばれ、それはいまも続いている。

15. 長崎市公式観光サイト「長崎ペーロン選手権大会」〈https://www.at-nagasaki.jp/festival/summer/peron/〉最終アクセス 2021 年 2 月 5 日

16. 沖縄観光情報 WEB サイト「ハーリーの季節 到来！（沖縄の伝統行事）」〈https://www.okinawastory.jp/news/1678〉最終アクセス 2021 年 2 月 5 日

17. 宗像市「時間旅行ムナカタ第 16 回 日本海沿岸海女発祥の地 鐘崎の海女」〈https://www.city.munakata.lg.jp/w018/030/020/020/370/201501270039.html〉最終アクセス 2021 年 2 月 5 日

18. 海人は、なにも女性だけではなかった。ここらあたりについては、宮本常一『海に生きる人びと』河出書房新社（2015 年）を参照されたい。

19. 岩淵聡文『文化遺産の眠る海―水中考古学入門』化学同人（2012 年）53 頁に、三浦浄心なる人物が御宿に向かったという話が紹介されている。

20. 三菱長崎造船所で建造された軍艦土佐は悲運の艦船だった ―進水式でくす玉が割れなかったのが、その前兆―。第二十九代アメリカ大統領ウォーレン・ガメイリアル・ハーディング（1865-1923、在任 1921-23）の提唱で 1921-22 年に開催されたワシントン軍縮会議において主力艦隊保有比率が 英：米：日 = 5：5：3 と決まったことを受け、土佐は竣工することなく呉の海軍に引き渡され、1925 年 2 月 9 日、土佐西方沖に自沈した。このときの様子を長崎で名妓として知られた愛（あげはち）八が土佐出航前夜の海軍と三菱長崎造船所との夕食会の席で即興の歌にし、土俵入りの姿で同席した者の涙を誘った。この話はなかにし礼の小説『長崎ぶらぶら節』にも紹介されているが、そのときの歌は「土佐は良い子じゃ、この子を連れて、薩摩、大隅、富士が曳く。鶴の港に朝日はさせど、わたしゃ涙に呉港」であった。ちなみに、「鶴の港」とは長崎港のことである。

21. 木原前掲書（注 9）「北方の漂流者―日露の礎となった船乗りたち」

22. 日本の缶詰は、1871 年、長崎の松田雅典が同地在住のフランス人からイワシの油漬け缶詰の作り方を伝授されたのが始まりとされている。ただし、これはあくまでも試作的なもので、商業的に生産されたのは 1877 年、北海道の開拓使缶詰工場でサケの缶詰が製造されたのが最初である（日本製缶協会「缶詰・製缶業界のあゆみ」〈http://www.seikan-kyoukai.jp/progress/01.html〉最終アクセス 2021 年 2 月 5 日）。

23. 日本捕鯨協会「捕鯨の歴史」〈https://www.whaling.jp/history.html〉最終アクセス 2021 年 2 月 5 日

24. 太地町「太地町の歴史・文化を探る」〈http://www.town.taiji.wakayama.jp/kankou/seminagare.html〉最終アクセス 2021 年 2 月 5 日

25. 森高木『坊津―遣唐使の町から（かごしま文庫④）』春苑堂出版（1992 年）61-67、90 頁

312

312

26. 司馬前掲書（注 11）42–43 頁

27. 大野晋『日本人の神』新潮社（2001 年）32–34 頁

28.『古事記』では、黄泉の国から帰ってきた伊邪那岐 命 が黄泉の汚れを落とす禊をしたときに生まれたのが高天原を統べる主宰神（太陽神）の天照大神、夜を統べる月神の月 読 命 、海原の神とされる須佐之男 命 の三柱の神々（「 三 貴 子 」）である、としている。

29. 日本神話（『古事記』）では、天照大神（アマテラス）がスサノヲの十 束 剣 （十拳剣）を三つに折り、高 天 原 の神聖な井戸である 天 真名井の水で清めたのちに口に含んで噛み砕き、吐き出した霧の中から生まれた、とされている。

30.『むなかたさま（第三版）―日本神話から現代までの歴史』宗像大社（2014 年）

31. いくつかのホームページに拠れば、江の島 ―正式な地名表記は「江の島」だが、「江ノ島」とするケースも多い― の由来としては、入り江に突如隆起した ―江島縁起によれば、552 年に隆起― からという説、絵のように美しいからという説、陸地とつながった姿が柄 杓 に似ているからという説、入り組んだ地形だからという説などがある。江島神社の創建は、552 年。厳島の由来については、祭神である市杵島姫命に因んでいるとする説、神に斎く ―仕える、という意味― 島とする説がある。江戸時代、厳島神社があるために「宮島」とも呼ばれ、それがいまも続いている。厳島神社の創建は 593 年とされ、島全体が神とされたために社殿や鳥居が海中に建てられた。かの平清盛が信仰を寄せたことでも知られている。

32. 東廻り航路におけるあて山。下北のヒバ（翌檜）や塩ダラを積んで江戸へと向かい、利根川をさかのぼり、関宿で江戸川に入り、船堀川、小名木川、隅田川、神田川と荷を運んだ。そんな船乗りたちにとって、金華山はあて山であるとともに、心のふるさとであった。

33. 沖縄や奄美などでみられる洞窟葬（海蝕洞窟における埋葬）は、ニライ・カナイの信仰と結びついていると考えられている。海の彼方にあるニライ・カナイは、死者が住む地であるとともに生命が再生する世界でもある（三浦佑之『古事記を旅する』文藝春秋（2011 年）42–43 頁）。

34. 村上龍『13 歳のハローワーク』幻冬舎（2004 年）

35. 岡田哲『明治洋食事始め―とんかつの誕生』講談社（2012 年）

36. 岡田前掲書（注 35）36 頁

37. 日本東方海域は世界三大漁場のひとつで、東日本の北海道から千葉県までの 7 道県で日本全体の漁獲量の約半分を占めている。

38. 水産庁「平成 29 年度水産白書全文」〈http://www.jfa.maff.go.jp/j/kikaku/wpaper/h30/attach/pdf/30suisan_3-2.pdf〉最終アクセス 2021 年 2 月 6 日

39. 高齢者にとってのストレス発散は、「きょういく」と「きょうよう」らしい。「教育」と「教養」ではなく、「今日行くところがある」と「今日用事がある」である。

40. 岩淵聡文「「国連海洋科学の 10 年」について」海事振興連盟『うみ』63 号 5–7 頁

41. オリエンタルランド「東京ディズニーシープロジェクト」〈http://www.olc.co.jp/ja/company/history/history05.html〉最終アクセス 2021 年 2 月 19 日

42.「海洋国家」と言い換えてもいいが、イデオロギー性を排除するため、さらに言えば、読者により親しみを感じていただくため、本書では「海洋国」と表現する。

43. ジャン・ダバン著 水波朗訳『国家とはなにか』創文社（1977 年）62 頁

44. 塩野前掲書（注 1）41 頁

45. 国立海事（海洋）博物館を開設し、各種陳列や情報発信は言うに及ばず、海に関する歴史や文化の研究、古生物学などの自然史研究、さらにはシンクタンク機能を有する研究拠点とする案

がいろいろに議論されている。中央に研究センターを設置し、地方に存在する博物館や資料館を適正な基準に基づいて認定施設としたうえでネットワーキングするのもいいかもしれない。地方には魅力的な海事（海洋）博物館や資料館、水族館などが数多く存在しており、海に関するサイエンスおよびアート（海洋文化）を肌で感じる機会は豊富にある。

46. $[y = \beta x + \alpha]$ はわたしなりの単純な成長方程式に過ぎない。環境（あるいは市場）の改善度合いに対してどれほどのレバレッジを働かせ得るかを示すのが $\beta$ であり、ここでは自助努力、すなわちヒト・モノ・カネ・情報・ブランドの高度化を意味している。たとえば、$[y = 2x + \alpha]$ とすれば、環境（$x$）が 1 改善すれば自助努力によって 2 だけ成長することになり、自助努力によって他との差別化（競争優位）を実現できるということである。$\alpha$ は外部からの支援であり、海外からの温かい支援などが該当する。

# あとがき

　長々と「海」について書いてきました。ここに至って思うのは、いままで「海」は"主役"として扱われてこなかったのではないか、ということです。地球カレンダーで2月9日に生まれた当初こそ「海」は主役であり、生物にとっての"母"でした。しかし、そののち、「海」はあらゆる生命が生を奏でる"舞台"であり、つねに寄り添う"脇役"に過ぎないようです。名前は忘れましたが、ある作家が著書のタイトルに「海」の文字を使ったのは「『海』をタイトルにしたら本が売れない」という編集者の言葉への反発だった、と、なにかの本で読んだ覚えがあります。編集者にすれば、海は主役あるいは主格、ひいては"主人公"にはなり得ないということなのでしょうか。しかし、本書は違います。本書のなかで「海」は主役であり、主人公です。思いっきり躍動し、わたしたちの心、冒険・探検、交易・文化、ひいては社会をさまざまに織りなしています。あとはただただ読者のみなさまに、わたしたちが ―『海底二万里』に登場するネモ船長ほどではないにしても― 海によって生かされていることに改めて気付いていただくことを願うばかりです。

　わたしにとって、「海」について自然科学・社会科学・人文科学の枠にとらわれずまとめあげるのは至難の業でした。夕暮れ時のクルーズ客船のデッキで麦酒を味わい、実際に海に潜り、あるいは、海洋学者のように有人潜水調査船「しんかい6500」に乗り込み不可思議な深海魚と邂逅した訳でもありません。机上に積まれた書物を糧として作文を試みたに過ぎず、それゆえに本書は"未完"とされて然るべきものです。それでも、先人・先哲が残してくれた書籍や資料、インターネットという文明の利器のおかげでどうにか書き上げることができました。苦労したものの、本書の筆を起こして良かったと心から喜んでいます。多くの知らないことを知ることができた ―多くの「なぜだろう、なぜかしら」に対する回答を試みることができた― という自己満足もさることながら、本書が海に関与されている方々、興味を持っている方々のお役に立つこと

ができるのではないか、より多くの方々に海に親しんでいただく契機になるのではないか、との期待を抱くに至ったからです。今後ともさまざまな角度から「海」について学び、もはや限界はあるもののわが五感で以ってさらに見識を広め、本書をより内容のあるものへと高めていきたいと考えています。読者のみなさまには種々ご指摘いただき、ご意見等いただければ幸いです。

　本書の出版にあたっては、一般財団法人山縣記念財団から出版助成をいただいております。同財団（Yamagata Maritime Institute）は、「わが国海事交通文化の発展を図り、その振興に寄与することを目的として」昭和 15 年（1940）6月に設立され、「わが国の海事に関する調査・研究、海事に関する文献の刊行」などの活動をされています（https://www.ymf.or.jp/zaidan/）。郷古達也理事長はじめ同財団の関係者に対し、この場を借りて厚く御礼申し上げます。

　最後になりますが、新型コロナウイルス（COVID-19）禍下にもかかわらず、海文堂出版の臣永真さん、岩本登志雄さんには一方ならぬご支援とご協力をいただきました。ここで、改めて謝意を表する次第です。

2021 年 3 月

錦糸町の自宅にて

木原 知己

本書を、日々支えてくれている妻千重、ときに辛辣な意見を言ってくれる長女志織と次女真央、本書執筆中に亡くなった母マサ子、齢 95 にしてまだまだ元気にしている父祐成、毎日スポーツクラブに通う義母喜代子、いまは亡き義父道雄、そして、日々何かと支えていただいているすべての方々に捧げます。

# 【参考文献】

木原知己『波濤列伝―幕末・明治期の夢への航跡』海文堂出版（2013 年）

木原知己『号丸譚―心震わす船のものがたり』海文堂出版（2018 年）

木原知己『船舶金融論（2 訂版）―船舶に関する金融・経営・法の体系』海文堂出版
　　（2018 年）

F・ギラン著 中島健訳『ギリシア神話』青土社（1990 年）

I・アシモフ著 星新一編訳『アシモフの雑学コレクション』新潮社（2012 年）

アティリオ・クカーリ／エンツォ・アンジェルッチ著 堀元美訳『船の歴史事典』原書房
　　（1997 年）

アリス・ロバーツ著 野中香方子訳『人類 20 万年遙かなる旅路』文藝春秋（2016 年）

シルヴィア・A・アール著 西田美緒子訳『シルヴィアの海―海中 6000 時間の証言』三
　　田出版会（1997 年）

シンディ・ヴァン・ドーヴァー著　西田美緒子訳『深海の庭園』草思社（1997 年）

ジェイコブ・ソール著 村井章子訳『帳簿の世界史』文藝春秋（2018 年）

ジェイムズ・スタヴリディス著 北川知子訳『海の地政学』早川書房（2018 年）

ジュール・ヴェルヌ著 波多野完治訳『十五少年漂流記』新潮社（2004 年）

スウィフト著 中野好夫訳『ガリヴァ旅行記』新潮社（1992 年）

ダロン・アセモグル、ジェイムズ・A・ロビンソン著 鬼澤忍訳『国家はなぜ衰亡するの
　　か―権力・繁栄・貧困の起源』早川書房（2016 年）

ティアート・H・ファン・アンデル著 水野篤行・川幡穂高訳『海の自然史』築地書館
　　（1994 年）

デフォー著 平井正穂訳『ロビンソン・クルーソー（上）』岩波書店（1995 年）

デフォー著 平井正穂訳『ロビンソン・クルーソー（下）』岩波書店（1997 年）

フィリップ・K・ボック著 江淵一公訳『現代文化人類学入門（一）（二）（三）（四）』講
　　談社（1981 年）

フレッド・ピアス著 藤井留美訳『外来種は本当に悪者か？』草思社（2016 年）

リチャード・フォーティ著 渡辺政隆訳『生命 40 億年の全史』草思社（2003 年）

レイチェル・カーソン著 青樹簗一訳『沈黙の春』新潮社（2005 年）

レイチェル・カースン著 日下実男訳『われらをめぐる海』早川書房（2004 年）

レイン・アーンズ著 福多文子監訳 梁取和紘訳『幕末・明治・大正・昭和長崎居留地の
　　西洋人』長崎文献社（2002 年）

井野瀬久美惠『興亡の世界史・大英帝国という経験』講談社（2017 年）

逸見真『船長職の諸相』山縣記念財団（2018 年）

稲田浩二・稲田和子編著『日本昔話百選』三省堂（1993 年）

羽田正『興亡の世界史・東インド会社とアジアの海』講談社（2017 年）

衛藤征士郎対談・座談集『海から見る日本―日本の進むべき活路がここにある』日本海事新聞社（2009 年）

塩野七生『海の都の物語―ヴェネツィア共和国の一千年』中央公論社（1987 年）

岡田哲『明治洋食事始め―とんかつの誕生』講談社（2012 年）

海事遺産写真集選定委員会『写真集日本の海事遺産』「海の日」特別行事実行委員会（2015 年）

吉田敦彦『日本神話の源流』講談社（2014 年）

宮本常一『周防大島昔話集』河出書房新社（2012 年）

宮本常一『海に生きる人びと』河出書房新社（2015 年）

元綱数道『幕末の蒸気船物語』成山堂書店（2004 年）

原口泉 NHK 鹿児島放送局編『かごしま歴史散歩』日本放送出版協会（1996 年）

茂在寅男『日本語大漂流―航海術が解明した古事記の謎』光文社（1981 年）

江東区中川船番所資料館『江東区中川船番所資料館常設展示図録』（2003 年）

香原知志『ウミガメの旅―太平洋 2 万キロ』ポプラ社（2007 年）

佐原真・田中琢編『古代史の論点 6―日本人の起源と地域性』小学館（1999 年）

斎藤茂吉『万葉秀歌（上巻）』岩波書店（1987 年）

三浦忠司『八戸藩の歴史をたずねて』デーリー東北新聞社（2015 年）

三浦忠司『海をつなぐ道―八戸藩の海運の歴史』デーリー東北新聞社（2018 年）

三浦佑之『古事記を旅する』文藝春秋（2011 年）

山崎善啓『幕末・明治初期の海運事情』創風社出版（2011 年）

山崎朋子『サンダカン八番娼館』文藝春秋（2008 年）

山川出版社『詳説日本史図録（第 3 版）』（2010 年）

山田吉彦『日本は世界 4 位の海洋大国』講談社（2011 年）

山縣勝見『風雪十年』海事文化研究所（1959 年）

山縣記念財団 80 周年記念出版編集委員会編『日本の海のレジェンドたち』海文堂出版（2021 年）

司馬遼太郎『この国のかたち（一）』文藝春秋（1990 年）

司馬遼太郎『この国のかたち（二）』文藝春秋（1992 年）

司馬遼太郎『この国のかたち（三）』文藝春秋（1996 年）

司馬遼太郎『この国のかたち（四）』文藝春秋（2016 年）

司馬遼太郎『この国のかたち（五）』文藝春秋（2016 年）

司馬遼太郎『この国のかたち（六）』文藝春秋（2016 年）

宗像大社『むなかたさま―日本神話から現代までの歴史』宗像大社社務所（2014 年）

出口治明『全世界史（上）（下）』新潮社（2018 年）

森高木『坊津―遣唐使の町から（かごしま文庫④）』春苑堂出版（1992 年）

須川邦彦『無人島に生きる十六人』新潮社（2007年）

杉浦昭典『大帆船時代―快速帆船クリッパー物語』中央公論社（1992年）

杉山正明『海の国の記憶―五島列島』平凡社（2015年）

青柳正規『興亡の世界史・人類文明の黎明と暮れ方』講談社（2018年）

石田一良編『日本文化史概論』吉川弘文館（1971年）

増田義郎『大航海時代』ビジュアル版世界の歴史⑬、講談社（1984年）

大河内直彦『地球の履歴書』新潮社（2015年）

大野晋『日本人の神』新潮社（2001年）

大林太良『海の道、海の民』小学館（1996年）

大髙敏男・乾睦子『トコトンやさしい海底資源の本』日刊工業新聞社（20013年）

第一学習社『グローバルワイド最新世界史図表』（2008年）

池田龍彦・原田順子『海からみた産業と日本』放送大学教育振興会（2016年）

竹田いさみ『海の地政学』中央公論新社（2019年）

竹田恒泰『天皇の国史』PHP研究所（2020年）

中村元『水族館哲学―人生がかわる30館』文藝春秋（2017年）

中野京子『運命の絵』文藝春秋（2020年）

仲村清司『本音で語る沖縄史』新潮社（2017年）

長澤和俊『世界探検史』講談社（2017年）

塚本勝巳『大洋に一粒の卵を求めて―東大研究船、ウナギ一億年の謎に挑む』新潮社
　　（2015年）

田村茂編著『海、船、そして海運―わが国の海運とともに歩んだ山縣記念財団の70年』
　　山縣記念財団（2018年）

田村勇『海の文化誌』雄山閣（1996年）

田辺聖子『田辺聖子の古事記』新潮社（1991年）

渡辺尚志『海に生きた百姓たち―海村の江戸時代』草思社（2019年）

藤岡換太郎『海はどうしてできたのか』講談社（2019年）

日本海事広報協会『日本の海100選』日本海事広報協会（1978年）

日本福祉大学知多半島総合研究所編『北前船と日本海の時代』校倉書房（1997年）

入山章栄『世界標準の経営理論』ダイヤモンド社（2020年）

波方船舶組合百年史『波方海運史』

柏野裕二『海の教科書―海の不思議から海洋循環まで』講談社（2019年）

畠山重篤『日本＜汽水＞紀行―「森は海の恋人」の世界を尋ねて』文藝春秋（2003年）

服部幸應監修『和の暮らしモノ図鑑―ニッポンの名前』淡交社（2007年）

福井憲彦ほか『興亡の世界史・人類はどこへ行くのか』講談社（2019年）

文部科学省検定済教科書『詳説世界史（世界史B）』山川出版社（2006年）

320

文部科学省検定済教科書『新日本史（日本史 B 改訂版)』山川出版社（2009 年）

邦光史郎『物語海の日本史上巻』講談社（1987 年）

北山章之助『司馬遼太郎旅路の鈴』NHK 出版（2006 年）

麻田貞雄編・訳『マハン海上権力論集』講談社（2010 年）

網野善彦『東と西の語る日本の歴史』講談社（1998 年）

網野善彦『「日本」とは何か（日本の歴史 00)』講談社（2000 年）

柳田国男『日本の昔話』新潮社（2006 年）

柳田国男『日本の伝説』新潮社（2015 年）

鈴木亨『歴史の島旅情の島』東洋書院（1997 年）

鈴木健一編『海の文学史』三弥井書店（2016 年）

和辻哲郎『風土―人間学的考察』岩波書店（1979 年）

# 人名索引

328

## ●著者略歴

**木原 知己**（きはら ともみ）

1984 年 4 月に九州大学法学部卒業後、日本長期信用
銀行（現新生銀行）入行。資本市場業務のほか、主と
して大手海運会社向け船舶融資業務を担当し、営業第
八部長（海運・鉄道担当）を経て、高松支店長を最後
に同行退職。その後、都内金融機関を経て 2011 年に
青山綜合会計事務所顧問に就任。パートナーを経て退
職。現在、センチパートナーズ(株)代表取締役、早稲

田大学大学院法学研究科非常勤講師（「船舶金融法研究講座」）、海事振興連盟
3 号会員、海洋立国懇話会理事運営委員などを務める。専門は船舶金融論・海
洋文化論。著書に『シップファイナンス—船舶金融概説（増補改訂版）』海事
プレス社（2010 年）：住田海事奨励賞受賞、『船主経営の視座—税務・為替の手
引』海事プレス社（2011 年）、『波濤列伝—幕末・明治期の"夢"への航跡』海
文堂出版（2013 年）、『船舶金融論—船舶に関する金融・経営・法の体系』海文
堂出版（2016 年、2 訂版（2019 年））：山縣勝見賞著作賞受賞、『号丸譚—心震
わす船のものがたり』海文堂出版（2018 年）、編著に『船舶金融法の諸相—堀
龍兒先生古稀祝賀論文集』成文堂（2014 年）、『日本の海のレジェンドたち—山
縣記念財団 80 周年記念出版』海文堂出版（2021 年）がある。

e-mail；t-kihara@centipartners.com

ISBN978-4-303-63443-8

躍動する海

2021 年 5 月 20 日　初版発行　　　　　　Ⓒ T. KIHARA 2021

著　者　木原知己　　　　　　　　　　　　検印省略
発行者　岡田雄希
発行所　海文堂出版株式会社

　　　　本社　東京都文京区水道 2-5-4　（〒112-0005）
　　　　　　　電話 03（3815）3291（代）　FAX 03（3815）3953
　　　　　　　http://www.kaibundo.jp/
　　　　支社　神戸市中央区元町通 3-5-10　（〒650-0022）
日本書籍出版協会会員・工学書協会会員・自然科学書協会会員

PRINTED IN JAPAN　　　印刷　東光整版印刷／製本　誠製本
JASRAC 出 2103555-101